U0003950

LOCUS

L O C U S

LOCUS

LOCUS

from

vision

from 122

規模的規律和祕密

老鼠、小鳥、雞、大象，和我們居住的城市，隱藏規模縮放的規律，
掌握其中驚奇的祕密，也同時掌握企業和地球的未來

Scale: The Universal Laws of Growth, Innovation, Sustainability,
and the Pace of Life in Organisms, Cities, Economies, and Companies

作者：傑弗里．魏斯特（Geoffrey West）
譯者：林麗雪
責任編輯：吳瑞淑
封面設計：三人制創
校對：呂佳真
出版者：大塊文化出版股份有限公司
台北市 105022 南京東路四段 25 號 11 樓
www.locuspublishing.com
電子信箱：locus@locuspublishing.com
讀者服務專線：0800-006689
TEL：(02) 87123898　　FAX：(02) 87123897
郵撥帳號：18955675　　戶名：大塊文化出版股份有限公司
法律顧問：董安丹律師、顧慕堯律師
版權所有　翻印必究

Scale by Geoffrey West
Copyright © 2017 by Geoffrey West
Published by Locus Publishing Company
through arrangement with Brockman, Inc.
Complex Chinese translation copyright © 2017 by Locus Publishing Company
ALL RIGHTS RESERVED

總經銷：大和書報圖書股份有限公司
地址：新北市新莊區五工五路 2 號
TEL：(02) 89902588 (代表號)　　FAX：(02) 22901658
初版一刷：2017 年 11 月
初版五刷：2022 年 7 月

定價：新台幣 580 元
Printed in Taiwan

Scale
The Universal Laws of Growth, Innovation, Sustainability, and the Pace of Life in Organisms, Cities, Economies, and Companies

規模的規律和祕密
老鼠、小鳥、雞、大象，和我們居住的城市，隱藏規模縮放的規律，掌握其中驚奇的祕密，也同時掌握企業和地球的未來

Geoffrey West 著
林麗雪 譯

各界佳評

一次迷人的智慧探索……也是一位傑出科學家一本令人滿意的個人與專業回憶錄。他一生的研究是專注於找到打破傳統學科界線的方法，以解決長期的全球永續問題……魏斯特設法提出很多通俗易懂又具娛樂性的理論與歷史……充滿刺激，引人入勝！

——《紐約時報》（*The New York Times*）

《規模的規律與祕密》將魏斯特已經研究數十年的許多主題巧妙地整合在一起，為在自然與人類世界的生態中，尺寸與成長的普遍法則的特別意義，以及了解這兩個世界是否能互相適應，提供重要又富有說服力的理由。

——《自然》（*Nature*）

魏斯特以獨到的分析與敏銳的觀察，耐心建立了最後非常有收穫的知識架構，對很多自然與社會規模的問題提出了新的角度……一次迷人的閱讀之旅。

——《科學雜誌》（*Science Magazine*）

這是那種幾年才會出現一次，會改變公司董事會、教師休息室與家庭餐桌話題的大觀念的書……一本充滿令人興奮觀念的大書。

——《星期天泰晤士報》（*The Sunday Times*）

複雜理論大師在一個「複雜適應系統」的宇宙中，對生命的步調與模式提出尖銳的思考……魏斯特的書有一連串的圖表與令人頓悟的時刻，全都是艱深的學問，但以簡單的方式呈現。看到最後，讀者將會理解，從老鼠到大象，為什麼所有哺乳動物一輩子的心跳次數幾乎大致相同，以及為什麼當人口成長時，生活的步調會如此大幅增加（結果這也解釋了為什麼在大城市的人走路速度比鄉下人快）……深具啟發性，也有娛樂意義——這是一本為非專業讀者撰寫的艱深科學主題，有助於把縮放理論與相關觀念帶給廣大的讀者群。

——科克斯書評（Kirkus Reviews）

如果諾貝爾獎有跨學科的獎項，魏斯特就會因為他發現的縮放法則而獲獎。本書極具原創性與重要性，內含看似彼此無關的主題的驚人洞見，例如老化與死亡、睡眠、代謝、城市、能源使用、創造力、公司，甚至人類生存的永續問題。如果你對世界的真正運作方式感到好奇，你一定要讀這本書。

——聖塔菲研究院榮譽主席、晨星公司（Morningstar）評選為「這十年的最佳經理人」

比爾・米勒（Bill Miller）

我想不出世界上還有其他比魏斯特更令人興奮的思想家了。魏斯特把物理學家的敏銳心靈，帶進奇妙而令人驚訝的問題：為什麼沒有像小螞蟻一樣大小的哺乳動物？或城市與公司只是非常大的有機體？從我們自己的身體，到越來越多人類選擇定居的超級大城市，魏斯特強迫我們重新看待這一切。《規模的規律與祕密》是大眾科學天空中的璀璨煙花。

——史丹佛大學胡佛研究所資深院士　尼爾・弗格森（Niall Ferguson）

每一個人都應該學習如何閱讀、描寫、計算可縮放性，而那些知道如何計算的人，更該如此。縮放法則是最重要、卻最不明顯，而且很少被討論的特質，不了解它的原理，就不可能了解這個世界。本書將會把你的思考從三維擴展到四維角度。你最好買兩本，以防不小心丟了一本。

——「不確定」（Incerto）系列、《黑天鵝效應》作者

納西姆・尼可拉斯・塔雷伯（Nassim Nicholas Taleb）

這本探討縮放法則如何掌控一切、令人嘆為觀止的書，內容充滿新知，從細胞與生態系統的自相似動力，到為什麼公司會倒，但城市卻不會等等。我幾乎每一頁都折了角、做了記號。

——《全球目錄》（*the Whole Earth Catalog*）創辦人　斯圖爾特・布朗德（Stewart Brand）

魏斯特的《規模的規律與祕密》充滿精彩的見解。他說明了從微小的有機體與人類到城市與公司背後的自然法則，並提供了一個量化架構，讓我們得以解讀互相連結的世界的深層複雜度。如果你想知道公司為什麼會倒，城市為什麼可以屹立不搖，以及在快速創新的時代，需要什麼才能維持我們的文明，就要讀讀這本令人驚艷的書。

——Salesforce執行長　馬克・貝尼奧夫（Marc Benioff）

在歷史上，很少有一個人提出大膽、美妙，又意外簡單的新觀念後，最後被證明是正確的。魏斯特就有一個，而《規模的規律與祕密》一書就是它的故事。

——康乃爾大學數學教授、《X的奇幻旅程》（*The Joy of X*）作者

史帝芬・斯托蓋茨（Steven Strogatz）

才華洋溢的理論物理學家魏斯特把視角轉向壽命期限、生物系統或城市的研究時，偶然發現一個有關成長與永續、足以開創新局的宇宙洞見。《規模的規律與祕密》極為精彩，且深具啟發性，魏斯特也寫得非常引人入勝而有娛樂性。這是一本我們將會討論很久的書。

——《雙生石》（*Cutting for Stone*）作者　亞伯拉罕・佛吉斯（Abraham Verghese）

魏斯特的《規模的規律與祕密》是一個天啟。根據他在超線性縮放模式的突破性理論與研究，對於現代社會與經濟、新創公司、大型企業與城市發展的基本科學法則，提出了非常強有力的全新見解。企業執行長、技術專家、市長、都市領導人與任何想理解形塑我們複雜而自我組織的世界背後的簡單法則，一定要讀這本書。

——《創意新貴》（*The Rise of the Creative Class*）作者　理查・佛羅里達（Richard Florida）

這確實是一本非常精彩的書！就像最好的偵探故事，魏斯特先呈現出為什麼動物、城市和公司可以如此一致地依比例放大的驚人問題，然後很有技巧地讓我們看到他的偵探工作已經發現的祕密。本書掌握到二十一世紀的科學精神，顯示出不只物理學與生物學有很深刻的關聯，連社會與生命也是如此。本書也完美平衡了重大的科學故事與魏斯特自己的個人論述。我們隨著作者對自己死亡的思索，同時也走上魏斯特在這本開創性著作中，一直走在前頭的理論發現之旅。

——牛津大學西蒙義公共科學教育講座教授、《偉大的文明之謎》（*The Great Unknown*）作者　馬庫斯・杜・桑托伊（Marcus du Sautoy）

這是一本重要而原創的著作，談到的範圍廣大無邊。魏斯特是位博學之士，見解涵蓋物理學、生物學與社會科學。他指出，不論生物有多麼驚人的多樣性，牠們的尺寸、形狀與壽命長度，都顯示出令人意外的相關性與特定模式，並且遵循著基本的物理原理。更令人意外的是，他接著發現，在我們的城市、公司、社會網絡中，人類社會也出現類似的「縮放法則」。這些發現是以非技術性的散文筆觸呈現，並因許多描述這些觀念由來的小故事，以及為什麼這對規劃未來的人很重要的審慎評估，而更加生動。這本迷人的書值得很多人來讀。

——英國皇家天文學家、《宇宙的六個神奇數字》（*Just Six Numbers*）作者　馬汀・芮斯（Martin Rees）

目次

2　萬物的測量方法

縮放法則導論

3　生命的簡單、統一與複雜

8　結果與預測
從移動力與生活步調到社會連結度、多元性、代謝與成長

9　邁向公司的科學

10　大一統永續理論的展望

後記

附錄暨致謝詞

注釋

1 綜觀大局

全書概覽

生命也許是宇宙中最複雜、最多樣化的現象，在極大的尺度範圍中，充分展現出千變萬化的形式、功能與行為。舉例來說，根據統計，在我們居住的這顆星球上，從重量不到兆分之一公克、非常微小的細菌，到重達一億公克、最龐大的動物藍鯨，全部的有機體中，有超過八百萬種不同的物種。①如果造訪過巴西的熱帶森林，你會發現，在一塊足球場大小的土地上，就有一百多種樹木，以及數千種數量超過幾百萬的昆蟲。再想想看，每一個物種活出自己生命的方式，多麼各異其趣，又多麼令人讚嘆；以及每一個物種受孕、出生與繁殖，還有死亡的過程，又是多麼不同。很多細菌只活一個小時，而且只需要十兆分之一瓦特就能存活；但是鯨魚可以活超過一百年，而且每代謝一次僅需要幾百瓦特。②在生物如此非比尋常的生活樣態之外，更驚人的是，我們人類帶給這座星球複雜而多樣的社會生活，尤其是以城市的形式，以及城市生活中的各種特殊現象，例如商業、建築與多元的文化，以及無數居民隱而不見的快樂與悲傷。

把如此複雜的現象與星球繞著太陽旋轉、或你手上的錶與iPhone上的時間的規律性，這種非常簡單的法則相比，很自然會引人深思，在所有的複雜與多元表象之下，可不可能有一個類似的隱藏秩序。有沒有可能所有的有機體，或所有的複雜系統，從動植物到城市與公司，都在遵循著幾個簡單的法則？又或者，在世界各地的森林、大草原與城市上演的劇碼，都是隨意的變化，只是一個又一個的偶然？由於賦予這些多樣性的演化過程，本身就是一種隨機性質，因此根據直覺，似乎不太可能出現任何規律性或系統性的行為。畢竟，在組成生物圈的無數有機體中，每一個次系統、每一個器官、每一個細胞類型，以及每一個基因組，都是經過自然選擇（natural selection，又譯自然淘汰、天擇）程序的演化而來，各自根據自己獨特的歷史進程，也有自己獨特的環境利基。

現在，看一下圖一到圖四。每一個圖代表你生活中占有重要作用的數值（quantity），而且是根據大小描繪出來的。第一張圖是代謝率，顯示的是，根據動物的重量或質量（mass），一天需要多少食物才能維持生命。第二張圖是一生中的心跳次數，也是根據一系列的動物重量或質量來繪製。第三張是根據人口多少，一座城市產生的專利數量。最後一張是根據員工人數，公開上市公司的淨資產與收入。

你不必是數學家、科學家或這些領域中的專家，也能馬上看見，雖然這些圖代表的是我們生活中會面對的最複雜和多樣化的過程，但令人非常驚訝的是，每一張圖都顯示出某種簡單而有系統、有規律的原理。幾乎像是奇蹟一樣，數據在圖表上的排列大致是直線，而不是由於每隻動物、城市或公司都有獨特的歷史與地理偶然因素，我們可能預期會呈現出來的隨意分布。最令人吃驚的就是圖二，它顯示出，不管是只活幾年的小老鼠，還是可以活超過一百年的大鯨魚，每一隻哺乳動物一生的平均心跳次數大致相同。

圖一到圖四的例子，只是無數可以呈現出**縮放**（scaling）關係例子的小小採樣，這種關係是在**數量上**描述有關動物、植物、生態系統、城市與公司幾乎所有可測量特徵（measurable characteristic），如何依據尺寸大小的變化而**放大或縮小**。在本書中，你將會看到更多這樣的例子。這種明顯的規律性強烈顯示，在這些彼此迥異而高度複雜的現象之下，有一個共同的概念架構；而且事實上，動物、植物、人類的社會行為、城市與公司的動力與成長，其實受制於一些類似的通用「法則」。

縮放曲線（scaling curve）的例子，其意義是數值如何隨著尺寸大小而放大縮小：圖 1 是代謝率 ③，圖 2 是動物一生的心跳次數 ④ 如何根據體重而增加或減少，圖 3 是城市的專利數量 ⑤如何根據人口多少而增加或減少；圖 4 是公司的資產與收入 ⑥如何根據員工人數而縮放。值得注意的是，這些圖涵蓋很大範圍的尺度，例如動物的重量與公司的員工人數，相差可以到百萬單位（從老鼠到大象，從一人公司到沃爾瑪〔 Walmart 〕與埃克森〔 Exxon 〕）。為了要把所有的動物、公司與城市放進圖中，每一條軸線的尺度以十倍增加。

圖 1

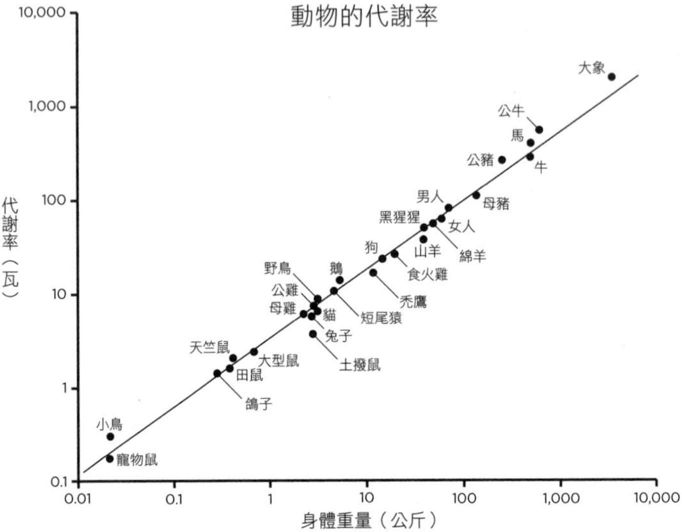
動物的代謝率
代謝率（瓦）
身體重量（公斤）
10,000
1,000
100
10
1
0.1
0.01
0.1
1
10
100
1,000
10,000
大象
公牛
馬
公豬
牛
男人
母豬
黑猩猩
女人
山羊
綿羊
狗
食火雞
野鳥
鵝
公雞
母雞
貓
短尾猿
禿鷹
兔子
天竺鼠
大型鼠
田鼠
土撥鼠
鴿子
小鳥
寵物鼠

圖 2

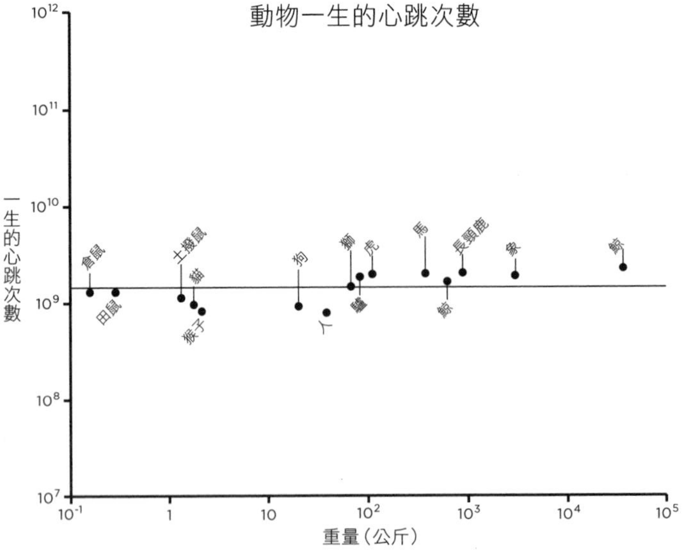
動物一生的心跳次數
一生的心跳次數
重量（公斤）
10^{12}
10^{11}
10^{10}
10^{9}
10^{8}
10^{7}
10^{-1}
1
10
10^{2}
10^{3}
10^{4}
10^{5}
倉鼠
田鼠
土撥鼠
貓
猴子
狗
人
獅
驢
虎
馬
長頸鹿
鯨
象
鯨

圖 3

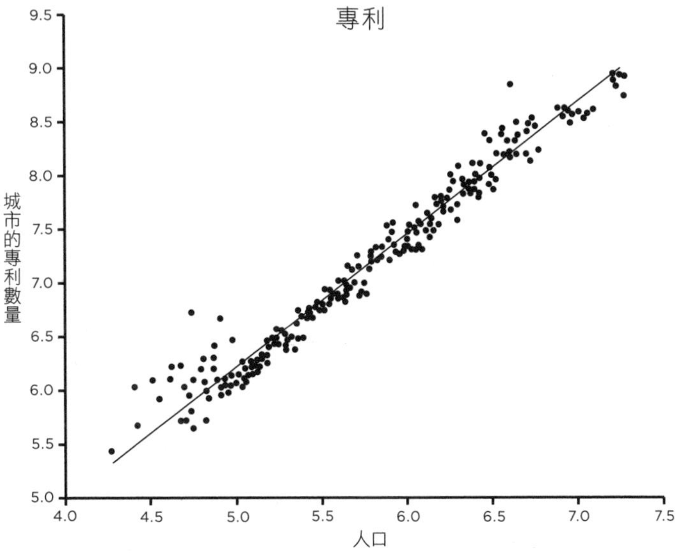
專利
9.5
9.0
8.5
8.0
7.5
7.0
6.5
6.0
5.5
5.0
城市的專利數量
4.0
4.5
5.0
5.5
6.0
6.5
7.0
7.5
人口

圖 4

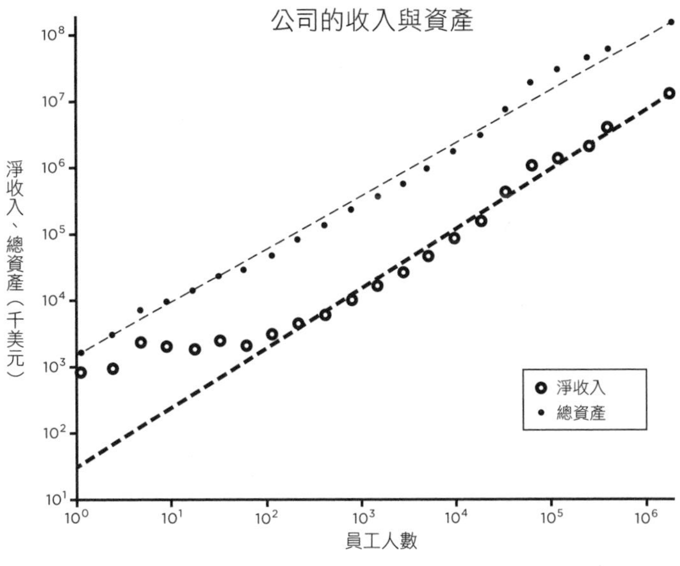
公司的收入與資產
10^8
10^7
10^6
10^5
10^4
10^3
10^2
10^1
淨收入、總資產（千美元）
10^0
10^1
10^2
10^3
10^4
10^5
10^6
員工人數
淨收入
總資產

這就是本書的主要焦點。我將會說明這些系統性的**縮放法則**（scaling laws）的本質與由來，它們全部如何互相關聯，以及如何帶領我們對生活的很多面向，以及最重要的全球永續問題，有一個更深刻而廣泛的理解。總的來說，這些縮放法則為我們在根本原理與觀念上開了一扇窗，有助於我們在解決一大堆橫跨科學與社會的關鍵問題時，可能找到一個量化預測架構。

本書是一種思維方式，並試圖提出重大的問題，然後對其中一些重大問題提出重要的答案。本書也探討我們今天努力克服的很多重大挑戰與議題，從快速都市化、成長與全球永續問題，到了解癌症、代謝，以及老化與死亡的由來，都可以在一個互相整合的統一概念架構中解決。本書探討的是，城市、公司、腫瘤以及我們的身體，是以極為明顯的類似方式運作；其中的每一個單一事物，只是代表一個普遍主題的變化形態，同時也清楚顯示，在組織、結構與動力上，有系統地呈現出驚人的規律性與相似性。其中的一個共同特點就是，它們全都非常複雜，而且是由無數的個別分子所組成，不管是分子、細胞或人，個別分子彼此關聯與互動，並透過網絡結構以多種時間與空間的尺度演變。有些網絡明顯非常具體，例如人體的循環系統或城市的道路系統，但有些比較是概念或虛擬的網絡，例如社會網絡、生態系統與網際網路。

這個大格局的架構讓我們可以解決各式各樣引人好奇的問題，其中有些問題引發了我的研究興趣，有些問題也將在後面的章節中探討，當然有時候難免有點推測性質。以下列舉其中的一部分問題：

・為什麼我們可以活到一百二十年，而不是一千或一百萬年？我們究竟為什麼會死亡，什麼因素為我們的壽命設下限制？可以根據組成身體的細胞與複雜分子的特點，計算出我們的壽命嗎？可以改變人體細胞與分子，從而延長人的壽命嗎？

・為什麼組成分子和我們大致相同的老鼠，只能活二到三年，而大象可以活到七十五年？除了這些差異，為什麼大象、老鼠與所有的哺乳動物，一生的心跳次數大致相同，差不多十五億次？⑦

・為什麼從細胞、鯨魚到森林的有機體與生態系統，以一種明顯普遍、有系統，而且可以預測的方式，依據尺寸而呈現出縮放關係？為什麼會有神奇數字四，它似乎大致控制了從成長到死亡的生理與生命史？

・為什麼我們會停止生長？為什麼每天必須睡八小時？為什麼我們的腫瘤比老鼠少很多，但鯨魚卻幾乎不會長腫瘤？

・為什麼幾乎所有的公司只存活相對很短的時間，而城市卻可以繼續成長，還可以設法迴避即使是最強盛、看似無敵的公司一定會面對的命運？

・我們可以發展出一門城市與公司的科學嗎，也就是一個用量化預測架構，來了解城市與公司的動力、成長與演變的概念架構？

- 城市有沒有極限規模？或最適規模？動物與植物有沒有最大尺寸？可不可能有巨型昆蟲與龐大的巨型城市（megacity）？⑧
- 為什麼生活步調不斷加快，為什麼為了維持社經生活，就必須不斷加速創新速度？
- 我們要如何確保只發展了一萬年的人類工程系統，可以繼續與已經演化了數十億年的自然生物世界共存？我們能不能維持一個充滿動力的創新社會，或者我們的星球注定要充斥著貧民窟、衝突與毀滅？

※※※

在解答這些問題時，我將著重在概念性的議題，並以跨學科精神引進不同科學的觀點，以整合生物學與社會與經濟科學的基本問題，當然我是以一個理論物理學家的角度出發。因此，我甚至會進一步探討，在發展出基本粒子與自然的基本力量上，包括從大爆炸以來，宇宙演化的意義上，相同的縮放架構如何發揮重要的作用。基於這個精神，我在適當時機也試著提出挑釁與推測，但大體上，本書幾乎所有內容都已經有確立的科學研究基礎。

雖然本書的很多結果與說明都有其論據的由來，而且出處都是以數學語言寫成，但這本書無意要成為技術性與教學性的書籍，而是為了所謂的「聰明外行人」（intelligent layperson）而寫的。這是滿大的挑戰，而且意味著，在提出說明時，我必須採取某些破格的作法，而我的科學家同行如果發現，我在把數學或技術語言轉成大白話時過度簡化，也得試著忍住不要過於挑剔。對於較有數學背景的讀者，我建議可以參考相關的技術文獻。

我們活在指數擴張的社經都市化世界

本書的中心主題是，在決定地球的未來時，城市與全球都市化的關鍵作用。自從人類有社會以來，城市就成為地球面臨的最大問題的根源。人類的未來以及地球的長期永續問題，和城市的命運有著不可分割的關係。城市是文明的嚴酷考驗之地，是創新活動的孕育之地，是創造財富的動力與權力中心，也是吸引創意人才的磁場，更是觀念、成長與創新的興奮劑。但城市也有它的陰暗面：它們是發生犯罪、汙染、貧窮、疾病，以及能源與資源消耗的主要地點。快速都市化以及社經加速發展，已經產生多種全球問題，包括氣候變遷，以及氣候變遷的環境衝擊，而導致的糧食、能源、水源、大眾健康、金融市場與全球經濟的初期危機。

基於這種雙重特質，一方面，城市是很多重大挑戰的根源，但另一方面，城市又是創意與點子的發電機，因此也是找出這些挑戰的解決方案的源頭，所以一個要問的急迫問題是，是否能有一門「城市的科學」，而且能延伸成「公司的科學」，換句話說，就是一個可以以量化預測架構，來理解其動力、成長與演變的概念架構。為了研擬出能達成長期永續目標的嚴肅策略，這是非常重要的一環，特別是在這個世紀的下半葉，大部分的人類都會成為城市居民，而且很多人會住在空前規模的巨型城市中。

我們現在面對的所有問題、挑戰與威脅，沒有一個是新的。至少從工業革命以來，這些問題就一直跟著我們，但因為都市化以指數成長的速度發展，這些問題變得就像即將發生、而且可能會讓我們滅頂的大海嘯。在指數擴張的真正本質中，不久的將來來得越來越快，而且很可能為我們帶來無法預料的挑戰，我們只能在來不及挽救之後，才知道這些挑戰的威脅。因此，我們也只是到最近才知道，有所謂的全球暖化、長期的環境變遷；能源、水與其他資源都是有限的，還有健康與汙染議題、金融市場的穩定性，諸如此類的問題等等。即使我們已經開始關心，但似乎一直有一種隱含的推測，認為這些問題都是暫時的脫軌，最後一定會解決，然後問題就會消失。因此，大部分的政治人物、經濟學家與政策制定者，一直採取相當樂觀的長期看法，認為我們的創新能力與聰明才智就像過去一樣，終究會戰勝這些問題，也就不令人意外了。但就像本書稍後會闡述的，我並不是那麼樂觀。

在人類出現以來的幾乎整個時期，大部分的人都住在非都市的環境裡。就在兩百年以前，美國主要還是農業，只有四％的人口住在城市，但今天住在城市的人口已經超過八〇％。幾乎在所有已開發國家，例如法國、澳大利亞與挪威，這都是常態；但在很多被認為是「開發中」

的國家，例如阿根廷、黎巴嫩與利比亞，也是如此。在今天，地球上沒有一個國家只有四%的城市人口，即使最貧窮、最不開發的國家蒲隆地，都市人口也超過一○%。就在二○○六年，全球跨過一個重大的歷史門檻，全世界超過一半的人口居住在城市，相較於一百年前，還只有一五%；直到一九五○年，也才只有三○%。現在的預測是，在二○五○年以前，城市人口會飆升到超過七五%，搬進城市的人口會超過二十億，這些人大部分住在中國、印度、東南亞與非洲。[9]

這可是一個龐大的數字。這表示，未來的三十五年，**每一星期**平均會有一百五十萬人成為都市居民。想知道這件事的意義，參考一下以下的例子：假設今天是八月二十二日，到了十月二十二日，在地球上會有一個相當於紐約大都會人口的地區出現，然後在聖誕節時又出現一個，到二月二十二日又出現一個，以此類推……幾乎無法避免的是，從現在到這個世紀的中點，每兩個月就會出現一個像紐約大都會一樣的地區。而且請注意，我們談的是有一千五百萬人的紐約大都會地區，而不是只有八百萬人口的紐約市。

全球最驚人也最具企圖心的都市計畫是在中國，在未來二十到二十五年之間，中國政府預計快速興建三百座城市，而且每一座城市的人口都超過一百萬。在歷史上，中國在都市化與工業化的進展比較慢，但現在正在彌補過去失落的時間。在一九五○年，中國的都市人口還不到一○%，但今年非常可能會超過一半。根據目前的速度，未來二十到二十五年，相當於把整個美國人口（超過三億人）搬進都市。緊追在後的是印度與非洲。這將是目前為止地球上最大的人類遷徙行動，未來很可能也不會被追平。這將導致可用能源與資源的問題，以及全球各地龐大的社會組織壓力，實在令人難以想像……而且解決這些問題的時間表非常短。每一個人都會受到影響，想躲也沒地方躲。

生與死

城市以開放式指數的方式成長，與我們在生物上看到的成長方式，呈現出鮮明的對比：大部分的有機體像我們人類一樣，小時候生長快速，然後會慢下來，之後停止成長，最後死亡。大部分的公司也遵循著一樣的模式，而且大部分的公司最後都會消失，但大部分的城市卻不會。儘管如此，在描寫城市與公司時，還是經常會借用到生物的意象。一般的語彙包括「公司的DNA」、「城市的新陳代謝」、「市場的生態」，諸如此類。這些詞彙是單純的比喻，還是解讀出了某種真正的科學本質？城市與公司在多大的程度上算是非常大的有機體？畢竟，它們確實是從生物開始演化，而且也有很多共通點。

城市顯然有非生物性的特徵，稍後也將詳細討論。但如果城市確實是某種超級有機體，為什麼幾乎都不會死亡？當然，有幾個目前已經消失的都市的典型例子，尤其是古城，但由於衝突以及對當時環境的濫用，這些古城反而成了特例。整體看來，它們代表的是所有曾經存在過的城市的一小部分而已。城市有絕佳的彈性（resilient），而且絕大部分的城市都能屹立不搖。回想一下七十年前的可怕實驗，原子彈炸毀了兩座城市，但才三十年後，這兩座城市就繁榮興盛起來了。要殺掉一座城市，是一件極為困難的事。但另一方面，要殺掉動物和公司就相對簡單，而且這幾乎是無法抗拒的事，即使是最強大、看似無敵的動物或公司，最後都難逃一死。過去兩百年來，雖然人類的平均壽命不斷延長，但人類的最長壽命依然沒變。沒有一個人活超過一百二十三歲，另外也只有非常少的公司可以存活更久，大部分的公司十年多就消失了。所以，為什麼幾乎所有的城市都能活下來，但絕大部分的公司與有機體都會死亡？

死亡是所有生物與社經生活中不可分割的必要部分：幾乎所有的生物都要歷經出生、成長，最後死亡的過程，但是相對於出生與生活，死亡這個嚴肅的研究與思索焦點，不管是在社會上，還是科學研究上，經常受到壓抑與忽視。就我個人來說，直到五十幾歲，我才開始認真思考老化與死亡。我走過二十幾歲、三十幾歲、四十幾歲，直到邁入五十幾歲，對我自己的死亡一直沒有想太多，在無意識中一直維持著一個迷思：我很年輕，我是不會死的。不過，長期以來，我們家族的男性都活不長，所以在我五十幾歲的某個時間點，我難免開始體認到，我可能只剩五到十年可以活了，因此開始思索死亡的意義也算明智。

我認為，我們可以把所有宗教與哲學思考的起源都視為，一開始是在省思如何把終究會發生的死亡與日常生活結合在一起。所以我開始思考與閱讀老化與死亡的問題，一開始是個人的、心理的、宗教的，然後是哲學的意義，雖然這些內容都很引人入勝，但看過之後，在我心中留下的問題卻比答案更多。然後，由於我在書中稍後會談到的其他事件，我開始以科學角度來思考這些問題，結果意外帶我走上一條改變我個人與專業學術生活的道路。

身為一個在思考老化與死亡問題的物理學家，很自然不會只問到我們為什麼會老化與死亡的可能機制，也會問到一樣重要的問題：人類壽命的尺度是從哪裡來？為什麼不是每一個人都可以活超過一百二十三歲？在舊約中，神祕的一輩子被認為是人類壽命的長度，出處在哪裡？我們能不能像神話中的瑪土薩拉（Methuselah）[10]，活上一千歲？另一方面，大部分的公司卻只能存活幾年。所有美國公開上市公司，在進入市場後，一半的公司不到十年就會消失。雖然有一小部分的公司相對活得比較久，但幾乎所有公司都注定會步上蒙哥馬利沃德（Montgomery Ward）郵購公司、環球航空（TWA）、斯圖貝克（Studebaker）汽車公司、雷曼兄弟（Lehman Brothers）的後塵。原因何在？我們能不能發展出一套機制理論（mechanistic theory），不只能理解我們自己的死亡，也能理解公司的死亡？能否想像我們能夠用數字來理解公司的老化與死亡的過程，因此可以「預測」公司的大約壽命？以及為什麼城市可以設法巧妙躲過這個顯然無法迴避的命運？

能量、新陳代謝與熵

想解決這些問題時，很自然要問：所有其他的生活尺度是從哪裡來的？例如，為什麼我們一晚大約睡八小時，但老鼠要睡十五個小時，而大象卻只睡四小時？為什麼最高的樹木有幾百英尺高，而不是一英里高？為什麼最大型的公司在資產達到〇．五兆美元時，就會停止成長？以及為什麼你身上的每一個細胞都有大約五百個粒線體？

為了回答這些問題，並了解不管是人類、大象、城市或公司，老化與死亡的數量與機制過程，我們首先必須條列出，這些系統如何成長，以及如何維持生命。在生物學上，這些是由代謝過程控制與維持。在數量上，這是用**代謝率**（metabolic rate）的術語表示，表示每一秒鐘維持一個有機體存活所需要的能量；對我們人類來說，一天大約是二千的食物卡路里，令人意外的是，這個數字相當於九十瓦，也相當於一個標準的白熾燈泡。從圖一中可以看到，對於一個有我們身體大小的哺乳動物來說，我們的代謝率有「正確的」值（"correct" value）。這就是我們以自然演化的動物角色存活著的**生物代謝率**。但作為居住在城市的社會動物，我們仍然需要相當於一個白熾燈泡的食物維持生存，除此之外，我們還需要房子、空調、照明、汽車、道路、飛機、電腦……因此，維持一個居住在美國的普通人所需要的能量，飆升到令人震驚的一萬一千瓦。這個**社會代謝率**相當於大約十二頭大象的全部需求。另外，我們在從生物性動物轉型成社會性動物時，我們的總人口也從區區的幾百萬人，成長到超過七十億人。難怪因此會出現能源與資源危機。

不管是「自然的」或人造的系統，如果沒有持續供應能量與資源，並被轉化為「有用的」東西，沒有一個系統可以持續運作下去。為了從生物學挪用這個觀念，我將把所有這種能量轉化的過程稱為**代謝**（metabolism）。根據系統的複雜度，這些經由代謝產出的有用能量，會被配置在從事實際工作以及修護、成長與繁殖上。身為社會性動物的人類，我們和其他生物呈現出鮮明的對比，我們代謝的主要能量一直都是用來形成社群與機構，例如城市、村莊、公司與集團；大量製造令人眼花撩亂的人造物品；以及創造出一長串令人吃驚的點子，例如飛機、手機與教堂，到交響樂、數學與文學，以及更多更多。

然而，很少人體認到，如果沒有持續供應能量與資源，不只這些東西無法繼續被大量製造，也許更重要的是，可能就沒有點子、沒有創新、沒有成長，也沒有演化了。能量是最基本的要素。我們所做的每一件事，發生在我們身邊的每一件事，都需要以能量為基礎。因此，能量在所有問題中的作用，將會成為另一個持續貫穿本書的思路。這也許是不證自明的道理，但是，在經濟學家與社會學家的概念思考中，幾乎從未考慮到能量一般化概念（generalized concept）的作用，也實在令人意外。

處理能量時，一定要付出代價，畢竟天下沒有白吃的午餐。由於能量是每一個東西轉化與運作的基礎，所以每一個系統的運作，也一定會產生後果。事實上，有一個無法被違背的自然基礎法則，稱為**熱力學第二定律**，它指出，當能量被轉化成一種有用的形式時，同時也會產生「沒用的」能量，也就是一種次級的副產品，換句話說，一定會產生「意想不到的後果」（unintended consequences），也許是無法取用、沒有組織的熱能，或是無法使用的產品等。沒有永遠能動的機器，你必須進食、維持生命，以應付你的身心高度組織化的功能。但進食之後，你遲早要進廁所。這就是熵（entropy）在你身上的具體表現。

德國物理學家魯道夫．克勞修斯（Rudolf Clausius）在一八五五年，把所有東西藉由交換能量與資源的這種基本而普遍的互動特性稱為**熵**。它的意義是，不管任何時候，在某個封閉系統中，形成或維持秩序所使用或處理的能量，一定會造成某種程度的失序，並且一定會產生熵的現象。順帶一提，「entropy」這個字，是「轉化」（transformation）或「演化」（evolution）的希臘文。為了避免你認為這個定律也許有漏洞，我引用愛因斯坦（Einstein）對這個主題的說法：「這是我相信唯一永遠不會被推翻的通用物理理論。」……而且他把他的相對論定律也包含在內。

就像死亡、稅收與達摩克里斯之劍（Sword of Damocles）[11]，熱力學第二定律威脅著我們所有人以及我們周圍的一切。類似因摩擦而產生的混亂熱能，耗散力（dissipative force）會持續且形影不離地發揮作用，並導致所有系統的退化（degradation）。設計最精巧的機器、組織最有創意的公司、演化最美妙的有機體，都無法逃離最嚴厲的死神魔掌。一個持續演化的系統要維持秩序與結構，就需要不斷供應與使用能量，而其中的副產品就是無秩序狀態（disorder）。這就是為什麼為了維持生命，我們必須不斷進食，以對抗熵這種無法迴避的毀滅性力量。熵很具有殺傷力。最後，我們終將受到各種形式的「耗損」（wear and tear）力量所影響。隨著系統老化，對抗熵的戰役，也就是為了成長、創新、維持與修護而不斷供應能量，會變得越來越具挑戰性。不論是有機體、公司或社會，這都是任何有關老化、死亡、彈性和永續的嚴肅討論中的基礎。

大小真的很重要：縮放與非線性行為

為了解決這些多元且看似無關的問題，我主要將用**規模**（Scale）的視角以及**科學**的概念架構。縮放（scaling）與可縮放性（scalability），也就是東西如何隨著尺寸大小（size）改變，以及這些改變遵循的基礎規則與原理，將是貫穿本書的中心主題，並且將作為幾乎所有本書呈現的論點的出發點。透過這個視角檢視，城市、公司、植物、動物、人體，甚至腫瘤，在組織與功能方面都呈現出明顯的相似性。因此，每一個例子代表的是一個一般普遍主題（general universal theme）的一種令人驚奇的變化形態，換句話說，它們在組織、結構與動力上，令人意外地明顯呈現出有系統的數學規律性與相似性。這將是以一種整合而統一的方式，用一個更廣泛、更大格局的概念架構，來理解如此不同系統的結果，而且，藉由這個方式，很多重要的問題都可以被解決、分析與理解。

從最基本的形式來說，**縮放**指的就是，一個系統在尺寸改變時會如何因應。當城市與公司的規模加倍時，會發生什麼事？或者，如果一棟建築物、一架飛機、一個經濟體或一隻動物的尺寸減半呢？如果某個城市的人口變成兩倍，道路會不會也大約變成兩倍、犯罪率也變兩倍、專利也變兩倍？如果某家公司的銷售額加倍，獲利會不會也跟著加倍？如果某隻動物的體重減半，需要的食物是不是也只要一半？

解決有關系統如何因應大小的改變這種看似無關緊要的問題，顯然對整個科學、工程與技術層面有很深遠的意義，並且幾乎會影響我們生活中的每一個層面。藉由縮放論點，我們得以深入了解引爆點（tipping point）與相位轉變（phase transition）的動力（例如液體如何結凍成為固體，如何蒸發成為氣體），混沌現象（也就是「蝴蝶效應」，為什麼巴西一隻拍動翅膀的蝴蝶，會引起佛羅里達的颶風？），夸克（物質的基本組成構件）的發現，自然的基本力量的整合，以及宇宙在大爆炸之後的演變。在啟發重要的普遍原理或結構時，縮放論點一直都很管用，這些只是幾個較引人注目的例子。⑫

在更接近現實生活的例子中，在設計越來越龐大的人造物與機器時，例如建築物、橋梁、船舶、飛機與電腦，縮放論點也發揮了很大的作用，因為如何以有效率、具成本效益的方式，進行從小到大的推算，一直都是其中的重要挑戰。甚至更具挑戰性也更急迫的是，了解如何讓日益龐大且複雜的社會組織架構依比例放大的需求，例如公司、合夥公司、城市與政府，由於這類組織持續演變出複雜的適應系統，因此其根本原理通常未被完全理解。

一個被嚴重低估的例子就是，縮放論點在醫藥領域中的神祕作用。很多疾病、新藥與治療程序的研發，是以老鼠作為實驗對象的「模型」（model）。這種作法馬上會引起的重大問題就是，如何把在老鼠身上的發現與實驗，按比例放大到人類身上。例如，醫藥界每一年都投入龐大的資源研究老鼠的癌細胞，但老鼠每一年每一公克的組織長出的腫瘤通常比人類多，但鯨魚幾乎不長腫瘤，這引出一個重要問題：這類研究對人類的關聯性何在。換個稍微不一樣的說法：如果我們想從這類研究得到深入的理解，從而解決人類罹癌的問題，我們就必須知道，如何把老鼠可靠地放大到人類的比例，或是相反的，如何從鯨魚可靠地縮小到人類的比例。我們將在第四章研究生物醫學與健康固有的縮放問題時，探討這樣的難題。

為了說明貫穿本書會用到的語言，並確認在探討問題時，我們都有一樣的理解，我想再檢視幾個大部分的人已經非常熟悉的共同觀念與專有名詞，因為大家雖然在口頭上經常用到，但通常都是誤解意思的用法。

所以我們再回到之前提出的一個簡單問題：如果某隻動物的體重減半，需要的食物是不是也只要一半？你可能會以為答案是對的，因為重量減半，就表示需要被餵食的細胞量也會減半。這種想法隱含的意思是「尺寸減半，需求也只要一半」；以及相反的，「尺寸加倍，需求也要加倍」，以此類推。這就是典型**線性**（linear）思考的簡單例子。雖然這個道理很簡單明瞭，但很令人意外的是，要發現線性思考並不容易，因為這通常是內隱，而不是外顯的思考模式。

舉例來說，人們通常沒有意識到，我們普遍把人均（per capita）標準，作為國家、城市、公司或經濟體呈現特色與排名的方式，就是線性思考的微妙表現。讓我再舉個簡單例子。據估計，美國的國內生產總值（GDP）在二〇一三年時，人均大約是五萬美元，意思是說，整個國家平均每一個人被認為生產了價值五萬美元的「商品」。人口大約一百二十萬的大都會奧克拉荷馬市，GDP大約是六百億美元，所以它的人均GDP（六百億元除以一百二十萬人）確實接近美國的平均值，也就是五萬美元。用這個方式來推算一個人口十倍大、有一千二百萬人的城市，就可以預測它的GDP是六千億美元（五萬人均產值乘以一千二百萬人），比奧克拉荷馬市多十倍。但是，大都會洛杉磯市，人口真的比奧克拉荷馬市多十倍，也就是一千二百萬人，實際的GDP超過七千億美元，比用人均產值隱含的線性推斷所「預估」的產值多了一五％。

這當然只是一個單一例子，因此你也許會認為，這只是特殊案例——洛杉磯這座城市就是比奧克拉荷馬富裕。雖然這的確是真的，但事實證明，比較奧克拉荷馬與洛杉磯時的低估現象並不是特例，事實上正好相反，這是全球各地所有城市一種普遍系統性趨勢的一個例子。這也顯示，隱含在人均產值標準的簡單線性比例思考，幾乎**從來**不會是正確的。就像一座城市的其他幾乎所有的量化特徵，或更精確地說，幾乎所有的複雜系統，GDP通常是以**非線性**（nonlinear）的比例放大。我稍後會更精確說明**非線性**的意義，以及它的作用，但現在我們可以簡單地想非線性表現的意義是，在一個系統的尺寸變兩倍時，它的可測量特徵通常**不會**直接變兩倍。因此以這裡舉出的例子來看，我們可以重新描述為，在都市規模變大時，人均GDP會有一種系統性增加的現象，平均工資、犯罪率，以及很多其他都市指標也一樣。這反映出所有城市的一個重要特色，也就是說，社會活動與經濟生產力會隨著人口規模增加，而**有系統性地強化**。隨著尺寸增加所產生的系統性「加值」紅利，被經濟學家與社會學家稱為**規模報酬遞增**（increasing returns to scale），但物理學家傾向稱為更吸引人的專有名詞**超線性縮放**（superlinear scaling）。

非線性縮放的一個重要例子就出現在生物界，我們可以來看看動物（包括我們）為了維持生命，每一天要消耗的食物與能量。令人意外的是，體型大兩倍因此組成的細胞數量也是兩倍的動物，每一天只需要多七五％的食物與能量，而不是由線性思考天真推斷出來的需要多一○○％。舉個例子，一個體重一百二十磅的女人，一天不做任何活動與工作，光是維持生命需要一千三百卡路里。生物學家與醫師把這稱為她的**基礎代謝率**（basal metabolic rate），至於**活動代謝率**（active metabolic rate）則包含生活中的所有日常活動。另外，她的大型英國牧羊犬，體重只有她的一半（六十磅），因此細胞數量大約只有一半，所以可能會被以為，為了維持生命，每天只需要一半的食物能量，也就是六百五十卡路里。但事實上，她的狗每天需要八百八十卡路里。

雖然狗不算是一個體型嬌小的女人，但這是代謝率如何隨著體型大小變化而縮放時，應用一般縮放規則的例子。這個規則適用於所有哺乳動物，包括只有幾公克重的小鼩鼠，到體重超過一百萬倍的大藍鯨。這個規則的重大意義是，以每一公克來說，體型較大的動物（這個例子中的女人）實際上比體型較小的動物（她的狗）更有效率，因為每一公克的組織需要的能量比較少（少了大約二五%）。另外，她的馬也比她更有效率。這種隨著規模增加而系統性地節省能量的現象，就稱為**規模經濟**（economy of scale）。簡單說，這說明了你的體型越大，你維持生命需要的人均（在動物的例子中，就是每一個細胞，或每一公克的組織）能量就越少。值得注意的是，這與城市的GDP出現的規模報酬遞增或超線性縮放的例子相反；在城市的GDP中，規模越大，人均數值越大；但是就規模經濟來說，規模越大，人均數值越少。這種類型的縮放原理稱為**次線性縮放**（sublinear scaling）。

在高度複雜、不斷演變的系統中，尺寸與規模是一般表現的主要決定因素，本書的大部分內容也致力於解釋與理解這種非線性表現的由來，以及如何用它來解決一系列的問題，包括來自整個科學界、技術、經濟與商業，以及來自日常生活、科幻小說與運動的各種例子。

縮放與複雜：突現、自我組織與彈性

在短短幾頁裡，我就已經用了**複雜**（complexity）這個字眼好幾次，而且我指的就是**複雜**（complex）的系統，好像大家都非常理解這個名詞，定義也非常清楚似的。但事實上，完全不是這樣，所以我想小小離題一下，討論這個被過度濫用的觀念，因為我即將談到的幾乎所有系統通常都被認為是「複雜」系統。

隨意使用這個字眼或它的很多衍生意義，卻沒有提供清楚的定義，我不算特例。過去二十五年來，複雜適應系統（complex adaptive systems）、複雜的科學（the science of complexity）、突現行為（emergent behavior）、自我組織（self-organization）、彈性（resilience），以及適應性非線性動力（adaptive nonlinear dynamics）等專有名詞開始到處滲透，不只在科學文獻中，也包括商業、企業界以及大眾媒體的文件中。

為了做好準備，我要引用兩位非常優秀的思想家，一個是科學家，一個是律師。第一位是傑出的物理學家史蒂芬・霍金（Stephen Hawking），他在千禧年之際的一次採訪[13]中被問到這個問題：

> 有人說二十世紀是物理的世紀，我們現在正要邁向生物的世紀。你怎麼看？

他的回答是：

> 我認為下一個世紀將是複雜的世紀。

我完完全全同意霍金的看法。我希望我已經表達得很清楚了，我們急需一門複雜適應系統的科學，來解決我們面臨的一大堆非常困難的社會問題。

第二段非常有名的語錄，來自美國最高法院非常傑出的大法官波特・斯圖爾特（Potter Stewart），他在一九六四年一個指標性的判決中，在探討到色情的觀念以及色情與言論自由的關係時，說了一段絕妙的評論：

> 我今天不是想更清楚定義，我知道已經被人認為是「低級色情」（hard-core pornography）的素材；或許我永遠也講不清楚。但只要看到，我就會知道了。

現在只要把「低級色情」換成「複雜」，那大致就是我們很多人會說的話了：我們可能無法說清楚，但只要看到，我們就會知道了！

可惜的是，雖然「只要看到，就會知道了」這種說法，對美國最高法院可能夠好用了，但對科學卻還不夠好。科學的重要進展就是，對所研究的主題與引用的觀念，都能簡潔而準確地表達。我們通常會要求必須精確、不含糊，而且在操作上可以被測量。動能（momentum）、能量與溫度，都是物理學中被清楚定義的典型量化例子，但在日常語言中也經常被口頭提到或作為比喻。不過，話說回來，還是有很多真正重要的觀念，它們的精確定義仍然引起很大的辯論，包括生命、創新、意識、愛、永續、城市，以及複雜。所以與其試著對複雜給出一個科學定義，我將採取中間立場，描述我認為是典型複雜系統的關鍵特點，這樣一來，當我們看到就能辨認出來，並且把它們和我們可能稱為**簡單**，或「只是」被人搞得非常**複雜**（complicated）[14]但未必就是天生**複雜**（complex）的系統，做出清楚的區隔。這樣說絕對不完整，但目的是為了幫助我們釐清，在說一個系統複雜時，我們所指的那些顯著特徵。[15]

一個典型的複雜系統是由無數的個別組成分子或代理者（agent）[16]所組成，而且個體彙整起來的集體特徵，通常不是個別組成分子本身的特質，或不容易從個別特質中預測出來。舉例來說，你比你的所有細胞加總起來複雜多了，一樣的道理，你的細胞比所有組成細胞的分子加總起來也複雜多了。你所以為的**你**，包括你的意識、你的性格，以及你的個性，是你大腦中的神經元與突觸之間多重互動的集體表現。這是它們自己與你身體的其他細胞，不斷交換互動的結果，其中很多都是半自主器官，例如心臟與肺臟。另外，在不同程度上，所有的一切也不斷和外在環境互動。另外，有點矛盾的是，構成你身體的大約一百兆個細胞，沒有一個擁有你認為或認同的屬於你的特質，也沒有一個細胞意識或認知到它們是你的一部分。也可以說，每一個細胞都有自己的專屬特徵，並遵循著自己的行為與互動規則，而且在這樣做的時候，幾乎是神奇地和你身體的其他細胞整合在一起，然後成為你。從微觀的分子層級到你能活到一百歲有關的宏觀尺度，不管空間與時間有多大的尺度範圍，這就是在你身體裡面運作的系統。你本身就是一個最卓越的複雜系統。

同樣的道理，一座城市比它的建築物、道路與人口的總和還要複雜，一家公司也比它的員工與產品的總和還要複雜，一個生態系統也比棲息在其中的植物與動物還要複雜。一座城市或一家公司的經濟產出、商業活動、創意與文化，全都是多重回饋機制的非線性特質的結果，這個機制則具體呈現在其中的居民、基礎設施與環境的互動中。

我們都非常熟悉的一個很棒的例子就是蟻群。只要幾天的時間，螞蟻就能一次一粒沙，從零開始蓋出自己的很多城堡。這些了不起的豪華大廈，包含了不同階層的隧道與個別居室的網絡、通風系統、食物儲存與孵育區，而且全部都靠複雜的運輸路線供給所需。如果我們最優秀的工程師、建築師與都市規劃師，本身就是蟻窩的設計者與建造者，一定會認為蟻群的效率、彈性與功能性，都是可以獲獎的重要成就。但是蟻群中並沒有任何才華洋溢（或平庸一點的）的小小螞蟻工程師、建築師或都市規劃師，而且從來都沒有這樣的角色。根本沒有任何一隻螞蟻負責這件事。

蟻群建立蟻窩並沒有經過深思熟慮，也沒有借助於某一隻螞蟻的聰明才智，或任何團體討論或顧問，事先更沒有藍圖或主計畫。只有幾千隻螞蟻盲目地在黑暗中搬動數百萬顆沙土，最後打造出令人嘆為觀止的結構。這樣的豐功偉業靠的是每一隻個別螞蟻，遵循著幾個化學線索與其他信號的簡單規則，最後形成非常一致的集體產出，就好像有人把牠們寫進一個大型電腦運算法中的微觀運作程式裡了。

說到演算法，電腦模擬已經成功地為這種結果建立模型，在模型中，個體之間非常簡單的運作規則會不斷重複，結果就出現了複雜的行為。這種模擬也令人相信，令人困惑的動力以及高度複雜系統的組織，其實源自於支配個別成員互動的那種非常簡單的規則。我們也是直到三十年前，才可能出現這樣的理解，因為當時的電腦才能展現出如此強大的運算能力。現在，你的筆記型電腦也有這種運算能力。我們在觀察很多複雜系統時發現，也許**簡單**實際上是**複雜**的基礎，而電腦運算能力算是這個觀念的強力支持因素，所以也適合作為科學分析。因此，我們在概念上就可能發展出一門嚴肅而可以量化的**複雜的科學**（science of complexity），之後我們會再回頭探討這一點。

因此一般說來，一個複雜系統的普遍特徵就是，整體會比部分的簡單線性總和更龐大，而且通常和部分的總和差異極大。在很多例子中都可以看見，整體似乎有自己的生命，幾乎與它個別組成分子的專屬特徵無關。另外，不管是細胞、螞蟻或人，即使我們了解各別的組成分子如何和彼此互動，通常也不太可能預測到最後整體的系統行為。這種集體結果就稱為**突現行為**，也就是系統出現和個別組成分子簡單加總起來非常不一樣的特徵。在經濟、金融市場、都市社群、公司與有機體上，這已經是一種可以辨識的特徵。

從這些研究中發現的重要課題是，在很多這類系統中，並沒有中央控制單位。舉例來說，在建造一個蟻窩時，沒有一隻螞蟻會意識到自己正在促成的豐功偉業。有些螞蟻種類甚至用自己的身體，作為建造精密結構的基本構件，例如在通過水道時，軍蟻與火蟻會集結起來變成橋梁與筏子，並在覓食遠征時克服路上的障礙。這就是**自我組織**的行為。個別的組成分子凝聚起來形成整體的突現行為，就像人類形成的社會團體，例如讀書會或政治集會，或你身上的器官，器官可以看成是組成細胞的自我組織，或者城市可以看成是居民自我組織的表現。

與突現行為和自我組織觀念密切相關的是，很多複雜系統的另一個重要特徵，也就是它們因應持續改變的外在條件的適應與演化能力。當然，**複雜適應系統**的一個典型例子就是，從細胞到城市，所有不凡表現的生命本身。達爾文（Darwin）的自然選擇理論是一種科學論述，也已經被用來理解與描述，有機體與生態系統如何隨著持續變化的環境，不斷地演化與適應。

複雜系統的研究已經告訴我們，小心不要天真地把系統拆解成獨立行為的組成分子。另外，系統中某一個部分的小擾動，可能會在其他地方造成巨大的後果。系統很容易發生忽然而無法預測的變化，市場崩盤就是一個典型的例子。在一個正向回饋迴路中，一個或多個趨勢會強化其他某些趨勢，直到事件迅速發展到無法控制，或跨過某個行為大幅改變的引爆點。二〇〇八年全球金融市場崩盤，為全球帶來破壞性的社會與商業後果，就是一次令人怵目驚心的表現，導因卻是局部、相對地區性的美國房貸產業所引發的錯誤動力。

一直到大約最近三十年，科學家才靠自己的力量，開始認真研究了解複雜適應系統的挑戰，並尋求解決問題的新方法。結果自然就出現了一個整合性、系統性的跨學科方法，其中牽涉到來自多樣化科學領域的廣泛技術與觀念，包括生物學、經濟學、物理學到電腦科學、工程與社會經濟學。這些研究的一個重要教訓是，雖然無法對這類系統做出一般的詳細預測，但有時候卻可以針對這類系統的一般顯著特徵，得出一種粗略（coarse-grained）的量化描述。例如，雖然我們無法精確預測出某一個人何時會死，但我們應該可以預測人類的壽命是一百年左右。把這種量化觀點（quantitative perspective）帶進地球的永續與長期生存的問題，是非常重要的，因為這種觀點在本質上承認，在目前的研究方法上，經常忽略了互相連結與互相依存的關係。

規模從小變大，通常會從簡單變成複雜系統，同時系統的基本要素或組成分子並未改變或依然保持原樣。在工程、經濟體、公司、城市、有機體，以及也許是最具戲劇性的演化過程中，都是類似的道理。舉例來說，一座大城市裡的摩天大樓，比起小鎮裡的一間小房子，其複雜度當然有如天壤之別，但基礎的建築與設計原理，包括機械、能源與資訊發布的問題、電源插座、水龍頭、電話、筆記型電腦、門等等，大致都是相同的，完全與建築物的大小無關。從我家把規模放大到帝國大廈，這些基本的建築元件並沒有太大變化，所有的人都是用這些東西。同樣的道理，有機體已經演化到有數不盡的尺寸，形態與互動也非常多樣化，複雜度也越來越高，但基本組成構件例如細胞、粒線體、微血管，甚至葉子，並沒有跟著軀體的大小而有明顯變化，或跟著它們所在的系統而增加複雜度。

你就是你的網絡：從細胞到鯨魚的成長

我在這一章開始時指出一個令人意外而且違反直覺的事實，雖然在演化的動力中先天上充滿著無法預測的意外，但有機體中幾乎所有最基本而複雜的可測量特徵，是以一種非常簡單而規律的方式，隨著尺寸大小而縮放。圖一很明顯地說明了這件事，在一連串的動物中，代謝率是與身體重量相關的。

這種系統性的規律遵循著一個精確的數學公式，用技術語言來說就是，「代謝率的縮放遵循著一個**冪次法則**（power law），其**指數**非常接近$\frac{3}{4}$這個數字。」我稍後會更詳細解釋這個公式，但現在我想先用大白話簡單說明它的意義。所以現在先思考一下：大象大約比老鼠重一萬倍（**四個數量級**，10^4），因此細胞的數量大約也有一萬倍。而$\frac{3}{4}$的冪次縮放法則的意義就是，雖然有一萬倍的細胞數量要支撐，但大象的代謝率（也就是維持生命需要的能量）只需要老鼠的一千倍（**三個數量級**，10^3）；注意一下，在十的次方中，三比四的比率。這表示，隨著體積變大所得到的特殊規模經濟，並意味著，大象細胞的代謝率大約是老鼠細胞的十分之一。值得順便一提的是，在代謝過程中，大象的細胞損壞率也會降低，這就是大象更長壽的基礎，同時也提供我們了解老化與死亡的架構。縮放法則也可以用和之前稍微不一樣的方式表達：如果某一隻動物的體型是另一隻動物的兩倍大（不管是十磅對五磅，還是一千磅對五百磅），我們可能會天真地預期，牠的代謝率也會是兩倍大，這是典型的線性思考結果。但是縮放法則是**非線性的**，根據縮放法則來看，代謝率不會加倍，事實上只會增加七五%，這代表尺寸每增加一倍，代謝率就會節省二五%。[17]

注意一下，$\frac{3}{4}$這個比率只是圖一的斜率，其中的數字（代謝率與體重）是以**對數**尺度描繪，意思是說，這兩個數字是沿著兩軸以十倍數增加。用這種方式繪圖，圖形的斜率就會是**冪次法則的指數**。

代謝率的縮放法則又稱為克萊伯定律（Kleiber’s law），因為他是第一位清楚說明這個法則的生物學家。這個法則幾乎在所有的生物類別都適用，包括哺乳動物、鳥類、魚類、甲殼類、細菌、植物與細胞。更了不起的是，基本上所有的生理數值與生命史事件，包括成長率、心跳率、演化率、基因組長度、粒線體密度、腦中的灰色物質、壽命、樹的高度，甚至樹的葉子數量，都可以適用。另外，當我們以對數尺度畫出這樣令人眼花撩亂的縮放法則時，所有的圖看起來都會像圖一，因此也有相同的數學結構。它們全部都是「冪次法則」，而且都由某個指數控制（圖形的斜率），也就是$\frac{1}{4}$的簡單倍數，代謝率$\frac{3}{4}$就是一個典型的例子。所以，舉例來說，如果某一隻哺乳動物的體重是另一隻的兩倍大，牠的心跳速度就會降低大約二五%。因此，在所有的生命中，四這個數字發揮了一種根本而且幾乎是神奇的普遍作用。[18]

在統計過程以及自然選擇的歷史意外本質中，怎麼會出現如此令人意外的規律？$\frac{1}{4}$冪次縮放法則的普遍性與優勢強烈指出，自然選擇一直受到超越特殊設計的一般物理法則約束。不管是細胞、有機體、生態系統、城市或公司，這種高度複雜且自給自足的結構，都需要無數組成分子的密切整合，而且能在所有的規模中有效率地運作。藉著演化出類似碎形的階層分支網絡系統，生物系統一直都能這樣做；在自然選擇過程中，不斷「競爭」的回饋機制下，這個系統也被認為是其中隱含的最佳結果。包括$\frac{1}{4}$指數的盛行，縮放法則的起源基礎，就是這些網絡系統中的通用物理、幾何與數學特質。例如，克萊伯定律也遵循一個要求，血液流經哺乳動物（包括我們）循環系統所需的能量最少，我們能用來繁殖的能量就最多。其他這種網絡的例子包括呼吸、腎臟、神經，以及植物與樹木的維管束系統。這些觀念，以及**空間填充**（身體必須充滿細胞）和**碎形**（網絡的幾何學）的概念，之後會更詳細說明。

在哺乳動物、魚類、鳥類、植物、細胞與生態系統中，雖然它們各自演化出不同的設計形態，但依然看得到相同的基礎原理與特性。用數學語言表達時，就可以說明普遍的 $\frac{1}{4}$ 冪次縮放法則的由來，而且還能預測很多這類系統基本特徵的數值，包括最小與最大的哺乳動物的大小（鼩鼠與鯨魚）、任何哺乳動物循環系統血管中的血流與脈搏速率、美國最高的樹木高度、大象或老鼠要睡多久，以及腫瘤的血管架構。[19]

它們也可以導出**成長**理論。成長可以看成是一種縮放現象的特例。成熟的有機體在本質上是嬰兒的**非線性**放大版本，只要比較一下你的身體與嬰兒的不同比例就知道了。任何發展階段的成長，靠的就是把經由網絡送到目前細胞的代謝能量，分到新的細胞生成上，才能形成新的組織。這個過程是可以分析的，應用網絡理論也可以預測出，適用於所有有機體（包括腫瘤）成長曲線的普遍量化理論。成長曲線就是在年齡的函數下所描繪的有機體尺寸圖形。如果你有小孩，你可能就很熟悉成長曲線，因為小兒科醫師經常把成長曲線展示給父母看，讓他們知道，和嬰兒平均成長的期待值相比，自己的寶寶長得如何。成長理論也解釋了一個令人好奇的矛盾現象，你可能也思考過，也就是即使我們每天照常進食，為什麼最後就停止成長了？這是代謝率次線性縮放法則的結果，也是網絡設計內含的規模經濟。在後面的章節中，為了理解有關開放式成長與其潛在的永續性根本問題，相同的典範（paradigm）[20]將會應用到城市、公司與經濟體的成長。

由於網絡決定速率，亦即是輸送能量與資源到細胞的速率，因此也設定了所有生理過程的步調（pace）。由於大型有機體的細胞運作有系統地比小型有機體更慢，因此**生活步調**（the pace of life）會隨著體型增加而有系統地降低。所以，大型哺乳動物活得更久、花更長時間成年、心跳率更慢、細胞運作得不如小型哺乳動物辛苦，而且都可以達到相同的可預測程度。小型生物一輩子生活在忙碌的步調中，大型生物雖然比較有效率，但一輩子都很笨重，不妨想像一下匆匆忙忙的老鼠和慢吞吞的大象。

建立了這種思考模式之後，我們就要來問，在生物領域成功建立的網絡與縮放典範，可不可以被有效應用到城市與公司的動力、成長與結構，以及發展出類似機制的**城市與公司的科學**。這也將反過來成為一個出發點，以試圖解決全球永續性的大問題，以及不斷創新與生活步調不斷加快的挑戰。

城市與全球永續：創新與奇點循環

縮放法則作為基礎網絡理論的表現顯示，不管外觀與棲息地如何，在看待可測量特徵與特性時，鯨魚就好比放大的大象，大象是放大的狗，而狗則是放大的老鼠。在八〇到九〇％的程度上，牠們遵循著可預測的非線性數學規則，縮放成彼此的版本。稍微換個說法，所有曾經存在過的哺乳動物，包括你和我，通常是某個理想哺乳動物的大約縮放版本。城市與公司也是如此嗎？紐約是放大的舊金山，舊金山是放大的博伊西，博伊西是放大的聖塔菲？東京是放大的大阪，大阪是放大的京都，京都是放大的筑波？即使在它們自己國家的都市系統內，所有的城市看起來肯定也不一樣，而且每一個城市都有不同的歷史、地理與文化。但鯨魚、馬、狗與老鼠也有各自的差異。認真回答這個問題的唯一方法就是看數據。

非常引人注意的一點是，這類數據分析顯示，在人口規模的函數下，不管是在美國、中國、日本、歐洲或拉丁美洲，城市的基礎設施，例如道路、電線與水管的長度，以及加油站數量，都有相同的縮放原理。在生物圈中，這些數值會隨著規模以次線性模式放大，這表示具有系統性的規模經濟，但其中的指數是〇．八五，而不是〇．七五。所以舉例來說，在全球各地，城市越大，人均需要的道路與電線越少。就像有機體，雖然有不同的歷史、地理與文化，至少就實際的基礎設施來看，城市真的就好像彼此的縮放版本。

更了不起的是，城市也是彼此的縮放政經版本。例如工資、財富、專利、愛滋病例、犯罪與教育機構，在生物界中沒有類似的東西，而且人類在一萬年前發明城市以前，地球上也從沒出現過這些東西。這些城市擁有的社經數值，也會隨著人口規模而放大，但是是以大約一．一五的**超線性**指數放大。其中一個例子就是圖三顯示的城市專利數。因此，從人均的角度來看，當城市規模變大，所有的數值會有系統地**增加**到相同的程度；但在同一時間，所有基礎設施的數值，都能從規模經濟中省下相當的資源。雖然全球各地的城市有驚人的多樣性與複雜度，但

不管當地的都市規劃如何，城市在粗略的程度上，展現了一種令人意外的簡單、規律與可預測性。㉑

用簡單一點的話說，縮放法則的意義是，如果有一個城市比同一個國家的另一個城市規模大兩倍（不管是四萬人對二萬人，或四百萬人對二百萬人），那麼它的工資、財富、專利數、愛滋病例、暴力犯罪與教育機構，都會以大約相同的程度增加（會比只是兩倍還要多一五%），但所有基礎設施也會省下一樣的程度。城市越大，一般人擁有、生產與消費的商品、資源或點子，也會系統性地變多。所有好的、壞的和醜的指標，都整合在一個大約可以預測的包裹中：一個人可能會因為更多創新活動、更大的「行動」感與更高的工資，而搬進城市，但他也要預期犯罪與疾病盛行率同樣會增加。

就和生物界一樣，從城市的不同特徵以及全球各地獨自發展的都市系統中，觀察到的相同縮放法則強烈顯示，有一些超越歷史、地理與文化的基本通用原理，因此也可能有一個根本的、粗略的城市理論。我將在第八章討論，在社會與基礎設施網絡中，利益與成本之間無法切割的緊張關係，為什麼是來自社會網絡結構與人類互動群聚中潛在的普遍動力。因為城市中有各式各樣的人，也以各式各樣的方法構想與解決問題，因此城市提供了一種取得高度社會連結利益的自然機制。我將會探討這種社會網絡結構的本質與動力，並顯示其中的縮放法則，讓所有社經活動數值不論好壞都增加一五%，以及實體基礎設施節省一五%的有趣關聯。

當人類開始組成相當大的社群時，就為這座星球引進一種根本的全新動力。在社會網絡空間中，由於語言的發明，加上隨後的資訊交流，我們知道如何創新以及創造財富與產生想法，最後則表現在超線性縮放法則上。在生物界，網絡動力會遵循$\frac{1}{4}$冪次縮放法則，隨著尺寸變大而系統性降低生活步調。相對的，財富創造與創新背後的社會網絡動力，卻導致了相反的現象，也就是說，隨著城市的規模變大，**會系統性地增加生活步調**：疾病蔓延更快、公司更常成立與倒閉、商業交易更快速、人也走得更快，而且全都遵循著大約一五%的規則。我們所有人都可以意識到，大城市的生活步調比小鎮更快，而且在我們的生命中，隨著城市與城市經濟的成長，所有的一切都在加速中。

資源與能量是成長的必要燃料。在生物圈，成長的動力是代謝，而代謝的次線性縮放法則，讓我們可以預測成熟期的大約穩定尺寸。但在傳統的經濟思維中，這種行為卻被認為是災難，因為傳統的經濟思維認為，不管是城市或國家，健康經濟體的特徵就是不斷的開放式指數擴張，每年至少要成長幾個百分比，而且要永遠持續下去。就像生物圈的有限成長遵循的是代謝率的次線性縮放法則，財富創造與創新（以產生的專利數量來評估）的超線性縮放法則，帶來的是不受約束、經常比指數還快的成長表現，並與開放式經濟（open-ended economies）一致。這樣的一致令人滿意，但美中不足的是，這會產生一個可怕的問題，其技術名稱是**有限時間奇點**（finite time singularity）。簡單說，問題就在於這個理論也預測到，如果沒有無限的資源投入或產生重大的典範轉移，可以在潛在的崩潰發生之前「重新設定」時鐘，無限成長就不可能維持下去。藉由引進不斷循環的典範轉移創新活動，例如和人類大歷史有關的發明，包括鐵、蒸氣、煤、電腦運算，以及最近的數位資訊技術，我們得以維持開放式成長，並避免崩潰。更精確地說，這些大大小小的一切發明，就是集體人類非凡才智的明證。

然而，可惜的是，還有另一個不可小看的陷阱。這個理論也指出，發明的步調也必須越來越快速，連續創新之間的時間必須有系統地縮短，而且一定要越來越短。舉例來說，「電腦時代」與「資訊與數位時代」之間的時間也許只有二十年，但石器、青銅器與鐵器時代之間的時間都有數千年。因此如果我們堅持要不斷的開放式成長，不只生活的步調勢必要加快，創新的速度也必須越來越快。看看新產品與型號的不斷出現，我們都非常熟悉創新在越來越快的步調中的短期表現。我們就好像站在一連串的加速跑步機上，必須以越來越快的速度，從一部跑步機跳到另一部。這顯然無法永續下去，也可能導致整個都市社經結構的崩潰。提供社會制度燃料的創新與財富創造，如果不加以制衡，可能會撒下終將崩潰的種子。這是可以避免的嗎？或是我們困在一個在自然選擇中注定會失敗的著魔實驗？

公司與行業

再延伸這些想法下去，很自然會問到一個問題：這和公司可能會有什麼關係。可不可能有一門量化而可預測的**公司的科學**（science of companies）？公司是否也展現出超越規模與業務特徵的系統性規律現象？舉例來說，以銷售額與資產來說，營收超過半兆美元的沃爾瑪與埃克森，大概是銷售額小於一千萬美元的小公司放大版本？令人驚訝的是，這個問題的答案是肯定的，就像在圖四中可以看到的，公司和有機體與城市一樣，也隨著簡單的冪次法則而放大規模。一樣令人意外的是，公司是根據規模的函數以次線性模式縮放，不像城市社經特徵的超線性模式。從這個意義來看，公司比城市更像有機體。相較於城市的基礎設施是〇．八五，有機體是〇．七五，公司的縮放指數大約是〇．九。不過，和有機體與城市比起來，公司之間的精確縮放法則有更多變化，特別是在公司發展初期想在市場上占有一席之地的時候。然而，在公司一般行為中展現的驚人規律性顯示，雖然公司之間大異其趣，而且顯然具有個體性，但公司仍然在超越規模與行業的一般約束與原理下成長與運作。

對有機體來說，代謝率的次線性縮放法則讓它們停止生長，並且在成熟期維持大致穩定的體型，直到死亡。公司也有類似的生命史軌跡，初期成長快速，成熟時期成長逐漸變慢，如果存活下來，相對於GDP來看，最後也會停止成長。在公司成立初期尋求最大的市占率時，公司的發展會由大範圍的創新點子主導。不過當公司成長並站穩腳跟時，產品範圍一定會縮小，同時也必須建立重要的行政與階層組織。很快地，規模經濟與次線性縮放法則，雖然可以反映出管理龐大而複雜組織的效率，但也開始主宰在超線性縮放法則概括下的創新與點子，最後導致成長停滯，然後死亡。任何類型的美國公開上市公司，超過一半會在十年內消失，只有少數幾家公司可以活到五十年，更別說一百年了。㉒

在成長的時候，公司發展會越來越傾向單一方向，部分原因是基於市場的力量，但部分原因也與由上而下的管理與官僚需求僵化有關，因為這被認為是在現代社會中經營一家傳統公司的必要作為。特別是在外在的社經時鐘不斷加速，環境變化越來越快時，變革、調整與重新發明也變得越來越困難。相反的，城市卻能在規模變大時，變得越來越多面向。更精確地說，城市和幾乎所有的公司呈現出明顯的對比，隨著規模的成長，城市的多樣性不斷以一種可以預測的方式有系統地增加，這可以用組成城市經濟面貌的不同工作與行業來衡量。從這個角度來看，公司的成長與死亡曲線，非常接近有機體的成長與死亡曲線，也就不足為奇了。公司與有機體都展現出有系統的次線性縮放法則、規模經濟、有限成長與有限的生命期限。另外，在這兩個例子中，不管動物或公司的年齡，死亡概率，通常也稱為死亡率，也就是相對於存活人數的死亡人數，依然相同。不論公司的基業多麼穩固，或實際上從事什麼行業，公開上市公司因為收購、合併與破產而死亡的比例是一樣的。為了了解公司的成長、死亡與組織動力，並與有機體的成長與死亡，以及城市的無限成長與明顯「不朽」，進行對照與比較，我將在第九章詳細討論其中的機制基礎。

2 萬物的測量方法

縮放法則導論

在探討第一章提出的各種議題與問題之前，我想把這一章用來清楚介紹幾個貫穿全書的基本觀念。有些人可能已經對某些內容非常熟悉，但我希望所有人都有相同的共識。

整個概論基本上是根據歷史的角度，從伽利略（Galileo）對為什麼昆蟲的體型不可能很巨大的解釋開始談起，最後談到瑞利勳爵（Lord Rayleigh）①對天空為什麼是藍色的說明。在這中間，我會談到超人、ＬＳＤ②與藥物劑量、身體質量指數、船難與模型理論（modeling theory）的由來，以及這一切為什麼都和創新的起源與本質有關，而且都有成長的限制。最重要的是，我想利用這些例子來表達，從**規模**的角度來看量化思考的概念力量。

從酷斯拉到伽利略

就像很多科學家一樣，我有時會接到新聞記者的採訪邀約，他們的問題通常與城市、都市化、環境、永續、複雜、聖塔菲研究院（Santa Fe Institute）③，或者偶爾甚至和希格斯粒子（Higgs particle）④有關。所以當《通俗力學》（*Popular Mechanics*）⑤雜誌的記者約訪我，並告訴我好萊塢即將推出日本的經典賣座電影《酷斯拉》（*Godzilla*），很想知道我有什麼看法時，大家可以想像我有多麼驚訝。大家也許還記得，酷斯拉是一隻體型龐大的怪物，牠在城市裡漫遊（在一九五四年的原始版本中，這座城市是東京），不只把人嚇得驚惶失措，也造成嚴重的破壞和損害。

這個記者知道我對縮放法則有些研究，因此想知道「酷斯拉（以和上映的新電影拉上關係）的生物特徵，而且是以有點好玩、愚蠢、怪咖的方式了解……這麼大的動物可以走多快、牠的代謝會產生多少能量、牠的體重會有多重等等之類的問題」。這隻在二十一世紀全部由美國製造的酷斯拉，很自然成為這個角色有史以來最龐大的化身，高達三百五十英尺（一百零六公尺），比日本原始版本的兩倍還高，日本的酷斯拉只有一百六十四英尺（五十公尺）高。我馬上告訴這名記者，不管她問哪一個科學家，幾乎每一個人都會告訴她，像酷斯拉這樣的野獸，實際上根本不可能存在，如果牠的基本組成物質和我們一樣（都是有生命的），牠根本就

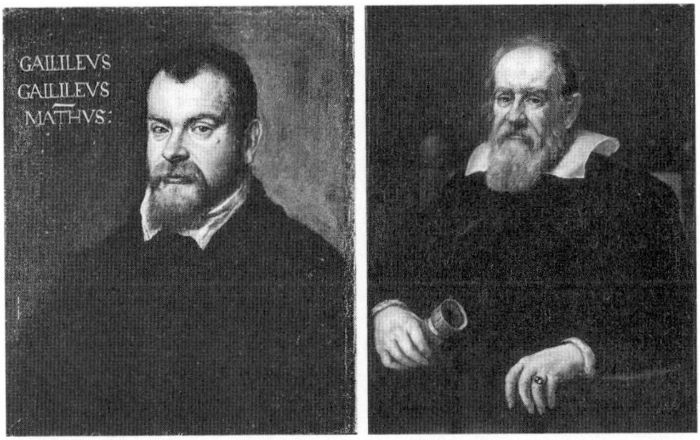

圖為伽利略 35 歲與 69 歲的肖像，他之後活不到十年就死了。這張肖像畫生動呈現出伽利略的衰老與死期將至的狀態，第四章將會有更詳細的討論。

動不了，因為牠會被自己的體重壓垮。

以上說法根據的是，在四百多年前，於現代科學發展之初，伽利略就已經提出來的科學論點。基本上，伽利略提出一個非常巧妙的縮放論點：伽利略先是提問，如果想按比例無限放大一隻動物、一棵樹，或一棟建築物的尺寸，會有什麼結果。然後伽利略回答大家，他發現成長是有限度的。直到今天，他的論點為所有後來有關規模的討論奠定了基礎。

由於伽利略在物理學、數學、天文學與哲學，有很多具開拓性的貢獻，因此實至名歸地被譽為「現代科學之父」。也許他最有名的一個實驗就是，從比薩斜塔上方丟下不同大小與成分的物體，並顯示它們全都在同一時間掉在地上。⑥這個反直覺的觀察也違反了一個被普遍接受的亞里斯多德信條：重的物體掉得比輕的物體更快，而且與重量的比例成正比。在伽利略實際測試之前，這個根本上的誤解廣泛流傳了將近二千年。現在回頭來看，在伽利略的研究之前，竟然沒有人想到，更別說會費心，去實際測試這件很顯然是「不證自明的事實」。

伽利略的實驗開創了我們對運動和動力學的理解，並為牛頓（Newton）提出知名的運動定律奠定基礎。在了解不管是在地球或宇宙各地的**所有**運動上，這些定律提供了一種精準且可量化與可預測的數學架構，因此把宇宙與地球統一在相同的自然法則中。這不只重新定義了人類在宇宙中的位置，也為後來的科學提供了黃金標準[7]，包括為後來的啟蒙時代與過去兩百年的技術革命，創造了發展的條件。

伽利略知名的事蹟還有改良望遠鏡，並發現木星的衛星，也因此相信哥白尼（Copernicus）對太陽系的看法。他因為基於觀察而繼續堅持太陽中心說，最後付出沉重的代價。伽利略在六十九歲而且健康狀況不佳的情況下，仍被帶到宗教裁判所，並因提出異端而獲罪。伽利略被迫放棄主張，並在短暫坐牢之後，餘生都在家監禁（九年之後，他的眼睛就瞎了）。他的書被禁，並被放進聲名狼藉的教廷《禁書目錄》（*Index Librorum Prohibitorum*）中，直到兩百年後的一八三五年，他的書才從該目錄中排除，並且在將近四百年之後的一九九二年，教宗若望保祿二世（Pope John Paul II）才公開發表，對伽利略的遭遇感到遺憾。我們很清楚可以看到，在很久以前，基於意見、直覺與成見，寫在希伯來文與希臘文上的文字，竟然可以比科學觀察證據與數學邏輯語言更重要。而且令人傷心的是，我們現在也還沒能擺脫這種被誤導的思維。

雖然伽利略本人處境悲慘，但全人類卻因他的監禁而得到莫大的利益。也許無論如何，這都會發生，但他被軟禁在家時，寫了也許是他最好的一本書，一本在科學文獻中真正偉大的著作，書名是《關於兩門新科學的談話與數學示範》（*Discourses and Mathematical Demonstrations Relating to Two New Sciences*）。[8]這本書基本上是他前四十年的集大成之作，在這段期間，他已經掌握到一種有邏輯的理性架構，可以有系統地理解我們周圍自然世界的問題。因此本書也為牛頓同樣巨大的貢獻，以及後來大致上的所有科學，打下堅實的基礎。愛因斯坦在推崇這本書時，說伽利略是「現代科學之父」，確實一點也不誇張。[9]

這真是一本偉大的著作。雖然書名不太討喜，文字與風格也已經過時，但令人意外地具有可讀性，也充滿樂趣。它的寫作風格是三個男人（辛普利奇奧〔Simplicio〕、薩格萊多〔Sagredo〕、薩維亞帝〔Salviati〕）的對談方式，這三個人花了四天，見面討論與辯論伽利略想回答的各式各樣、大大小小的問題。辛普利奇奧代表的是「一般的」外行人，他對世界充滿好奇，並問了一系列明顯很天真的問題。薩維亞帝是知道所有答案的聰明傢伙（就是伽利略！），很有魅力，也很有耐心；而薩格萊多則介於兩人之間，有時候他會挑戰薩維亞帝，也會鼓勵辛普利奇奧。

會談的第二天，他們就把注意力轉到有點神祕的討論，也就是繩索與支柱的力量，然後就像你可能會猜到的，一陣乏味又細節的討論之後，迷霧退散，亮光出現，最後薩維亞帝發表了以下的見解：

> 從我們已經說明的內容中，你們可以明白地看到，不管是藝術或是在自然界，不可能把結構的尺寸增加到非常龐大；就像不可能建造龐大尺寸的船隻、宮殿或寺廟，還能把它們的船槳、庭院、梁柱、鐵栓，以及簡單說其他所有的零件組在一起；大自然也無法生出不凡尺寸的大樹，因為樹枝也會因為自己的重量而折斷；所以，如果人、馬或其他動物的高度長到非常非常高，也沒有辦法長出可以組在一起、發揮正常功能的骨架……因為不尋常的高度，他會倒下來，還會因為自己的重量而被壓碎。

就是這裡！我們在漫畫與電影中以影像呈現，我們對巨型螞蟻、甲蟲、蜘蛛，或這類問題的偏執幻想，伽利略在將近四百年前就想過了，而且當時他就精彩地分析，在物理學上，那是不可能的事。或者說得更精確一點，對於所有東西實際上可以有多大的尺寸，是有一些基本限制的。所以很多科幻電影中的影像，確實就是：純屬虛構。

伽利略的論點優美而簡單，但卻影響深遠。另外，對於我們即將要在後面章節探討到的概念，它也提供了一個很棒的引言。它包含兩個部分，一個是幾何論點，它顯示，當物體的尺寸變大時，面積和體積與物體大小的關係（圖五）；另一個是結構論點，它顯示支撐建築物的支柱、支撐動物的四肢、支撐樹木的樹幹，力量與其橫切面面積有一定的比例關係（圖六）。

在接下來的方塊文章中，我提供了第一個論點的非技術語言版本，顯示的是，如果某個物體的形狀固定，當它的尺寸變大，它的面積就會以長度的**平方**增加；它的體積就會以長度的**立方**增加。

伽利略對面積與體積放大的論點

圖 5

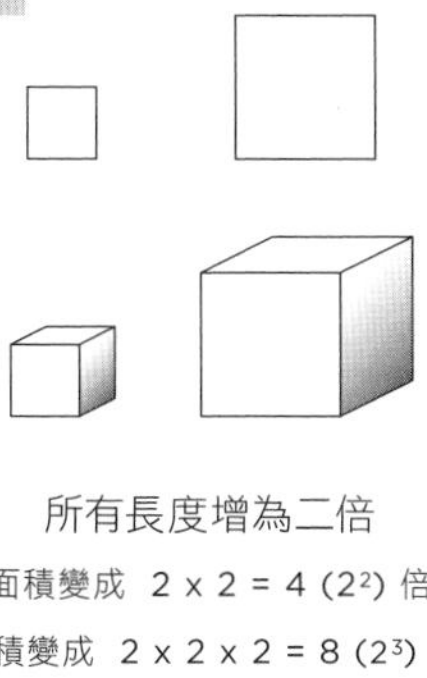

圖 6

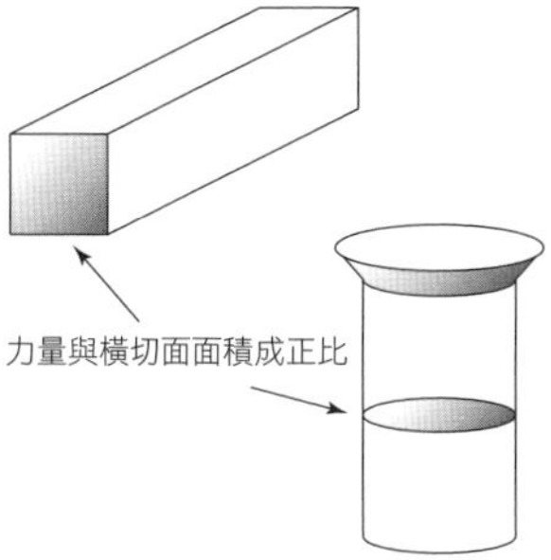

圖 5 顯示，簡單的正方形與立方體如何計算面積與體積。
圖 6 顯示，梁柱與四肢的力量與其橫切面面積成正比。

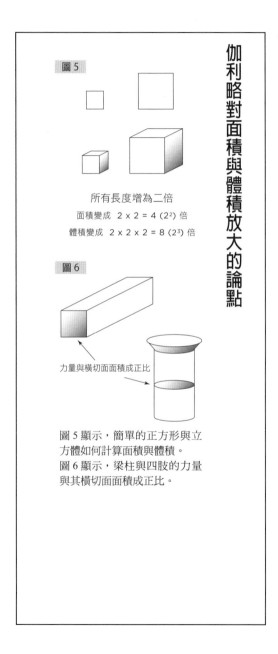

一開始，先想像一個最簡單的幾何形狀物體，例如一個正方形的地板磁磚，接著想像把它放大到一個更大的尺寸，可見圖五。為了明確起見，我們把它的邊長設為一英寸，因此它的面積可以從相鄰兩邊的長度相乘得出，也就是一平方英寸（一英寸×一英寸＝一平方英寸）。現在假設我們把它每一邊的長度，從一英寸放大為二英寸，那面積就會增加為四平方英寸（二英寸×二英寸＝四平方英寸）。同樣的道理，如果我們把長度變成三倍的三英寸，面積就會增加為九平方英寸，以此類推。其中的通則很清楚：**面積會隨著長度的平方增加**。

這個關係適用於**任何**平面的幾何圖形，而且不只是正方形，只要形狀固定，它的線條用同樣的倍數增加，就會一樣適用。一個簡單例子就是圓形，如果它的半徑增加一倍，它的面積就會是四倍（2×2＝4）。一個更一般的例子就是，把你房子每一面的長度增加一倍，但形狀與結構都不變，那麼所有的表面積，比如牆面與地面，都會變成四倍。

這個論點可以直接從面積延伸到體積。一開始先想一個簡單的立方體，如果每一邊的長度從一英寸放大為二英寸，那麼它的面積就會從一立方英寸，變成八立方英寸（2×2×2＝8）。同樣的道理，如果長度變成三倍，體積就會變成二十七倍（3×3×3＝27）。和面積一樣，這可以直接應用到所有的物體，不管形狀如何，只要把形狀固定，就能推論，只要放大尺寸，**它的體積會隨著線性尺寸的長度立方增加**。

因此，當一個物體的尺寸變大，體積增加的速率會比面積更快。讓我給你一個簡單的例子，如果你家的形狀維持不變，每一邊的長度增加一倍，體積就會變為八倍（$2^3=8$），但是地板的面積只會變為四倍（$2^2=4$）。再舉一個更極端的例子，如果所有的線性尺寸都增加為十倍，那麼所有的表面積，例如地板面積、牆面面積、天花板面積，就會變大為一百倍（$10\times10=100$），但房間的體積就會變得更大，是一千倍（$10\times10\times10=1,000$）。

不管是我們工作與生活在其中的建築物，或是自然界中的動物與植物結構，這對我們周圍大致上的所有世界都有很重大的意義。舉例來說，大部分的暖氣、冷氣與照明效果，都與暖氣機、冷氣機與窗戶的表面積成正比。因此它們增加效能的速度，會比需要被加熱、冷卻或照明的生活空間的體積更慢，所以，當一棟建築物在放大尺寸時，這些設備也必須超出比例地增加。同樣的道理，對動物來說，由於代謝與身體活動會產生熱，相對於小型動物的體積，大型動物可以散熱的表面積比例比較少，所以可能會有散熱的問題，因此大象就演化出超出比例的大耳朵來解決這個問題，以大幅增加表面積來幫助散熱。

在伽利略之前，可能已經有很多人發現了面積與體積放大比例的方式，在本質上的差異。伽利略的新見解是，把這種幾何認知與支柱、梁柱與四肢的力量是由橫切面面積的大小決定，而不是它們的長度這個認知結合。因此不管柱子的長度如何，一根橫切面是二英寸與四英寸

（八平方英寸）的柱子，能支撐的重量是相同材質但橫切面面積只有一半的柱子，也就是一英寸與二英寸（二平方英寸）的四倍。第一根柱子可能是四英尺長，第二根可能是七英尺長，但都不重要。這就是為什麼和建設有關的建造者、建築師與工程師，會根據橫切面的尺寸來為木材分類，以及為什麼家得寶（Home Depot）與勞氏公司（Lowe's）的木材儲存場，是按「2×2、2×4、4×4」等等的方式陳列的原因。

現在，當我們把一棟建築物或一隻動物的體型放大，它們的體重就會直接和體積成比例，而且當然，它們的組成物質沒有改變，密度也保持不變；所以體積增加一倍，體重也會增加一倍。因此，被一根支柱或一隻腳支撐的重量增加的幅度，會比增加相同幅度的力量更大，因為重量（就像體積）是以線性尺寸的立方增加，但力量是以平方增加。為了再強調這一點，想像一下一棟建築物或一棵樹形狀不變、高度增加十倍，那麼需要支撐的重量會增加一**千倍**（10^3），但是支撐它們的支柱或樹幹的力量只增加一**百倍**（10^2）。因此安全支撐額外重量的能力，只有原先需要的十分之一。所以，不管是什麼結構，如果結構的尺寸任意增加，最後就會被自己的重量壓垮。尺寸與成長是有限的。

稍微換個方式說就是：當尺寸**變大**，**相對**力量會逐漸變小。或者就像伽利略用圖形所表示：「身體越小，相對力量越大。因此一隻小狗也許可以在背上背二或三隻和牠一樣大小的狗；但我認為，一隻馬可能連一隻和牠一樣尺寸的馬都背不動。」

超人：誤導的結論與對規模的誤解

超人第一次在地球上現身是一九三八年，而且至今一直是科幻世界中最了不起的英雄人物之一。一九三八年的《超人》（*Superman*）漫畫的第一頁，解釋了超人的身世背景。[10]他來自氪星（Krypton），來到地球的時候還是個小嬰兒。「那裡居民的身體結構比人類先進了數百萬年。一到成年，他的族人就會得到巨大的力量。」說得更精確一點，成年後，超人「輕輕鬆鬆一跳就是八分之一英里遠，越過二十層樓高的建築物……舉起超級重的物體……跑得比特快火車還快……」所有的特異功能都在知名的廣播節目，以及後續的電視與電影開場白中，無比驕傲地總結為：「比子彈還快、比火車頭更有力、一蹬就可以跳過高樓……他就是超人。」

這些描述可能都是真的。不過，在第一頁的最後一個設計還有另一段大膽的說明，因為很重要，所以還用英文的大寫字表達：「**克拉克．肯特**（Clark Kent）**驚人力量的科學解釋**……不可思議嗎？**一點也不**！因為即使是今天，我們的世界也有**超大力量**的生物存在！」為了證明這一點，還舉出了兩個例子：「渺小的螞蟻可以舉起比自己重數百倍大的物體」，以及「蚱蜢彈跳的距離對人類來說就是好幾個城市的街區」。

這些例子可能很有說服力，但卻代表從正確事實導致錯誤認知與誤導推論的典型例子。至少從表面上看，螞蟻看起來比人類強太多了。然而，就像我們從伽利略學到的，**相對力量**會隨

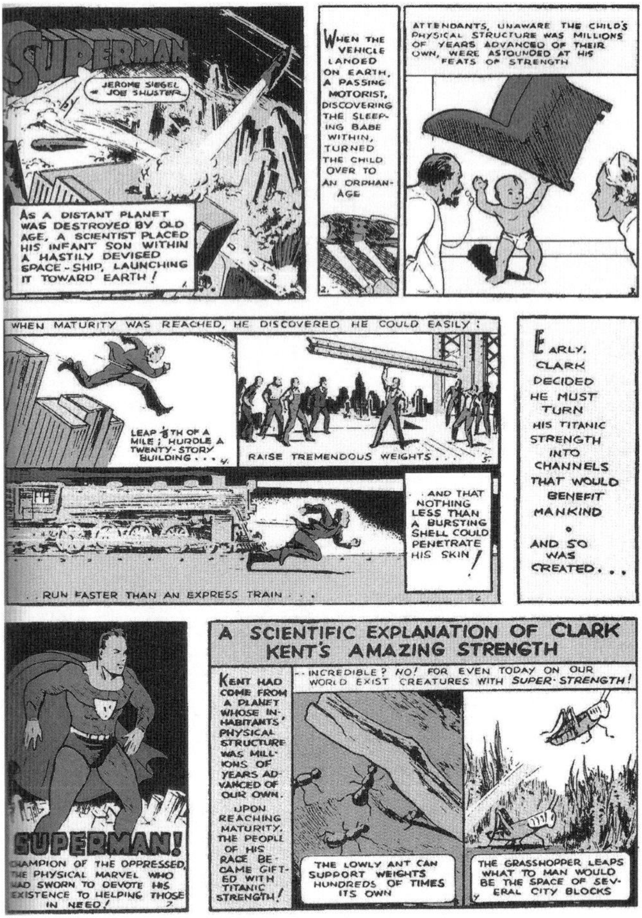

1938 年第一本超人漫畫中，超人的身世之謎與超能力的說明。

《超人》傑若米．西格爾（Jerome Siegel）和喬．舒斯特（Joe Shuster）著

在很久之前，一顆遙遠的星球被毀滅了。一個科學家把自己的嬰兒，放進匆忙設計出來的太空船，朝向地球發射。

太空船抵達地球時，一個乘車的人發現裡面正在睡覺的小嬰兒，就把他送到孤兒院。

孤兒院員工不知道他的身體結構比人類先進數百萬年，對他的超大力量感到瞠目結舌。

當他成年時，他發現自己可以輕易地：

> 一跳就是八分之一英里遠……舉起超級重的物體……跑得比特快火車還快……而且除了爆炸的彈殼，任何東西都無法穿破他的皮膚！

很早的時候，克拉克就決定，要把自己的超強力氣用在對人類有益的事情上。所以就出現了……超人！受壓迫者的擁護者。他擁有非比尋常的能力，並發誓要獻身給需要幫助的人。

克拉克．肯特驚人力量的科學解釋

肯特來自一顆星球，那裡居民的身體結構比人類先進了數百萬年。一到成年，他的族人就會得到巨大的力量。

不可思議嗎？**一點也不**！因為即使是今天，我們的世界也有**超大力量**的生物存在！

渺小的螞蟻可以舉起比自己重數百倍的物體；蚱蜢彈跳的距離對人類來說就是好幾個城市的街區。

著尺寸縮小而**增加**。因此，根據力量如何跟著尺寸變化的簡單規則，把一隻狗縮小成一隻螞蟻時就會發現，如果「一隻小狗也許可以在背上背二或三隻和牠一樣大小的狗」，那麼，一隻螞蟻就可以背上一百隻和牠一樣大小的螞蟻。另外，因為我們比一般的螞蟻重上一千萬倍，相同的論點顯示，我們只能背一個和我們一樣體重的人。因此，事實上，對於牠的大小來說，螞蟻擁有的力量是正確的，所以螞蟻能舉起自己體重一百倍的物體，一點也不特別，也不令人意外。

會產生這種誤解是因為**線性**思考的自然傾向，並暗藏在一隻動物的體型增加一倍，力量也會增加一倍的隱含推定。如果這個推論是正確的，那麼我們的力量會是螞蟻的一千萬倍，而且可以舉起一噸的物體，也能像超人一樣抬起十多個人。

數量級、對數、地震與芮氏地震規模

我們已經看見，如果一個物體的形狀與組成不變，長度增加為十倍，面積（亦即力量）就會增加為一百倍，而體積（也就是重量）會增加為一千倍。像這樣連續以十倍數增加的情形，稱為**數量級**（orders of magnitude），一般簡單表示為10^1、10^2、10^3等等；其指數則以10右上角的小字表達，也表示跟在1後面的0的數量。因此，10^6是一百萬的簡單表示，或六個數量級，因為它是1的後面有6個0，也就是1,000,000。

以這樣的語言描述的話，伽利略的觀察結果就可以表達為，長度每增加一個數量級，面積與力量會增加**兩個**數量級，但體積與重量會增加**三個**數量級。根據這個原理，如果面積增加一個數量級，體積就會增加$\frac{3}{2}$（也就是一又二分之一）個數量級。因此力量與重量就有一個類似的關係：力量每增加一個數量級，可以支撐的重量就會增加一又二分之一個數量級。反過來說，如果重量增加一個數量級，那麼力量只會增加$\frac{2}{3}$個數量級。這就是**非線性關係**的基本表現。**線性關係**的意義就是，面積每增加一個數量級，體積也會增加一個數量級。

我們很多人雖然沒有意識到數量級，但我們身邊全部都是數量級概念的應用，包括媒體對地震的報導用到的數量級。我們經常聽到這樣的報導：「今天在洛杉磯有一個中度地震，芮氏規模五．七，很多建築物都感受到激烈搖晃，但只造成很小的損害。」偶爾我們也會聽到像一九九四年發生在洛杉磯北嶺地區的地震報導，那次的地震規模只是大了一個單位，卻造成重大的損害。北嶺地震的規模是六．七，造成超過二百億美元的損失，六十人死亡，並成為美國史上代價最大的自然災害；但是一個震度五．七規模的地震，卻只造成輕微的破壞。先不管在規模上明顯小有增加，造成結果如此重大差異的原因是，芮氏規模是以**數量級的角度**來呈現地震的大小。

所以增加一個單位，實際上是增加一個數量級，因此震度六．七的地震，規模其實是五．

七地震的十倍。同樣的道理，二〇一〇年發生在蘇門答臘的七．七規模的地震，是北嶺地震的十倍大，也是五．七地震的一百倍大。蘇門答臘地震發生的地方相對人口較少，但仍因為海嘯而造成大範圍的破壞，超過二萬人流離失所，死亡人數逼近五百人。令人傷心的是，在五年之前，蘇門答臘也經歷了一場更具破壞力的地震，規模八．七，因此又增加了十倍。很顯然的，除了地震的大小，地震造成的損害大致上根據當地的條件而定，例如人口多少與密度，建築物與基礎設施的穩固程度等等。一九九四年的北嶺地震，以及更近的二〇一一年日本福島地震，這兩個地震都造成很大的損害，規模分別「只有」六．七與六．六。

芮氏規模實際就是在地震儀上記錄到的「振動」幅度。相對釋放的能量是以非線性模式隨振動幅度而放大，這個模式是，測量的幅度每增加一個數量級，釋放的能量就增加一又二分之一（也就是$\frac{3}{2}$）的數量級。這表示在幅度有**二個**數量級的差異時，在芮氏規模的表示上就是二．〇的變化，並在能量釋放上相當於有**三個**數量級（1,000）的變化，因此光是一個數量級的變化就相當於一千的平方根，也就是31.6。[11]

為了讓大家了解地震所牽涉到的巨大能量，這裡提供幾個數字讓大家細讀：引爆一磅（或半公斤）TNT炸藥所釋放的能量，大約是芮氏規模上的一個等級；三個等級就相對於一千磅（或五百公斤）TNT炸藥，這大約是一九九五年奧克拉荷馬市的炸彈攻擊事件的規模；規模五．七大約就相當於五千公噸，六．七大約就相當於十七萬公噸（北嶺與福島地震），七．七大約就相當於五百四十萬噸（二〇一〇年蘇門答臘的地震）而八．七大約就相當於一億七千萬公噸（二〇〇五年蘇門答臘地震）。有史以來被記錄到的最大地震，是一九六〇年發生於瓦爾迪維亞（Valdivia）的大智利地震（Great Chilean Earthquake）[12]，規模記錄是九．五，相當於二十七億公噸TNT炸藥，幾乎是北嶺與福島地震的一萬倍。

為了比較，一九四五年投在廣島的原子彈「小男孩」（Little Boy），釋放的能量相當於一萬五千公噸的TNT炸藥。一顆典型的氫彈釋放的能量會超過一萬倍，相當於芮氏規模八的大地震。當你理解到一．七億公噸的TNT炸藥，也就是二〇〇五年蘇門答臘的地震規模，就可以供應一座一千五百萬人口的城市，相當於整個紐約大都會區，一整年的燃料，你就知道這些能量有多龐大了。

在芮氏規模上，不是以一、二、三、四、五……的線性模式增加，而是以10^1、10^2、10^3、10^4、10^5……的十倍在增加，這種尺度稱為**對數**（logarithmic）尺度。[13]值得注意的是，數量級的數字表示是線性的，就像十的右上角標示的指數。在很多的特性之中，對數尺度可以讓人在同一條軸線中，描繪出差異倍數非常大的數量，例如瓦爾迪維亞地震、北嶺地震，以及整體超過十億（10^9）的柱狀炸藥包。如果用線性尺度繪圖就會畫不出來，因為幾乎所有的事件都會被畫在圖形較低的那一邊，而且堆疊在一起。為了把範圍超過五或六個數量級的地震都包含進來，用線性尺度畫的圖需要的紙張要好幾英里長，因此才發明了芮氏規模。

這種作法方便讓變化範圍很大的數量，可以在一張紙上的一條線中呈現，就像這個例子，因此在科學界的所有領域都普遍採用對數尺度。星星的亮度、化學溶液的酸鹼度（就是pH值）、動物的生理特徵，以及國家的GDP，為了涵蓋所有調查到的數字範圍，這些全都是使用對數尺度的例子。第一章的圖一到圖四，也是用對數尺度繪製的圖形。

舉重與檢驗伽利略

科學和其他知識領域截然不同的一個本質就是，它的假設可以通過實驗與觀察的驗證，還能屹立不搖。這可一點都不簡單，一個明顯例子就是，亞里斯多德主張，因重力落下的物體，墜落時的速度與物體的重量成正比，這個主張花了二千多年才真正得到檢驗，而且檢驗的結果是，這個主張是不正確的。遺憾的是，現今的很多教條與信念，尤其是在非科學領域，仍然沒有得到驗證，還被嚴格遵守著，而且也絲毫沒有想要檢驗它們的意圖，所以有時候就會發生不幸，甚至災難性的後果。

現在來談談十的倍數，我想用我們已經學到的數量級與對數，來解決檢驗伽利略對力量應該如何跟著重量改變的預測問題。我們可不可以說，在「真實的世界」中，如果用數量級表達，根據應該是二比三的比例，力量確實跟著重量增加？

一九五六年，化學家雷斯奇（M. H. Lietzke）對伽利略的預測，做了簡單而優雅的確認。他了解到，至少就人類來說，因不同體重級別而增加的比賽體重，給了我們一組身體體重的最大力量數據。所有的舉重冠軍都會努力舉起最重的槓鈴，為了達成這個目標，他們的訓練強度與程度也大致差不多，所以如果比較他們的力量，也是大致在類似的條件下比較。另外，冠軍是由推舉、抓舉、挺舉三種不同的舉重項目決定，會取這三種能力的個別表現平均加總。因此這些加總數字就是最大力量很好的衡量標

圖 7

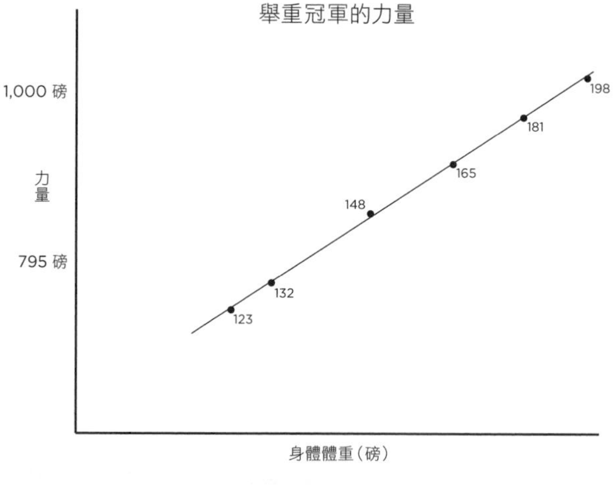

1956 年奧運舉重冠軍舉起的總重量，根據體重以對數尺度繪圖，確認了 2/3 的斜率預測。誰是最強壯的人？誰是最弱的人？

準。

運用一九五六年奧運舉重比賽的三個項目重量總和，雷斯奇聰明確認了力量對身體重量的$\frac{2}{3}$預測值。每一個金牌得主的總抓舉重量，根據身體重量以對數尺度繪製出來，每一條軸線也以十的倍數增加。如果力量（畫在縱軸）增加二個數量級，身體重量（畫在橫軸）就會增加三個數量級，因此這些數據就會呈現出一條斜率為$\frac{2}{3}$的直線。雷斯奇發現的測量值是〇・六七五，非常接近預測值的〇・六六七（2/3＝0.667）。他畫的圖重新製作成圖七。[14]

個別表現與標準差：全世界最強壯的人

考慮到縮放論點的簡單，舉重數據呈現的規律性，並且極接近力量縮放比例的$\frac{2}{3}$預測值，似乎令人感到一絲驚喜。畢竟，我們每一個人的形狀都有點不一樣、身體特徵也不一樣、歷史也不一樣、遺傳也有點不一樣，但在$\frac{2}{3}$預測值中都不必考慮到這一些。運用接受大致相同訓練的舉重冠軍所舉起的總重量數據，有助於平均掉這些個別差異。另一方面，我們所有人大致上都是由相同的物質組成，生理特質類似。我們的機能也非常相近，而且就如圖七所呈現的，至少以力量來說，大致上是彼此的縮放版本。事實上，在這本書結束的時候，我希望讓你相信，這種廣泛的相似性，還可以延伸到你的生理與生命史的每一個層面。所以事實上，當我在說

「我們」大致上是彼此的縮放版本時，我指的不只是所有的人類，還包括所有的哺乳動物，而且在不同程度上，也包括所有的生命。

看待縮放法則的另一個角度是，縮放法則提供一個掌握到主要基本特點的理想基準，這個特點不只是我們身為人類的專屬特點，也是所有有機體、所有生命展現形態的特點。從縮放法則表現的這個理想基準，以不同程度衍生出的每一個個體、每一個物種，甚至每一個分類族群，各有差異，這也反應出代表個體的明確特徵。

讓我用舉重的例子來說明這一點。仔細看一下圖七的圖形，你很清楚可以看到，有四個點不偏不倚剛好落在線條上，這表示，這幾個舉重選手舉起的重量，幾乎就是根據他們的體重所應該舉起的重量。但是，再看看另外兩個點，重量級與中量級選手的點，落在有一點點偏離直線的位子，一個在直線下方，一個在上方。因此，這位重量級選手雖然舉起的重量比其他人重，但事實上，相對於他的體重應該舉起的重量，算是表現**低落**，但是這個中量級選手相對於他的體重則是表現**突出**。換句話說，從一個物理學家的平均公平比賽角度來看，一九五六年全世界最強壯的人，實際上應該是中量級冠軍，因為相對於他的體重，他的表現超過平均。諷刺的是，從科學的縮放角度來看，所有冠軍中最弱的人，就是那個重量級選手，即使他舉起的重量比其他人重。

更嚴重誤導的結論與對規模的誤解：迷幻藥用量、大象、泰諾與嬰兒

在醫療與健康領域，到處可以見到尺寸與規模的作用，但是縮放法則內在的觀念與概念架構，並未明確整合到生物醫學專業。舉例來說，我們都很熟悉一個觀念，有一些標準的圖形可以顯示身高、成長率、食物攝取量，甚至我們的腰圍，應該與我們的體重有關；或者在我們的早期發育期間，這些指標都會改變。這些圖形不是別的，正是縮放法則的表現，而且也被認為適用於「一般健康人士」身上。事實上，醫生早已訓練有素，知道這些變數和病人的重量與年齡應有的關係。

大家一樣熟悉的是**不變數值**（invariant quantity）的相關概念，例如我們的脈搏或體溫，並不會根據一般健康人士的身高或體重而有系統地改變。事實上，如果不變數值大幅改變，通常會被用來當作疾病或不健康的診斷參考。體溫高達攝氏三十八・三度，或血壓二七五／一五四，是身體出問題的訊號。這些日子以來，標準的身體檢查產生過多這樣的指標，醫生就靠這些指標來評估你的身體狀況。醫療產業的一個重大問題在於，確認一般健康人士可以量化的生命尺度基準，然後延伸為成套的指標，包括多大的變化或變異度是可以接受的範圍。

之後，很多重大的醫學問題就可以用縮放法則的觀點來解決，也就不令人意外了。在稍後

的章節中，有幾個讓我們所有人都非常關心的健康問題，包括老化與死亡、睡眠與癌症，將會用這個架構來處理。但在這裡我想先給點開胃菜，探討一下牽涉到伽利略對面積與體積放大的關係的見解，幾個很重要的醫學問題。這會顯示，無意識地使用線性推論，多麼容易形成誤解，並導致嚴重的誤導性結論。

在新藥的研發與很多疾病的研究上，都是以所謂的模型動物做實驗對象，一般是用為了研究目的特別繁殖出來的標準老鼠。對醫療與製藥研究的基礎問題是，這些研究的結果如何放大到人體身上，才能開出安全而有效的用藥劑量，或導出有關診斷與治療程序的結論。關於這件事要如何達成，目前還沒發展出完整的理論，但製藥業在研發新藥時，已經投入龐大的資源處理這個問題。

有關這些挑戰與陷阱的一個經典案例，是一個調查ＬＳＤ迷幻藥在人體的潛在醫療效果的早期研究。雖然「迷幻藥」（psychedelic）這個字在一九五七年就出現了，但在一九六二年，這種藥在專科的精神科社群之外，幾乎沒人知道。當時精神科醫師路易斯・魏斯特（Louis West，我們倆不是親戚），以及奧克拉荷馬大學的切斯特・皮爾斯（Chester Pierce），加上奧克拉荷馬市立動物園的動物學家華倫・湯瑪斯（Warren Thomas），提議要研究迷幻藥對大象的效果。

大象？是的，大象，而且特別是亞洲大象。雖然用大象而不用老鼠作為研究ＬＳＤ效果的實驗模型對象，聽起來有點奇怪，但這樣做有一些不是那麼不可思議的理由。因為亞洲象每一段時間就會忽然無法預期地，從平常安靜而順從的狀態，轉變成非常具有攻擊性，甚至有危險性的狀態，為期會到兩個星期。魏斯特和他的同事猜測，這種瘋狂且經常具有破壞性的行為（稱為**狂暴狀態**〔musth〕），是因大象腦中自動產生的ＬＳＤ而發作。所以，他們的想法是，想看看ＬＳＤ會不會引起這種令人好奇的情況，如果會的話，從研究ＬＳＤ如何作用，就可以得知ＬＳＤ對人體的效果。是有點奇怪，但也許不是完全沒有道理。

但這個想法馬上引起一個令人好奇的問題：應該給大象注射多少劑量的ＬＳＤ？

當時，很少人知道ＬＳＤ的安全劑量。雖然當時ＬＳＤ還沒進入大眾文化，但也已經知道，不到四分之一毫克的ＬＳＤ，就會使人體產生「幻覺體驗」，另外，對貓的安全劑量是，每一公斤的體重大約是十分之一毫克。研究人員選擇用後面這一個數字，來評估應該給這頭叫圖思科（Tusko）的大象的ＬＳＤ劑量。這隻毫無防備的大象，就居住在奧克拉荷馬市的林肯公園動物園裡。

圖思科的體重大約三千公斤，所以參考貓的安全劑量，他們估計，對圖思科的安全而適當的劑量，大約是每公斤〇．一毫克乘以三千公斤，結果就是三百毫克的ＬＳＤ。他們實際注射的劑量是二百九十七毫克。記得，對你我而言，ＬＳＤ的最佳劑量是不到四分之一毫克。圖思科的下場非常戲劇性，也很悲慘。以下直接從他們的研究報告中引用：「注射五分鐘後，〔大象〕大吼大叫、全身虛脫，然後重重地朝身體右側倒下去，而且大小便失禁，並進入癲癇狀態。」

一小時又四十分鐘之後，可憐的老圖思科就斷氣了。幾乎和這個可怕的結果一樣令人不安的是，研究人員的結論是：大象「依照比例，對ＬＳＤ非常敏感」。

當然，這就是我們已經強調很多次的問題，也就是線性思考的誘人陷阱。計算要給圖思科的劑量，根據的是有效而安全的劑量會隨著體重線性放大的隱含推論，所以每一公斤體重的安全劑量，被認為所有的哺乳動物都一樣。因此對貓來說，每一公斤體重〇・一毫克的劑量，就天真地乘以圖思科的體重，所以才會算出一點也不尋常的二百九十七毫克，並導致悲慘的後果。

一隻動物的安全劑量，究竟如何放大到另一隻動物身上，在不同程度上，根據藥物的詳細特性與處理的醫療情況而定，並沒有一定的答案。但是，不論細節，為了得到可靠的估算，就必須考量一個基本的機制，也就是藥物傳送以及特殊器官與組織吸收藥物的方式。在很多因素中，代謝率有很重要的作用。就像代謝與氧氣，藥物一般是透過薄膜表面傳送，有時候是透過擴散作用，有時候是透過網絡系統。因此，在很大的程度上，決定劑量的因素與表面積有關，而不是有機體的總重量或體積有關，因此和重量呈現非線性的比例關係。用面積對體積的 2/3 縮放法則，來簡單計算一下就可以發現，對大象更適當的劑量應該是幾毫克的ＬＳＤ，而不是實際注射的幾百毫克。如果這樣做的話，圖思科還會好好地活著，有關ＬＳＤ的作用，也會推出一個截然不同的結論。

這一課的教訓很清楚：藥物劑量的縮放方式絕不簡單，如果做得不正確，沒有適當注意藥物傳送與吸收的基本機制，天真的方法會導致不幸結果與錯誤結論。這很顯然是一個關係重大的問題，有時候甚至是生與死的問題。這也是新藥要花很久時間才能取得一般使用核可的背後的一個主要原因。

你可能以為這個研究是某些非主流的邊緣研究，但是LSD與大象的研究報告就刊登在全世界最受重視、聲望很高的期刊《科學》（*Science*）上。⑮

在處理孩子的發燒、感冒、耳朵疼痛，與其他變化莫測的毛病時，很多人都很熟悉藥物劑量的多少應該與體重有關的問題。記得很多年以前，我試著安撫半夜發高燒、哭嚎不已的小嬰兒，卻驚訝地發現，泰諾（Tylenol）的嬰兒退燒藥印在瓶子標籤上的建議劑量，竟然是根據體重而**線性**放大。由於我對圖思科的悲慘故事非常了解，所以我有一定程度的擔心。標籤上有一個小圖顯示，幾歲、幾公斤的嬰兒，一次的安全劑量應該是多少。例如，對一個六磅重的嬰兒，建議劑量是 ¼ 湯匙（四十毫克），而三十六磅的嬰兒（六倍重）的劑量就是一又二分之一湯匙（二百四十毫克），不多不少，就是六倍多。但如果用的是非線性的 ⅔ 冪次縮放法則，劑量增加的倍數應該是$6^{2/3} \approx 3.3$，相當於一百三十二毫克，只是建議劑量的**一半**多一點點！所以，如果六磅嬰兒的 ¼ 湯匙劑量是正確的，那麼對三十六磅的嬰兒建議的一又二分之一湯匙，就幾乎是二倍，實在太多了。

希望這沒有讓孩子身陷危險。我最近幾年注意到，藥瓶或製藥公司的網站上，已經不再出現這樣的圖。但是網站上還是有類似的圖顯示，嬰兒從三十六磅到七十二磅，建議劑量還是以線性比例放大，只是他們現在很聰明，小於三十六磅重（二歲以下）的嬰兒，建議應該找醫生諮詢。然而，對於比這體重還小的嬰兒，其他風評不錯的網站，仍然建議以線性比例放大劑量。[16]

身體質量、凱特勒、一般人與社會物理學

另外一個和規模有關的重要醫學問題，就是作為身體脂肪含量代表的**身體質量指數**（body-mass index, BMI），並且在推論上被認為是一個重要的健康指標。ＢＭＩ最近幾年變成很多人在討論的指標，因為它普遍被用在肥胖的診斷上，以及與很多健康問題有關，包括高血壓、糖尿病與心臟疾病。一百五十多年前，比利時的數學家阿道夫．凱特勒（Adolphe Quetelet）提出ＢＭＩ，作為分類久坐不動的人的一個簡單工具，即使它的理論基礎有點曖昧不明，依然在醫生與一般大眾之間享有強大的權威地位。

在一九七〇年代開始普遍使用之前，ＢＭＩ實際上是被稱為凱特勒指數（Quetelet index），凱特勒是一個典型的博學之士，他在很多科學領域都有所貢獻，包括氣象學、天文學、數學、統

計學、人口學、社會學和犯罪學。他的主要貢獻就是ＢＭＩ，但這只不過是他熱中於把嚴肅的統計分析與量化思維，引進社會利益問題的一小部分而已。

凱特勒的目標是了解在社會現象之下的統計法則，例如犯罪、婚姻與自殺率，並探討它們之間的相互關係。他最具影響力的書出版於一八三五年，書名是《有關人類與相關學科的發展，或社會物理學論文》（*On Man and the Development of His Faculties, or Essays on Social Physics*）。英文翻譯版本把書名縮短為《論人類》（*Treatise on Man*），聽起來更宏偉大氣。在書中，他引進**社會物理學**（Social Physics）這個專有名詞，並描述了他對「一般人」（average man）的概念。這個概念大致符合我們之前討論過，伽利略說，在神話中，力氣會和體重與身高成比例關係的「一般人」（average person），或者符合生理特徵該有的平均基準值，例如體溫與血壓。

「一般人」的特徵是來自在一個夠大的人口樣本中，各種可以測量的生理或社會指標的平均值。這些指標從身高與壽命長度、到婚姻次數、所有喝的酒，以及疾病的罹患率，無所不包。不過，凱特勒在分析中引進一些新穎而重要的觀點，也就是這些數值平均數的統計波動，包括相關的概率分布估計。雖然有時候只是推測，但他發現，這些波動大致上遵循一個所謂的常態分布（normal distribution），或稱為高斯分布（Gaussian distribution），俗稱**鐘形曲線**（bell curve）。除了測量這些數值的平均值，他還分析相對於平均值的變化分布。舉例來說，健康的定義不應該只是這些指標的明確值（例如體溫是攝氏三十七度），還應該落在明確的界線之間，也就是整個人口中健康人士平均值的波動之間。

凱特勒的觀念與他對**社會物理學**專有名詞的使用，當時有點爭議，因為這樣的詮釋就暗示，社會現象有一個確定性的架構，但這與自由意志與自由選擇的概念矛盾。現在回頭來看這一切，看到凱特勒對統計波動如此熱中，實在令人意外，因為現在我們把波動看成是一種量化的衡量方法，顯示我們有多少偏離基準的「自由選擇」。不管是社會或生態系統，約束系統結構與演化的基本「法則」作用，以及這些法則可以被「違反」到什麼程度，這兩者之間的緊張關係是稍後會再討論到的主題。不管是在集體或個人層次，我們有多少自由可以決定自己的命運？在一個詳細而高精確度的層次，我們也許有很大的自由決定最近會發生的事件，但在一個粗略、更大格局的層次上，也就是面對非常長時間的生命時，也許確定性比我們想像中的更高。

雖然**社會物理學**這個詞在科學圈中早已被淡忘，但最近有再度流行起來的趨勢，因為有些不同背景的科學家，開始想從一種更量化分析的觀點，解決社會科學的問題，而這些觀點通常與傳統物理學的典範架構有關。我和我的同事一直參與的很多研究工作，我在稍後章節會再說明得更詳細，都可以稱為社會物理學，雖然用起這個詞來，我們沒有一個人覺得很自在。而且出乎意料之外的是，這個詞主要是被電腦科學家提出來，以描述他們用社會互動的大量數據組所進行的分析工作，而他們既不是社會科學家，也不是物理學家。他們這樣表明：「社會物理學是一個基於大數據了解人類行為的新方法。」⑰雖然研究內容非常有趣，但中肯一點說，很少物理學家會承認那是「物理學」，主要是因為，它並未專注於基本原理、一般法則、數學分析，以及運作機制的解釋。

凱特勒的身體質量指數的定義是，體重除以身高的平方，呈現出來的就是每一平方英寸的磅數，或每一平方公尺的公斤數。這個指數背後的觀念是，健康人士的體重，尤其是有「正常」體型與體脂肪比例的人，被假設會與身高的平方成正比。所以把體重除以身高的平方應該會得出一個數值，而且所有健康人士也大致相同，這個值會落在一個相對狹窄的範圍內（在十八．五與二十五公斤／平方公尺之間）。落在這個範圍之外的數值，就會被解讀成某種相對於身高過重或過輕的潛在健康問題指標。⑱

ＢＭＩ因此大致上被假定是所有理想健康人士的**不變數值**，意思就是說，不管身高與體重，大約是相同的數值。但是這意味著，體重應該隨著身高的**平方**增加，但這似乎與我們先前討論到伽利略時的發現嚴重牴觸，當時我們的結論是，體重增加的速度應該根據的是身高的**立方**。如果是這樣的話，那麼照ＢＭＩ的定義，就**不會**是一個不變數值，而是會隨著身高呈線性增加，也因此目前的ＢＭＩ就一直誤判高個子的人過重，矮個子的人過輕。事實上，證據顯示，相對於實際的身體脂肪含量，高個子的ＢＭＩ一反常態都有高數值。

所以，人類的體重究竟如何隨著身高而變化？不同的統計數據分析，導出不同的結論，有確立立方法則的，最近的分析還顯示指數是二．七，還有更小、更接近二的數值。⑲為了理解為什麼會這樣，我們必須記得導出立方法則的一個主要假設，也就是系統的形狀，在這個例子中就是指我們的身體，在尺度變大時應該要維持一樣的形狀。但是，人的體型會隨著年紀改變，從頭好壯壯、四肢粗大的小嬰兒極端體型，到長大後「比例良好」的成年人，最後變成在我這年紀、肌肉皮膚下垂的體型。另外，體型也會跟著性別、文化與其他社經因素改變，這些因素和健康與肥胖也許有關、也許無關。

幾年前，我分析了一些男人與女人身高與體重的數據，最後發現與典型的立方法則非常一致。我偶然發現，我分析的資料來自一群範圍相對狹窄的美國人，男士年紀是五十到五十九歲，女士年紀是四十到四十九歲。由於這次分析是男女分開，而且是在類似、相對範圍較小的年齡層，這群人正好代表具有類似特徵的「一般」健康男士和女士。意外的是，這並不符合更嚴肅而完整的研究結果，在完整的研究中，數字在特徵各異的**所有**年齡層族群中平均，反而讓人更不容易解讀。因此，最後得出的指數和理想值的「三」不一樣，也就不足為奇。這件事顯示，更合理的研究方法是，把所有的數據以例如年紀等相同特徵分類，並為分類後的次族群開發適合的指標。

傳統的ＢＭＩ定義不像立方縮放法則，缺乏理論或概念的基礎，因此其統計意義也不可信。

相反的，立方法則確實有概念基礎，而且，如果我們控制調查族群的特徵，也會得到數據的支持。因此，有人提出了ＢＭＩ的另一個定義，就是體重除以身高的**立方**，這個稱為**重量指數**（Ponderal index）。雖然它比凱特勒的定義更好，與身體脂肪含量比較相關，但也有同樣的問題，因為它並沒有把相同特徵的次族群數據分開分析。

當然，好的醫生會用ＢＭＩ的範圍值來評估健康，對ＢＭＩ落在邊界附近的某些人，也會降低嚴重錯誤解讀的問題。但無論如何，事實擺在眼前，在沒有更進一步的研究，以及發展出能辨識年齡與文化差異等更細緻的詳細指標前，不必把目前使用的一般ＢＭＩ看得太認真，特別是對那些可能顯示有健康危機的人來說。

我用這些例子來說明，在我們醫療產業重要指標背後的縮放概念架構，並顯示出潛在的陷阱與誤解。至於藥物劑量，這是一個複雜且非常重要的醫療作業，但基本的理論架構並未完全發展出來，或被完全理解。[20]

創新與成長的極限

伽利略對樹木、動物和建築物的高度有其限度的簡單但錯誤論點，對設計與創新卻有很深遠的影響。之前在解釋他的論點時，我的結論是：**不管是什麼結構，如果結構的尺寸任意增**

加，**最後就會被自己的重量壓垮。尺寸與成長是有限的**。在這個結論中，應該加上一個關鍵句子：「**除非某些條件改變**」。為了繼續成長，避免崩潰，就一定要出現改變，以及句中暗示的創新。成長與不斷的需求，是創新的主要動力。為了因應環境日新又新、不斷改變的挑戰，成長也通常表現在「改良」或提高效率的形式。

伽利略和大部分的物理學家一樣，並沒有考慮到適應過程。我們必須等到達爾文，才會學到在形成我們周圍的世界時，適應過程有多麼重要。因此，適應過程是生物學、經濟學與社會科學的主要探討領域。不過，在伽利略考慮到的數學例子，他引進了規模與隱含的成長基本概念，在複雜適應系統中，兩者都發揮不可或缺的作用。由於約束系統中不同特性的縮放法則互相衝突，例如支撐系統的結構強度和被支撐的重量，放大比例的速率不一樣，因此，以開放式增加規模呈現出來的成長，就不可能永遠維持下去。

當然，除非有創新之舉。這些縮放法則推論中的一個關鍵假設就是，當系統改變大小時，還維持相同的物理特徵，例如形狀、密度與化學成分。因此，為了超越縮放法則的限制，建造更大的結構或演化出更大的有機體，就一定要創新，也許是改變系統的物質成分，或是結構設計，或是兩者都改變。

第一種創新的簡單例子就是使用更強的材料，例如在橋梁或建築物中用鋼來取代木材；而第二種創新的簡單例子則是，在結構中使用拱門、拱頂或圓頂，而不是只用平行的橫梁或垂直的柱子。事實上，橋梁的演變就是一個絕佳的例子，為了達成新的挑戰，以安全而有彈性的方式，穿越越來越寬的河流、峽谷與山谷，人們受到欲望或認知到的需求所刺激，而在材料與設計上不斷做出創新。

最原始的橋梁就是倒在小溪上的一根簡單的木頭，或被人故意放在小溪上的木頭，而這已經是一個創新的行動。也許在造橋上最早的重要工程創新，是刻意地切割木頭或木板。基於安全性、穩定性、彈性、便利性，以及想要橫跨更寬的河面，再延伸成與石頭結構結合，作為每一邊河岸的簡單支持系統，形成所謂的梁式橋（beam bridge）。由於木材的抗拉強度（tensile strength）有限，可以跨越的河面寬度顯然因此受制。一個設計上的創新，就解決了這個問題。在河流中引進石頭材質的橋墩，就能有效延伸橋梁的長度，變成一連串的個別梁式橋。

另一個方法是複雜度高很多的造橋創新，完全使用石頭，並運用拱門的物理原理，因此同時改變了材料與設計。這種橋梁有更大的優勢，可以承受導致之前的設計損害或倒塌的狀況。了不起的是，拱形石橋出現在三千多年前的希臘青銅器時期（公元前十三世紀），有些到目前還在使用中。古代最大的石頭拱橋建設者是羅馬人，他們在整個帝國建造了大量的美麗橋梁和水道，其中許多構造至今仍然存在。

但是要跨越越來越深的峽谷，例如英國的艾文峽谷，或美國舊金山灣的入口，就需要新技術、新材料和新設計。另外，由於交通密度大幅增加，尤其是隨著鐵路的出現，需要支持較大的負載量，於是發展出拱形鑄鐵橋梁、鍛鐵的桁架系統，最後使用鋼鐵並發展出現代的吊橋。這些設計有很多變化，如懸臂式橋梁、連接拱橋（最有名的就是雪梨港），以及像倫敦塔橋這樣的活動橋梁。此外，現代橋梁採用很多不同的材料，包括了混凝土、鋼和強化纖維聚合物的組合。所有的這一切，代表的是對共通的整體工程挑戰的創新回應，包括超越每一座橋梁縮放法則的限制，以及當地各種地理、地質、交通與經濟的挑戰，以及定義每一座橋梁的獨特性和個性的經濟學。

所有這些創新的變化，最後也會到達極限。從一條小溪開始，最後是最寬的水域，以及最深和最寬的峽谷和山谷，要跨越的寬度挑戰越來越大，在這種情況下，也就只能以創新因應這些挑戰。你不能用一根長長的木板，就想跨過舊金山灣。要搭橋過去，你必須開始走上一條漫長的進化之旅，橫跨了很多層次的創新，先發現了鐵、然後發明了鋼，再將它們與吊橋的設計理念結合。

也就是說，創新與長得更大、擴大規模，以及在越來越大的市場中競爭的動力或需求有關，而且本身還有無法避免的潛在物理限制。為了解決在更大的生物和社經適應系統環境下類似的創新形態問題，這種思考創新的方式將在本書稍後形成典範。

在接下來的部分，這一點將延伸來說明，為什麼會出現**建立模型**的觀念。建立模型現在非常普遍，也被認為理所當然，因此我們通常不會以為這其實是一個相當現代的發展。我們現在幾乎無法容忍，沒有基本工業程序或科學活動必備特點的時代。各式各樣的模型已經出現了好幾個世紀，特別是在建築界，但主要是為了說明真實事物的美學特徵，而不是作為測量、研究或展示正在興建中的系統的動力或物理原理所使用的比例模型。最重要的是，這些模型都是「用來放大的」，這意味著，每一個細部都是完整尺寸的某個固定比例，例如1：10，就像地圖一樣。模型的每一個部分，是被「模仿」的船舶、教堂或城市實際尺寸的**線性**縮小版本。對美學與玩具還算適用，但無法讓我們了解真正的系統如何運作。

今天，每一個可以想到的過程或實體物品，從汽車、建築物、飛機和船舶，到交通堵塞、流行病、經濟和天氣，都可以在電腦上模擬，以作為真實事物的「模型」。我稍早討論過，醫學界在生物醫學研究中，如何將特別繁殖的老鼠作為人類的縮小「模型」。在所有的例子中，最大的問題就是，如何把模型系統的結果與觀察，實際而可靠地放大到真實事物上？這整個思考過程，起因於十九世紀中葉時，一艘船隻設計失敗而發生的悲慘故事，之後一個謙遜的紳士工程師，終於提出非凡的見解，以避免未來再發生悲劇。

大東方號、寬軌鐵路與卓爾不凡的布魯內爾

無論是在科學、工程、金融、政治或個人生活，失敗與災難都可以為激發創新、新思想和

發明，提供很大的原動力和機會。造船的歷史、模型理論的起源，以及一個擁有鼎鼎大名：伊桑巴德．金登．布魯內爾（Isambard Kingdom Brunel，按：Kingdom的意思是王國）的了不起的男人的貢獻，就是這樣的故事。

二〇〇二年，英國廣播公司（BBC）為了「最偉大的一百個英國人」進行了全國民意調查。可以預料的是，溫斯頓．邱吉爾（Winston Churchill）是第一名，然後第三名是黛安娜王妃（Princess Diana，她當時才過世五年），接著是了不起的三巨頭查爾斯．達爾文，威廉．莎士比亞（William Shakespeare）和艾薩克．牛頓。但第二名是誰？不是別人，就是了不起的伊桑巴德．金登．布魯內爾！

我在英國以外的地方演講時，有時候會提到布魯內爾的名字，我通常會問聽眾是否聽過他的大名。最好的情況是，有少數幾隻手舉起來，通常是英國人。然後我會告訴他們，根據BBC的調查，布魯內爾是有史以來第二個最偉大的英國人，比達爾文、莎士比亞、牛頓，甚至比約翰．藍儂（John Lennon）與大衛．貝克漢（David Beckham）更偉大。這通常會引起一陣笑聲，但更重要的是，可以自然切入某些與科學、工程、創新與規模有關的刺激思考性問題。

所以，伊桑巴德．金登．布魯內爾到底是誰，以及他為什麼有名？很多人認為他是十九世紀最偉大的工程師，他的視野與創新之舉，特別是交通運輸方面，幫助英國成為全世界最強大、最富裕的國家。他真是一位工程界博學之士，一直強烈抗拒專業化的趨勢。他通常會花時間在專案的每一個層面上，從大圖的概念開始，到繪圖的詳細準備工作，然後實際進行調查，並注意設計與製造上的細節。他的豐功偉業非常多，從船舶、鐵路、火車站，到壯觀的橋梁和隧道，留下了非常了不起的設計結構特殊遺產。

布魯內爾在一八〇六年出生於英國南方的樸茨茅斯，一八五九年，在相當年輕的年紀就過世了。他的父親馬克・布魯內爾（Marc Brunel）爵士出生於法國諾曼第，也是一位備受推崇的工程師。布魯內爾十九歲的時候，他們父子就一起工作，在可以航行的河道中，建造了第一條隧道，也就是位於東倫敦羅瑟希德地區的泰晤士河隧道。這是一條行人隧道，後來變成主要的旅遊景點，每年有二百萬名遊客願意付一分錢穿越它。像很多地下走道一樣，這條地下走道最後也無奈地成為流浪漢、犯罪者、妓女的聚集地，之後在一八六九年變成鐵路隧道，成為倫敦地鐵系統的一部分，至今仍在使用。

一八三〇年，布魯內爾二十四歲時，贏得了一場非常激烈的競爭，而得以在布里斯托的艾文峽谷建造吊橋。這是一個野心十足的設計，最後在他過世後五年的一八六四年建造完成，並成為全世界跨度最長的橋（七百零二英尺，比河面高二百四十九英尺）。布魯內爾的父親並不相信，實際上可以建造出這麼長的跨度，並建議布魯內爾設計一個中央支持的結構，但他當然並未採納。

布魯內爾後來成為當時被認為是最偉大的鐵路系統總工程師和設計師，也就是從倫敦到布里斯托，到更多地方的大西部鐵路。在這個職務上，他設計了很多壯觀的橋梁、高架橋和隧道，其中位在巴斯附近的箱形隧道（Box Tunnel），是當時全世界最長的鐵路隧道；甚至還有火車站，很多人都很熟悉的一個例子就是鍛鐵工藝精湛的倫敦帕丁頓車站。

他最引人入勝的創新之一，是與眾不同地引進七英尺〇・二五英寸的軌道規格。當時的標準規格是四英尺八・五英寸，當時被英國其他所有鐵路，甚至全世界的鐵路採用，而且在今天，幾乎所有的鐵路也採用。布魯內爾指出，這個標準規格是在一八三〇年世界發明第一輛載客列車之前，隨意從採礦鐵路的標準引用過來的。它單純只是根據在礦坑內拉動車廂的馬車車軸，得以通行的寬度而決定的。他認為，應該認真思考最佳規格的決定，並且試圖在這個問題上帶進一些理性。他宣稱，經過一連串的測試與實驗，他的計算顯示，他設計的更寬規格是最佳尺寸，可以提供更快的速度、更高的穩定性，乘客也能坐得更舒服。結果，大西部鐵路成為獨一無二的寬軌列車，規格幾乎是當時任何鐵路的兩倍寬。可惜的是，一八九二年，隨著國家鐵路系統的改變，儘管一般公認標準規格較差，英國國會還是強迫大西部鐵路符合標準規格。

我們今天面臨的問題很類似，尤其是快速發展的高科技產業，創新的最佳設計與被歷史前例決定的統一與固定標準，之間的拉扯與取捨非常明顯。創新的變革不一定帶來最佳的解決方案，鐵路鐵道規格的辯論可以提供一個訊息豐富的案例。

儘管布魯內爾的計畫不一定完全成功，但通常包含對長期的工程問題，富有啟發性的創新解決方案。也許他最偉大的成就與失敗，就是造船。隨著全球貿易正在發展，各大帝國也在競爭中，開發出快速、有效率、能長距離航行的海洋運輸載具，變得越來越急迫。布魯內爾擬定了一個宏偉的願景，把大西部鐵路與他新成立的大西洋輪船公司（Great Western Steamship Company）無縫接軌，乘客在倫敦帕丁頓車站買一張車票，就可以在紐約市下車，整個航行過程都是靠蒸汽。他異想天開地把這稱為海洋鐵路。然而，人們普遍認為，純粹由蒸汽提供動力的船隻，在為航程帶上足夠的燃料後，就不會有太多空間可以載貨，因此會有經濟可行性的問題。

但布魯內爾想的不一樣。他的結論根據的是一個簡單的縮放論點。他了解，一艘船能載運的貨物體積，會隨著尺寸（例如它的重量）的**立方**增加；但是船隻航行水面的阻力（drag force）會隨著船殼的橫切面面積增加，因此是它的尺寸的**平方**。這就像伽利略對梁柱與四肢如何隨著體重縮放規模的結論。在這兩個例子中，力量增加的速度會比相對的體重慢，根據的就是 $2/3$ 冪次縮放法則。因此船隻的流體力學阻力強度，相對於它能載運的貨物重量，會與船隻長度成比例地**減小**。或者反過來說，貨物的重量相對於引擎必須克服的阻力，會隨著船隻變大而系統性地**增加**。換句話說，**大船運送每一噸貨物所需要的燃料，會比小船成比例地減少**。因此大船比小船的能源效益更高，成本效益也更高，這是規模經濟的另一個好例子，也對世界貿易與商業造成巨大的影響。[21]

雖然這個結論不符合直覺，也沒有很多人相信，但布魯內爾與大西洋輪船公司相信了。布

1858 年，看起來有點俏皮的布魯內爾，站在他為大東方號郵輪設計的鏈子前面。另外兩張照片是正在建造中的大船以及艾文河上的克利夫頓吊橋，這座橋是他在 1830 年，年僅 24 歲時設計的作品。

魯內爾大膽地開始設計公司的第一艘船，大西方號（Great Western），這是第一艘專為跨越大西洋而設計的輪船。它是一艘木頭建構的槳輪船（有四張帆備用，以防萬一），並於一八三七年完工，是世界上尺寸最大、速度最快的船。

繼大西方號的成功，以及確定縮放論點正確，大船真的比小船更有效率後，布魯內爾開始建造一艘更大的船，而且大膽結合過去從未在同一個計畫中使用的新技術和材料。一八四三年推出的大不列顛號（Great Britain），是用鐵材而不是木材製造，而且動力是在後面的螺旋槳，而不是放在側面的槳輪。這樣的設計，也讓大不列顛號成為所有現代船隻的原型。它比以前所有的船隻更長，而且是跨越大西洋，第一艘用鐵做船殼、用螺旋槳驅動的船。今天，你仍然可以在布魯內爾建造的布里斯托乾船塢[22]，看到大不列顛號的原始結構，全部都重新整修過，並被妥善保存著。

布魯內爾現在已經征服了大西洋，開始把注意力轉向了所有挑戰中的最大挑戰，也就是連接新興大英帝國的遙遠地區，以鞏固它成為全球最強大力量的地位。他想設計一艘可以從倫敦航行到雪梨再回來的船，而且一路只用一堆煤炭，不必停靠，也不必加油（這是在蘇伊士運河開放之前）。這表示，這艘船必須比大不列顛號的兩倍更長，幾乎七百英尺，而且排水量（也就是重量）幾乎是十倍大。這艘船稱為大東方號（Great Eastern），於一八五八年推出。之後花了將近五十年，進入二十世紀後，才有另一艘船接近它的尺寸。在這裡提供一點有關尺寸的參考，一百五十多年後的今天，航行在全世界各大洋中的超級油輪，只比大東方號的兩倍長度再大一點點。

遺憾的是，大東方號並不算成功。雖然它非凡的工程成就所樹立的水平，直到二十世紀還沒有人達到，但就像布魯內爾的很多成就一樣，它有施工延誤和預算超支的問題。但更明確地說，大東方號在技術上也不算成功。它沉重又笨拙，即使是在一般程度的海浪中，也轉得太多了，最中肯的說法是，即使以一般的速度，也很難移動它龐大的身軀。很意外的是，它也不是非常有效率，因此根本沒達到它原來為帝國服務的遠大目的，也就是運送大量的貨物與乘客，在印度與澳洲之間來回。它做了幾次橫渡大西洋交叉口的航行之後，就很不光彩地被用來當成放置纜線的船隻了。第一個橫跨大西洋的電報纜線，就是由大東方號在一八六六年鋪設的。歐洲與北美因此有可靠的電信通訊，從此徹底改變了全球的溝通技術。

大東方號最後淪落為在利物浦的一個浮動音樂廳和廣告牌，最後在一八八九年被拆解。對一艘有光榮願景的船來說，這算是悲傷的結局。這個故事的一個奇怪注腳，也可能只有熱心足球迷才覺得有趣的就是，一九八一年，知名的英國利物浦足球俱樂部成立的時候，想為他們新蓋的足球場找一根旗杆，最後買了大東方號的頂級桅杆。直到今天，這根旗杆仍然自豪地站在那裡。

這一切是怎麼發生的？為什麼被一個有史以來最有才華、最具創新能力的實業家，親自監督的非凡願景，最後卻淪落為一堆廢鐵？大東方號並不是第一艘設計不佳的船，但是它巨大的規模、創新的願景，以及龐大的成本，相對於嚴重表現不佳，才使其成為引人注目的失敗案例。

福祿德與模型理論的起源

當系統失敗或者設計不合期望時，可能的問題很多，包括規劃與執行不良、手藝或材料不佳、管理不善，甚至缺乏概念上的理解。但是，像大東方號這個案子的失敗主因是，他們的設計缺乏基本科學與基本規模原理的理解。事實上，直到十九世紀下半葉，在大部分的人造物品，更別提造船，根本沒運用到科學，也沒運用到規模原理。

當然得提一下幾個重要的例外，最明顯的就是蒸汽引擎的發展，已經充分理解壓力、溫度和蒸汽量的關係，因此有助於更進一步設計非常大、非常有效率的鍋爐，這種例子讓工程師得以考慮建造像大東方號那種大小、可以橫越地球的大型船隻。更重要的是，深入理解高效引擎的基本原理與特徵，以及不同形式的能量性質，無論是熱、化學還是動能，促成了**熱力學**這個基礎科學的發展。甚至更重要的是，熱力學定律以及**能量**和**熵**的概念，延伸得遠超過蒸汽引擎的狹窄範圍，並且普遍適用於**任何**交換能量的系統，不管是船舶、飛機、城市、經濟體、你的身體，或整個宇宙本身。

在建造大東方號的時候，如果有，也很少像這樣「真實的」科學。成功設計和建造船隻，靠的是逐漸累積的知識與技術，要透過嘗試錯誤的過程，才能產生完善的經驗法則，而且在很大的程度上，要通過學徒和學習機制從事這份工作。一般來說，每一艘新船是前一艘船的小型變體，根據預期的需求與用途，在這裡或那裡小小變化一下。從過去做過的事簡單推論到新的情況，所犯的小錯通常影響較小。舉個例子，長度增加五%所建造出來的船，也許沒能完全符合設計的期望，或表現未能達到預期的程度，但這些「錯誤」只要藉由適當的調整，也很容易被改正，甚至改良，或者啟發未來版本的創新設計。因此，在很大的程度上，造船，幾乎就像所有其他人造物品的發展一樣，幾乎是有機演變，模仿一個類似自然選擇的過程。

在這個逐漸增加、基本上是線性變化的過程中，偶爾再加上一個受到啟發的創新性非線性躍進，才會大幅改變設計或使用的材料，例如引進風帆、螺旋槳，或使用蒸汽和鐵。雖然這樣的創新躍進過程，還是建立在以前的設計基礎上，但他們需要重新思考，而且通常必須做出重大的調整，才能做出一個成功的新原型。

只要變化是逐漸增加的，在設計與建造新船時，這個簡單推論之前的設計並加以嘗試與測試的過程，也可以運作良好。他們沒有必要深入理解，為什麼某些東西是那樣運作的科學，因為長期延續了之前成功的造船經驗，已經有效保證大部分要解決的問題，早就已經被解決了。在更早以前，有一群造船工人建造瑞典軍艦瓦沙號（Vasa）時，也是面臨重大失敗，在相關評論中，就簡要地總結了這種典範作法：「問題在於，當時的人並未完全理解設計船隻的科學。當時沒有建造圖，所以設計船隻靠的是『經驗法則』，大致上都是根據以前的經驗。」[23]造船工人得到的資訊就是整體的大小，然後就靠經驗製造出一艘航行性能良好的船。

聽起來很簡單，因此如果瓦沙號只是斯德哥爾摩造船廠之前建造的船隻的一次小小的擴充版本，一切就很完美了。但是，古斯塔夫・阿道夫（Gustav Adolph）國王要求的船，比以前的船身要長三〇%，還要一個能承載更重火砲的甲板。要求一下子變這麼大，設計上的小錯誤就不再是表現上的小瑕疵了。這種尺寸的船是很複雜的結構，而且它的動力，特別是相對於它的穩定性，天生就是非線性的關係。一個設計上的小錯誤就會、也確實在表現上造成很大的瑕疵，並導致災難性的結果。遺憾的是，這些造船工人並不知道如何把船正確放大到這個尺寸的科學知識。事實上，他們也沒有把船正確放大到較小尺寸的科學知識，但那並沒有關係。結果，這艘船做得太窄，頂部也太重，以至於一陣微風就可以讓它傾覆，而且在它離開斯德哥爾摩港展開首航之前，的確就被風吹倒了，還賠上了好幾條人命。[24]

大東方號也有相同的問題，它增加的尺寸甚至更大，長度增加為二倍，重量還增加到幾乎十倍。布魯內爾與他的同事顯然並沒有把船正確放大到這麼多倍的科學知識。幸運的是，在大東方號的例子中，並沒有損失人命，只有經濟損失。在激烈競爭的經濟市場上，表現不佳的下場注定就是失敗。

控制船隻動力的基礎科學，其實在建造大東方號之前十年才發展出來。**流體力學**領域是由法國工程師克勞德–路易斯・納維爾（Claude-Louis Navier）與偉大的愛爾蘭數學物理學家喬治・斯托克斯（George Stokes）兩人率先正式確立。因此，流體力學的基本公式，被普遍稱為**納維**

爾－斯托克斯方程式（Navier-Stokes equation），是將牛頓定律應用到流體的運動，再延伸到實體物體在流體中移動的動力學，例如飛機在空氣中移動，或船在水中的移動。

這聽起來可能很艱深難懂，你也可能從來沒聽過納維爾－斯托克斯方程式，但幾乎在你生活中的每一個層面，它都已經、也將會繼續發揮很大的作用。它是設計飛機、汽車、水力發電廠和人工心臟的基礎，也是了解人體循環系統的血液流量、河流的水文學和供水系統的基礎，更是理解與預測天氣、洋流、汙染分析的基礎，因此是氣候變遷科學與預測全球暖化的關鍵因素。

我不知道布魯內爾是否熟悉這些方程式，這是控制他所設計的船隻動力的方程式，但他的確有點洞察力和直覺，去找到一個可能熟悉的人。這個人就是威廉・福祿德（William Froude），他曾在牛津大學學過數學，並在幾年前曾在大西部鐵路工作，當時還是一個年輕的工程師。

在大東方號建造期間，布魯內爾就請福祿德研究滾動與船隻穩定的問題。這個問題最後讓他找到關鍵答案，也就是產生最小阻力的最佳船殼形狀。他的研究所帶來的船運與全球貿易經濟意義，實在無可計量。船隻設計的現代科學也於焉誕生。不過，影響更深遠、也更具長期重要性的，是他引進了革命性的概念，也就是為了了解真實系統如何運作，而製作系統的模型。

雖然納維爾－斯托克斯方程式描述了基本上任何條件下的流體運動，但幾乎在所有的例子中，要解決問題仍然極為困難，因為它在先天上是非線性的。粗略地說，非線性是來自水流本身相互作用的反饋機制。這也表現在各種迷人的行為和模式上，例如我們在河流和溪水看到的渦流和漩渦，或船隻走過水面留下的尾流，或颶風和龍捲風令人害怕的幽靈，以及美麗而千變萬化的浪潮。這些都是**擾動**（turbulence）的表現，並且都涵蓋在納維爾－斯托克斯方程式隱藏的豐富意義中。

更精確地說，研究擾動，讓我們對**複雜**的概念，以及它與非線性的關係，有了第一個重要的數學見解。複雜系統通常會表現出混沌行為，系統中一部分的小變化或混亂，就會在其他部分產生指數性的放大效果。就像我們之前討論過的，在傳統的線性思維中，一個小小的混亂會產生一個相對的小小反應。在非線性系統中，卻有非常違反直覺的增強效果，並普遍以「蝴蝶效應」來表達，也就是巴西一隻拍動翅膀的蝴蝶，會神祕地引起佛羅里達的颶風。雖然花了一百五十年在理論與實驗上密集研究，我們也已經學到很多，但在物理學上，仍然沒有找到對擾動的一般理解。事實上，知名物理學家理查·費曼（Richard Feynman）把擾動描述為「古典物理學中最重要的未解問題」。[25]

福祿德也許沒有完全理解，自己面對的是多麼大的挑戰，但他確實認知到，為了建造船隻，需要一個新的策略。也就是在這樣的環境下，他發明了**模型**的新方法，並延伸成**縮放理論**的概念，以判斷從小尺寸研究得到的數值，如何用來協助預測完整尺寸的船隻會如何表現。本著伽利略的精神，福祿德知道，幾乎所有的縮放原理都是非線性的，所以傳統以忠實一比一的比例呈現的模型，無法用來判斷真實系統如何運作。他的重大貢獻就是，提出一個定量數學策略，以算出如何從小尺寸模型放大到完整尺寸的實物。

就像很多改變我們思考舊問題方式的新觀念，福祿德的心血一開始被當時的專家反駁，認為根本無足輕重。一八六〇年在英國創辦海軍建築師協會（Institution for Naval Architects），以鼓勵船隻設計正規教育的約翰．羅素（John Russell），還譏笑福祿德：「在小尺寸上，你會有一系列漂亮而有趣的小實驗，我也相信，福祿德先生也有無窮的樂趣來製作它們……你也會有無窮的樂趣聽到這些……但這和任何大型尺寸的實際結果，一點關係也沒有。」

我們很多人都知道這類說詞，通常是針對某些學術研究，意指這些研究與「現實世界」脫節。毫無疑問，的確很多學術研究與現實脫節，但很多不是，而且更重要的是，我們通常在當時很難理解，看似神祕的研究之中，某部分的潛在影響力。我們整個由技術驅動的社會，以及很多人得以享受的非凡生活品質，很多就是這類研究的成果。支持被認為不切實際、通常沒有明顯立即利益的基礎研究，或專注於「有用、現實世界」問題、非常直接的研究之間，一直在社會中拉扯不已。

一八七四年，福祿德完成革命性的船隻設計之後，羅素公信力不再，但仍熱烈支持福祿德的方法與想法，不過，他還宣稱，他自己在幾年前已經想過這一切，也做過實驗。事實上，羅素的確是福祿德在建造大東方號時的主要夥伴，而且他也確實修補過模型，但他一點也沒有看出模型的重要意義或基礎的概念架構。

福祿德做了很多船隻的小模型，從三到十二英尺長都有，他會把船拖到長水槽中，然後測量船隻的水流阻力與穩定性特徵。由於他有數學背景，因此也知道如何把他的發現放大到大型船隻的技術。

他意識到決定相關運動特性的主要數值，就是後來被稱為**福祿數**（Froude number）的數字。它的定義是，船舶速度的平方，除以其長度，再乘以重力加速度。說得真對，也許聽起來有點嚇人，但實際上卻很簡單，因為對所有的物體來說，不管大小、形狀或組成成分，「重力加速度」都是一樣的。這只是伽利略觀察的再一次重申：不同重量的落體，會同時掉到地上。所以從實際變化的數字來看，福祿數會與速度平方除以長度成正比。在所有有關運動的問題，從高速子彈、奔跑的恐龍，到飛行中的飛機與航行的船隻，這個比值都有關鍵作用。

福祿德看到的一個關鍵點是，由於基本的物理學一樣，**如果物體的福祿數值相同**，以不同速度移動的不同尺寸物體，表現的方式會一樣。因此，如果把模型船的速度與長度，造得和完整尺寸版本有一樣的福祿數，就可以在完整尺寸的大船建造出來之前，知道大船的動力行為了。

讓我給一個簡單的例子說明一下，試問一艘十英尺長的模型船必須跑多快，才能模擬以二十節（比一小時二十英里多一點）速度移動的七百英尺長的大東方號？如果它們有同樣的福祿數（就是速度平方除以長度的值相同），那麼速度就會隨長度平方根等比放大。現在，長度的平方根比值是$\sqrt{(700\ ft./10\ ft.)}$，也就是$\sqrt{70} = 8.4$。所以，十英尺的模型船要模仿大東方號，必須移動的速度大約是二．五節（20/8.4 = 2.5），這是大約走路的速度。換句話說，十英尺的模型船只要以二．五節的速度移動，就能模擬以二十節速度移動的七百英尺長大東方號了。

我已經大幅簡化了他的方法，因為在解決這些問題的時候，通常還會用到其他類似福祿數的數字，很明顯就包括其他動力效果，例如水的黏度。不過，這個例子說明了福祿德方法的本質，並提供了用於建立模型和縮放理論的通用樣本。它也代表，為了解決問題與設計現代的人造物品，包括電腦、船隻、飛機到建築物，甚至公司，我們幾千年來都用得很好的嘗試錯誤、經驗法則等原始方法，已經轉變成一種經過分析、更符合科學原理的策略。福祿德的水槽設計，在今天仍然應用在船隻研究上，也延伸到風洞研究，並強烈影響到萊特兄弟（Wright brothers），它對飛機和汽車都有類似的作用。精密電腦分析現在已經是設計過程的核心，它其實就是為了最佳表現，而模擬縮放理論的原理。「電腦模型」也已經是我們日常詞彙的一部分。我們現在已經能「解決」或模擬納維爾–斯托克斯方程式或其他方程式的解決方案，因此在預測性能上，也有更高的準確度。

這些科學發現的進步帶來一個令人意想不到的後果，現在幾乎所有的汽車看起來都很像，就是因為所有的汽車製造商，都是用相同的方程式，以優化類似的性能參數。五十年前，在我們取得如此高功率的運算能力之前，預測結果比較不準確；另外，在我們擔心燃料性能與廢氣汙染之前，汽車的設計五花八門，變化更多，也因此更有趣。不妨比較一下一九五七年的斯圖貝克鷹系列（Studebaker Hawk）或一九二七年的勞斯萊斯（Rolls-Royce），還有相對看起來很單調的二〇〇六年的本田思域（Honda Civic）或二〇一四年的特斯拉（Tesla），雖然後面的車子機器性能優越很多。

類似性與相似性：無維度與尺度不變性

福祿德引進的縮放方法學，已經變成科學與工程界的一個強大而精密的工具，還被應用在非常廣泛而多元的問題上，也有很重要的作用。但直到二十世紀初，當時知名的數學物理學家瑞利勳爵，在《自然》（*Nature*）上發表了一篇深具挑釁意味且非常具有影響力的文章〈相似原理〉（The Principle of Similitude）時，才正式成為通用的技術。㉖這是他對我們一直在談的縮放理論的用語。他的主要重點在於，在任何實體的系統中，具有**無維度**（dimensionless）性質之特殊數值的主要作用。這些都是各種變數的組合，就像福祿數，不管用來衡量系統的單位是什麼，這個值都會一樣。讓我詳細說明一下。

你在日常生活中習慣用到的測量數值，例如長度、時間與壓力，根據的就是用來測量它們的單位，例如英尺、秒、一平方英尺、幾磅等等。但是，同樣的數值可以用不同的單位測量，例如從紐約到洛杉磯的距離是3,210英里，但用5,871公里來表示也沒有問題。即使這是用**不同**的數字，來表達**相同**的東西。同樣的，倫敦到曼徹斯特的距離可以表達成二七八英里，或四五六公里。然而，不管用的單位是什麼，從紐約到洛杉磯與從倫敦到曼徹斯特之間的比值（不管是3,210英里÷278英里，或5,871公里÷456公里）都是**相同**（14.89）的。

這就是無維度數值的一個簡單例子，無維度數值是一個「純粹」（pure）的數字，用不同單位測量系統時，也不會改變。這種**尺度不變性**（scale invariance）表達的是一種絕對的數值，也意味著，可以排除任何人為任意選擇的單位與測量標準的影響。在一個標準化的語言中，尤其是有關建築、商業，以及商品與服務的交易時，特殊單位是人類溝通大小時很便利的發明。事實上，在文明的演變與都市的興起中，引進標準化的測量方法代表著一個關鍵的時期，因為，在發展出遵循法治、值得信賴的政治體制時，這是一個不可或缺的要素。

最有名的無維度數值就是π（圓周率），也就是圓周對直徑的比值。這個比值沒有單位，因為它是兩個長度的比值，而且不管何時何地、多大多小，這個數值都一樣。π因此代表了所有圓的普遍性質。

「普遍性」（universality）的概念就是福祿數把重力加速度包含進去的理由，雖然它在把模型船放大到實體尺寸時沒有明顯的作用。但是，速度平方對長度的比值並**不是**無維度數值，會因使用單位而異，但除以重力後就會變成無維度數值，並具有尺度不變性。

但為什麼選的是重力，而不是其他加速度？因為在地球上，重力無所不在，普遍作用在所有的運動上。我們在走路與跑步時就很明顯，每走一步，我們都必須不斷對抗重力，才能提起我們的腳，特別是在上坡的時候。但是船隻的運動就沒那麼明顯了，因為水的浮力把重力平衡掉了（還記得阿基米德〔Archimedes〕原理吧）。但是，當一艘船在水面上航行，會不斷形成尾流和表面波，這些都會受到重力的拉扯，事實上，你熟悉的海面與湖面上的波浪，在技術上都稱為重力波。所以，在船隻的運動上，重力間接發揮了很大的作用。因此，福祿數代表的是一種和地球上所有運動有關的「普遍」性質，而且超越了移動中的物體的特殊細節。所以，它的值不只是船隻運動的主要決定因素，也包括車子、飛機，和我們自己。另外，它也告訴我們，在引力不同的星球上的運動，和在地球上的同樣運動，表現也會不一樣。

因為任何可測量數值的本質，不能夠隨著人類任意選擇的單位而改變，物理定律也不能。因此，所有這一切，事實上是所有的科學定律，都必須表現為各種具尺度不變性的無維度數值之間的關係，只是傳統上一般不是用這種方式書寫。這是瑞利的重要論文的基本訊息。

他的文章用很多精心挑選的例子，優雅說明了這個技術，包括為生命的一個最大奧祕、我們所有人偶爾都會深思的問題，也就是：**天空為什麼是藍的**？提供了科學解釋。他用了一個只根據純粹無維度數值相關的優雅論點，他指出，由小顆粒散射的光波強度，一定會隨著波長的四次方**變弱**。因此，當陽光，也就是集合彩虹所有顏色的組合，從懸浮在大氣中的微粒散射出來時，最短的波長，也就是藍光，就會占主導地位。

事實上，瑞利在更早以前的一次傑作中，就針對這個問題做了一次高超的數學分析，而且對光譜最後變成藍色提出詳細的機制解釋，並已經推論出這個令人讚嘆的結論。他在這篇文章呈現這個簡單推論的重點是，用他的話說，應用偽裝成「偉大的相似原理」的縮放論點，不用詳細的複雜數學，「經過幾分鐘的考慮之後」，也可以推出相同的結果。他的縮放論點顯示，只要知道重要的變數，**任何**分析都一定會導出變成更短波長的結果。但這種推論缺少對產生這個結果的機制一個更深入的理解。這是很多縮放論點的特徵：可以導出一般結果，但是仍看不到詳細的機制由來。

瑞利對波的散射的數學分析，形成「散射理論」（scattering theory）的基礎。它在很多問題的應用，從水波到電磁波，特別是雷達，以及最近的ＩＴ通訊技術，一直都非常重要，特別值得一提的是，它在量子力學發展中的作用。它為形式論（formalism）提供了基礎，這是為了從大型粒子加速器進行「散射實驗」中萃取發現所發展出來的論點。日內瓦的歐洲核子研究組織（ＣＥＲＮ），最近就因此發現了著名的希格斯粒子。

如果你看到他的原始文件，是在一八七〇年出版，當時他才二十八歲，你會發現作者的名字並不是瑞利勳爵，而是比較平實的約翰．史崔特（John Strutt），聽起來更像是湯瑪斯．哈代

（Thomas Hardy）筆下的人物，而不是傑出的劍橋大學物理學教授。因為這是他在一八七三年繼承父親貴族頭銜之前的名字，之後他就成了瑞利勳爵。大眾最熟悉史崔特這個姓氏的，是他的弟弟艾德華（Edward），他成立了一家知名的房地產與物業管理公司史崔特與帕克（Strutt & Parker），這是英國現在最大的一家房地產合夥公司。下次到倫敦時，可以找找看他們在市中心高檔建物上的商標。

瑞利是一位了不起的博學鴻儒。在許多偉大的成就中，他還開發了聲音的數學理論，還發現了氬氣，因此在一九〇四年得到第一座諾貝爾獎（是第四個獲獎的人）。

3 生命的簡單、統一與複雜

我在第一章就強調過，從最小的細菌，到最大的城市與生態系統，生命系統是典型的複雜適應系統，而且以空間、時間、能量與質量尺度來看，運作的範圍極為龐大。光是以質量來看，從驅動代謝與遺傳密碼的分子，到生態系統與城市，整體的生命尺度涵蓋三十多個數量級（10^{30}）。這個範圍大大超越了地球質量相對於整個銀河系的質量，銀河系「只有」涵蓋十八個數量級，相當於一個電子的質量相對於一隻老鼠的質量。

在這麼龐大的範圍內，生命本質上是用相同的基本組成構件與過程，形成種類多到令人瞠目結舌的形式、機能與動力行為。這是自然選擇力量與演化動力的極致展現。所有的生命機能，就是把從物理或化學來源的能量，轉化成有機分子，然後經過代謝，而形成、維護與再生複雜且高度組織的系統。這靠的是兩個本能但密切互動的系統運作完成，一個是遺傳密碼，它負責儲存與處理形成與維護有機體的資訊與「指示」；另一個是代謝系統，它負責取得、轉化

圖 8

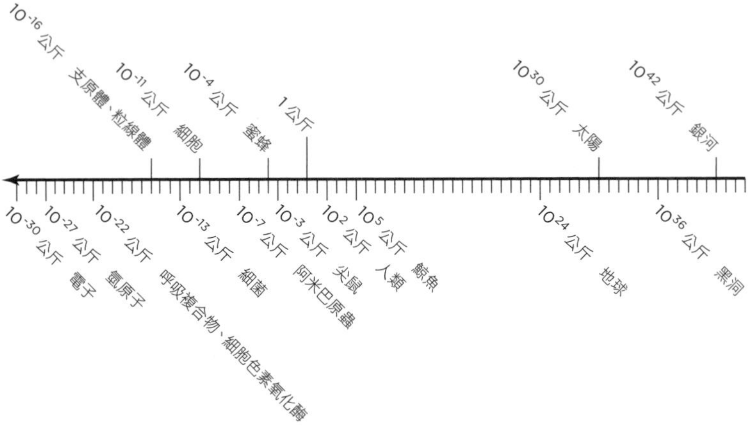

相對於銀河與次原子尺度，從複雜分子與微生物到鯨魚與紅杉的驚人生命尺度。

與配置作為維生、成長與再生用途的能量與原料。在闡述這兩個系統從分子到有機體階層的運作上，已經有很大的進展，稍後我也會探討這將如何延伸到城市與公司上。然而，了解資訊處理（基因組學）如何與能量與資源處理（新陳代謝）整合，以維持生命，仍然是一個重大的挑戰。發現支撐系統結構、動力與整合方式的普遍原理，是了解生命，以及在醫療、農業與環境等如此多元的情境下，管理生物與社經系統的基礎。

我們現在已經發展出了解遺傳學的統一架構，可以說明從基因的複製、轉錄、轉譯，到物種的演化由來等等現象。但代謝理論相對的統一架構較晚出現，它必須連結細胞內部生化反應所產生的各種能量與物質轉化過程，這些過程還可以擴展到維持生命、提供生物活動力，甚至決定了從有機體到生態系層次重要過程的時間表。

生命如何從潛在的簡單演變成複雜，尋找其中的基本原理是二十一世紀科學界的重大挑戰。雖然基本上這一直是、也將會是生物學家與化學家的研究範圍，但現在也變成其他學科，尤其是物理學與電腦科學，越來越能發揮的領域。適應演變系統的一個基本特徵就是來自簡單的複雜，對這一點有更普遍的了解，是新興的複雜科學的研究基礎。

物理學的研究領域就是，可以精確量化（指適合計算）的**所有**層次的組織之基本原理與概念，因此可以做出預測，並可以經由實驗與觀察檢驗。從這個角度來看，我們很自然就要問，有沒有可以測量的「普遍生命法則」，因此生物學也可以像物理學一樣，形成公式，並成為可預測、可量化的科學。可以想像有一個還沒發現的「牛頓生物定律」，至少在原則上可以精準計算任何生物過程，例如可以正確預測你和我會活多久的定律嗎？

這似乎不太可能。畢竟，生命是最複雜的系統，是從多重的偶然歷史事件中，呈現出各種層次的突現現象。但是，推測生命系統的一般粗略行為，也許遵循著某些掌握它們基本特性的量化普遍法則，也不是沒有道理。這個比較溫和的觀點假設，在每一個一般理想生物系統可以形成的組織層面上，它的一般特性是可以被計算的。如此一來，即使我們永遠無法計算自己的壽命，也應該能計算出人類的平均與最大的壽命期限。這為我們在數量上了解實際的生物系統，提供了一個出發點或基準，並可以將它視為，由於各地環境條件或歷史演變的分歧，這是理想基準的變化或擾動。接下來我將更深入闡述這個角度，因為它是處理第一章提出的大部分問題的概念策略。

從夸克與弦，到細胞與鯨魚

在開始探討這些已經被提出來的重大問題之前，我想先小小岔題，談談一次偶然的旅程，它讓我從研究物理學的基礎問題，到生物學的基礎問題，最後到社會經濟科學的基礎問題，而這個問題與全球永續的關鍵有關。

一九九三年十月，在美國總統柯林頓（Bill Clinton）的同意下，美國國會正式取消了有史以來被認為規模最大的科學計畫，當時該計畫已經耗資了將近三十億美元。這個特殊計畫就是偉大的超導超級對撞機（Superconducting Super Collider, SSC），連同它的探測器，被認為是人類嘗試過的最大工程挑戰。ＳＳＣ可以說是一部巨大的顯微鏡，探測距離是一百兆分之一微米，目的是要發現物質基本組成的結構與動力。它將提供關鍵的證據，以檢驗我們對基本粒子理論的預測，也許還能發現新的現象，甚至為和所有自然基本力量有關的所謂「大一統理論」（Grand Unified Theory）奠定基礎。這個遠大的願景，不只讓我們深入了解每一個東西的組成，也可以為大爆炸以來的宇宙演化提供重要的洞察。在很多方面，它代表了人類的某些最高理想。人類身為唯一有充分意識與智慧的生物，在永無止境的挑戰中，一直努力想解開某些宇宙最深層的奧祕。也許甚至可以為我們的生存提供真正的理由，就是作為宇宙得以認識自己的代理人。

ＳＳＣ的規模超級巨大，它的周長超過五十英里，可以將質子加速到二十兆電子伏特（electron volt）①的能量，代價是要花掉超過一百億美元。給大家一點規模的概念，一電子伏特就是形成生命基礎化學反應的一般能量。日內瓦進行的大型強子對撞機（Large Hadron Collider）計畫，最近因發現希格斯粒子而受人注目。而ＳＳＣ裡的質子能量，則是日內瓦大型強子對撞機質子能量的八倍。

幾乎可以預想得到的是，ＳＳＣ的失敗有很多因素，包括無法避免的預算問題、經濟情況、政治上對德州（機器建造的地方）的不滿、庸庸碌碌的領導之類的問題。但它失敗的一個主要原因是，當時出現一種反對傳統基礎大科學，尤其是反對物理學的風氣。②這有很多形式，其中一個讓我們很多人都受到影響的反覆主張，也是我之前已經提過的：「雖然十九與二十世紀是物理學的世紀，但二十一世紀是生物學的世紀。」

即使是最自信、立場最堅定的物理學家，在反對一股生物學讓物理學相形失色，並成為二十一世紀主導科學的大眾情緒時，日子也很不好受。但激怒我們很多人，通常也講得很白的是，這種基礎物理不必再做進一步的基本研究了，我們已經知道所有該知道的東西了。很令人難過的就是，ＳＳＣ就是在這種誤導人的狹隘思維下的犧牲品。

當時我在洛斯阿拉莫斯國家實驗室（Los Alamos National Laboratory）負責高能物理學計畫，我們參與ＳＳＣ的兩個主要探測器中的一個。「高能物理學」是物理學的一個次領域，處理的是有關基本粒子的基礎問題，包括粒子的互相作用與宇宙學意義。我當時是一個理論物理學家（現在也是），我當時的主要研究興趣就是在這個領域。對於這類把物理學與生物學研究軌道分開的挑釁言論，我發自內心的感想是，是的，生物學幾乎一定會成為二十一世紀的顯學，但要真的非常成功，就必須接受某些讓物理學如此成功的量化分析與預測文化。生物學必須在依賴統計、現象與質性論述的傳統上，整合一個基於數學或計算原理的理論架構。我很羞愧地說，我當時對生物學的了解非常少，這個情緒大爆發大部分是出於傲慢與無知。

因此，我決定要來證明我的話是否確實，並開始思考物理學的典範與文化，可以如何解決生物學的有趣問題。當然，已經有幾個物理學家非常成功地取得生物學上的成就，最引人注目的當屬法蘭西斯・克里克（Francis Crick），他和詹姆斯・華生（James Watson）確認了ＤＮＡ的結構，讓我們對基因組有了突破性的理解。另一位了不起的物理學家厄文・薛丁格（Erwin Schrödinger），是建立量子力學的人之一，他寫了一本令人驚嘆的小書《薛丁格生命物理學講義：生命是什麼？》（*What Is Life?*），一九四四年出版，對生物學有很大的影響力。[3]這是物理學對生物學可能有什麼好處的一個激勵人心的例子，因此刺激了一小群但日益增加的物理學家，跨越學術鴻溝，並形成了一個新興的生物物理學研究領域。

SSC計畫結束的時候，我剛剛五十出頭，而且就如我在本書一開頭所說的，我越來越意識到，無法逃避的老化過程與生命的有限，由於我們家族男性祖先的短命紀錄，在學習老化與死亡問題時，我很自然地開始思考生物學。由於老化與死亡是最無所不在、最基本的生命特徵，我天真地以為，幾乎每一件事應該都被人知道了。但是，讓我非常意外的是，有關老化與死亡，不只沒有可以接受的一般理論，而且這個領域相當小，簡直像是一潭死水。另外，物理學家很自然會關注的一些問題，就像我在第一章提出來的，也很少被解決。特別是，一百年的人類壽命期限，這個尺度是從哪裡來？以及如何形成老化的一個量化預測理論？

死亡是生命的基本特徵。事實上，這也隱含著一個意義，死亡是演化論的基本特徵。演化過程的一個必要部分就是，個體最後一定會死亡，這樣後代才能傳播新的基因組合，最後由新的特徵適應自然選擇的過程，並促成物種的多樣性。我們都必須一死，這樣新生命才能興旺、探索、適應與演化。史蒂夫．賈伯斯（Steve Jobs）把這一點說得很簡單扼要④：

> 沒有人想死，即使想去天堂的人，也不想因為想去那裡而想死。但死亡是我們共同的目的地。所有人都難逃一死，這也是應該的，因為死亡可能是生命最好的發明。它能改變生命的方向。清除舊的，才能為新的開路。

因為死亡與它之前的老化，意義非常重大，我以為，我可以拿起一本入門生物學教科書，並找到專門討論它的一章，作為討論基本生命特徵的一部分，也就是出生、成長、繁殖、代謝等等。我也預期，我會找到有關老化機制理論的教學摘要，其中會包括一個簡單的算法，可以解答為什麼我們會活大約一百年，以及其他我提出的所有問題。但沒那麼好運。連提都沒提到，事實上，也沒有任何線索顯示，生物學界對這些問題感興趣。這實在令人震驚，特別是因為，在出生之後，死亡是一個人生命中最重大的生物事件了。身為一個物理學家，我開始納悶，在多大程度上，生物學算是一門「真正」的科學了（當然，意思是指像物理學那樣），而且，如果它不關心這類基礎問題，它要如何主導二十一世紀？

生物學界顯然普遍缺乏研究老化與死亡的興趣，專心投入的研究人員非常少，這促使我開始思考這些問題。很顯然，生物學界幾乎沒有人以量化或分析的角度來思考，那麼物理學的方法也許有機會獲得一點進展。因此，在穿梭於努力應付夸克、膠子、暗物質與弦論之間，我開始思考死亡的問題。

當我踏上新的方向，思索著把生物學當成一門科學以及它與數學的關係時，我從一個不太可能的來源，得到意想不到的支持。我發現，我自以為非常顛覆的思維，在將近一百年前，就已經被清楚而深刻地闡述過了，那個人就是傑出但有點古怪的生物學家湯普森（D'Arcy Wentworth Thompson）爵士，以及他在一九一七年出版的經典著作《生長與形態》（*On Growth and Form*）。

⑤這是一本非常令人讚嘆的書，不只是在生物學界，在數學、藝術、建築界也備受推崇，並影響了很多思想家與藝術家，包括數學家艾倫・圖靈（Alan Turing）、生物學家朱利安・赫胥黎（Julian Huxley）、藝術家傑克森・波洛克（Jackson Pollock）。這本書持續受到歡迎的證據是，它到今天仍在印製發行中。傑出的生物學家、器官移植之父邁達瓦（Peter Medawar）爵士，因排斥作用與免疫耐受性的研究而得到諾貝爾獎，他說《生長與形態》是「以英文記錄的所有科學文獻中，最好的一本著作」。

湯普森是最後的「文藝復興時代人士」，代表的是現在已經不存在的多學科與跨學科科學家。雖然他的主要影響在生物學，但他也是一位非常有成就的古典主義者與數學家。他被選為英國古典學會（British Classical Association）會長、皇家地理學會（Royal Geographical Society）會長，而且也是一位優秀的數學家，因此成為風評極佳的愛丁堡數學學會（Edinburgh Mathematical Society）榮譽會員。他來自一個蘇格蘭知識分子家庭，而且他的名字大致就像伊桑巴德・金登・布魯內爾，讓人可以把他和維多利亞時代小說的小人物聯想在一起。

湯普森的書以知名德國哲學家伊曼努爾・康德（Immanuel Kant）的話作為開場，康德把他那個時代的化學評為：「eine Wissenschaft, aber nicht Wissenschaft」，湯普森把它翻譯為，化學是**「一門科學，但不科學」**（a science, but not Science，按：湯普森以 s 字母的大小寫區別其意涵），意指「真正科學的標準在於它和數學的關係」。湯普森接著探討，為什麼現在有一門基於基本原理、可預測的「數學化學」（mathematical chemistry），化學也因此得以從小s的「科學」（science），提升成為大S的「科學」（Science）。另一方面，生物學還一直停留在質性論述，沒有數學基礎或原理，所以還只是小s的「科學」（science）。只有結合數學物理原理，才會變成真正的「科學」（Science）。雖然生物學在這個世紀已經有非凡的進步，但我開始發現，湯普森對生物學特徵的挑釁精神，在今天仍然很有意義。

雖然湯普森在一九四六年得到皇家學會頒給他的達爾文獎，但他卻大力批判傳統的達爾文演化論，他認為，生物學家過度強調自然選擇與「適者生存」，在有機體形態與結構的根本決定因素作用，卻未認知到物理定律作用的重要性，以及它們在演化過程中的數學表達。但在他的挑戰中所隱含的問題仍然沒有被解決：有沒有可以被數學表達的「普遍生命法則」，因此生物學也可以形成公式，並成為可預測、可量化的科學？他是這樣說的：

> 我們一定要記住，在物理學，已經有很優秀的人發現了簡單的事物……甚至沒有人可以預見，光是數學就可以描述，以及物理就可以解釋身體結構到什麼程度。也許所有的能量法則、所有的物質屬性、所有膠體化學，都難以解釋身體，因為它們都無法理解靈魂。就我個人而言，我認為並非如此。關於靈魂（soul）如何諭知身體，物理科學（physical science）[6]並沒有教我；因此，活物質（living matter）與心智（mind）的互相影響，仍是個沒

有線索的奧祕。就我的理解，生理學家的神經路徑與神經元也無法解釋意識，所以我也不會問物理科學，為什麼有人善良，有人邪惡。但就身體的組成、成長與運作，就像地球上的其他一切，就我卑微的意見，物理科學是我們唯一的老師與指引。

這大致表達了當代「複雜科學」的信念，其中包含意識是一種系統性的突現現象，而不只是大腦中所有「神經路徑與神經元」加總的結果。這本書雖然是學術書籍，但非常有可讀性，還帶著令人驚喜的些許數學。除了以數學寫出來的自然物理法則，沒有其他的偉大原理是生物成長、形成與演化的主要決定因素。

雖然湯普森的書並沒有處理老化或死亡的問題，也不特別有用或技術上特別先進，但他的想法支持與鼓勵，把物理學觀念與技術應用到生物學的所有問題。在我自己的想法中，這引導我把我們的身體比喻成機器，必須餵養、維護、修理，最後會耗損與「死亡」，大致就像車子與洗衣機。然而，要了解某個東西的老化與死亡，不管是動物、汽車、公司、文明，就必須先了解維持生存的過程與機制，然後才能看出這些機制如何隨著時間退化。這自然就會考慮到維持生存與成長所需的能量和資源，並將其分配給維護和修復，以對抗具破壞力的熵，它通常與損壞、分解、損耗等有關。這個思路讓我一開始先專注在讓我們維持生命的代謝作用，接著才去問為什麼不能永遠繼續下去。

代謝率與自然選擇

代謝是生命之火……而食物，是生命的燃料。如果沒有供應從你吃的食物中萃取出來的代謝能量，你大腦中的神經元和你基因中的分子就無法運作。沒有代謝的能量，你沒辦法走路、思考，甚至睡覺。它供應有機體需要的動力，以維護、成長與再生，以及特定的過程例如循環、肌肉收縮與神經傳導。

代謝率是生物最重要的基礎速率，為幾乎每一個有機體設定生活的步調，從細胞裡的生化反應，到有機體成年需要的時間，從森林吸收二氧化碳的速度到分解垃圾的速度。我們在第一章談過，一般人的基礎代謝率只要大約九十瓦，相當於一般的白熾燈泡，也相當於你每天吃的二千卡路里。

像所有的生命一樣，我們透過自然選擇的過程演化，和我們的同類相互作用與適應，不論是細菌和病毒、螞蟻和甲蟲、蛇和蜘蛛、貓和狗，或草和樹，以及在不斷形成挑戰和不斷變化的環境中的一切生命。我們在一個永不停止、多重面向的互動、衝突與適應中，全部一同演化。每一個有機體，它的每一個器官和次系統，每一種細胞種類和基因組，因此也隨著自己的獨特歷史，在自己不斷變化的環境利基上演化。由查爾斯・達爾文與阿爾弗雷德・羅素・華萊士（Alfred Russel Wallace）提出的自然選擇原理，是演化論與物種起源的關鍵。自然選擇或「適者生存」是一種漸進的過程，透過有機體的差異繁殖，成功變異的某些遺傳特性或特徵，會固定在某一群後代身上，而這些特性是和環境互動發展出來的。就像華萊士說的，有非常充分而廣泛的變異，「永遠都有讓自然選擇朝**某些**可能方向發展的材料」，或者就像達爾文更簡潔的說法：「每一個細微的變異，只要有用，就會被保留下來。」

在這個大熔爐中，每一個物種都以反應其獨特演化路徑的生理特性與特徵演化，最後出現了從細菌到鯨魚，跨越生命所有範圍非比尋常的多樣性和變異。所以，經過幾百萬年演化上的修補與適應，隨著適者生存的遊戲規則，我們人類最後是以兩條腿走路、大約一百五十到一百八十公分之間、大約可以活上一百年、心臟一分鐘大約跳六十下、收縮壓大概是一百毫米汞柱⑦、一天睡大約八小時、大動脈大約十八英寸長（按：約五十公分）、每一個肺細胞裡有大約五百個粒線體，然後代謝率大約是九十瓦。

所有的這一切完全是隨意而不規則的，是我們在漫長的歷史中，數百萬次小小意外與變動的結果，而且已經被凍結在自然選擇的過程，至少目前暫時是如此？或者這其中有某些秩序，某些反應其他機制的隱藏模式在作用著？

事實上的確有，為了要解釋這一點，我們要繼續回頭討論縮放理論。

複雜之下的簡單：克萊伯定律、自相似性與規模經濟

我們一天需要二千卡路里以維持生命，其他動物需要多少食物與能量？貓與狗，老鼠與大象呢？或者，就這個問題來說，魚類、鳥類、昆蟲和樹木呢？這些是我在本書開頭就提出的問題，我想強調的是，不管從自然選擇的天真預期，也不管生命非比尋常的複雜性和多樣性，也不管代謝可能是宇宙中最複雜的物理化學過程，在所有的有機體中，代謝率呈現出一種非常有系統的規律。就像在圖一中看到的，代謝率以最簡單的可能方式，隨著身體的尺寸而放大，你可以想像，根據質量以對數尺度描繪出來時，就會出現一條直線，並會顯示出簡單的冪次法則縮放關係。

人們知道代謝率對質量的縮放關係，已經超過八十年了。雖然原始的版本在十九世紀末就出現了，但它的現代版本則要歸功於傑出的生理學家馬克思．克萊伯（Max Kleiber），他在一九三二年出版的一本艱深的丹麥期刊中，發表了一篇重要文章，把它正式形成公式。⑧第一次看到克萊伯定律時，我非常激動，因為我以為，每一個物種演化依賴的是隨機與獨特的歷史路徑，最後物種之間的變異性應該毫不相干才對。畢竟，即使是哺乳類動物，除了某些一般特徵，鯨魚、長頸鹿、人類與老鼠，看起來一點也不像，而且每一種動物都生存在截然不同的環境，面對著南轅北轍的挑戰與機會。

在他的開創性研究中，克萊伯調查了很大範圍的動物代謝率，從只有一百五十公克的小鴿子，到重達將近一千公斤的公牛。接下來那幾年，很多研究人員擴大了他的研究範圍，以包含整個哺乳類動物，從最小的鼩鼠，到最大的藍鯨，因此在質量上的涵蓋範圍，超過八個數量級。更驚人也更重要的是，所有多細胞類別的動物，包括魚類、鳥類、昆蟲、甲殼類動物與植物，甚至延伸到細菌與其他單細胞有機體，也出現了相同的縮放關係。⑨整體來看，它包含了令人咋舌的二十七個數量級，也許是宇宙中最有延續性與系統性的縮放法則。

因為圖一中的動物質量範圍超過五個數量級（超過十萬的倍數），從重量只有二十公克（〇．〇二公斤）的小老鼠，到重量將近一萬公斤的大象，因此我們必須用**對數**尺度描繪這些數據，這意味著，兩軸上的刻度是以連續的十倍數增加。例如，質量沿著橫軸增加，從〇．〇〇一到〇．〇一到〇．一到一到十到一百公斤，以此類推，而不是以**線性**方式增加，從一到二到三到四公斤等等。如果我們用傳統線性尺度把這些點畫在一張標準大小的紙上，除了大象之外，**所有**的數據點都會落在圖形的左下角，而且堆疊在一起，因為即使在大象之後，下一個較輕的動物，公牛或馬，也比大象輕十倍以上。為了能以任何合理的精細度區別所有動物，就需要一張超過一公里寬、非常大張的紙。為了要解決鼩鼠和藍鯨之間八個數量級的問題，紙張的寬度就必須超過一百公里。

所以就像我們在前一章討論地震用的芮氏規模時看到的，要呈現跨越很多數量級的數據時，用對數坐標有非常實用的理由。但這樣做還有更深刻的概念理由，這與調查對象的結構與動力有**自相似性**（self-similar）特質有關，而且是以簡單的數學**冪次法則**表現出來，我現在也要解釋這一點。

我們已經看見，一條在對數尺度上描繪的直線，就代表著一個冪次法則，而它的指數就是它的斜率（在力量的縮放關係中就是 $\frac{2}{3}$，見圖七）。在圖一中，你已經可以看見，質量（橫軸上的點）每增加**四**個數量級，代謝率（縱軸上的點）只會增加三個數量級，所以這條直線的斜率就是 $\frac{3}{4}$，這就是克萊伯定律有名的指數。說得更明確一點，我再舉個例子，一隻三公斤的貓，比一隻三十公克的老鼠，重了一百倍。我們就可以直接用克萊伯定律，計算牠們的代謝率，並算出貓的代謝率大約是三十二瓦，而老鼠則大約是一瓦。因此，即使貓的重量是老鼠的一百倍，牠的代謝率只需要三十二倍，這就是規模經濟的明顯例子。

現在如果有一頭牛的重量是貓的一百倍，那麼根據克萊伯定律就可以預測，牠的代謝率也一樣會是貓的三十二倍，如果我們再把這延伸到體重是牛的一百倍的鯨魚，牠的代謝率就會比牛大三十二倍。在這個例子中，我們在質量上重複增加一百倍，代謝率就會重複出現三十二倍，這種重複出現的情形，就是冪次法則一般**自相似性**特色的例子。更普遍來說，不管原來的質量是多少，也就是不管是一隻老鼠、貓、牛或鯨魚，都是一樣，如果質量隨意以**任何倍數任何**尺度增加（在這例子就是一百），代謝率都會以相同倍數增加（在這例子就是三十二）。這種明顯有系統的重複表現，就稱為**尺度不變性**或**自相似性**，這是冪次法則的內在特性。這與**碎形**（fractal）的概念密切相關，也將在下一章有更多細節的討論。在不同的程度上，碎形、尺度不變性和自相似性，在自然界中無所不在，從銀河系、天上的雲，到你的細胞、大腦、網際網路、公司與城市，全部可以看見這種性質。

我們才剛看到比老鼠重一百倍的貓，雖然牠的細胞量也大約是一百倍，但只需要三十二倍的能量就能維持生命，這就是**規模經濟**的一個典型例子，也是來自克萊伯定律本質上的非線性特質。天真的線性推論可能會預測，貓的代謝率也會是一百倍大，而不是只有三十二倍。類似的道理，一隻動物的大小增加一倍，並不需要增加一倍的能量來維持生命，只需要多大約七五％的能量就可以，亦即每增加一倍，可以節省大約二五％的能量。因此，有機體的體型越大，為了維持每一公克組織的運作，每一個細胞每一秒鐘要產生的能量，會以一種有系統、可預測、可量化的方式減少。所以，你的細胞比你的狗的細胞工作輕鬆，但你的馬更輕鬆。大象比老鼠大約重了一萬倍，即使有大約一萬倍的細胞要支撐，但代謝率只多了一千倍。因此，大象細胞的代謝率大約是老鼠細胞的十分之一，相對的也會減少細胞的損壞率，因此也會更長壽，這一點將在第四章詳細討論。這是有系統的規模經濟對整個生命歷程，從出生、成長到死亡，造成深遠影響的例子。

普遍性與控制生命的神奇數字四

克萊伯定律有系統的規律性相當不可思議，但一樣令人驚訝的是，類似的系統性縮放法則，也出現在幾乎所有的生理特徵或生命史事件上，而且從細胞到鯨魚到生態系統，涵跨整個生命的範圍。除了代謝率，這些數值包括成長率、基因組長度、主動脈長度、樹木高度、大腦的灰色物質、演化率、壽命長度，圖九至十二就是這些數值的例子。這種縮放法則大約超過五十種，而且另一個令人驚訝的重點是，它們的相對指數（類似克萊伯定律的 $\frac{3}{4}$）一定非常接近 $\frac{1}{4}$ 的簡單倍數。

例如，成長率的指數非常接近 $\frac{3}{4}$，主動脈與基因組的長度是 $\frac{1}{4}$，主動脈與樹幹的橫切面面積是 $\frac{3}{4}$，大腦尺寸是 $\frac{3}{4}$，大腦的白色與灰色物質是 $\frac{5}{4}$，心跳率是負 $\frac{1}{4}$，細胞中的粒線體密度是負 $\frac{1}{4}$，演化率是負 $\frac{1}{4}$，薄膜擴散率是負 $\frac{1}{4}$，壽命長度是 $\frac{1}{4}$……還有很多很多。「負」在這裡直接顯示，相對數值會隨著尺寸放大而減少，而不是增加，所以舉例來說，心跳速度會隨著身體變大根據 $\frac{1}{4}$ 冪次法則變慢，就像圖十所示。我忍不住想讓你注意一下，主動脈和樹幹也是以相同的方式放大比例。

眾多縮放法則例子中的小部分採樣，顯示出明顯的普遍性與多樣性。（圖 9）顯示，個別昆蟲與昆蟲聚落產生的生物質，跟著規模以 $\frac{3}{4}$ 指數放大，就像（圖 1）的動物代謝率。（圖 10）顯示，哺乳動物的心跳率跟著質量以 - $\frac{1}{4}$ 指數變慢。（圖 11）顯示，哺乳動物大腦中的白色物質體積與灰色物質體積的相對指數是 $\frac{5}{4}$。（圖 12）顯示，單細胞與細菌相對於質量的代謝率縮放關係，遵循著調查多細胞動物的克萊伯定律中，典型的 $\frac{3}{4}$ 指數。

圖 9

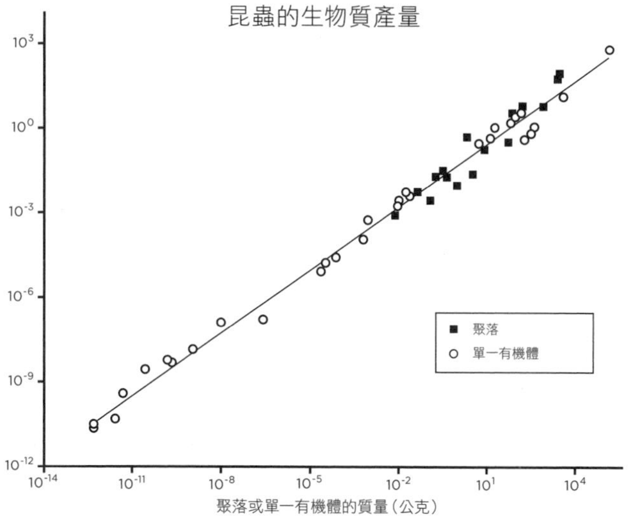
昆蟲的生物質產量
一般生物質生產率（公克／天）
聚落或單一有機體的質量（公克）
聚落
單一有機體

圖 10

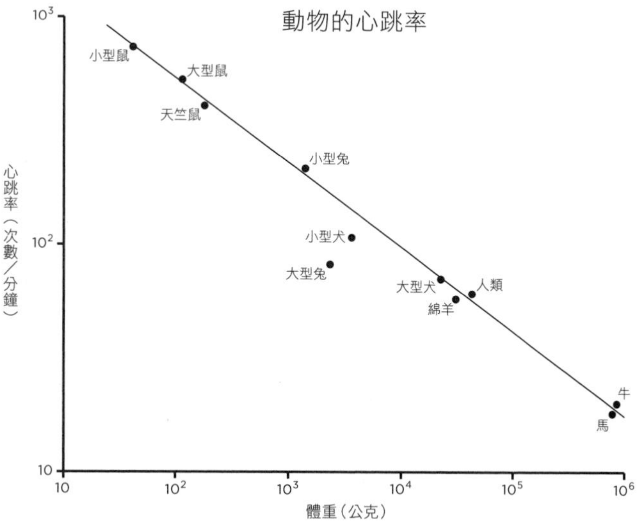
動物的心跳率
心跳率（次數／分鐘）
體重（公克）
小型鼠
大型鼠
天竺鼠
小型兔
小型犬
大型兔
大型犬
人類
綿羊
牛
馬

圖 11

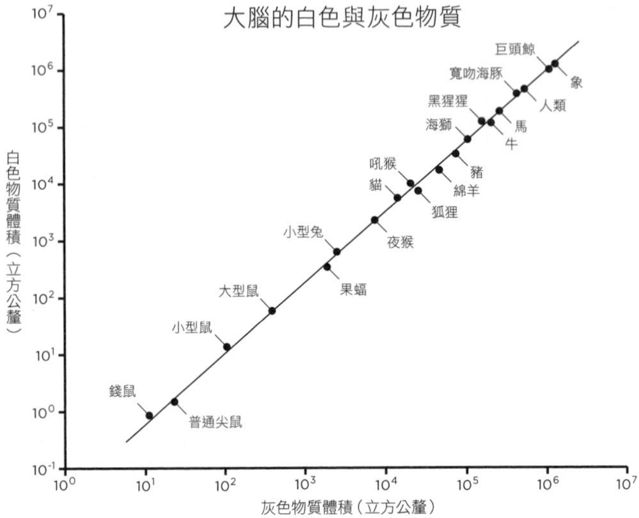
大腦的白色與灰色物質
白色物質體積（立方公釐）
灰色物質體積（立方公釐）
巨頭鯨
象
寬吻海豚
人類
黑猩猩
馬
海獅
牛
吼猴
豬
貓
綿羊
狐狸
小型兔
夜猴
果蝠
大型鼠
小型鼠
錢鼠
普通尖鼠

圖 12

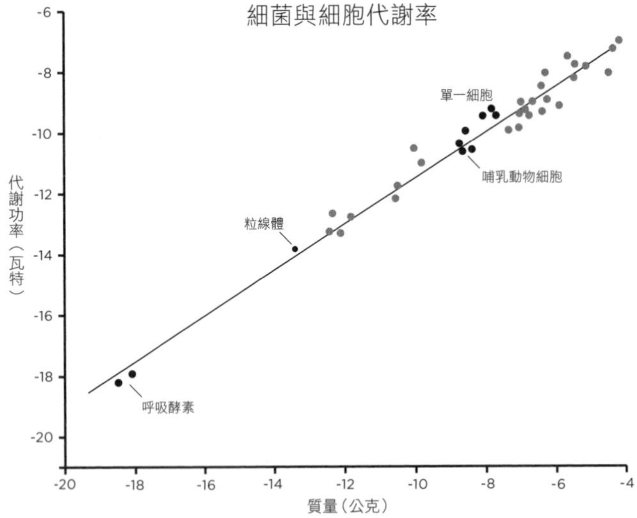
細菌與細胞代謝率
代謝功率（瓦特）
質量（公克）
單一細胞
哺乳動物細胞
粒線體
呼吸酵素

特別吸引人的一點是，形成這些指數的 $\frac{1}{4}$ 冪次法則中出現的數字四。它在整個琳琅滿目的生命形態中無所不在，而且似乎在決定有機體的可測量特徵上，不管它的演化設計是什麼，都發揮了一種特別而基礎的作用。從縮放觀點的角度來看，就是出現了一個非常明顯的一般普遍模式，並強烈顯示，演化一直受到其他超越自然選擇的一般物理原理約束。

這種有系統的縮放關係非常違反直覺。因為它們顯示，任何有機體幾乎所有的生理特徵與生命史事件，主要直接受到有機體的大小決定。例如，生物的生活步調會隨著體型變大，而有系統且可預期地變慢：大型哺乳動物活得更久、花更久時間才能成年、心跳速度較慢，而且細胞的工作比小型動物更輕鬆，這些全部都在相同的可預測程度內。哺乳動物的質量增加一倍，壽命長度與成年的時間就會平均增加二五％，同時也會以相同數值降低所有的速率，例如心跳速度。

鯨魚生活在海洋中、大象有超級大耳朵、長頸鹿有長脖子、我們用兩條腿走路，而睡鼠則急急忙忙轉來轉去，雖然外觀上有明顯的差異，但在很大的程度上，我們全都是彼此的線性縮放版本。只要你告訴我一隻哺乳動物的大小，我就可以用縮放法則告訴你，幾乎牠的每一個可測量特徵的平均值：牠每天需要吃多少食物、牠的心跳率多少、牠要多少時間才會成年、牠的主動脈長度與半徑、壽命長度、會生多少後代，以此類推。一想到生命形態極端複雜與多樣化，這個發現實在令人非常震驚。

當我發現，我在尋求理解死亡的奧祕，卻意外了解某些更令人驚訝與好奇的生命奧祕時，我非常激動。因為這是一個顯然可以用數學量化表達的生物學領域，而且是以物理學家最心愛的「普遍性」（universality）精神呈現。除了這些「普遍」法則似乎與自然選擇的天真解釋不一致令人感到意外，一樣令人意外的是，大部分的生物學家並未完全理解這些法則，雖然很多人已經注意到了。另外，這些法則的由來，也還沒有一般的解釋。這正是物理學家可以投入熱情之處。

事實上，說生物學家並不完全理解縮放法則，也不盡正確。縮放法則肯定一直出現在生物學界，而且一直到一九五〇年代，生物學出現分子和基因組學革命時，一直得到很多傑出生物學家的關注，包括赫胥黎、霍爾丹（J.B.S.Haldane）、湯普森。⑩更確實地說，赫胥黎發明了**異速**（allometric）這個詞，來描述有機體的生理與形態特徵，如何跟著身體的大小而改變，雖然他的焦點主要是放在成長期間。**異速**被介紹為是伽利略**等長**（isometric）縮放概念的一個概括，這在前一章探討過，指的是身體形狀與幾何形狀在尺寸變大時不會改變，所以和有機體有關的所有長度，會以相同的比例變大；希臘文的iso，意思是「相同的」，而metric，是來自metrikos這個字，意思是「測量」。另一方面，allometric這個字是從allo而來，意思是「不同的」，指的是一般更普遍的情形，形狀與幾何形狀在尺寸變大時也會跟著改變，也就是不同維度以不同比例放大。例如，樹幹的半徑與長度，或動物四肢的半徑與長度，會隨著尺寸變大，但會以不同比例放大，半徑是以質量的$\frac{3}{8}$倍數放大，但長度比較慢，是以$\frac{1}{4}$（也就是$\frac{2}{8}$）的倍數放大。因此，當樹木或動物的尺寸變大，樹幹與四肢就會變得比較短而粗壯，不妨想像一下大象相對於老鼠的腿。這就是伽利略力量比例原始論點的概括陳述。如果是以等長放大，那麼半徑與長度會以相同方式放大，而樹幹與四肢的形狀保持不變，這樣一來，當樹木或動物的尺寸變大時，支撐身體的力量就會不穩定。如果大象和老鼠一樣有紡錘體形狀的腿，就會被自己的體重壓垮。

赫胥黎提出的詞**異速**，原來的用法比較限於幾何、形態與個體發育，但被延伸用來描述我在前面討論到的這種縮放法則，並包含更動態的現象，例如，能量與資源的流動如何隨著身體尺寸變大而改變，代謝率就是其中的主要例子。現在這一切通常指的就是**異速縮放法則**（allometric scaling laws）。

朱利安・赫胥黎本人是一位非常傑出的生物學家，是擁護達爾文與自然選擇演化論的知名生物學家湯瑪斯・赫胥黎（Thomas Huxley）的孫子，也是小說家與未來學家阿道斯・赫胥黎（Aldous Huxley）的哥哥。除了**異速**這個詞，朱利安・赫胥黎還為生物學引進幾個新詞與概念，包括以**族群**（ethnic group）取代非常帶有汙衊意味的**種族**（race）。

一九八〇年代，主流生物學家寫了好幾本非常傑出的著作，總結了與異速有關的廣泛文件。[11]橫跨所有規模與所有生命形式的數據，經過彙編與分析之後的一致結論是，$\frac{1}{4}$冪次縮放是生物界的普遍特點。但令人意外的是，為什麼應該會有這樣的系統性法則、從哪裡來，或這與達爾文的自然選擇有何關聯，理論與概念性的討論非常少，也沒有提出一般化的解釋。

身為一個物理學家，對我來說，這些「普遍的」$\frac{1}{4}$冪次縮放法則是在告訴我們，有關生命的動力、結構與組織的某些基本原理。它們的存在強烈顯示，超越個別物種的一般潛在動力程序在約束著演化過程。因此，這也為生物學的潛在突現法則開啟了一扇窗，並且引人猜測，生物系統的一般粗略行為，也會遵循著掌握其基本特徵的**量化**法則。

如果說這些縮放法則只是巧合，每一個都是獨立現象、每一個都是反應自己獨特動力與組織的「特例」、是一系列演化動力上缺德的偶然，因此心跳速度的縮放比例，與代謝率和樹木高度的縮放比例，根本毫無關係，似乎不太可能，也幾乎有點惡毒。當然，每一個個別的有機體、生物學物種與生態組合，都是獨一無二的，並反映出基因組成、遺傳途徑、環境條件與演化史的不同。所以如果沒有任何其他的物理約束，我們可能會預期，不同的有機體，或至少棲息在類似環境的每一群相關的有機體，應該會在結構與機能上，呈現出和尺寸相關的不同變化模式。但事實並非如此，在大範圍的尺寸與多樣性數據上，幾乎總是出現一個簡單的冪次法則，這件事也引起非常具有挑戰性的問題。而這些冪次法則的指數幾乎總是$\frac{1}{4}$的倍數，這件事所引出的問題更大。

有關其中的潛在機制的問題，似乎是一個可以思考的神奇謎題，特別是我對老化與死亡，以及壽命長度似乎隨著$\frac{1}{4}$冪次異速縮放法則（儘管差異很大）變化，有著病態的興趣。

能量、突現法則，以及生命的階層

我之前已經強調過，沒有能量，生命的任何面向都無法如常運作。例如每一次的肌肉收縮或任何需要代謝能量的活動，以及大腦中的每一個隨機的思緒，即使是睡眠時身體忽然抽搐一下，或甚至細胞中DNA的複製，都是如此。在最基礎的生物化學層次，代謝能量是由細胞內部稱為**呼吸複合體**（respiratory complexes）的半自主分子單位所製造。在代謝中扮演關鍵作用的重要分子，有一個有點不討喜的名稱，**三磷酸腺苷**（adenosine triphosphate），通常簡稱ATP。代謝詳細的生物化學作用極為複雜，但基本上與ATP的拆解有關，這在細胞環境中相當不穩定，ATP會從**三磷酸腺苷**（有三個磷酸鹽），變成ADP，也就是**二磷酸腺苷**（只有二個磷酸鹽），因此釋放出儲存在另一個磷酸鹽裡的能量。從打破磷酸鍵得到的能量，就是代謝能量的來源，因此也是維持生命的物質。從ADP變回ATP的反轉過程所使用的能量，哺乳動物是從食物透過氧化呼吸（oxidative respiration）取得（這是我們必須吸進氧氣的理由），在植物則是透過光合作用。從打破ATP變成ADP的釋放能量，到反向循環從ADP變回ATP儲存能量，形成一種持續不斷的循環過程，大致就像電池的充電與再充電。一四一頁有一張圖顯示了這個過程。可惜的是，它沒有表達出這個提供生命大部分燃料的不凡機制，內在擁有的美麗與優雅。

由於ATP的關鍵作用，對幾乎所有生命來說，ATP的通量[12]通常被稱為代謝的能量貨幣。在任何時間，我們的身體只有半磅（大約二百五十公克）的ATP。以下是幾個你應該知道有關你自己的非常特別的數字：你**每一天**通常會製造2×10^{26}個ATP分子，也就是二百兆兆個分子，相當於大約八十公斤。換句話說，你每天製造與回收相當於你的體重的ATP！這些ATP全部加總起來，並以大約九十瓦，也就是維持生命與提供身體動力所需的速率，滿足我們的全部代謝需求。

這些小小的能量製造者，也就是呼吸複合體，就位於**粒線體**（mitochondria）裡面的皺褶薄膜裡，而粒線體是在細胞內部浮動的馬鈴薯狀物質。每一個粒線體內含五百到一千個這種呼吸複合體……而你身體的每一個細胞含有五百到一千個粒線體，根據細胞類型與能量需求而定。由於肌肉需要更多能量，所以肌肉細胞就有密集的粒線體，而脂肪細胞的粒線體就少很多。所以，為了讓你維持生命、健康與強壯，你身體裡的平均每一個細胞，可能會有高達一百萬個這種分布在粒線體內的小小引擎，夜以繼日地工作著，集體合力製造出天文數字般的ATP。所有ATP總數的生產速率，就是你的代謝率測量標準。

你的身體是由大約一百兆（10^{14}）個細胞所組成。雖然它們的功能大不相同，從神經功能、肌肉功能到保護（皮膚細胞）與儲存（脂肪細胞），但都有一樣的基本特性。它們都是透過呼吸複合體與粒線體的階層，進行類似的能量處理方式。但這就引起一個很大的問題：在你的粒線體裡面的這五百個左右的呼吸複合體，不可以是獨立的實體，各行其是，而必須以整合一致

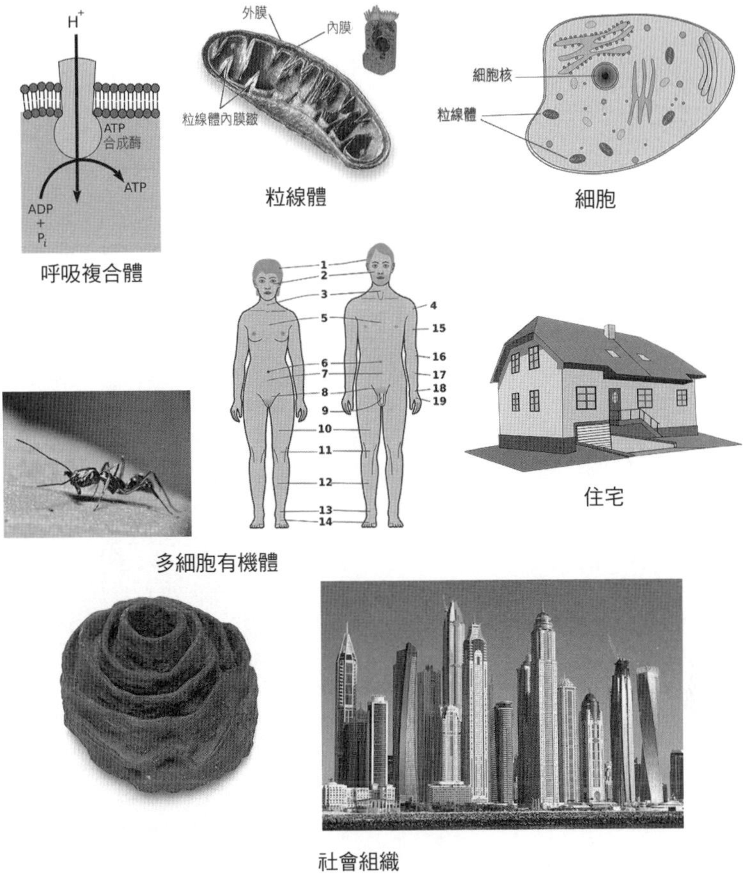

生命的能量流動階層從呼吸複合體（上左）開始，它製造能量往上送給粒線體與細胞（上中與上右），再到多細胞有機體與社會結構。從這個角度看，城市的動力與維持，最終靠的就是我們身上的呼吸複合體製造的 ATP。雖然因為設計結構差異極大，這些東西看起來截然不同，但能量是透過不同但類似性質的空間填充階層網絡，分布於其中的每一個。

的方式集體行動，才能確保粒線體很有效率地運作，並以妥當的方式把能量送到細胞。同理，在你的細胞裡的這五百個左右的粒線體，也不是各行其是，而是像呼吸複合體一樣，必須以整合一致的方式集體行動，才能確保組成你身體的10^{14}個細胞，得到能有效率而妥當運作所需的能量。另外，這一百兆個細胞必須組織成非常多的次系統，例如各式各樣的器官，而且根據需求與功能，器官需要的能量差異很大。這樣才能確保你可以從事構成生活的各種活動，包括思考、跳舞到性交，以及修復你的DNA。而且這一整個彼此互相連結的多重動態結構，還必須夠健全、夠彈性，才能持續運作長達一百年！

把這個生命的階層一般化，超越個別的有機體，並延伸到社群結構，是一件很自然的事。之前我談過螞蟻如何集體合作以打造出迷人的社群結構，牠們遵循來自彼此之間整合互動所產生的突現規則，最後打造出很了不起的社群結構。很多其他的有機體，例如蜜蜂與植物，也形成類似擁有集體認同的整合社群。

其中最極致而驚人的版本就是我們。在非常短的時間內，我們從和一小群人以相對原始的關係住在一起，已經演化成以包含數百萬人的大城市與社會結構主導了這個星球。就像有機體會受到在細胞、粒線體與呼吸複合體階層運作的綜合突現法則所約束，城市的出現與限制，也與社會互動的潛在突現動力有關。這樣的法則並不是「偶然事件」，而是發生在結構的多重整合階層的演化結果。

這個構成生命極為龐大的多面向、多維度程序，重複出現在無數的形式中，橫跨的尺度無比龐大，質量範圍超過二十個數量級。極大數量的動力代理者（dynamical agent）跨越與互相連結著龐大的結構階層，範圍從呼吸複合體與粒線體，到細胞與多細胞有機體，再擴大到社群結構。這個結構以健全、有彈性、可永續發展的特性，持續維持了超過十億年，這件事顯示，**支配它們行為的有效法則，一定要在所有的尺度中出現**。揭露、闡述與理解這些超越所有生命的突現法則，就是最大的挑戰。

正是在這樣的情況下，我們應該來看看異速縮放法則，因為其有系統的規律性與普遍性，提供了一探這些突現法則與潛在原理的一扇窗口。當外在環境改變，所有這些各式各樣的系統就必須**可以縮放尺寸**（scalable），才能應付適應、演化與成長的不斷挑戰。而一樣的一般潛在動力與組織原理，也必須在多重的空間與時間尺度中運作。不管在個別層次與生命本身，生物系統的可縮放性（scalability）就是它們超凡彈性與永續性的基礎。

網絡與$\frac{1}{4}$冪次異速縮放的由來

當我開始思索這些令人驚異的縮放法則的由來時，我就越來越清楚，不論是什麼法則在運作，它必須與特定物種的演化設計無關，因為在哺乳動物、鳥類、植物、魚類、甲殼類、細胞等等，都呈現出相同的法則。從最小、最簡單的細菌，到最大的植物與動物，牠們的維生與繁殖都要仰賴大量的次單元緊密整合，例如分子團、細胞器官與細胞，而且這些微小的組成分子也必須以相當「民主」與有效率的方式得到服務，才能提供代謝受質[13]、移除代謝產生的廢物，以及調節活動。

藉由演化出階層式分支**網絡**，把能量和物質分散給巨型儲存槽（macroscopic reservoir）與肉眼看不見的微觀現場（microscopic site），自然選擇已經以最簡單的可能方式解決了這個問題。在功能上，生物系統最終是受到透過這個網絡系統提供的能量、代謝物與資訊的速率所約束。例子包括動物的循環、呼吸、腎功能與神經功能系統，植物的維管束系統、細胞內的網絡系統，以及在人類社會中提供食物、水、電力與資訊的網絡系統。事實上，好好思考一下就可以了解，在你平滑的皮膚底下，你實際上是由一連串這種網絡結合而成，每一個網絡都在忙著傳送代謝能量、物質與資訊，而且跨越所有的尺度。一四五頁顯示部分的系統。

由於所有尺度的生命都是由這些分層網絡所維持，因此很自然可以推測，導致生物系統的一般粗略行為，背後的$1/4$冪次異速縮放法則由來的祕密，就存在於這些網絡的普遍物理與數學特性中。換句話說，雖然在它們的演化結構中有很大的多樣性，有些就像你家水管一樣的管子結構，有些像一捆一捆的電線，有些則只是擴散的通道，但都受到相同的物理與數學原理所約束。

生物網絡的例子；從左上角開始，以逆時針方向，圖像依次為：大腦的循環系統、細胞內的微生物與粒線體網絡、大腦的白色與灰色物質、住在大象體內的寄生蟲、一棵樹、我們的心血管系統。

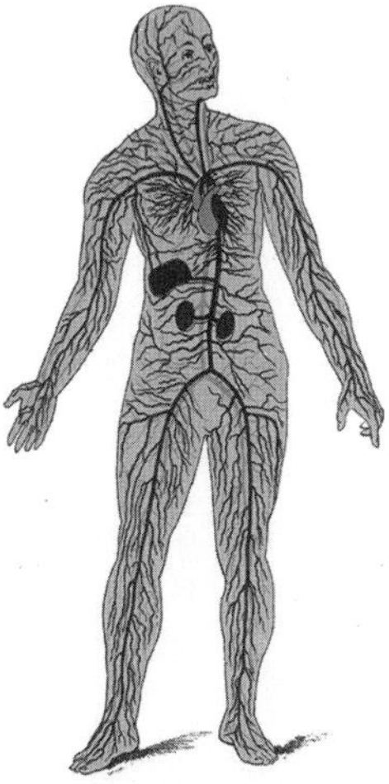

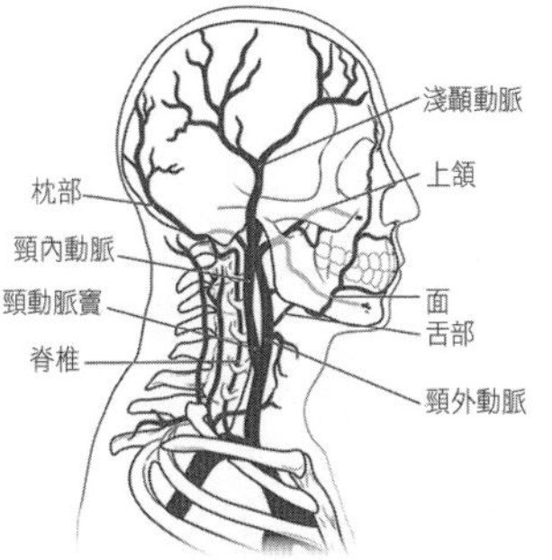

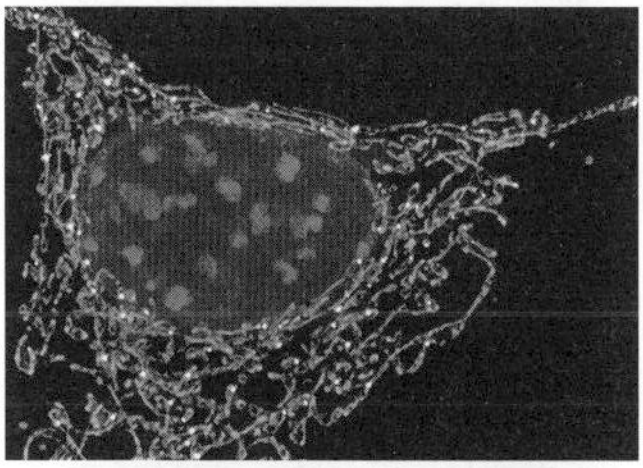

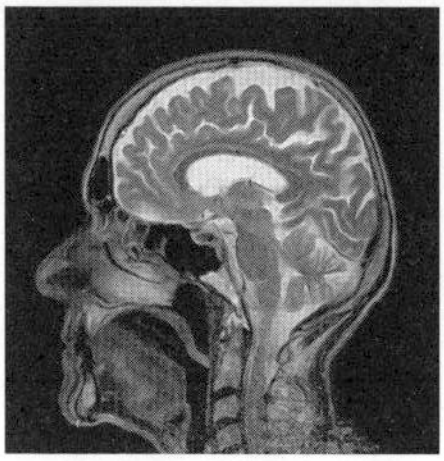

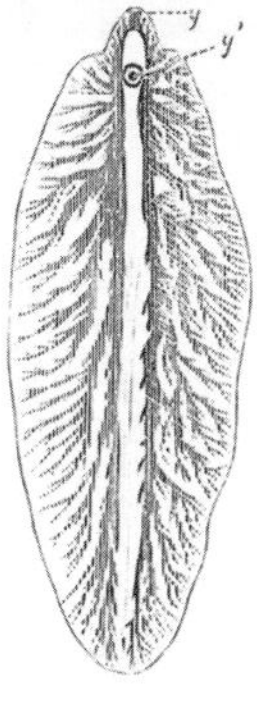

當物理學遇見生物學：理論、模型與解釋的本質

當我在絞盡腦汁為1/4冪次縮放法則的由來發展網絡理論時，發生了一件美妙的共時性（synchronicity）⑭事件：我很幸運地經人介紹，認識了詹姆斯・布朗（James Brown），以及他當時的學生布萊恩・恩奎斯特（Brian Enquist）。他們兩個人也一直在思考這個問題，而且也推測網絡傳輸（network transportation）是關鍵要素。吉姆（按：James的暱稱）是一位傑出的生態學家（我們見面時，他是美國生態學會〔Ecological Society of America〕會長），有很多貢獻之外，並因大力推動一個越來越重要的生態學次領域宏觀生態學（macroecology）⑮而知名。就像這個名稱所顯示的，這門學問是採取一種大尺度、由上而下的系統研究法來了解生態系統，和複雜科學的內在哲學有很多相通之處，包括重視粗略的系統描述方式。宏觀生態學被異想天開地稱為「為了看樹，去看森林」（seeing the forest for the trees）。當我們越來越擔心全球的環境議題，以及急需更深入了解這些問題的由來、動力與紓解時，吉姆的大格局視野，也就是在宏觀生態學中詳細闡述的觀點，已經變得越來越重要，也越來越被重視。

我們第一次見面時，吉姆剛搬到新墨西哥大學，他在那裡擔任傑出董事教授（Distinguished Regents Professor）⑯。他與聖塔菲研究院有所往來，我也是因為聖塔菲研究院的關係才認識他。從此，我和吉姆、聖塔菲研究院、布萊恩，以及後來的一群很棒的博士後研究員與學生，以及

其他一起共事的資深研究人員，開啟了「一段美好的關係」。從一九九五年開始，我和吉姆、布萊恩在接下來幾年的合作中，產生了絕佳的成果，非常令人興奮，也充滿極大的樂趣。這段經歷確實改變了我的人生，而我也要冒昧地說，它也改變了布萊恩、吉姆，甚至可能其他一些人的人生。但就像所有優秀、充實、有意義的關係，偶爾也會遇到挫折與困難的時候。

我和吉姆、布萊恩每星期五大約早上九點半碰面，只在必要時短暫休息一下（我和吉姆都沒吃午餐），然後在下午大約三點時結束。這是下了很大的決心，因為我們兩個人都在別的地方各自負責帶很大的團隊，吉姆在新墨西哥大學帶一個很大的生態團隊，我也還在洛斯阿拉莫斯國家實驗室負責高能物理團隊。吉姆和布萊恩很大方，大部分的時間都是他們從阿爾伯克基開車到聖塔菲，車程大約一小時，我從聖塔菲開到阿爾伯克基，大概幾個月只有一次。一旦開了頭，以及不同領域難免會有的文化與語言隔閡打破之後，就形成了一股清新而開放的氣氛，所有的問題與評論，不論多麼「基本的」、推測性的，或「笨」的問題，都受到鼓勵與接受，並且受到重視。我們有很多爭論、推測、解釋，也為很多大問題與小細節傷透腦筋，遇到很多死胡同，偶爾也會出現頓悟時刻。我們的身後放了一塊白板，上面寫滿了方程式與手繪的圖形與插圖。吉姆與布萊恩很有耐心地充當我的生物學老師，帶我進入自然選擇、演化與適應、適應度（fitness）、生理學與解剖學的概念世界，我很尷尬自己對這一切都很陌生。就像很多物理學家，我很害怕知道，竟然有嚴肅的科學家會把達爾文的地位放在牛頓與愛因斯坦的前面。由於我自己的思考總是以數學與量化分析為優先，因此實在很難相信這一點。然而，由於我開始認真涉獵生物學，故而也無比推崇達爾文的偉大成就，雖然我必須承認，我還是不太能接受，有人把他的排名放在成就更偉大的牛頓與愛因斯坦之前。

就我的部分，我試著把複雜的非線性數學方程式與技術性的物理論點，簡化成相對簡單、符合直覺的計算與說明。姑且不論結果，這整個過程是一次非常美好而充實的經驗。我特別開心的是，這提醒了我為什麼熱愛成為一名科學家的原始激情：學習與發展概念的挑戰、思考最重要的問題，以及偶爾能夠提出洞察與答案。在高能物理學領域，我們一直絞盡腦汁，想在最微小的層次上，弄清楚自然的基本法則，我們大都知道問題是什麼，大部分的精力也放在巧妙完成非常技術性的計算。在生物學領域，我發現情況剛好相反：我們花了好幾個月的時間試著釐清，我們想解決的到底是什麼問題、我們應該問的是什麼問題，以及必須計算的各種有關數值，不過一旦完成這些問題，實際的數學計算技術則相對簡單。

除了有強烈的決心，想解決很明顯需要物理學家與生物學家緊密合作的長遠基本問題，我們能成功的一個決定性要素就是，吉姆與布萊恩本身是非常傑出的生物學家，但很多思考卻像物理學家，也很重視作為描述問題潛在原理中的數學架構的重要性。一樣重要的是，他們也認可，在不同程度上，所有的理論與模型都是近似（approximate）而已。我們通常很難理解，不管有多麼成功，理論一定有其邊界或限制。但這不表示那些理論是錯的，只是說理論的適用性有一定的範圍。牛頓運動定律就是一個很經典的標準例子。除非我們可以在原子尺度中探測到非常小的距離，或是在光速尺度中探測到非常快的速度，牛頓定律的預測才會出現明顯的嚴重偏離。但這也因此讓我們有了描述微觀世界的量子力學，以及描述相當於光速的超高速相對論。在這兩個極端的領域之外，牛頓定律仍可適用，也依然正確。但我想在這裡提出一個很重要的意義：將牛頓定律修正與擴展到這兩個更廣的領域時，也在哲學概念上，深刻而奧妙地改變了我們對萬物如何運作的理解。例如我們了解到，物質的本質基本上是概率的（fundamentally probabilistic），這也體現在海森堡（Heisenberg）的測不準原理（uncertainty principle）[17]；又例如，空間與時間不是固定而絕對的，這種革命性的想法都起因於想解決古典牛頓思維的極限。

你可能會以為，在物理學這些理解基本問題的革命，只是神祕難解的學術問題，但我想提醒你，它對這星球上每一個人的日常生活，有非常深遠的影響。量子力學是理解物質的基本理論架構，而且在我們使用的很多高科技機器與設備中有很重要的作用。最特別的是，它還刺激了雷射的發明，而雷射的很多用途已經改變了我們的生活，其中還包括條碼掃描器、光碟驅動機、雷射列表機、光纖通信、雷射手術，以及其他更多用途。同樣的道理，相對論與量子力學孕育出原子與核子彈，這完全改變了國際政治的動力，而且，雖然經常被壓制下來，有時候也不被公開承認，卻讓我們所有人持續籠罩在生存威脅之中。

在不同程度上，**所有**的理論與模型都是不完備的，都需要藉由精確度越來越高的實驗，與範疇越來越廣的觀察數據，不斷檢驗與挑戰，然後理論才能跟著修正與擴充。這就是科學方法的一個基本要素。更精確地說，理解理論適用性的邊界、預測能力的限制，以及對理論例外、違背與失敗的持續研究，可以引發更深刻的問題與挑戰，這也激發了科學的不斷進展，並開展了新的觀念、技術與概念。

建構理論與模型的一個主要挑戰是，在系統的每一個組織階層中，找出可以掌握必要動力性質的重要數值。舉例來說，在思考太陽系時，行星與太陽的質量在決定星球的運動時，很明顯就是最重要的數值，至於它們的顏色（火星是紅色，地球是斑駁的藍色，金星是白色等等）則無關緊要，因為星球的顏色與計算其運動的細節無關。同理，在計算衛星詳細的運動時，我們也不必知道讓我們可以用手機通信的衛星顏色。

不過，這顯然是個與尺度有關的描述，如果我們從非常近的距離看地球，例如只是地表上空的幾公里，而不是在太空中的幾百萬公里以外，那麼它的顏色呈現的就是地表龐大多樣性的現象，包含了從山脈、河流到獅子、海洋、城市、森林與我們的所有一切。所以，在某個尺度上無關緊要的東西，在另一個尺度上可能變得非常重要。在每一個階層的觀察挑戰就是，把決定系統主要行為的重要變數抽取出來。

物理學家創造了一個概念，他們稱為「玩具模型」（toy model），有助於把這個方法的第一個步驟正規化。這個策略就是，抽取決定主要行為的必要元素，代表少數的優勢變數（dominant variable），這樣就能把一個複雜的系統簡化。其中一個經典的例子，就是在十九世紀首度被提出的觀念，氣體是由分子組成，分子被看成是硬硬的小白球，會高速移動，彼此碰撞，當它們撞到容器表面時，就是我們所說的壓力來源。而我們所說的溫度，就是分子的動能平均值。這是一個非常簡化的模型，細節也不全然正確，但它第一次掌握與解釋了宏觀粗略的氣體基本特性，例如壓力、溫度、導熱係數與黏性。因此，藉由改善這個基本模型，最後並結合量子力學的複雜性，它成為我們不只是對氣體的理解，還有液體與物質更細節、更精確理解的一個出發點。這個在發展現代物理學中發揮著重大作用的簡化玩具模型，被稱為「氣體動力學」，是由史上最偉大的兩位物理學家分別率先提出，一位是詹姆斯．克拉克．麥克斯威（James Clerk Maxwell），他把電力與磁力結合為電磁學，因此以他預測出的電磁波，帶動了全世界的革命；另一位是路德維希．波茲曼（Ludwig Boltzmann），他帶給我們統計物理學以及對熵的微觀理解。

與玩具模型觀念相關的一個概念，是理論的「第零階」近似法（“zeroth order” approximation），指的是做出類似的簡化假設，以便對確實的結果可以給出一個粗略的近似描述。它通常被用在要量化的情境，例如「二〇一三年芝加哥大都會地區人口的零階估計是一千萬人」。對芝加哥有更多理解之後，就可以說對它的人口「第一階」（first order）近似估算是九百五十萬人，這個數字更精確，也更接近實際數字（從人口普查數據的精確數字是9,537,289）。你可以想像，在更仔細調查之後，更好的估計就會產生九百五十四萬人，這就稱為「第二階」（second order）近似估算。現在你應該了解這個概念了，每一次接續的「階」（order），代表的是一個修正過、改良過的近似值，或更高的精細度，也就是說，靠著更仔細的研究與分析，會更向正確的結果收斂。接下來，我會交換使用「粗略」與「零階」這兩個術語。

這是我和吉姆、布萊恩開始合作後在探索的哲學架構。為了理解支配有機體基本特性一般潛在原理的$\frac{1}{4}$冪次異速縮放關係，我們能不能率先建構出一個粗略的零階理論（zeroth order theory）？我們能不能用它作為一個起點，以產生更精確的量化預測、更高階的修正，以理解真實生物系統的主要行為？

我後來發現，和大多數的生物學家相比，吉姆與布萊恩是重視這種研究方法的兩個例外。雖然物理學和物理學家已經對生物學做出某些很重大的貢獻，第一個明顯例子就是解開DNA的結構，但很多生物學家仍然保持一種普遍存疑的心態，也不重視理論與數學推理。

在發展理論與進行專門實驗以檢驗理論的預測與影響之間，物理學得到很大的利益。最近日內瓦歐洲核子研究組織在大型強子對撞機中發現希格斯粒子，就是很明顯的例子。幾個理論物理學家在很多年前就預測到，希格斯粒子是我們了解基本物理法則的必要與基礎要素，但花了將近五十年，這種特殊技術的機器才整備好，而且還需集合許多實驗人員，才能順利進行一次研究。對於「理論家」「只」專心做理論，物理學家視為理所當然，但生物學家並非如此。一個「真正的」生物學家必須要有「實驗室」或實作場所（field site），要有設備，有助手，也要有一群觀察、測量與分析數據的技術人員。只是用紙和筆、筆記型電腦來研究生物學，就像我們研究物理學的很多人的作法，會被認為有點業餘，就是不適合。當然，有些重要的生物學領域，例如生物力學、遺傳學與演化生物學，情況就不太一樣。我猜想，當大數據與強力運算漸漸入侵所有的科學，我們也積極解決類似理解大腦與意識和環境永續與癌症的大問題時，這種情況將會改變。不過，我也非常同意，因遺傳密碼研究得到諾貝爾獎的傑出生物學家西尼・布倫納（Sydney Brenner）的看法，他的話非常引人深思：「科技給了我們分析所有大小的有機體的工具，但我們其實淹沒在數據海洋中，並渴望找到某種可以理解數據的理論架構……我們需要理論，並牢牢掌握我們所研究的物體本質，才能做其他預測。」順便一提，他的文章一開頭的主張還滿嚇人的：「生物學的研究陷入危機了！」⑱

很多人承認生物學與物理學存在的文化差異。⑲但我們現在正在見證一個非常令人振奮的時刻，因為這兩個領域已經越來越密切地整合在一起，並產生新的跨學門次領域，例如生物物理學與系統生物學。現在似乎是重新探討湯普森挑戰的時機：「沒有人可以預見，光是數學就可以描述，以及物理就可以解釋身體結構到什麼程度。也許所有的能量法則、所有的物質屬性、所有膠體化學，都無法解釋身體，因為它們都無法理解靈魂。就我個人而言，我認為並非如此。」很多人可能會同意這段話的精神，不過可能需要新的工具與概念，包括更密切的合作，才能達成這個崇高的目標。但我想要這樣想，我和吉姆、布萊恩，以及所有同事、博士後研究員與學生出奇愉快的合作，對這個願景做出了一點點貢獻。

網絡原理與異速縮放的由來

在離題進入生物學與物理學文化的互動關係之前，我主張，生物學縮放法則的動力來源，根植於多重網絡的數學的、動力的與組織化的普遍特性。這些網絡負責分配能量、物質與資訊，到滲透於有機體全身的微觀現場，例如動物身上的細胞與粒線體。我也主張，由於生物網絡結構如此不同，和縮放法則的一致性呈現出鮮明的對比，因此其一般特性一定不受個別的演化設計所影響。換句話說，不管它們的結構是像哺乳動物呼吸系統的水管狀，或植物與樹木的纖維，或細胞中的擴散通道，一定有一組相同的網絡特性。

但制定一套一般的網絡原理，並抽取出超越極為多樣化的生物網絡基本特色，是一件非常大的挑戰，我們花了很多個月的時間才解決。在未知領域試著發展出看問題的新觀念與新方法時，通常只要找到發現與突破之道，最終產物（final product）似乎顯而易見。因此實在令人很難相信，竟然要花這麼久的時間，也讓人納悶為什麼不能幾天就搞定。但所有的挫折與沒有效率、死胡同與偶爾的頓悟時刻，都是創造過程的一部分。似乎有一個自然的孕育期，而這只是野獸的本質。但是，一旦問題聚焦，最後被解決，就非常令人滿足，也令人極為激動。

這是我們在為異速縮放法則的由來導出解釋時的共同體驗。一旦塵埃落定，我們提出了以下的一般網絡特性。我們認為這是自然選擇過程出現的結果，並在以數學表達時產生$\frac{1}{4}$冪次縮放法則的效果。在思考這些特性時，省思在城市、經濟體、公司中其他可能的類比物，也會很有幫助，這些在稍後的章節會有更多細節。

一、空間填充（Space Filling）

空間填充概念背後的想法很簡單，也很直觀。大致來說就是，網絡的觸角必須延伸到系統中的每一個地方，請參考一四五頁的圖。說得更明確一點：無論網絡的幾何與拓樸（geometry and topology）如何呈現，都必須能滿足有機體所有局部生物活性子單位與次系統。舉一個熟悉的例子，讓大家更能明白。我們的循環系統就是典型的階層式分支系統，在這個系統中，心臟把血液打進網絡的很多階層裡，從主動脈開始，接著流經有規律變小的血管，最後流到最細的微血管，然後再經由靜脈網絡系統回流到心臟。空間填充就是在描述，網絡最終單元（terminal unit）與最後分支的微血管，必須服務身體裡的每一個細胞，以便有效率地提供每一個細胞充足的血液與氧氣。事實上，微血管必須和細胞靠得夠近，充足的氧氣才能有效率地從微血管壁擴散，然後通過細胞的外膜。

城市也有相當類似的情況，很多基礎設施網絡也有空間填充的特性。舉個例子，瓦斯、水與電力等公用設施網絡的最終單元或終點，最後也必須供應構成城市的所有建築物。連接你家到街道水管的管線，以及連到主要幹線的電纜，就是微血管的類似物，而你的家就可以想成是一個細胞的類似物。同理，被視為最終單元的公司所有員工，必須透過多種把他們連接到執行長與管理階層的網絡，才能得到資源（例如工資）與資訊的供應。

二、最終單元的不變性（Invariance）

這就是指，任何一個特定網絡設計的最終單元，例如我們剛剛討論的循環系統微血管，不管有機體的規模有多大，都是大致一樣的大小與特性。最終單元是網絡的關鍵要素，因為它們是交換能量與資源的傳送與轉化點。其他例子就像細胞裡的粒線體、身體裡的細胞，以及植物與樹木的葉柄（最後分支）。當個體從新生到成年，或不同大小的新物種演化，最終單元並不會被改造，構造與大小也不會大幅改變。舉個例子，不管是孩童、成人、老鼠、大象或鯨魚，不管身體大小的範圍與差異多大，所有哺乳動物的微血管基本上都一樣。

最終單元的這種不變性，可以被理解為自然選擇的簡約特質（parsimonious nature）。微血管、粒線體、細胞等等，就是跟著改變大小的新物種身上相對網絡的「現成」基本組成構件。

在某個特殊設計最終單元的不變性特質，就是分類的特徵。例如，所有的哺乳動物都有相同的微血管。大象、人與老鼠等在同一類的不同物種，彼此區分的方式是擁有更大或更小但密切相關的網絡構造。從這個角度來看，不同分類的族群，也就是哺乳動物、植物與魚類，都是以不同網絡最終單元的不同特性作為分類特徵。因此，雖然所有的哺乳動物都有相同的微血管與粒線體，所有的魚類也是，但哺乳動物和魚類的微血管與粒線體的大小與整體特徵，卻不盡相同。

類似的道理，服務與支持城市建築物的網絡最終單元，例如電源插座與水龍頭，也大致不變。例如，你家的電源插座幾乎和全世界任何地方的建築物插座一樣，不管建築物多大或多小。也許各地在細節設計上會有點差異，但大致都是相同的大小。雖然紐約的帝國大廈，以及杜拜、上海、聖保羅的很多類似建築物，也許比你家更高五十倍，但全部的大樓，包括你家，插座與水龍頭都非常類似。如果插座大小天真地和大樓高度等距變大，那麼帝國大廈的普通電源插座，就必須比你家電源插座大上五十倍，就表示它的高度會超過三公尺，寬度會超過九十公分，而不是幾公分而已。就像生物界，水龍頭與電源插座的基本最終單元，並不會在我們每一次設計一棟新建物時，就要重新設計一次，不管建築物有多大。

三、最適化（Optimization）

最後的假設是，自然選擇已經進行了非常漫長的時間，因此隱含在持續進行的自然選擇過程中的持續多重回饋與微調機制，已經讓網絡呈現出「最適化」表現。因此，舉例來說，任何哺乳動物，包括我們，心臟把血液送進循環系統所使用的能量平均最小化。也就是說，在它的設計與不同的網絡約束下，這是盡可能最少使用到的能量。用稍微不一樣的說法就是：在循環系統的結構與動力**能夠**演化出來的無限可能性中，再加上最終單元具有不變性與空間填充性，最後實際演化出來而且所有哺乳動物都相同的結果就是，心臟輸出量最小化。為了讓交配、繁殖與撫育後代可用的能量**最大化**，網絡已經演化成維持生命並進行日常活動所需的能量最小化。讓後代最大化就是被稱為**達爾文適應**（Darwinian fitness）的一種表達，這是一般個體對下一代基因庫的基因貢獻。

這自然引起的一個問題就是，城市與公司的動力與結構是不是類似最適化原則的結果。如果有的話，在多重層次的網絡系統中，是什麼東西被最適化了呢？組成城市是為了社會互動最大化，或由移動時間最少所形成的運輸系統最佳化，或它們最後是被每一個居民與公司想要資產、獲利與財富最大化的野心所驅動？我會在第八、九與十章，再回頭探討這一點。

不管是牛頓定律、麥克斯威的電磁理論、量子力學、愛因斯坦的相對論，或基本粒子的大一統理論，最適化原則位居所有自然基本法則的真正核心地位。它們的現代公式是一個一般數學架構，其中有一個和能量關係不是很緊密的數值稱為**作用量**（action），會被最小化。所有物理法則都來自於**最小作用量原理**（principle of least action），大致來說，某個系統所有可能的構造，或隨著時間演化可能遵循的構造，最後實際的結果就是作用量最小的一個演化版本。因此自從大爆炸以來，宇宙的動力、結構與時間演化，從黑洞到傳送手機訊息的衛星、到手機與訊息本身的每一個東西，都是電子、光子與希格斯粒子，而且大致上每一個東西都和物理有關，也都由最適化原則決定。那麼生命為什麼不是呢？

這個問題讓我們回到之前有關**簡單**與**複雜**的差異的討論。你可能可以回想到，幾乎所有物理法則都被涵蓋在簡單的大傘之下，主要是因為，只要用到幾個緊密的數學方程式，這些法則都可以用非常簡約的方式表達，例如牛頓定律、麥克斯威方程式、愛因斯坦的相對論等等，所有法則都可以優雅地公式化，而且都是來自於最小作用量原理。這是科學的一個最高成就，而且對於我們理解周圍的世界，以及我們現代技術社會的非凡發展，有非常大的貢獻。可否想像，不管是有機體、城市或公司，**複雜適應系統**的粗略動力與結構，也可以被公式化，並衍生自這樣的原理？

重要的是要意識到，以上闡述的三個假設，是以一種粗略的一般意義來理解的。我來解釋一下。你可能會想，任何人身體裡面將近上兆條微血管一定會有變異，因為這必須跨越整個分類族群的所有物種，所以嚴格來說，微血管不能具有不變性。不過，這種變異度必須從相對的尺寸關係來看。重點是，相對於身體尺寸有很多數量級的差異，微血管的任何變異只能算是極小的變化。舉個例子，即使哺乳動物微血管的長度相差二倍，相對於身體質量相差一億倍，實在是極微小的差異。同樣，在一棵樹從小苗長成超過一百英尺高或更高的大樹期間，在葉子之前的最後一個分支葉柄，或甚至葉子本身的大小，也有相對非常小的變化。所有的樹木物種也是一樣，不管高度與質量的變化倍數多麼巨大，葉子的大小的確會改變，但相對變化不大。一棵比另一棵樹高二十倍的樹，也不會長出直徑大二十倍的葉子。因此，在某個特定的設計中，最終單元的變化是相對較小、較次要的影響。其他假設的可能變化，也是一樣的道理：網絡也許不是完全地被填滿空間或最適化。而這些偏差與變異的修正，就是我們之前討論過的「較高階」的估算結果。

這些假設就是生物網絡的結構、組織與動力的零階、粗略理論的基礎，並讓我們可以計算，我所提到的某個特定尺寸的**一般理想有機體**的很多基本特徵。為了運用這個策略，並計算代謝率、生長率、樹木高度，或細胞中粒線體數量等數值，這些假設就必須被轉化成數學。目的是要確認理論的結果、分歧的結果與預測力，並用數據與觀察加以檢驗。數學的細節則根據網絡的特定類型而定。就像之前討論過的，我們的循環系統是一個由跳動的心臟驅動的管線網絡，但植物與樹木則不靠搏動，而是靠穩定的靜水壓驅動一束一束的細纖維網絡。這個理論的概念架構基礎是，雖然這兩種網絡的具體設計截然不同，但這兩種網絡都受到這三個假設的約束：**它們都會填滿空間、具有不變的最終單元，並且都用最少的能量把液體打入系統。**

但進行這個策略，在概念上與技術上都是很大的挑戰。我們花了將近一年的時間才把所有的細節處理完畢，但最後我們呈現了，解釋代謝率的克萊伯定律，以及一般的$\frac{1}{4}$冪次縮放法則，就來自最適空間填充分支網絡的動力與幾何形狀。最令人滿意的是，我們也呈現出，神奇數字四如何出現，並從何而來。[20]

在接下來的小節，我將把所有的數學改用語言表達，讓你徹底了解，對於我們的身體如何運作，以及我們如何不只與所有的生命密切相關，也與周遭的整個物理世界密切相關，其中有某些令人意外的方式。這是一次非常特別的經驗，希望你和我一樣覺得迷人而興奮。延伸這個架構，以解決例如森林、睡眠、演化率、老化和死亡等所有其他問題，也一樣令人滿意。我在接下來的章節會回頭討論其中某些主題。

哺乳動物、植物與樹木的代謝率與循環系統

我們之前說過，氧氣對維持ATP分子的持續供應非常重要，ATP分子是維持我們生命代謝能量的基本貨幣，這也是我們必須持續呼吸的理由。吸進來的氧氣被送到遍及肺部的表面薄

膜，肺部充滿了微血管，血液在這裡吸收了氧氣，並透過心血管系統送到我們全身的細胞。氧分子會與血液細胞中富含鐵質的血紅素結合，血紅素就負責攜帶氧氣。這就是氧化過程，也是我們的血液變紅色的原因，這和鐵在大氣中氧化生鏽的意思大致一樣。血液把氧送到細胞後，就會從紅色變成藍色，這就是為什麼把血液送回心臟與肺臟的靜脈，看起來是藍色的原因。

因此，氧被送到細胞的速率，以及血液被打進循環系統的速率，就是代謝率的一個衡量標準。同樣，我們從嘴巴把氧氣吸進來並送進呼吸系統的速率，也是代謝率的一個衡量標準。這兩個系統緊密結合在一起，所以血流率、呼吸率與代謝率彼此之間互相成正比，而且是簡單的線性關係。因此，不管哺乳動物的體型大小，心跳大致上是一次呼吸的四倍。這兩個氧氣輸送系統的緊密結合，就是心血管與呼吸網絡的性質，在確定與約束代謝率時非常重要的理由。

你用能量把血液打進循環系統血管的速率，就稱為**心功率輸出**（cardiac power output）。當血液在旅程中流經越來越小的血管，從離開心臟的第一個動脈——主動脈，流經多重層次的網絡，直到補給細胞的微血管，這些能量支出就是用來克服黏性阻力或摩擦力。人體的主動脈大致是圓柱形管線，長約四十五公分，直徑約二．五公分，但微血管只有大約五微米寬，比一根頭髮的寬度還小。[21]雖然藍鯨的主動脈直徑將近三十公分，但牠的微血管大致和你我身上的微血管尺寸一樣。這是在這些系統中，最終單元的不變性特質，一個非常明顯的例子。

把液體推進更細的管線，會比更寬的難，所以心臟使用的幾乎所有能量，都是用來把血液推進網絡末端最細的血管裡。有一點像把果汁推進一個篩子，只是這個篩子有大約一百億個小洞。另一方面，把血液打進動脈，或這個系統中任何較大的管道，雖然這裡有你身上大部分的血液，但你用的能量相對較少。

我們的理論的一個基本假設是，網絡構造已經演化成最小的心臟輸出量，也就是把血液打進系統所需的能量。對於一個隨意的網絡，就像我們的心臟，是靠脈動泵（pulsatile pump）驅動液體的流動，除了血液流經微血管與其他更小血管有關的黏性阻力之外，還有另一個可能的能量流失源頭。這是來自血管脈動性質的一種微妙作用，而且也巧妙說明了心血管系統的設計之美，已經是它最佳表現的結果。

當血液離開心臟時，是以心臟跳動產生的波動流經主動脈。這個波動的頻率與你的心跳率同步，大約一分鐘六十下。主動脈再來會分成兩條動脈，當血液到達第一個分支點，部分血液會流到一條血管，部分流到另一條血管，而且都是以像波動一樣的方式流進去。波動的一般特性是，遇到阻礙時就會反射，一個最明顯的例子就是鏡子。光就是一種電磁波，所以你見到的影像就是，你身體產生的光波在鏡子表面的反射。另一個類似的例子是從障礙物反射的水波，或從硬質表面反射的音波。

類似的方式，在主動脈中流動的血波，遇到分支點的時候，有一部分就會被反射回來，剩下來的血液會被傳送到下一層的分支動脈。由於反射表示心臟實際上在抵消自己的作用，因此可能有非常不好的結果。另外，在血液流經一層又一層的血管時，系統後面的每一個分支點都會發生一樣的現象，這個作用就會被大幅強化，導致心臟用掉的大幅能量只是在克服這些大大小小的反射。這是極為沒有效率的設計，造成心臟很大的負擔，以及能量很大的浪費。

為了避免這個可能的問題，並讓心臟能最輕鬆地工作，循環系統的幾何形狀已經演化成，整個網絡中的任何分支點都**沒有**反射。如何做到這一點，背後的數學與物理學有點複雜，但結果簡單而優雅：理論的預測是，**離開分支點的分支管道橫切面總面積，如果與抵達這個分支點的主管道橫切面總面積相同**，所有分支點就不會發生反射作用。

舉個例子，簡單想像一下，兩條分支管道都一模一樣，那麼就會有相同的橫切面面積（在真正的循環系統中也大致如此）。假設主管線的橫切面面積是二平方英寸，那麼為了確保不會反射，每一條分支管道的橫切面面積都必須是一平方英寸。由於任何血管的橫切面面積與它的半徑平方成正比，因此另一個表達方式就是，主管線的半徑平方，必須是分支管線半徑平方的二倍。因此為了在整個系統中不會因為反射而流失能量，後續的血管半徑就必須以規律的**自我相似方式改變尺寸**，也就是說，**每一個連續的分支管道，都必須以二的平方根**（$\sqrt{2}$）**不斷縮小**。

這個所謂的**面積保留分支**（area-preserving branching）規則，實際上就是我們循環系統構成的方式，而且也在很多哺乳動物身上，以及很多植物與樹木身上，經由詳細的測量所證實。對於這個結果，一開始可能會覺得很意外，畢竟植物與樹木並沒有跳動的心臟，經過它們身上維管束的流動很穩定，也不是搏動式的，但是它們的維管束和搏動式的循環系統，改變尺寸的方式竟然一樣。不過，如果你把一棵樹想像成緊密綑在一起的一束纖維，從樹幹開始，然後按照順序經由樹枝分開，那麼很顯然，透過一路下來的階層，一定保留了所有的橫切面面積。以下插圖顯示的就是，植物的纖維束結構與哺乳動物的管道結構比較。面積保留分支的一個有意思的結果就是，樹幹的橫切面面積與網絡（葉柄）終端所有小樹枝的橫切面面積總和相同。令人震驚的是，達文西（Leonardo da Vinci）也知道這一點。我也複製了他說明這件事的筆記本頁面。

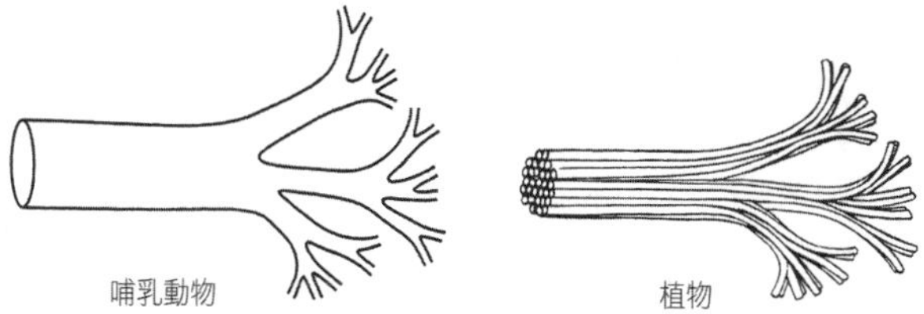

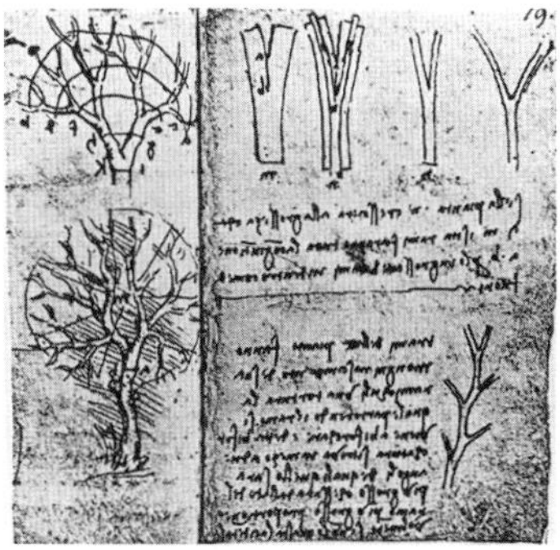

哺乳動物階層式分支管狀結構（上圖左）與植物和樹木的纖維束結構（上圖右）的概要；纖維依序「解開」形成它的具體分支結構。在這兩個例子中，切開任何一層的分支，並把橫切面面積加總起來的值，在整個網絡中都會一樣。（左圖）達文西筆記本中的一頁，顯示他已經了解樹木的面積保留分支規則。

雖然這個簡單的幾何圖形，說明了樹木遵循面積保留分支規則，但實際上卻過度簡化了。不過，用一個更真實的樹木模型，以之前闡述過的空間填充與最適化一般網絡原理，再加上彎而不斷的生物力學限制，也就是樹枝需要有彈性，以抵抗風的擾動，也可以得出面積保留的結論。這樣的分析顯示，即使實際的設計截然不同，但不管是個體內部，或是整個物種，植物與樹木幾乎每一個面向的尺寸改變，都和哺乳動物一樣，包括代謝率的 $\frac{3}{4}$ 冪次法則。㉒

岔題談一下特斯拉、阻抗匹配，以及交流電／直流電

我們循環系統的最佳設計，和樹木與植物遵循著相同而簡單的面積保留分支規則，是一個可愛的想法。血液的波在搏動網絡分支點不反射的情形，基本上和全國電網在遠距離能有效傳送電力的設計一樣，也一樣令人欣慰。

這個不反射的情形就稱為**阻抗匹配**（impedance matching）。㉓它的應用方式很多，不只是你身體內部的運作，還應用到你日常生活中很重要而廣泛的技術範圍。舉例來說，電話網絡系統用相對的阻抗，以最小化遠距線路的回音；大多數的揚聲器系統和樂器，都包含阻抗匹配機制；中耳骨也提供鼓膜和內耳之間的阻抗匹配。如果你曾經看過或做過超音波檢查，你就會很熟悉，護士或技術人員會先在你的皮膚上塗上一層凝膠，再拿著探測器滑過去。你可能以為這

是為了潤滑，但實際上是為了阻抗匹配。如果沒有凝膠，超音波檢查中的阻抗不匹配情形，會導致幾乎所有的能量都從皮膚反射回來，想檢查的器官或胎兒反射出來的能量，就會剩很少。

阻抗匹配這個詞也是一個很有用的比喻，隱含著社會互動重要面向的意義。舉例來說，不管是在一個社會、一家公司、一個團體活動，尤其是在婚姻與友情等人際關係中，社會網絡要順暢而有效率地運作，需要的是良好的溝通，也就是訊息在團體與個人中的傳達必須忠實。當資訊被浪費或「反射」，例如有一方並未聆聽，訊息就不能被忠實或有效率地處理，也一定會導致錯誤解讀，這就是阻抗不匹配導致能量流失的一個類比。

十九世紀以來，我們越來越仰賴電力作為主要的動力來源，遠距離傳輸電力的必需性變得非常急迫。不意外的是，湯瑪斯・愛迪生（Thomas Edison）是思考如何達成這個目的的一個主要人物。他後來也成為**直流電**（direct current, DC）傳輸的主要支持者。你可能熟悉傳輸電力有兩種類型：一種是直流電，深受愛迪生所熱愛，指電流像河流一樣不斷地流；另一種是**交流電**（alternating current, AC），指以跳動的波動方式流動，大致就像大海的波浪或你身上動脈中的血流。直到一八八〇年代，所有的商業電流都是直流電，部分是因為交流電的發電機還沒發明出來，部分是因為大多數只在相對較短距離內傳輸。不過，支持交流電傳輸方式有很好的科學理由，尤其是長距離的時候，更不用說這種方式可以利用本身在電網分支節點的跳動性質與阻抗匹配，讓電力流失最小，就像我們在循環系統中所做的一樣。

一八八六年，聰明而魅力十足的發明家與未來學家尼古拉．特斯拉（Nikola Tesla），發明了交流感應電動機和變壓器，這成為一個轉捩點，並揭開了「電流之戰」。在美國，這變成湯瑪斯愛迪生公司（Thomas Edison Company，後來的奇異〔General Electric〕）與喬治西屋公司（George Westinghouse Company）之間的皇家戰役。最令人料想不到的是，特斯拉一開始從塞爾維亞來美國時，是為了替愛迪生工作，以保護直流電傳輸。雖然他成功保護了直流電傳輸系統，但他繼續開發出更優越的交流電系統，最後還把專利賣給西屋。雖然交流電最後勝出，現在也主導著全球的電力傳輸系統，但直流電仍堅持到二十世紀。我在英國長大的家裡用的就是直流電，我非常記得，我們的鄰居在二十世紀時轉成交流電，然後我們也隨後加入。

你一定聽過尼古拉．特斯拉，主要是因為，他的名字被生產高檔時尚的電動車而廣為人知的汽車公司所選用。直到最近，除了物理學家與電氣工程師，他幾乎被遺忘了。他一輩子都很出名，不只是他在電力傳輸工程上的重大成就，還有他狂野的想法與大膽的呈現，還因此上了《時代》（*Time*）雜誌的封面。他對閃電與致死光線的研究和猜測、透過電脈衝提高智力，以及他的照相式記憶力，還有顯然沒有睡眠與密切人際關係的需求，再加上他的中歐口音，使他成為「瘋狂科學家」的原型。雖然專利讓他賺了一大筆錢，但他把錢用來資助自己的研究，最後於一九四三年在紐約死於貧困之中。過去這二十年來，他的名字在大眾文化中再次響亮起來，因為汽車公司貼切使用了他的名字而達到頂點。

回頭再談代謝率、心跳與循環系統[24]

前一部分討論到的理論架構，解釋了從鼩鼠到藍鯨所有的物種中，心血管系統如何改變尺寸。一樣重要的是，它也解釋了在一般人身上，它從主動脈到微血管如何改變尺寸。所以，如果為了某些奇怪的理由，你想知道一般河馬循環系統的第十四個分支血管的半徑、長度、血流速度、脈動率、速率、壓力等，這個理論就能告訴你答案。事實上，這個理論會告訴你，在任何動物身上的任何網絡分支，任何數值的答案。

就像血流在系統中一路流經越來越小的血管，黏性阻力越來越大，耗散的能量也越來越多。能量流失的作用會讓血液流經各階層網絡時逐漸降低波動，直到最後失去跳動的性質，變成一種穩定的流動。換句話說，流體的性質改變了，從大血管的跳動，變成小血管的穩定。這就是為什麼你只會在主動脈覺得有脈搏，但在小血管幾乎沒有絲毫感覺。從電力傳輸的語言來說就是，由上而下流遍網絡時，血流的性質從交流電變成直流電。

因此，當血液流到微血管時，它的黏性會讓它不再跳動，而且流得非常緩慢。速度慢到只有大約每秒一毫米，相較於離開心臟時每秒四十公分，實在非常非常慢。但這卻極為重要，因為悠閒的速度才能保證，血液攜帶的氧氣有足夠的時間，充分地在微血管壁之間擴散，並快速地輸送給細胞。很有意思的是，這個理論預測，網絡兩端的速度，也就是微血管與主動脈，如同觀察，所有的哺乳動物都一樣。你很可能知道，微血管與主動脈的速度差異極大。如果你刺一下皮膚，血液會從微血管慢慢滲出來，也不會造成什麼危害，但如果你割的是主要的動脈，例如主動脈、頸動脈或股動脈，血液會不停湧出來，而且幾分鐘就會死掉。

但真正令人意外的是，不管體型大小，所有哺乳動物的血壓也被預測是一樣的。因此，雖然鼩鼠的心臟只有大約十二毫克，相當於二十五粒鹽巴，而牠的主動脈半徑只有大約〇．一毫米，因此幾乎看不到，但是鯨魚的心臟大約一公噸重，差不多是一輛Mini Cooper的重量，而且牠的主動脈半徑大約三十公分，但牠們的血壓大致相同。這真的很令人讚嘆，只要想想鼩鼠微小的主動脈與動脈壁上的龐大壓力，和你我身上的壓力比較，更不要說和鯨魚的壓力比較了。因此也難怪，這種可憐的生物只能活一年到二年。

第一個研究血流物理學的人是博學的湯瑪士．楊格（Thomas Young）。一八〇八年，他推出了如何根據動脈壁密度與彈性計算速度的公式。他的重大成果具有非常大的意義，讓人得以了解心血管系統如何運作，以及利用脈搏波動與血液流速的測量，以探測與診斷心血管疾病。舉例來說，當我們年紀變大，我們的動脈會變硬，導致密度與彈性也有很大的改變，因此可以預測血液的流速和脈搏速度的變化。

除了在心血管系統的研究，楊格也因為其他相當多元而深遠的發現而聞名。也許最為人所熟知的是，他建立了光波理論，指出每一種顏色有特定的波長。他也為語言學與埃及象形文字的早期研究做出貢獻，其中包括現在在倫敦大英博物館、非常知名的羅賽塔石碑（Rosetta Stone），他是第一個破解的人。安德魯・羅賓遜（Andrew Robinson）寫了一本生動的楊格傳記，書名為《最後一個知道一切的人：湯瑪士・楊格，證明牛頓的錯、解釋如何看、治療疾病、破解羅賽塔石碑與其他天才壯舉的匿名鴻儒》（*The Last Man Who Knew Everything: Thomas Young, the Anonymous Polymath Who Proved Newton Wrong, Explained How We See, Cured the Sick, and Deciphered the Rosetta Stone, Among Other Feats of Genius*），這是對這位了不起的人的貼切讚譽。我對楊格有一份特殊的感覺，因為他出生於英國西部的塞默薩特郡（somerset）米爾佛頓（Milverton），距離我出生的湯頓（Taunton），只有短短的幾英里。

自相似性與神奇數字四的由來

大部分像循環系統的生物網絡，都會展現出奇妙的**碎形**（fractal）幾何特性。你也許對碎形非常熟悉。簡單說，碎形就是在任何大小、任何放大程度，看起來都大致相同的物體。一個典型的例子就是一七二頁顯示的花椰菜與綠花椰（broccoli）[25]的頭。碎形在自然界中無所不在，從肺臟與生態系統到城市、公司、雲與河流，會出現在每一個地方。在這一小節，我想要清楚說明什麼是碎形、它們有什麼意義、它們與冪次縮放法則的關係，以及它們如何呈現在我們一

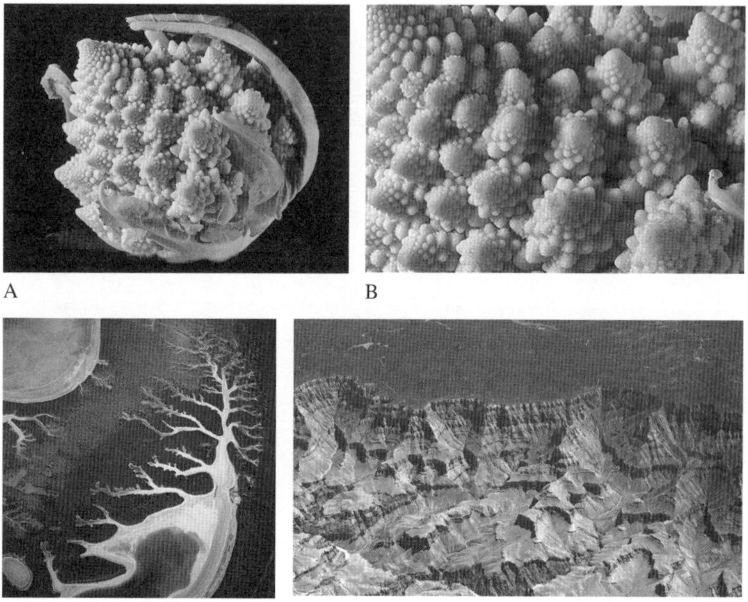

A B C D

典型的碎形與尺度不變性例子；在每一個例子中，都無法直接辨別絕對的尺寸。（圖 A）和（圖 B）：兩個不同精細度的寶塔花椰菜，顯示了它的自相似性。（圖 C）：加州一處乾涸的河床。冬天的樹木、乾掉的葉子或我們身上的循環系統，都有這種明顯的相似性。（圖 D）：大峽谷。在大型暴風雨過後的徑流之後，它可能會被侵蝕，並沿著泥路流到我家。

直討論的循環系統中。

如果綠花椰被分成更小的部分，每一片看起來就像原始綠花椰的縮小版本。如果再放大到整個綠花椰的大小，每一片和原來的綠花椰也完全無法區分。如果這一小片的綠花椰，一樣再分成更小片，這些更小片的綠花椰看起來也像原始綠花椰的縮小版本。你可以想像，把這個過程一次一次重複，基本上也會有相同的結果，也就是說，每一個次單位看起來就像原始整體的縮小版本。稍微不一樣的說法就是，如果你拿任何一小片綠花椰的照片，不管大小如何，然後把它放大到原始根部的大小，那麼你會很難分辨放大的版本與原始的本尊。

這和我們一般看到的事物呈現鮮明的對比。舉例來說，為了要顯示更多細節與新的結構，而且這些細節與結構的性質和整體的不同，我們會用精細度越來越高的顯微鏡，對一個物體不斷放大。明顯的例子就是組織中的細胞、物質中的分子，或原子中的質子。另一方面，如果物體是碎形的，精細度增加也不會出現新的圖案或細節，相同的圖案會一次又一次，不斷自己重複出現。事實上，這是一個很理想的描述，不同精細度的影像彼此差異非常微小，直到最後這種回歸的重複作用停止，出現新的結構設計圖案。如果你繼續把綠花椰切得越來越小，最後就會失去綠花椰的幾何特徵，然後出現它的組織、細胞與分子的結構。

這種重複現象稱為**自相似性**，也是碎形的一般特徵。和綠花椰呈現重複縮放特徵類似的例子是平行鏡子的無限反射，或固定縮小尺寸放進另一個娃娃裡的俄羅斯娃娃嵌套。在這個概念被發現之前很早，愛爾蘭的諷刺作家、《格列佛遊記》（*Gulliver's Travels*）作者喬納森・斯威夫特（Jonathan Swift），就在這首怪誕的四行詩中，以詩意的方式表達了自相似性：

博物學家觀察著跳蚤，
不管他捉到的是多小隻的跳蚤，

還是會有更小隻的跳蚤去咬它，
所以會這樣不斷繼續下去。

※※※

這就是我們一直在討論的階層式網絡。如果你把這種網絡切出一塊，然後把它適當放大，那麼後來的網絡看起來就像原來的網絡。在局部的位置上，每一層的網絡基本上是重複鄰近網絡階層的一個縮放版本。在討論循環系統跳動方式的阻抗匹配結果時，我們就看到一個明顯的例子。在循環系統中，面積保留分支規則導致後面接續血管的半徑，在每一次後續分支時，會以固定的倍數（$\sqrt{2}=1.41\ldots$）縮小。所以，舉例來說，如果我們比較十個分支的血管半徑，那麼它們的相關規模倍數就是（$\sqrt{2}$）$^{10}=32$。由於我們的主動脈半徑大約一．五公分，這表示，在第十個分支階層的血管半徑只有〇．五毫米。

由於血流在往下流到網絡時，會從跳動性質變成非跳動性質，所以我們的循環系統實際上並**不是**持續的自相似性，因此也不是很精確的碎形。在非跳動的地方，血流由黏力控制，散失的力量最小，並出現自相似性，接續血管的半徑會以二的立方根固定倍數$\sqrt[3]{2}$（$=1.26\ldots$）縮小，而不是跳動區域的平方根$\sqrt{2}$（$=1.41\ldots$）。所以，循環系統從主動脈到微血管的碎形性質會有些微改變，這也反映出血流從跳動到非跳動性質的改變。另一方面，樹木從樹幹到樹葉都大致維持相同的自相似性，半徑以空間保留率的$\sqrt{2}$，一層一層跟著縮小。

空間填充原則要求，網絡必須服務所有尺寸有機體的整個體積，同時就血管長度來說，也要求自相似性。為了要填滿三度空間，接續血管的長度在每一次接續的分支時，就必須以固定倍數$\sqrt[3]{2}$縮短，而且和半徑不一樣的是，這個倍數在整個網絡都相同，包括跳動與非跳動的區域。

確認網絡在個體**內部**（within）如何以這些簡單的規則縮放之後，最後一塊推論就是，這要如何連結**遍及**（across）不同重量的各種物種。能量最小原理（energy minimization principle）的進一步結果做到了這一點，也就是說，網絡的總體積，也就是身體血液的總體積，必須和身體本身的體積成正比，因此也和重量成正比，就像我們觀察到的結果。換句話說，不管體型大小，血液的體積和身體的體積是固定的比例。對樹木來說，因為維管束網絡構成整棵樹，因此顯然在所有樹枝之間並沒有類似血肉的東西，所以網絡的體積就是樹木的體積。[26]

現在，我們知道網絡的體積就是所有血管或樹枝的總體積，因此，知道長度與半徑大小，就可以直接把體積算出來，從這裡再連接**內部**網絡的自相似性到身體的大小。這就是長度的**立方根**縮放法則與半徑的**平方根**縮放法則，兩者的數學交互作用，並受到血液體積的線性縮放法則與最終單元的不變性約束，最後形成**遍及**整個有機體的$\frac{1}{4}$冪次異速指數。

最後的神奇數字**四**，就像普通網絡體積的**三維**，再有效延伸出一維，這多出來的一維就是網絡的碎形特性。我在下一章會更詳細討論**碎形維度**（fractal dimension）的一般概念，但在這裡要說的是，自然選擇利用碎形網絡的數學奇蹟優勢，達成最大的能量分配，如此一來，**有機體就像在四維空間運作**，而不是常規的三維空間。從這個意義來看，無所不在的數字四，其實是3+1。更普遍來說，它是空間的維度再加一。假設我們住在有十一個維度的宇宙，就像我某些研究弦論的朋友所相信的，神奇數字就會是11+1=12，那我們一直討論的就會是$\frac{1}{12}$冪次縮放法則的普遍性，而不是$\frac{1}{4}$冪次縮放法則。

碎形：延長邊界的神祕狀況

數學家很早以前就發現，自古以來形成數學與物理學基礎的古典歐式幾何，在其常規邊界之外，還有其他的幾何形狀。很多人不管是快樂或痛苦地學習到的傳統架構，隱含的假設是，所有的線條和表面都是平滑而連續的。因此，隱含在現代的碎形概念中，產生不連續與皺褶概念的新觀念，被看成是學術數學的正式延伸，雖然非常吸引人，但一般認為，在現實世界中沒有太大的作用。直到法國數學家貝諾．曼德伯（Benoit Mandelbrot）提出關鍵見解，指出其實正好相反，皺褶、不連續、粗糙與自相似性，換句話說就是碎形，事實上，在我們生活的複雜世界

中，是一種無所不在的特性。㉗

這件事要認真想起來，實在令人非常震驚，超過二千年以來的數學家、物理學家與哲學家，竟然沒有人提出這個見解。就像很多大幅進展的發現一樣，曼德伯的見解現在看起來簡直「顯而易見」，因此也令人很難相信，他的觀察沒有在幾百年前就被人發現。畢竟，從很長一段時間以來，「自然哲學」一直都是人類智慧投入探索的主要領域，而且幾乎每一個人都很熟悉花椰菜、血管網絡、溪流、河流、山脈，所有的這一切，現在被認為都是碎形。但是，幾乎沒有人以一般術語設想出它們的結構與組織規律性，也沒有用來描述它們的數學語言。也許，就像亞里斯多德的錯誤假設：更重的東西「顯然」掉得越快；以及體現在古典歐式幾何中，柏拉圖對平順概念的理想；因為這些觀念在我們心中根深柢固，以至於必須等待非常漫長的時間，才會出現某個人去實際確認，這些假設與真實世界的情形是否一致。這個人就是名叫路易士・弗萊・理查森（Lewis Fry Richardson）的傑出英國博學家，他幾乎意外地為曼德伯發現的碎形奠下基礎。理查森為什麼發現這一點的故事非常有趣，我要非常簡短地描述一下。

曼德伯的見解指出，當你透過一個不同精細度的粗略視角看東西，在我們周遭世界的很多地方，在看似非常複雜與多樣性之下，會出現一種隱藏的簡單與規律性。另外，描述自相似性的數學，以及其隱含的回歸重新縮放法則，與我們前一章討論的冪次縮放法則一致。換句話說，冪次縮放法則就是自相似性與碎形的數學表達。因此，從內部網絡結構的幾何形狀與動力來看，由於動物在單一個體內部以及遍及物種之間，都遵循著冪次縮放法則，牠們，因此也包括我們所有人，就是自相似性的碎形活生生的展現。

理查森是一位數學家、物理學家與氣象學家，在四十六歲的時候，還取得一個心理學的學位。他於一八八一年出生，並在職業生涯初期，就為我們現代預測氣象的方法做出重大貢獻。他率先提出，應用流體力學的基本方程式（之前在討論建立船舶模型時，介紹過的納維爾–斯托克斯方程式），以計算天氣模型的想法，並用持續回饋的即時天氣數據，例如空氣壓力、溫度、密度、濕度和風速，強化與更新計算結果。遠在現代高速電腦發展之前，他早在二十世紀初就構想出了這個方法，所以他必須用手非常緩慢地計算，因此預測力也非常有限。雖然如此，他開發出來的方法與一般數學技術，奠定了科學預測的基礎，而且大致形成了現在使用的預測樣本，能提供我們未來幾周相對準確的氣象預報。高速電腦的出現，加上幾乎每一分鐘都在更新來自全球各地大量的當地數據，已經大幅提高我們預測天氣的能力。

理查森與曼德伯的背景都很特別。雖然兩人都學過數學，但都沒走上標準的學術生涯之路。理查森是個貴格會（Quaker）信徒，在第一次大戰期間因為良心拒絕服役，因此後來被拒絕申請任何大學學術職位，這種特別具有報復精神的規定，在我們今天看來，實在滿震撼的。至於曼德伯，是直到七十五歲才得到第一個終身教授任命，成為耶魯大學史上最老接受終身任期的教授。也許就是要像理查森和曼德伯這樣的異類與特立獨行之人從事非主流的研究，才能開創我們看世界的方式。

理查森在戰前曾在英國氣象局（British Meteorological Office）工作，並在戰爭結束後重新加入，幾年後，因為氣象局成為負責皇家空軍（Royal Air Force）的空軍部（Air Ministry）一部分，再次因為良心的理由辭職。說來古怪，由於他強烈堅持和平主義，以及後來與主流學術研究世界的邊緣關係，導致了他最有趣、也最重要的觀察，亦即是實際測量長度後，發現它並不像顯示的那麼簡單，因此意識到碎形在日常世界中的作用。為了了解他如何做出這個結論，我必須小小繞路一下，先談一下他的其他成就。

理查森受到激昂的和平主義鼓舞，著手研究一個非常有企圖心的計畫，他想發展出一個了解戰爭與國際衝突起源的量化理論，目的是研擬出最終的預防策略。他的目標完全就是發展出一門戰爭的科學。他的主要論點是，衝突的動力主要是由國家建立軍備的速度決定，而且軍備的持續積累也是戰爭的主要原因。他認為，武器的累積是集體心理力量的代表（proxy），會反映但超越歷史、政治、經濟和文化，而且軍備的動力不可避免會導致衝突和不穩定。理查森應用為了了解化學反應動力和傳染病傳播所開發的數學，模擬不斷增加的軍備競賽，也就是每個國家的軍械庫都在增加，以因應其他每一個國家的軍備增加。

他的理論並沒有試圖解釋戰爭的根本起源，也就是我們為什麼集體訴諸武力和暴力來解決衝突，而是顯示，軍備競賽的動力會如何升高，並導致災難性的衝突。雖然他的理論過於簡化，但在用數據對照他的分析時，理查森也得到了一些成果，但更重要的是，他提供了一個可以用數據分析，能用量化理解戰爭起源的替代架構。另外，它有一個顯示哪些是重要參數的優點，特別是在提供模擬情境的時候，讓人知道能夠達到與維持的可能和平情況。和傳統較為質性的衝突理論不同，在他的理論中，領導、文化與歷史仇恨，以及特殊事件與人格，都沒有明顯的作用。㉘

為了建立一個經得起考驗的科學架構，理查森收集了大量有關戰爭與衝突的歷史資料。為了量化，他用了一個他稱為**致命失和**（deadly quarrel）的一般概念，定義是任何人類之間導致死亡的暴力衝突。因此戰爭就被視為致命失和的特殊情形，但個人的謀殺也是如此。他用最後的死亡數字量化它們的大小，所以個人謀殺的致命失和規模就是一，但二次大戰的致命失和規模就超過五千萬，確實的數字取決於平民的傷亡人數。然後，他提出一個大膽的問題，從個人、到幫派暴力、內亂、小型衝突，到最後兩次重要的世界大戰，涵蓋了幾乎八個數量級的範圍，是否有一個連續的致命失和量化關係。想把這些數據都畫在同一條線上，會遇到我們之前試著在一個簡單的線性尺度上，放進所有地震或所有哺乳動物代謝率的相同問題。在實際上就是不可能，所以必須用對數尺度，才能看到致命失和的整個範圍。

因此，就像芮氏規模，理查森規模（Richardson scale）一開始是零，代表一人遭到謀殺，最後是將近八個數量級，代表兩次的世界大戰（八個數量級代表死亡人數達一億人）。在這兩點之間，造成十人死亡的小暴動，數量級就是一，造成一百個戰鬥人員死亡的小衝突，數量級就是二，以此類推。很顯然，數量級為七的戰爭非常少，但數量級為零或一的衝突非常多。當他在對數尺度上，把特定規模與數量級的致命失和數量描繪出來時，他發現了一條大致上的直線，就像我們把代謝率這樣的生理數值，用這方式相對於動物體型大小畫出來時，看到的直線一樣（見圖一）。

結果，戰爭的頻率分布遵循著簡單的冪次縮放法則，這顯示衝突大致上也有自相似性。㉙這個明顯的結果導出一個令人驚訝的結論，從粗略的意義上來講，大型戰爭就是小型衝突的放大版本，就類似於大象大致就是老鼠的放大版本。所以，極度複雜的戰爭與衝突之下，似乎有一個在所有戰爭規模運作的相同動力。最近的研究也在最近的戰爭、恐怖攻擊，甚至網絡攻擊上，證實了這個發現。㉚現在還沒發展出一般理論來理解這些規律性，雖然它們非常可能反映出國家經濟、社會行為與競爭力量中，像碎形一樣的網絡特徵。無論如何，任何最後的戰爭理論都必須說明這些特徵。

最後，這就說到了理查森故事的重點。他把衝突的冪次縮放法則，當成可能只是一個有關戰爭的其他系統規律性，而他希望從中發現主導人類暴力的一般法則。為了發展出一個理論，他假設，兩個鄰國之間的戰爭可能性與共同邊界的長度成正比。由於非常想要測試他的理論，他把注意力轉向思考如何測量邊界的長度……並在無意中發現了碎形。

為了測試他的想法，他開始收集邊界長度的資料，並驚訝地發現，在出版的資料中有相當大的出入。舉個例子，他發現，西班牙和葡萄牙的邊界長度，有時候是九八七公里，但有時候卻是一二一四公里；荷蘭與比利時的邊界長度也一樣，有時候是三八〇公里，但有時候卻是四四九公里。這麼大的差異，讓人很難相信這是測量上的錯誤。因為在那時候，調查已經是一個高度發展、有固定作法，也很準確的科學。例如，在十九世紀末，就已經知道珠穆朗瑪峰的高度，差異在幾英尺之內。所以，邊界長度有幾百公里的落差，完全是一件很怪異的事。顯然還有其他因素在作祟。

在理查森的調查之前，測量長度的方法完全被視為理所當然。這個想法看起來很簡單，實在很難看出什麼地方可能會出錯。所以，就讓我們來分析測量長度的過程。假設你想大略估計一下你家客廳的長度。這很簡單就可以做到，把一條米尺（在一條直線上）頭尾相接排下去，然後數數看在兩面牆壁之間，米尺共量了多少次。你發現大約量了六次，所以導出的結論就是，房間大約六米長。之後有一天，你發現你需要更精確的估計，所以你用了刻度較細的十公分的尺來量。你很小心地把它頭尾相對，然後你發現，不到六十三次，就把整個房間量完了，並得出一個更準確的大約長度63×10公分，也就是六百三十公分，或六．三公尺。很顯然，根據你想知道正確性多高的答案，你可以用越來越細的精確度，一次又一次重複這個測量過程。如果你想用毫米的精細度來測量房間，你可能會發現，量出來的長度會是六．二八九公尺。

事實上，我們通常不會把尺張開、頭尾相接來測量，而是為了方便，用合適的長捲尺或其他測量設備，讓我們在這個繁瑣的過程中做得更輕鬆。但原理仍然相同：捲尺或其他測量設備只是某個特定標準長度較短標尺的結果，例如一公尺或十公分，頭尾縫在一起而已。

不管測量的過程如何，隱含在其中的假設是，量尺的精細度越高，結果就會收斂到更精確的固定數字，我們就稱這為房間的長度，大致是你房間的客觀數值。在這個例子中，隨著精細度增加，房間長度從六收斂到六．三，再到六．二六九公尺。這樣收斂到一個定義良好的長度，似乎完全顯而易見，但事實上，幾千年來從未被質疑，直到一九五〇年，理查森偶然發現邊界與海岸線變長的意外謎團。

現在我們想像一下，要測量兩個鄰國的邊界長度，或某個國家的海岸線，並採取前面概述的標準程序。如果要取得一個非常粗略的估計，我們可以用一百英里的分段，頭尾相接，涵蓋整個長度。假設我們最後發現，用這樣的精細度，邊界大約是十二段多一點，所以長度大約就是超過一二〇〇英里一點點。如果想要量得更精確，那我們可以用十英里的分段來測量長度。根據我們在測量客廳時所說的普通「測量規則」，我們可能發現，量出來的結果是一百二十四段，所以更好的估計就是一二四〇英里。把精細度增加到一英里，就可以得到更精確的結果，也就是可能會得到一二四三段，這就是說，得到的估計值會變成一二四三英里。我們可以繼續以越來越精細的尺度來量，以取得越來越精確的需要數字。

然而，讓理查森非常意外的是，他發現他以這個標準的重複程序，用遊尺測量較詳細的地圖時，情形並不是這樣。事實上他發現，精細度越高，預期的正確性越高，邊界也越長，而不是收斂到某個特定值！這一點也不像客廳的長度，因為邊界與海岸線的長度持續變得更長，而不是收斂到某個固定數字，這違反了隱含在幾千年的假設中的基本測量法則。令人一樣意外的是，理查森發現，長度是以有系統的方式增加。當他在一個對數尺度上，描繪出不同邊界與海岸線長度與用來測量的精細度時，結果呈現出一條我們在很多其他地方看過，顯示出冪次縮放法則的直線（見圖十四）。這個現象實在非常奇怪，因為這與傳統信念相反，長度似乎取決於用來測量的單位尺度，而且，在這例子中，被測量的並不具客觀性。㉛

所以，這到底是怎麼回事？稍微思考一下，你可能很快就會了解其中的道理。大部分的邊界與海岸線，並不像你家客廳都是直線。相對的，它們都是彎彎曲曲的線條，不是沿著當地的地形，就是因為政治、文化或歷史而「隨意」決定。如果你拿一條長一百英里的直尺，放在一段海岸線或邊界的兩點，就像在調查時實際做的方式，顯然就會漏掉兩點之間所有破碎與崎嶇的線條（見圖十三）。但是，如果你用的是一條十英里長的尺，你就能量到之前漏掉、比十英里長的所有崎嶇線條。精細度越高，能看到的細節就越多，你也能沿著這些彎曲與崎嶇測量，最後得到的估計值，一定會比用粗略的一百英里直尺測量的值更大。同樣，十英里長的直尺就會量不到小於十英里的彎曲與崎嶇，但如果我們把精細度增加到一英里，就能把這些包含進

圖 13

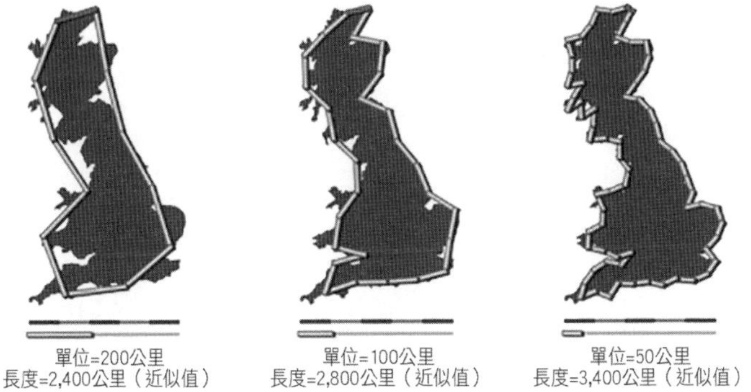

圖 14

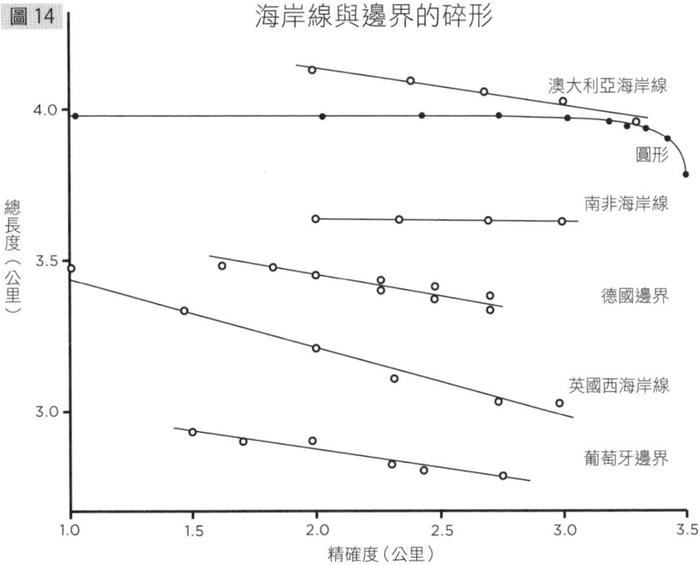

用不同精確度測量海岸線的長度（以英國為例）。（圖 13）在圖中的例子裡，長度隨著精確度有系統地以冪次法則增加。（圖 14）斜度表示海岸線的破碎程度，海岸線越崎嶇，斜度越陡。

來，量到的長度也會更長。理查森所研究的邊界與海岸線，有很多崎嶇與破碎地形的線條，我們因此很容易可以理解，為什麼量出來的長度會隨著精細度增加而不斷變長。

由於增加的現象遵循著簡單的冪次法則，因此邊界事實上是具有自相似性的碎形。換句話說，某個尺度的崎嶇與破碎地形，平均來說，就是另一個尺度的崎嶇與破碎地形的縮放版本。所以，如果你很驚訝，一條小溪的河岸侵蝕現象，看起來就像你在大河看過的侵蝕現象的縮小版本，或甚至看起來就像是大峽谷的迷你版本，你並不是在幻想，事實的確是如此（見一七二頁）。

這實在是一件非常美妙的事。我們再一次看見，當我們透過粗略的尺度視角觀看，在自然世界令人傷透腦筋的複雜底下，存在著一種令人意外的簡單、規律與一致性。雖然理查森在調查邊界與海岸線時，發現這個奇特、具革命性、違反直覺的現象，並了解這個現象的由來，但他並未完全了解它非凡的一般性與深遠的影響。直到曼德伯才提出更重大的洞見。

理查森的發現幾乎完全被科學界忽略。但這並不令人太意外，因為這被刊登在相對不知名的期刊，而且這個發現被埋在他對戰爭起源的研究裡面。他的文章刊登於一九六一年，而且用了一個非常艱深的標題：〈鄰近的問題：致命失和統計的附錄〉（The Problem of Contiguity: An Appendix to Statistics of Deadly Quarrels），即使對行家來說，標題也沒有說明內容可能是什麼。誰會知道這預告著一個重大意義的典範轉移？

但是，曼德伯知道。他值得被大力稱讚，不只是因為他讓理查森的研究復活，他也看出了其中更深遠的意義。一九六七年，他在高知名度的《科學》期刊中發表一篇文章，標題也更淺顯易懂：〈英國海岸線有多長？統計上的自相似性與碎形〉（How Long Is the Coast of Britain? Statistical Self-Similarity and Fractional Dimension）。[32]曼德伯藉由擴充理查森的研究，並一般化其中的觀念，讓理查森的研究廣為人知。後來稱為碎形的皺褶，在理查森的對數尺度繪圖上，以相對直線的斜度有多陡來量化：斜度越陡，曲線就越多皺褶。斜度就是有關長度與精細度的冪次法則指數，就像有機體的代謝率對質量的$\frac{3}{4}$指數。就像圓形，對非常平滑的傳統曲線來說，斜率或指數就是零，因為它的長度不會隨著精細度增加而改變，只會收斂到一個明確的數值，就像客廳的例子。但是，崎嶇而皺巴巴的海岸線斜率就不是零。舉個例子，英國西海岸線的斜率就是○．二五。而像挪威那樣更皺的海岸線，有宏偉的峽灣與多層次的海灣與水道，接著又分成更小的海灣與水道，斜率則大幅增加為○．五二。另外，理查森發現，南非海岸線和其他大部分的海岸線不同，斜率只有○．○二，大約接近平滑的曲線。至於西班牙與葡萄牙的邊界，也就是一開始吸引他研究這個問題的「差異」，他發現斜率是○．一八；見圖十四。

為了了解這些數字的意義，不妨想像一下，把測量工具的精細度增加兩倍，英國西海岸量到的長度就會增加大約二五％，而挪威會超過五○％。這可是影響深遠，卻一直完全被忽略，直到理查森偶然發現這一件事，而且才只有七十年前。所以，測量過程要有意義，知道精細度是整個測量過程不可缺少的關鍵一環。

重點非常清楚。**一般來說，提出一個數值卻不說明長度測量尺度的精細度，是沒有意義的**。原則上，說某一段長度是五四三、二十七或一．二八九一七六，卻不提出測量的單位，也是一樣沒有意義。就像我們必須知道，它的單位是英里、公分或埃[33]，我們也必須知道用以測量的精細度。

曼德伯提出**碎形維度**（fractal dimension）的概念，定義是冪次法則指數加一（就是斜率的值）。因此南非海岸線的碎形維度是一．〇二，挪威是一．五二，以此類推。加一的重點在於，把碎形的觀念與第二章討論的傳統普通維度概念結合。幫你回想一下，一條平滑的線條，維度就是一；一個平滑的表面，維度就是二；而一個體積的維度就是三。因此南非海岸線非常接近一條平滑的線條，因為它的碎形維度是一．〇二，這非常接近一；但挪威就差很多，因為它的碎形維度是一．五二，比一大很多。

你可以想像一個極端的例子，線條非常皺，而且繞來繞去把整個面積填滿。因此，即使它還是一條有「正常」維度一的直線，但是就它的縮放性質來說，它呈現出來的就像是一個**面積**，因此它的碎形維度是二。這個多出來的奇怪維度，就是空間填充曲線的一般特徵，我將在下一章回到這一點。

在自然世界中，幾乎沒有一個東西是平滑的，大部分的東西都有皺痕、不規則或小皺褶，而且通常都有自相似性。只要想一下森林、山脈、蔬菜、雲，以及海洋的表面就知道了。因此，大部分的實體物體都沒有絕對客觀的長度，因此在說明測量的長度時，表明精細度非常重要。那麼為什麼人們會花二千多年，才發現這麼基本，並且現在幾乎顯而易見的道理？原因非常可能在於，當我們逐漸與自然世界的密切連結分離，並與決定我們生物性的自然力量越來越疏遠時，所出現的一種二元性。當我們發明語言、學會如何應用規模經濟、組成社群，並開始建造人造物品，我們實際上改變了日常世界與周圍環境的幾何形狀。不管是原始的瓶罐或工具，或現代的精密汽車、電腦、摩天大樓，在設計與製造人工的人造物品時，我們運用並渴望直線、平滑曲線與光滑表面的簡單。這被非常正規地反映在量化測量與數學中，並特別展現在歐式幾何的理想典範中。當我們從和其他哺乳動物一樣，演化成社會智人（Homo sapiens）時，數學就適合應用於我們在身邊創造出來的人造物世界。

在這個新的人造物世界，我們不可避免透過歐式幾何的視角，也就是直線、平滑曲線與光滑表面，來看這個世界，結果讓我們自己，至少科學家與技術專家，看不到這個似乎凌亂、複雜而繁複的自然環境世界。但我們都是從這裡出現的。而這大部分都留給藝術家與作家的想像世界了。雖然測量在這個更有規律的新世界有很重要的作用，它有歐幾里德的優雅簡單，因此不必關心像精細度那樣的尷尬問題。在這個新世界，長度就是一節，就是一段，就是這樣。然而，在我們周遭的「自然」世界並非如此，它非常複雜，而且充滿皺痕、條紋、皺褶。就像曼德伯簡潔的說法：「平滑的形狀在荒野中很罕見，但在象牙塔與實驗室中極為重要。」

從十九世紀初以來，數學家就已經想到曲線與表面並不平滑，但這種在自然世界中普遍存在的幾何形狀，並沒有激發他們的研究動機。他們的動機是只探索具有學術利益的新觀念與概念，例如是否能制定出違反歐幾里德神聖法則的幾何形狀。

對於這個問題，答案是肯定的，曼德伯就站在非常好的位置。曼德伯和理查森不同，他接受的是更正規的古典法國數學教育傳統，因此非常熟悉抽象、密集皺痕、非歐式幾何的曲線與表面的奇怪世界。他的偉大貢獻在於，他看見理查森的發現有堅強的數學基礎，以及學術數學家一直在玩且與「現實」似乎毫無關係的奇形怪狀，事實上和現實大有關係，而且從某些角度來看，比歐式幾何的關係更密切。

更重要的是，他了解到，除了邊界與海岸線，這些觀念還可以概括推論到幾乎任何能被測量的東西，甚至包括時間與頻率，其他例子包括我們的大腦、皺巴巴的紙團、閃電、河流網絡，和像心電圖（EKG）一樣的時間序列，以及股票市場。例如，事實證明，平均來說，在一小時的交易時間內，金融市場的波動模式和一天、一個月、一年或十年的波動模式相同。這很明顯是非線性的彼此縮放版本。因此，如果你看到一張在某段時間內典型的道瓊平均指數圖，你會分辨不出來，這是最近的一小時還是過去五年的指數表現，因為不管時間範圍，下跌、震盪和顛峰的分布幾乎一樣。換句話說，股市表現是一種自相似性的碎形模式，它遵循一種可以用指數或它的碎形維度量化的冪次法則，在所有的時間尺度內自我重複。

你可能會以為，有了這個知識之後，你就能很快致富。雖然這的確讓我們對股市中隱藏的規律性有了新的洞見，但可惜的是，它的預測力只限於一般的粗略意義，而且並未提供有關個股表現的明確資訊。雖然如此，它還是一個重要的元素，讓人得以了解股市在不同時間範圍內的動態。這促成了一個稱為**經濟物理學**（econophysics）、新的跨學門金融次領域的發展，並促使投資公司雇用物理學家、數學家與電腦科學家，運用這類想法研擬出新的投資策略。[34]很多策略非常成功，但並不清楚物理學與數學的實際作用有多大。

同樣的，心電圖中觀察到的自相似性，也是衡量心臟狀況的重要標準。你可能曾經以為，心臟越健康，心電圖就越平順、越規律，也就是說，相對於生病的心臟，健康心臟的碎形維度會更小。但剛好相反。健康心臟的碎形維度相對較高，心電圖的線條更多尖刺與不規則，但是生病的心臟維度較低，心電圖也較平順。事實上，情況最緊急的心臟，碎形維度將近一，心電圖也一反常態的平順。因此，心電圖的碎形維度，在量化心臟的健康與疾病上，提供了一個很有用的補充診斷工具。[35]

心臟健康等於有更大的差異與波動，因此在心電圖上有更大的碎形維度，原因與這種系統的彈性密切相關。過於僵化或受限，就意味著，在抵抗任何系統難免會遇到的小衝擊與擾動時，沒有足夠的彈性做出必要的適應。想想你的心臟每天都會遇到的壓力與糾結，很多都是不在預期之內的壓力。能夠接納與自然適應這些，對你的長期生存非常重要。心理上的不斷變化與衝擊，需要所有的器官，包括大腦與心靈，都要彈性與靈活，因此就會有非常大的碎形維度。

至少在比喻的意義上，這可以從個人延伸到公司、城市、國家，甚至生命本身。多樣性，有很多可以互相交換、適應的成分，是這個典範的另一個表現。自然選擇大力盛行，因此產生更大的多樣性。有彈性的生態系統有更大的物種多樣性。成功的城市就是有更大範圍的工作機會與行業的城市，而成功的公司則有多元化的產品，以及有彈性去改變、適應與再發明的人力，以因應變動中的市場，這並不是偶然。我將在第八章、第九章探討城市與公司時，更進一步討論這一點。

一九八二年，曼德伯出版了一本非常具有影響力、而且非常具可讀性的半通俗著作，書名為《大自然的碎形幾何》（*The Fractal Geometry of Nature*）㊱。本書對碎形有極大的興趣，顯示了碎形在科學與自然世界中無所不在。它也刺激了一個小型產業，專門在尋找碎形、到各地發現碎形、測量它們的維度，以及顯示它們的神奇性質如何產生奇妙而古怪的幾何圖形。

曼德伯已經顯示，基於碎形數學相對簡單的對數規則，如何產生令人意外的複雜圖案。他和後來很多人做出非常真實的山脈與風景的模擬圖案，以及非常吸引人的迷幻圖案。電影與媒體產業對這個發展熱烈接受，所以你現在在螢幕與廣告上，不管是「逼真」的打鬥場景、壯麗的風景，或充滿未來感的幻覺，可以看到很多基於碎形典範的影像。如果沒有碎形的早期研究與見解，《魔戒》（*The Lord of the Rings*）、《侏羅紀公園》（*Jurassic Park*）、《權力的遊戲》（*Game of Thrones*）都會是現實幻想的單調版本。

碎形甚至出現在音樂、繪畫與建築中。有人宣稱，樂譜的碎形維度可以用來量化不同作曲家的調號性質與特徵，例如貝多芬、巴赫與莫札特，而傑克森．波洛克畫作中的碎形維度，可以用來辨別真跡與假畫。[37]

雖然有數學架構可以描述與量化碎形，但是目前還沒發展出基於潛在物理原理的基礎理論，以了解它們為什麼出現的一般機制，或計算它們的維度。為什麼海岸線與邊界會呈現碎形，是什麼樣的動力讓它們出現驚人的規律性，並決定南非應該有相對平順的海岸線，而挪威卻非常崎嶇？把這些不同現象和股市、城市、血管系統與心電圖的表現結合起來的，是什麼共同的原理與動力？

碎形維度只是這種系統特徵的單一指標。我們把多少儲備量放在這樣的單一指標，才令人驚訝。例如，道瓊工業平均指數幾乎被篤定地認為，是美國經濟整體情況的**正確**指標，就像體溫一般被當成整體健康的指標。但最好是有一組這樣的指標，例如你每年的身體檢查，或是經濟學家提出來的更廣泛的經濟數據。但更好的是，有一個一般量化理論與概念架構，再補充一些動力模型，才能在機制上了解，不同指標為什麼是目前的規模，並能預測未來會怎麼演變。

在這樣的情況下，只是知道代謝率如何縮放的克萊伯定律，或甚至知道有機體遵循的所有其他異速縮放法則，並不能構成一個理論。事實上，這些現象法則是大量數據的精緻總結，這些數據顯示並概括了生命有系統而一般的特性。如果能以越來越精細的粒度，把它們從一組簡潔的一般基本原理解析出來，例如網絡的幾何形狀與動力，就能對它們的由來有更深刻的理解，就可能處理與預測其他新的現象。在下一章，我將說明網絡理論如何提供這樣的架構，並選出幾個例子加以說明。

最後一個重點：曼德伯非常沒有興趣了解碎形的由來機制。他雖然已經對世界顯示了碎形非凡的普遍性，但他的熱情仍保留在數學描述上，而非它們的物理由來。他的態度似乎是，它們是非常迷人的自然特性，我們應該高興它們的無所不在、簡單、複雜與美麗。我們應該開發出一個可以描述與運用它們的數學，但不應該太關心它們如何產生的基本原理。簡單說，他研究它們的方法比較像個數學家，而不是物理學家。雖然他的偉大發現得到很多地方的推崇，也得到一連串頗有聲望的獎項，但在物理學界並沒有得到相當的肯定，以及應有的科學成就，這可能是他沒得到諾貝爾獎的一個原因。

4 生命的第四維度

成長、老化與死亡

幾乎所有維持生命的網絡，大致上都是自相似性的碎形結構。在前一章，我說明了碎形結構的性質與由來，是一般數學幾何與最適化、空間填充等物理原理的結果，並由此導出，網絡在一般個體內部以及不同物種之間如何縮放的推論。

我大部分的討論都集中在循環系統，但同樣的原理也適用在呼吸系統、植物、樹木、昆蟲與細胞。事實上，這個理論的一個重要成功之處在於，這組相同的網絡原理，也在演化設計截然不同的網絡中，導出類似的縮放法則。例如，它們不只解釋了跨越不同分類物種、無所不在的$\frac{1}{4}$冪次縮放法則的由來，也說明了主動脈和樹幹改變尺寸的方式一樣，運用這個理論可以計算出很多這類數值。從我們原始的文章中複製的附表，也刊登在《科學》與《自然》期刊，這些表提供了一些樣本，以說明其預測的範圍。它呈現的是有關循環、呼吸、植物與森林群落系

表1 心血管

數值	預測	觀察
主動脈半徑	$\frac{3}{8}=0.375$	0.36
主動脈壓	$0=0.00$	0.032
主動脈血流速度	$0=0.00$	0.07
血量	$1=1.00$	1.00
流通時間	$\frac{1}{4}=0.25$	0.25
流通距離	$\frac{1}{4}=0.25$	無數據
心臟搏動量	$1=1.00$	1.03
心臟頻率	$-\frac{1}{4}=-0.25$	-0.25
心輸出量	$\frac{3}{4}=0.75$	0.74
微血管數量	$\frac{3}{4}=0.75$	無數據
服務體積半徑	無數據	無數據
沃默斯利數	$\frac{1}{4}=0.25$	0.25
微血管密度	$-\frac{1}{12}=-0.083$	-0.095
血氧親和力	$-\frac{1}{12}=-0.083$	-0.089
總電阻	$-\frac{3}{4}=-0.75$	-0.76
代謝率	$\frac{3}{4}=0.75$	0.75

統，大量的測量數值與觀察結果的比較預測。你可以很容易看到，其中的一致性非常高。

雖然每一個例子都以一套相同的原理為基礎，但實際的數學與動力截然不同，這反映出個別網絡的不同物理結構。至於不同系統如何利用這一組相同原理，我不想做冗長的分析，只想強調在所有的例子中，結果非常相似，並且出現了$\frac{1}{4}$冪次縮放法則。

這一切很令人滿意，但有一個問題卻一直徘徊不去：為什麼不同網絡會出現相同的$\frac{1}{4}$冪次指數，而不是比如說某一個系統出現的是$\frac{1}{6}$冪次，另一個出現

表 2 呼吸

數值	預測	觀察
氣管半徑	$\frac{3}{8}=0.375$	0.39
脈搏壓	$0=0.00$	0.004
氣管內氣流速度	$0=0.00$	0.02
肺容量	$1=1.00$	1.05
流向肺的容量	$\frac{3}{4}=0.75$	0.80
肺泡體積	$\frac{1}{4}=0.25$	無數據
潮氣量①	$1=1.00$	1.041
呼吸頻率	$-\frac{1}{4}=-0.25$	-0.26
功率耗散	$\frac{3}{4}=0.75$	0.78
肺泡數	$\frac{3}{4}=0.75$	無數據
肺泡半徑	$\frac{1}{12}=0.083$	0.13
肺泡面積	$\frac{1}{6}=0.167$	無數據
肺部面積	$\frac{11}{12}=0.92$	0.95
氧擴散能力	$1=1.00$	0.99
總電阻	$-\frac{3}{4}=-0.75$	-0.70
氧消耗率	$\frac{3}{4}=0.75$	0.76

的是$\frac{1}{8}$冪次，以此類推？換句話說，在應用到結構與動力都不同的網絡系統時，是什麼因素讓這組相同原理必須導向相同的縮放指數？是否有其他超越這些動力的設計原理，保證$\frac{1}{4}$會出現在所有有機的群體裡？這是一個很重要的概念問題，特別是為了了解，這個普遍表現為什麼會延伸到細菌系統，而它們並沒有非常明顯的階層式分支網絡結構。

生命的第四維度

解決這個問題的一般論點，也許可以從認識代謝著手。除了

表 3　植物維管束的生理與解剖變項之縮放指數預測值

數量	以植物質量為函數	以樹幹或莖半徑為函數	
	指數	指數	
	預測	預測	觀察
葉子數量	$\frac{3}{4}$（0.75）	2（2.00）	2.007
分支數量	$\frac{3}{4}$（0.75）	-2（-2.00）	-2.00
維管束數量	$\frac{3}{4}$（0.75）	2（2.00）	無數據
樹幹長度	$\frac{1}{4}$（0.25）	$\frac{2}{3}$（0.67）	0.652
樹幹半徑	$\frac{3}{8}$（0.375）		
導電組織面積	$\frac{7}{8}$（0.875）	$\frac{7}{3}$（2.33）	2.13
維管束半徑	$\frac{1}{16}$（0.0625）	$\frac{1}{6}$（0.167）	無數據
電導率	1（1.00）	$\frac{8}{3}$（2.67）	2.63
葉電導率	$\frac{1}{4}$（0.25）	$\frac{2}{3}$（0.67）	0.727
流體流量		2（2.00）	無數據
代謝率	$\frac{3}{4}$（0.75）		
壓力梯度	$-\frac{1}{4}$（-0.25）	$-\frac{2}{3}$（-0.67）	無數據
流體速度	$-\frac{1}{8}$（-0.125）	$-\frac{1}{3}$（-0.33）	無數據
分支電阻	$-\frac{3}{4}$（-0.75）	$-\frac{1}{3}$（-0.33）	無數據

讓能量流失**最小化**，由於代謝負責製造維持與繁殖生命所需的能量與物質，自然選擇也已經導出代謝能力**最大化**的結果。②而這一點則透過表面積最大化來達到，因為表面積是輸送資源與能量的地方。這些表面積事實上是網絡所有最終單元的全部表面積。例如，我們的所有代謝能量是透過所有微血管的全部表面積傳輸給細胞，就像樹木的代謝機能，主要就是傳輸透過所有葉子收集到來自陽光、促進光合作用的能量，以及透過所有根部系統的纖維吸收到的水分。最終單元因此非常重要，不只是因為它們

具有不變性，也是因為它們是資源環境的界面，不管是在微血管的內部，或是在葉子的外部。我們稍後將會看到，這個作為能量交換通道的重要作用，對生命的很多面向，從你要睡多久，到你可以活多久，都極為關鍵。

自然選擇已經利用了空間填充網絡的碎形特質優勢，讓最終單元的有效總面積最大化，因此就能讓代謝產量最大化。從幾何學來看，內嵌在碎形結構先天的分支與皺褶裡的各個階層，最大化了生命基本特徵得以流動的表面積，因此也最適化了資訊、能量與資源的傳送方式。由於碎形的性質，這些有效的表面積比外觀的實際大小多很多。我要給你幾個和你身體有關的明顯例子，來說明這一點。

雖然你的肺臟只有一顆足球的大小，容量大約五到六公升，但肺泡的全部總面積幾乎是一個網球場的大小，而且所有通道的總長度大約二千五百公里，幾乎是洛杉磯到芝加哥或倫敦到莫斯科的距離。肺泡是呼吸系統的最終單元，是氧與二氧化碳藉著血液交換的地方。更引人注目的是，如果循環系統的所有動脈、靜脈和微血管，頭尾相接，總長度大約十萬公里，或將近地球圓周的二倍半，或是地球到月球距離的三分之一……但全部卻整整齊齊安放在你一百五到一百八公分高的身體裡。這實在是太美妙了，但這只是自然選擇利用了物理、化學與數學的奇蹟，在你身體呈現的另一個驚人功能。

這個明顯現象是理查森發現、曼德伯闡述海岸線與邊界原理的一個極端例子，也就是說，長度與面積不一定和它們看起來的大小一樣。前一章說明過，一條能填滿空間、皺褶夠多的線條，可以放大到像面積一樣。因為它的碎形性質有效地給了它一個額外的維度。它的傳統歐式維度仍然是一，這在第二章討論過，這表示它是一條線；但它的碎形維度是二，這表示它是最大的碎形，而且可以放大到像面積一樣。同理，如果一個平面的皺褶夠多，就會像是一個體積，因此可以有效得到另一個維度：它的歐式維度是二，這表示它是一個平面，但它的碎形維度是三。

再舉一個熟悉的例子會讓你更了解。想想看洗床單的例子。因為你想節約能源，同時又想省錢、省時間，你會等上幾個星期，直到髒床單堆到比塞滿洗衣槽更多。然後，時間一到，你就盡可能塞滿整個洗衣槽的容量。現在，回想一下之前學到的，體積增加的速度比面積快，所以如果你把洗衣機的大小增加一倍，也就是形狀不變，每個邊長增加一倍，那麼它的體積會增加八倍（2^3），但它的所有表面積會增加四倍（2^2）。你可能會天真地推論，因為床單基本上都是平面，所以是二維的（先忽略它的厚度），因此洗衣機變二倍，容納的床單就會是四倍。但是如果我們完全塞滿整個洗衣槽的容量，由於體積增加的倍數是八，所以你實際上可以容納八倍的床單，而不只是四倍。換句話說，塞滿三維洗衣槽的二維床單的總**有效**面積，會以體積而不是以面積的方式放大比例，在這個意義上，我們已經把面積變成體積。

其中的原因在於，我們把平滑的歐式平面床單弄皺褶，形成大量的褶痕與皺褶，因此已經把它們變成碎形了。事實上，褶痕的大小分布遵循著典型的冪次法則：長褶痕很少，但非常短的褶痕很多，它們的數量遵循著冪次法則分配。這實際上也已經在皺紙團實驗中測試，並得到證實。③在現實中，你無法完全把所有床單或紙團摺進洗衣槽裡，讓它們完全填滿空間，但你可以做到非常接近；這也反映在它們測量出來的碎形維度上，實際上是比三少一點點。你也不會想把它完全塞滿，因為如果壓得很緊實，洗衣機也沒辦法把床單洗得很乾淨。

但是，受到自然選擇把交換表面積最大化的力量驅動，生物網絡的確可以做到空間填充最大化，因此放大的方式是像三維的體積，而不是二維的歐式面積。這個從最佳網絡表現產生的多出來的維度，可以讓有機體就像在四維中運作。這就是$\frac{1}{4}$冪次的幾何由來。因此，它不是以典型的$\frac{1}{3}$指數縮放，這是以平滑的非碎形歐式物體為例的數字，而是以$\frac{1}{4}$指數縮放。雖然生物占據的是一個三維空間，但是它們內部的生理解剖就像四維空間。

因此，很多生物網絡即使有不同的解剖設計，並運用不同的動力方式，卻都展現出面積保留分支原則，並不是偶然。因為這不像遺傳密碼，在生命史中只改變一次，可以有效賦予額外第四維度的碎形分配網絡，卻可以產生很多次。例子包括葉子、鰓、肺、腸、腎、粒線體的表面積，以及從樹木到海綿體不同呼吸和循環系統的分支結構。因此，即使像細菌的單細胞有機體，也利用這一點並呈現出$\frac{1}{4}$冪次縮放法則，也不令人意外。

$\frac{1}{4}$冪次縮放法則可能與生化代謝通道、遺傳密碼的結構與功能，以及自然選擇的過程，一樣具有普遍性和獨特的生物學作用。絕大多數有機體呈現出來的縮放指數，代謝率非常接近$\frac{3}{4}$，內部時間與距離則非常接近$\frac{1}{4}$。這分別是有效表面積，以及體積填充碎形網絡線性維度的最大與最小值。這充分證明了，自然選擇的力量已經利用碎形的變化，產生出不可思議的多樣化生物形式與功能。這也充分證明，代謝過程嚴格的幾何與物理限制，這讓所有的有機體遵循著一組相同的$\frac{1}{4}$冪次縮放法則。碎形幾何實際上給了生命多一個維度。

與這呈現鮮明對比的是，無論是汽車、房屋、洗衣機或電視機，幾乎沒有一個人工的人造物品與系統，引用碎形的力量來達到最佳表現。在很有限的程度上，像電腦與智慧手機等電子設備的確做到了，但對照你如何工作的方式，實在非常原始。另一方面，有機成長的人工系統，例如城市，以及有限範圍的公司，已經無意識地演化出自相似性的碎形結構，得以達到最佳表現。這一點在第八章與第九章，會有更多討論。

為什麼沒有迷你螞蟻大小的哺乳類？

理想的數學碎形會「永遠」繼續下去。不斷重複的自相似性會無限堅持下去，毫無束縛地從無限小到無限大。但在現實的生命中，當然有明顯的限制。你可以把綠花椰菜一直分開，直到它失去自相似性特徵，並顯示出它的組織、細胞，以及最終分子組成的潛在結構與幾何形

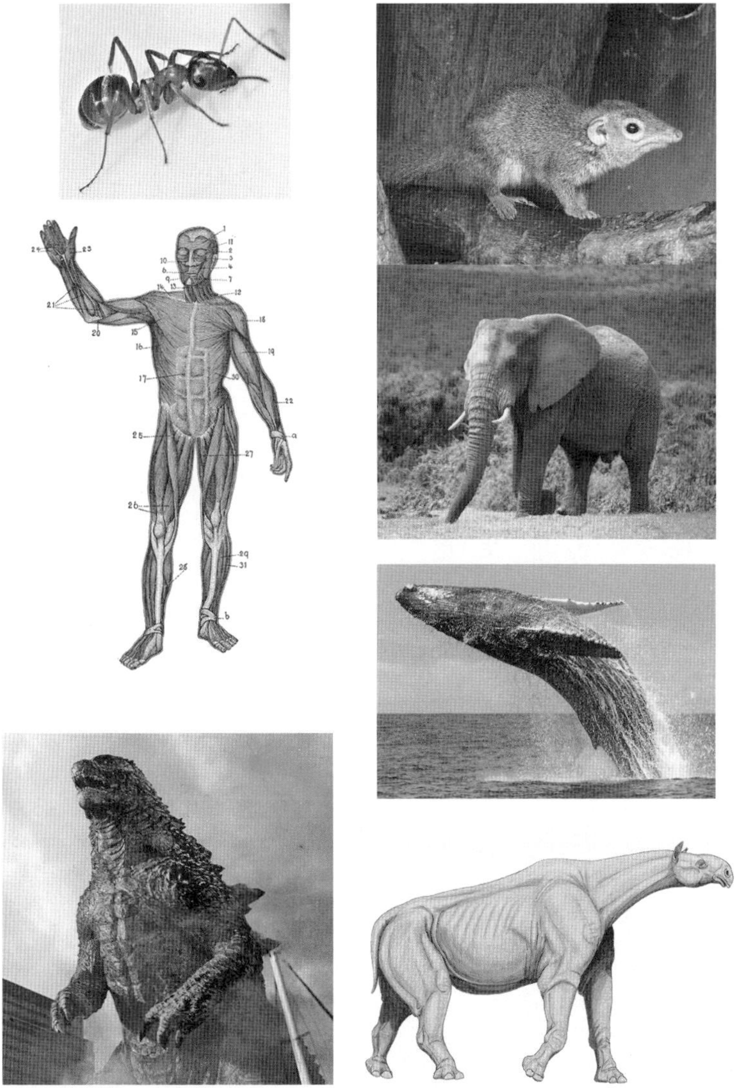

從 2 公克臭鼩（右上）到 20,000 公斤藍鯨的哺乳類。我們為什麼不能是 2 毫克的螞蟻，或 200 萬公斤的酷斯拉？下圖右的動物是 2,000 公斤的巨犀，是有史以來最大的陸地哺乳動物。

狀。一個相關的問題是，你可以把哺乳動物放到多大，或縮到多小，直到它不再是哺乳懂物？換句話說，是什麼因素決定哺乳動物的最大與最小尺寸？或許並沒有任何限制，如果是這種情形，你可能還是會問，為什麼沒有比只有幾公克重的臭鼩更小的哺乳動物；或比一億公克重的藍鯨更大的哺乳動物？

答案就在網絡的微妙之處，以及網絡與生理限制的交互作用，本著伽利略原始論點的精神，結構的最大尺寸，本來就有其限制。不像大多數的生物網絡，哺乳動物的循環系統不是單一的自相似性碎形，而是兩種不同碎形的混合體，以反映出血液從主動脈流到微血管時，流體從跳動式的ＡＣ轉換到非跳動的ＤＣ方式。大部分的血液存在於網絡上部較大的血管中，這部分主要是ＡＣ方式，因此導出代謝率的$\frac{3}{4}$冪次縮放法則。

雖然分支從一個模式到另一個模式不斷改變，改變的區域相對狹窄，而且它的所在位置（測量方式是從微血管往上的分支次數）也與身體的大小無關，因此所有的哺乳動物都一樣。換句話說，所有的哺乳動物中，主要是穩定非跳動ＤＣ方式的分支階層，大致都相同，大約有十五層。哺乳動物體型變大的區分方式是，跳動式ＡＣ階層的數量增加。例如，我們大概有七到八層，鯨魚有大約十六到十七層，而臭鼩只有一或二層。由於血管中的阻抗匹配作用，把血液打進它們所需的能量相對很少，所以，這種血管越多越好。幾乎你所有的心輸出量，都是把血液打入非跳動區域、尺寸小很多的血管，而這部分的階層數量，所有的哺乳動物大致相同。因此相對來說，心臟花費大部分能量的網絡比例，會隨著哺乳動物的體型變大，而有系統地減少，這又再一次說明，越大的哺乳動物比越小的哺乳動物更有效率：鯨魚只需要臭鼩把血液供給細胞所需能量的百分之一。

現在想像不斷縮小動物的尺寸。而在縮小尺寸的同時，血管大到足以支撐跳動波的面積保留分支數量，會持續縮小到一個臨界點，然後只能以非跳動的DC流支撐網絡。到這階段，甚至主要的動脈也變得很小、很窄，無法再支撐跳動波。在這些血管中，由於血液的黏性，波動會變成過阻尼（overdamped）[4]現象，以至於無法再傳送，而血流就會變成完全穩定的DC，就像你家房子水管裡的水流：由心臟跳動產生的跳動波，在進入主動脈時立刻減弱。

這真的很奇怪，這樣的動物就會有一顆跳動的心臟，卻沒有脈搏！這不只是奇怪而已，更重要的是，這是極沒有效率的設計，因為它完全失去阻抗匹配的好處，而且會導致大量的能量耗散在整個循環系統的**所有**血管中。這種喪失性能效率的現象，也反映在代謝率的改變方式。這部分的循環系統不是遵循著典型的次線性$\frac{3}{4}$冪次縮放法則，而是線性法則，也就是與身體質量成正比，因此也失去了規模經濟的優點。在完全穩定的DC情況中，不管大小如何，支撐一公克組織需要的力量就會一樣，而不是遵循著$\frac{1}{4}$冪次縮放法則，有系統地隨著身體變大而減少。因此，體型變大也不會有演化優勢。

這個論點顯示，哺乳動物要夠大，讓循環系統至少可以支撐跳動波通過第一次分支階層，才能演化出這種優勢，因此，這也是為什麼有最小尺寸的根本理由。⑤這個理論可以得出臨界點何時出現的公式。它的實際值取決於一般數值，例如血液的密度與黏度，以及動脈壁的彈性。計算下來就能導出，最小哺乳動物的尺寸近似值只有兩公克，這就相當於伊特拉斯肯臭鼩（Etruscan shrew），這是已知最小的哺乳動物。大約只有四公分長，很容易就可以坐在你的掌心上。牠小小的心臟一分鐘跳動超過一千下，一秒大約二十下，而**牠卻是以和你一樣的壓力與速度抽送血液**，甚至更驚人的是，藍鯨也是一樣。而且所有的血流都會流經牠非常微小的主動脈，只有兩毫米長，而且只有驚人的五分之一毫米寬，不比一根頭髮的寬度寬多少。這也難怪我之前就提過的，這種可憐的生物沒能活很久。

為什麼沒有酷斯拉大小的超大哺乳類？

這是伽利略提出的令人好奇的一個重大問題，當然他並沒有提到酷斯拉的恐怖。第二章提到，他的主張用了一個令人困惑的簡單例子指出，動物的重量增加的速度，比支撐牠身體的四肢更快，所以如果設計、形狀與物質維持不變，當牠的體型變大時，會被自己的體重壓垮。這的說法優雅地解釋了動物、植物與建築物，所有結構都有尺寸的限制，並提供了思考成長的限制與永續的範本。

然而，要確實根據這個論點做出動物最大尺寸的量化估計，就不只是考慮伽利略看見的靜態狀況，還必須對牠們的生物力學做詳細的分析。最大的機械應力（mechanical stress）發生在移動的時候，尤其是跑步，而這是很多動物生存的基本功能。曾經存在過的最大陸地哺乳動物是巨犀，是現代犀牛的前身，身長將近十公尺，重達二十公噸（二萬公斤），圖見二〇三頁。但最大的陸地動物可能是最大型的恐龍，身長可以超過二十五公尺，重量超過五十公噸。目前還有更大體型恐龍的證據，但只有骨骼碎片，對於牠們的生理設計與解剖，還需要大量的推論。甚至有人猜測，有些恐龍因為體型太大，必須是半水生，以便支撐牠們龐大的重量，但還沒有實質的證據支持這一點。不管正不正確，這倒是對這個猜測提供了一個延續的思考點，為了延伸尺寸的界限，動物必須解除重力的負擔，回到海中。

伽利略的論點不必對抗重力，因此變得沒有實質效力，所以，曾經存在過的最大型動物，直到現代人類出場，至今依然活著，並在這個星球的遼闊海洋中族群興旺，也不令人意外。其中最大的就屬宏偉的藍鯨，這種哺乳動物身長可達三十公尺，體重將近二百公噸，比惡名昭彰的暴龍雷克斯還重二十倍。可以想像還有更大的哺乳動物尚未演化出來嗎？這樣說吧，就像陸地動物一樣，海洋動物當然也會有生物力學與生態限制。鯨魚必須在長距離中游得夠快，才能得到支撐牠們龐大代謝率需求的大量食物，這相當於一天將近一百萬的卡路里，或大約是你吃的四百倍。從數學與物理學中算進這些限制，以決定水生動物的量化最大尺寸，比陸地動物更難，因此還沒有人提出可靠的估計數字。

然而，我現在即將指出，最大身體尺寸還有超越生態生物力學的另外限制，因為所有細胞都有氧氣充足的基本需求。因此，這就牽涉到網絡供應系統的幾何學與動力學。讓我描繪一個簡單的版本顯示，這如何導出最大身體尺寸的大略估計數字。

網絡理論的一個比較神祕的效果是，例如微血管等最終單元之間的平均距離，會以一個指數為$\frac{1}{12}$（＝0.0833…）的冪次法則，跟著身體質量而變化。這是一個非常不尋常的小指數，這代表跟著身體尺寸非常緩慢的變化，導致網絡會逐漸打開，並隨著尺寸增加而變得更加稀疏，就像觀察到的現象。例如，更大的樹的樹冠一般比小樹更展開，葉子之間的平均距離也跟著樹木大小非常緩慢地增加。同樣，雖然藍鯨的體重比臭鼩重了一百萬倍（10^8），微血管之間的平均距離大約只多了（10^8）$^{1/12}$＝4.6倍。

微血管要服務細胞，所以網絡展開意味著，當尺寸增加，在鄰近的微血管之間，需要服務的組織也越來越多。所以平均來說，每一條微血管必須有系統地服務更多細胞，這也是之前談過增加規模經濟的另一個表現。然而，網絡可以推到多遠，是有限制的。作為單位不變的微血管，帶給組織的氧氣就是只有這麼多。所以，如果需要由某一條微血管供應氧氣的細胞群變得太多，其中有些細胞一定會得不到氧氣，這種情形就稱為**缺氧**。

氧氣如何在微血管壁擴散並透過組織供應細胞的物理學，丹麥生理學家奧古斯特・克羅

（August Krogh）在一百多年前就率先解決了，他也因此得到諾貝爾獎。他認識到，氧氣可以擴散多遠，才不會讓太遠的細胞得不到充分的氧，有一定的限制。這個距離稱為最大克羅半徑（maximal Krogh radius），這是在微血管長度周圍一個想像的圓柱體半徑，就像是一個鞘，它可以容納所有可以支持的細胞（提醒一下：一條微血管的半徑大約〇．五毫米，長度大約是直徑的五倍多）。根據這些，就可以算出動物可以長多大，微血管分開的距離才不會太大，以至於發生嚴重的缺氧情形。這導出一個最大體重大約一百公斤的估計數字，大致相當於最大的藍鯨，這也暗示著，牠們代表哺乳動物家族譜系的終點。

在探討微血管與細胞之間界面的其他重要微妙意義之前，例如它們如何影響你的成長、老化與隨後的死亡，我想暫時回到酷斯拉的問題。我們之前已經討論得很清楚，如果酷斯拉像我們生物圈中的其他生物一樣，牠將會是一個傳奇角色。即使牠沒有以伽利略的說法因自己的體重倒下，牠也沒有辦法供應氧氣給大部分的細胞，所以也活不了。當然，就像超人，牠的身體可能以非常不一樣的物質組成，可以維持和牠的支撐力與活動力有關的強大壓力，而且這種物質還有一種性質，其內在網絡可以輸送足夠的營養給牠的細胞，因此牠可以表現得像電影演的一樣。

原則上，用我們討論過的想法，就可以計算出讓牠能像我們一樣運作時，牠身體組成物質的不同特性數值。例如，你可以估算出牠四肢的抗壓強度、「血液」的黏度、組織的彈性等等讓牠能活動的特性數值。但我無法完全確認，這樣的演算會有多大的用處，因為在一個複雜適應系統中，任何插入的參數或設計都可能會產生無法預期的後果，因此並不是非常有意義。在你相信這種想像中的野獸可能存在以前，你必須非常謹慎與透徹地思考，做出這些改變的無數互相關聯的詳細後果。在科幻片的主流中，經常會任意狂想另類設計與模擬情境，因此這是一個通常也可能必須被忽略的問題。雖然如此，這樣的狂想可以是非常完美的想像力練習，完全不受現實與科學限制的束縛，因此對於我們面臨的有些重大問題，也可以刺激出創新而狂野的思考方式。所以，我們不是不該幻想，而是在做出太多結論與呈現幻想時，不管那是什麼，還是應該要意識到科學的事實。

當我被新聞記者問到酷斯拉的種種特徵，例如牠多重、睡多久、走路速度多快等等問題時，我馬上用刻板的專業角色回應，我告訴他們，任何科學家都知道，酷斯拉不可能存在，然後戲就沒辦法唱下去了。不過，我不想成為讓派對掃興的書呆子，所以我說，我願意忽略科學基礎，就天真地遵循異速縮放法則，並假設酷斯拉只是另一種動物，來計算牠的不同生理與生命史特徵。雖然這根本不一致，但卻變成一個很有趣的練習。所以，以下就是有關酷斯拉的「真相」。

在牠最新的化身中，酷斯拉長三百五十英尺，換算成重量是二萬公噸，大約比最大的藍鯨重一百倍。為了支撐這麼大量的組織，酷斯拉一天必須吃二十五公噸的食物，相對的代謝率是一天大約二千萬卡路里，這是一萬人小鎮的食物需求量。牠的心臟大約一百公噸重，直徑大約五十英尺，必須把將近二百萬公升的血液打進牠的身體。然而，為了平衡，牠一分鐘的心跳必須只有二次多一點點，以維持和我們類似的血壓。注意，用這種方式，光是牠的心臟就相當於整隻藍鯨的大小。大量血液流過的主動脈，大約會是十英尺寬，夠大到讓我們可以輕鬆地在裡面遊走。酷斯拉可能會活到二千歲，必須一天睡不到一小時。相對來說，牠會有一個很小的大腦，小於牠的體重的〇・〇一%，大約是我們的二%。這並不表示牠很笨，這是牠執行所有神經與生理機能所需要的大小。至於可能比較不香的部分，牠一天可能必須排出二萬公升的尿液，相當於一座小型游泳池；解出三公噸的糞便，相當大的卡車運量。而牠的性生活，我就留給你自己去猜想了。

要估算牠的走路與跑步速度就更需要猜測了，因為這種動物的內在生理動力並不一致。不過，胡亂根據其他動物來推測所得出的估算是，牠的走路速度是一小時十五英里，所以如果牠有攻擊性，普通人恐怕很難掙脫牠的掌心。而這就讓我們看到了：牠的每一條腿的直徑可能是六十英尺寬，大腿更寬，可能將近一百英尺。換句話說，為了不倒下來以及能夠移動，牠的身體必須全部都是腿，所以牠的體型設計就不再可行了。就像前面強調的，要演化出這樣的龐然大物，就需要新的物質，也可能需要新的設計原理。

也許有人會猜想，自然選擇已經率先選擇人類，聰明設計出如此龐大的「有機體」，而開始踏上大型演化過程之路了。畢竟，在我們的星球上，現在有比「自然」同類龐大許多的「樹」、「鳥」和「鯨魚」，我們稱為摩天大樓、飛機與船，只是我們還沒演化出比恐龍更大、會移動的陸地「動物」。另一方面，我們也已經做出比任何「自然的」有機體，包括我們，算得更快、記得更多的「有機體」。所以很多人相信，我們正在打造半機器人，也就是機械化有機體，它們將會取代我們平凡人所能做的任何事情。雖然可以達成這麼大的成就，但目前為止它們只是他們的自然前輩的蒼白想像，而且大部分的人會質疑它們是否可以稱為「有機體」，即使它們和傳統的生命有些相同的特徵。

然而，有一種人類的發明物，已經經由這個類似自然選擇的過程產生出來了，那就是城市。城市很明顯具有有機的性質，而且和傳統有機體有很多相同之處。它們會代謝、會成長、會演化、會睡覺、會老化，它們會感染疾病，受到損壞，然後修復自己。另一方面，城市很少繁殖，也不會輕易滅亡。另外，它們的規模甚至比傳奇酷斯拉龐大很多。酷斯拉展開身體也不過幾百英尺，代謝率一天只有二千萬卡路里，或大約一百萬瓦特，但是紐約超過十五英里寬，代謝率超過一百億瓦特。從這個意義上來看，城市也許是所有演化中最驚人的「有機體」。第七章與第八章將試著了解城市的基本特徵，包括它們和「自然」演化的有機體的差異之處，以及其中的新物質與新原理。

成長

我們所有人都很熟悉成長。因為我們所有人都有個人的經驗，也認知到它是基本而無所不在的自然特徵，比較不熟悉的是把它想像成一種典型的縮放現象。之前提過，**異速**這個術語，我們一直用來描述**跨**物種有機特性的縮放現象，最初是由朱利安・赫胥黎發明，目的是為了描述，這種特徵在物種**內部**的成長期間會如何改變。生物學家則是用**個體發生**（ontogenesis）這個術語，來描述在成長期間從卵子受精開始，到出生，然後到成熟，發生在個體內部的現象。這個原文字的onto部分，是來自希臘文字的「存在物」（being），而genesis的意義是「起源」（origins），所以ontogenesis或ontogeny的含義是研

這個象徵的方程式表示能量預算的成長過程，其中代謝能量被配置在一般維護與新的成長上。

究我們如何來的想法。

沒有持續供應能量與資源，就不可能成長。你要吃，然後代謝，接著透過網絡傳送代謝能量給細胞，有些能量被配置到修復與維護還活著的細胞，有些是取代死掉的細胞，有些則要形成新的細胞，以增加到你的整體生物質量。這些事件的順序就是所有成長的範本，不管是一個有機體、一座城市、一家公司或甚至一個經濟體，並如前圖所示。粗略地說，進來的能量與資源會被分配到一般的維護與修復，以及形成新的實體，不管是細胞、人或基礎設施。這不外就是一種能量不滅的主張：不管進去多少，都必須交代它如何被分配到不同類別的作用。還有其他次分類的活動，例如繁殖、運動與產生廢物，這些顯然可以合併或歸類到這兩大類別的其中一個，或者更恰當的是，可以分別處理。

有關我們的成長模式的一個令人好奇之處，或許在你人生中的不同時期也曾讓你感到興趣的是，為什麼我們即使繼續吃，而且在整個人生中一直代謝，我們最後卻**停止**成長了。為什麼我們還是像有些有機體一樣增加更多組織，但到達一個相對穩定的大小後，就不再繼續長大？當然，有些原因可能比較不那麼戲劇化，由於年齡、飲食與生活方式改變，以及很多人對增加體重或多幾公克肉很斤斤計較，所以體型大小與形狀的變化更是小很多。但對於從出生開始到成年結束的**個體成長**（ontogenetic growth）基本問題，這些都是次要的。雖然我要討論的架構，原則上也可以把這些納進來討論，但我在這裡不會考慮這些次要而且小很多的變化。

更精確一點說，我要聚焦在個體成長，並說明網絡理論如何自然導出有機體的重量如何隨著年齡變化的量化推論，並且特別要說明，我們為什麼會停止成長。⑥所有的哺乳動物以及很多其他動物，都和我們有相同的成長軌跡，生物學家把它稱為**有限成長**（determinate growth），以便和**無限成長**（indeterminate growth）做區別，後者一般可以在魚、植物和樹木身上觀察得到，成長沒有止境，直到死亡。由於我要談的理論是基於一般原理，因此提供可以說明兩種成長的統一架構。接下來我將主要集中在有限成長，其他就無需多說，大家只要知道，數據與分析都支持，無限成長的生物在到達一個穩定大小前就死了，這就夠了。

由於代謝能量供應會分配給維護活的細胞與形成新的細胞，因此，用來形成新組織的能量速率，就是代謝率與維持活細胞的能量速率的差額。維持活細胞的能量速率與活細胞數量成正比，因此會隨著有機體的質量線性增加，但是代謝率是以次線性的$\frac{3}{4}$冪次指數增加。這兩種隨著尺寸變大而呈現不同的改變方式，在成長上有很大的作用。為了讓你確實了解其中的意義，這裡有一個簡單的例子可以說明。假設有機體的尺寸增加一倍，那麼細胞數量也會增加一倍，維護這些細胞所需的能量就會以二的倍數增加。但是，代謝率（能量供應）的增加倍數只有 $2^{3/4} = 1.682...$，也就是小於二。由於維護細胞的能量增加的速率，比代謝能量能提供的速率更快，成長可以取得的能量因此會有系統地減少，直到降為零，導致最後停止成長。換句話說，停止成長是因為，隨著尺寸變大，維護與供應能量增加的幅度不一樣。

容我再進一步解構，讓你更了解其中的機制作用。請記得，代謝率以次線性$\frac{3}{4}$冪次指數縮放的理由，是基於網絡的支配力量。另外，由於經過網絡的全部流量最後會流經微血管，而且因為它們在個體成長期間以及跨物種之間，都具有不變性（老鼠與大象以及牠們的嬰兒與孩子，還有我們，微血管大致相同），因此數量也會隨著相同的$\frac{3}{4}$冪次指數縮放。所以當有機體成長、體型變大時，每一條微血管就要遵循$\frac{1}{4}$冪次縮放原則，有系統地服務更多細胞。而且，正是因為微血管與細胞之間的關鍵界面不一致，而影響了成長，並導致最後停止成長，也就是說，供應單位數量的增加（微血管）跟不上顧客數量增加（細胞）的需求。

所有這一切都可以在數學公式中表達，還可以被解成一個預測尺寸如何跟著年齡變化的緊緻公式（按：指封閉且範圍有限）。這可以量化解釋，為什麼我們出生時一開始的成長很快，然後變慢，最後停下來。這個成長公式的一個很重要的性質是，它根據的不只是超越物種、非常少數的「普遍」參數，例如平均細胞的質量、形成一個細胞需要多少能量，還包括代謝的整體規模。這決定了所有動物的成長曲線。圖十五至十八顯示，在很大範圍的動物中（兩隻哺乳動物、一隻鳥、一條魚），相同參數的相同公式導出的成長曲線預測和數據非常一致。

成長的普遍性可以用第二章介紹過的**無維度**數值優雅地呈現出來。提醒一下，這是尺度不變的變數組合，不受測量單位的影響。一個普通的例子是兩個質量的比值，不管是用磅或公斤測量，值都相同。我要強調的是，**所有**的科學定律都是表達這類數值的關係。因此與其像圖十

圖 15

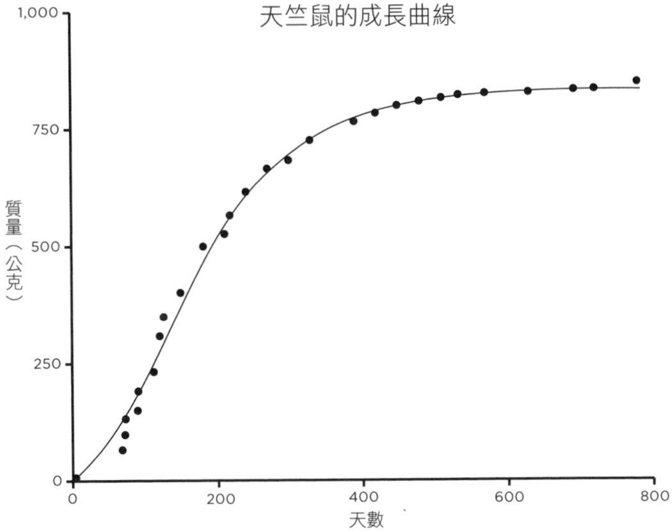
天竺鼠的成長曲線
1,000
750
500
250
0
質量（公克）
0
200
400
600
800
天數

圖 16

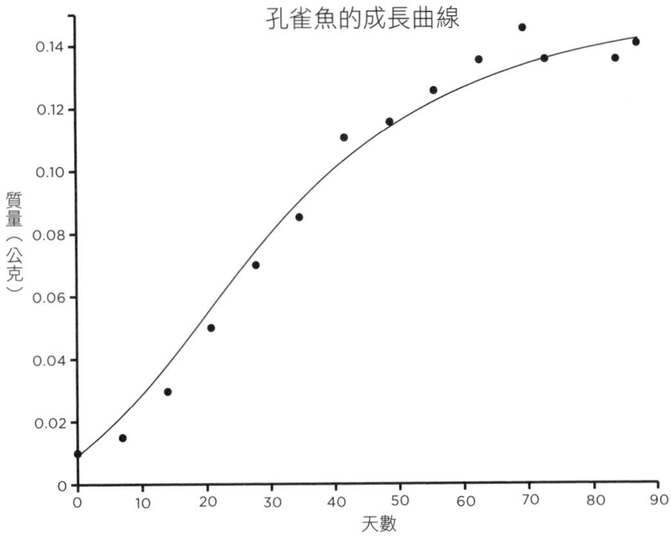
孔雀魚的成長曲線
0.14
0.12
0.10
0.08
0.06
0.04
0.02
0
質量（公克）
0
10
20
30
40
50
60
70
80
90
天數

圖 17

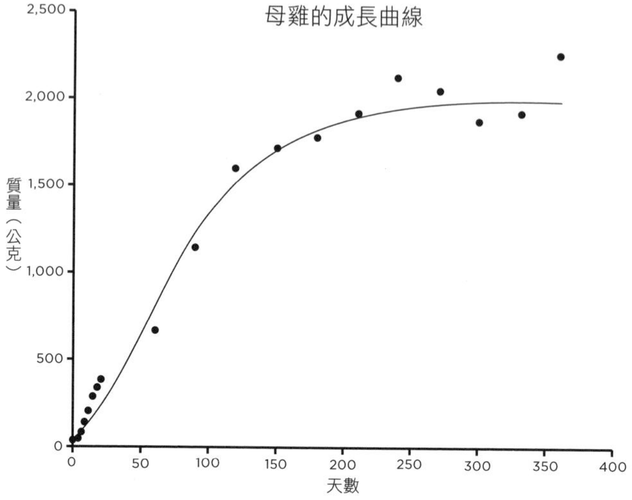

圖 18

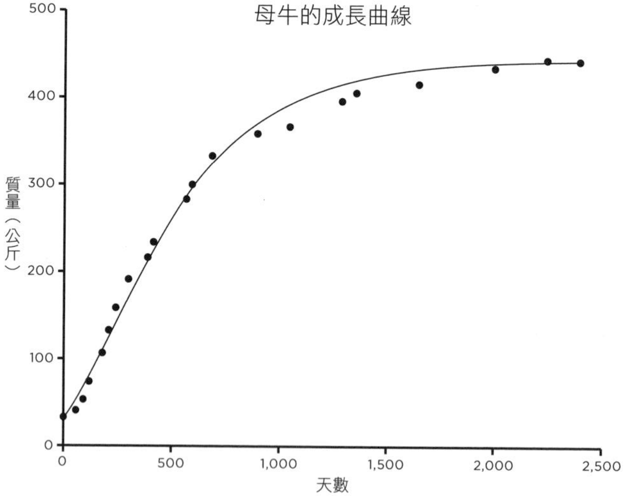

動物抽樣的成長曲線顯示，質量如何隨著年紀增加，最後在成年時停止。實線是根據內文說明的理論所做的預測值。

圖 19

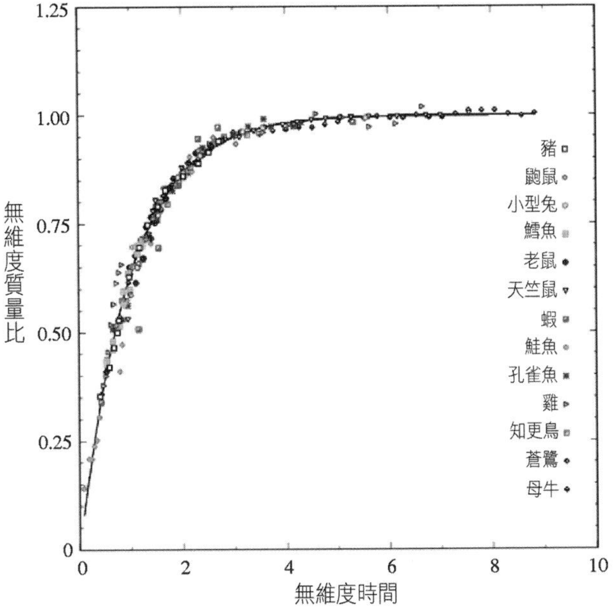
1.25
1.00
0.75
0.50
0.25
0
無維度質量比
0
2
4
6
8
10
無維度時間
豬
鼩鼠
小型兔
鱈魚
老鼠
天竺鼠
蝦
鮭魚
孔雀魚
雞
知更鳥
蒼鷺
母牛

圖 20

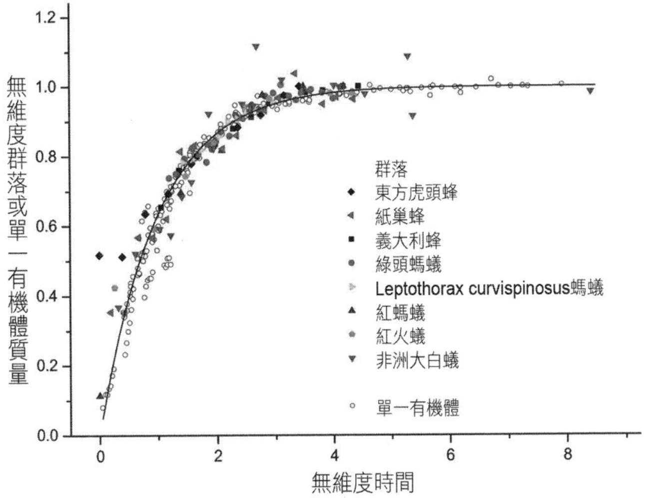
1.2
1.0
0.8
0.6
0.4
0.2
0.0
無維度群落或單一有機體質量
0
2
4
6
8
無維度時間
群落
東方虎頭蜂
紙巢蜂
義大利蜂
綠頭螞蟻
Leptothorax curvispinosus螞蟻
紅螞蟻
紅火蟻
非洲大白蟻
單一有機體

圖 21

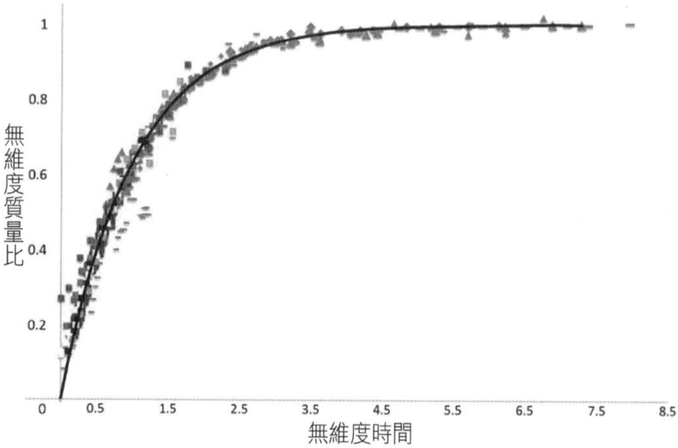

圖 22

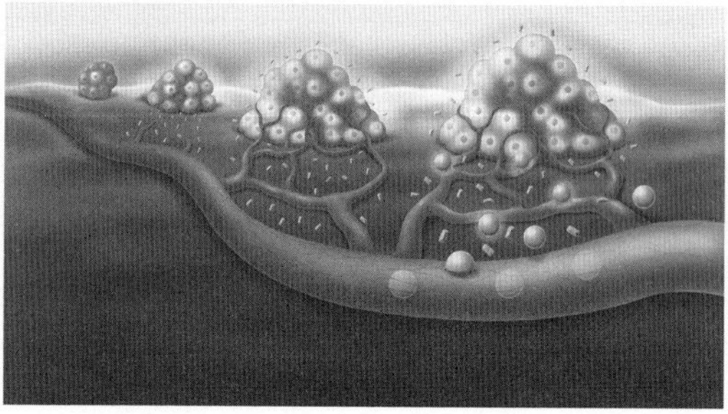

圖表顯示，適當調整後，所有的有機體都以相同的速度和相同方式成長。
實線以及軸上的刻度，是理論的預測值，在三個圖表中都是一致的。
（圖 19）鳥、魚，和哺乳動物的抽樣。（圖 20）昆蟲和社會昆蟲群落的抽樣。（圖 21）與（圖 19）中的數據相同，但包括腫瘤樣本。（圖 22）示意圖，顯示腫瘤網絡如何從宿主網絡取得食物。

五至十八，簡單畫出質量與年齡的關係，其中的數值與單位有關（在這例子中就是公斤和天數），不如以無維度的質量變數，相對於大概定義的無維度時間變數繪圖，就會產生一條尺度不變的曲線，而且所有的動物都一樣。定義這些無維度數值的實際數學變數組合，則由這個理論定義，而且可以在原始的論文中找到。

因此，**在這些無維度數值的組合下，所有動物的成長曲線都會變成一條普遍曲線**。從這個角度來看，所有的動物都遵循相同的成長軌跡，就像圖十九至二十一所示。這個理論告訴我們，可以如何調整動物的時間與空間維度，這樣牠們就能以相同速率與相同方式成長。各種哺乳動物、鳥、魚與甲殼類動物，身體設計與壽命長度差異很大，但牠們的成長曲線都會變成一條單一曲線，而其中的數學形式就如理論所預測。如同你所見，這有完美的數據支持，而圖形也顯示，所有動物個體成長所隱藏的共同性與一致性基礎。而且理論也告訴我們為什麼會如此：成長主要受到能量如何被送到細胞決定，而這會受到超越個別生理設計的普遍網絡特性約束。在很多其他可以用這個理論衍生的成長面向中，它也可以預測，維護與成長的代謝能量分配，如何隨著年齡改變。在出生時，所有的能量全部被用在成長，相對很少的能量被用在維護，但在成年之後，所有的能量是用在維護、修復與替換。

這個理論也被延伸應用到了解腫瘤、植物、昆蟲，以及森林⑦與社會昆蟲群落⑧，例如螞蟻與蜜蜂的成長。後面的這個應用預告了，我們可以如何開始思考人類組織的成長，例如城市與公司，這是我在第八章與第九章會再回頭談的主題。這些非常不同的系統，每一個都代表成長公式一般主題結構的變化。例如，腫瘤寄生在宿主身上，並利用從宿主分到的代謝能量成長，所以它們的血管與代謝率，根據的不只是自己的大小，還有宿主的大小。[9]理解了這一點，就能深入了解，從對老鼠的觀察轉移到人類身上時，應如何放大腫瘤的基本特性以及潛在的治療方法。[10]另外，樹木呈現的問題是，在它們成長時，越來越多的實體結構會變成死木，這部分雖然沒有用到代謝能量預算，但對它們的力學穩定性非常重要。[11]圖十九至二十一顯示，在不同程度上，所有的這一切如何與普遍的成長公式一致。

這些例子和理論的整體一致性，令人極為滿意。但更重要的是，我發現，生命非比尋常的一致性與互相連結性，已經透過巴魯赫·史賓諾沙（Baruch Spinoza）闡述的泛神論，從精神提升的角度顯現出來。就像愛因斯坦所言[12]，「我們這些史賓諾沙的追隨者，在美妙的秩序與所有存在的合法性中，以及祂在人與動物身上顯現自我的靈魂中，看見我們的神。」無論一個人的宗教信仰是什麼，總有某些非常強大而令人放心的力量存在著，因為你認知到，即使是我們周圍神祕的混亂世界中隨意的一小片，都符合某些規律與原理，並超越異常複雜且看似無意義的現象。

就如我之前提過，像成長理論這樣的分析模型，已經刻意過度簡化更複雜的現實。它們的效用取決於掌握某些自然運作基礎本質的程度、假設合理的程度、邏輯健全的程度，以及簡單性、解釋能力、內部一致性，以及與觀察一致的程度。由於理論是刻意簡化，所以對真實有機體的測量，一定會在不同程度上偏離模型的預測。就像圖十九所顯示，這個論點相當有力，只有相當少的主要異常值，大幅偏離理想的成長曲線。我們靈長類就是其中一個。例如，基於我們的身體重量，我們花了比「應該」更長的時間才成年。這是因為，我們從單純的生物性動物，快速演化變成複雜的社經生物。我們現在的有效代謝率，是我們還是單純「生物性」動物時的一百倍，而這對我們最近的生命史有很重大的影響。我們花更長的時間成熟，下一代生得更少，而且活得更久，這都與因為社經活動產生的更大代謝率，性質一致。我在討論這些觀念如何應用到城市時，會再回頭討論歷史中這個引人入勝的發展。

這部分的關鍵重點是，**次線性縮放與來自最佳網絡表現有關的規模經濟，導致有限成長以及有系統地減慢生活的步調**。這就是主導生物的動力學。這如何轉變成開放式成長與加快生活的步調，以及這和我們的「社會」代謝率大幅強化有何關係，將是第八章與第九章的焦點。

全球暖化、溫度的指數成長與生態代謝理論

因為我們是溫血動物，我們的身體溫度大致保持一致，因此我們很容易忘記，溫度對所有的生命都有很重大的作用，我們只是少數的例外。也許只有在發生全球暖化的現在，我們才開

始理解，自然世界與環境對溫度的小小變化是多麼敏感，以及這將引起的威脅。令人震驚的是，即使是科學家，有多麼少的人理解到，自然世界對溫度的敏感度是呈**指數**關係。這是因為，所有的化學反應速率都和溫度有指數關係。在前一章，我說明了代謝的意義，就是在細胞中產生ATP分子。因此代謝率隨著溫度以指數改變，而不是跟著質量以冪次法則改變。由於代謝率，也就是供應能量給細胞的速率，是所有生物速率與時間的基礎動力，因此**生命的所有重要功能，從孕育、成長到死亡，都與溫度有指數關係**。

由於幾乎所有的動物普遍都會產生ATP，這種指數關係也很普遍，就像質量的$\frac{1}{4}$冪次縮放關係。而它的整個尺度只有一個「普遍」參數：透過我在前一章提到的氧化化學過程，產生一個ATP分子所需的平均活化能（activation energy）。⑬這大約是0.65eV（電子伏，第二章提過），這是典型的化學反應，也代表很多次過程的平均值。這導出一個非常吸引人的結論：在跨越整個生命範圍中，所有的生物速率與時間，例如與成長、胚胎發育、長壽與演化過程有關的事，都由一個共同的普遍縮放法則決定，而且就表現在兩個參數上，數字$\frac{1}{4}$：這來自控制質量關係的網絡限制；以及0.65eV：來自產生ATP的化學反應動力。用稍微不一樣的說法就是：用這兩個數字調整有機體的大小與溫度時，所有的有機體會以相同的通用時鐘發展出相近的狀況，都有類似的代謝、成長與演化率。

二〇〇四年，吉姆・布朗和三個博士後研究員馮・薩瓦赫（Van Savage）、傑米・葛魯利

（Jamie Gillooly）、德魯・亞倫（Drew Allen）與我，在《生物學》（*Ecology*）期刊中發表了一篇〈邁向生物代謝理論〉（Toward a Metabolic Theory of Ecology），把這個呈現質量與溫度關係的簡單公式，寫成簡潔的摘要。吉姆理所當然因為「對生物學的貢獻厥功甚偉」，榮獲美國生態學會的最高榮譽羅伯特麥克阿瑟獎（Robert H. MacArthur Award）。在年會的受獎演說上，他選擇談到我們的縮放研究，以及這形成了我們共同發表論文的基礎。雖然只是摘要了一小部分的縮放研究，但**生物代謝理論**（metabolic theory of ecology, MTE）這個專有名詞開始有了自己的生命。

除了我已經探討過的純粹異速$\frac{1}{4}$冪次質量關係，代謝理論也經過很多樣化的有機體測試，包括植物、細菌、魚類、爬蟲類與兩棲動物。例如圖二十三，呈現的是鳥類與水生變溫動物（魚、兩棲動物、浮游動物和水生昆蟲）的蛋與卵的胚胎發育時間，相對於溫度以半對數尺度描繪而成，最後指數變成一條直線。由於這些時間與溫度和質量有關，為了呈現單純的溫度關係，已經根據$\frac{1}{4}$冪次縮放法則調整質量數據，以移除質量的依賴關係。然後我們可以很清楚看見，這樣做之後，這些數據與直線的預測非常吻合，這也證實了溫度的指數關係預測。圖二十四顯示，以**反絕對**（inverse absolute）溫度為函數，一系列無脊椎動物調整質量後的壽命長度。這些數據以有點拜占庭風格的方式畫出來，是有技術上的理由的，因為嚴格來說，基礎的化學反應理論告訴我們，反應速率實際上是隨著絕對溫度（有時候也稱為凱氏溫度[14]，其零度相當於攝氏零下二百七十三度）的**倒數**而改變。事實證明，結果大致吻合。以一般的攝氏單位表達時，

圖 23

胚胎發育時間與溫度的關係

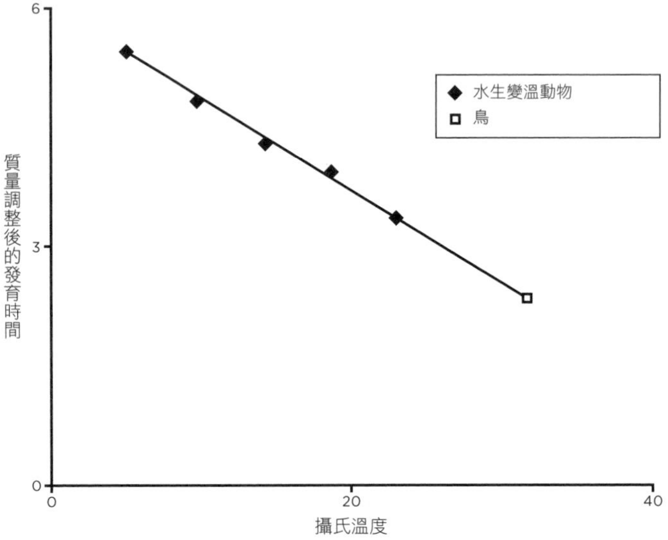

圖 24

壽命長度與溫度的關係

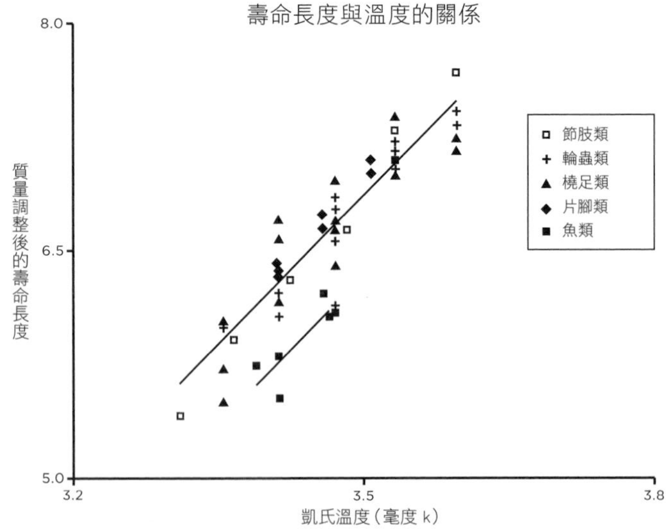

只要變數的範圍相對小，就像圖二十三的例子，溫度的指數關係預測就是正確的。

我想特別強調的是，這有多麼值得注意。在有機體的一生中，生與死這兩件最重要的事件，通常被認為是獨立事件，但其實彼此關係密切：因為這兩張圖的斜率，實際上受到相同參數影響，也就是0.65 eV，這代表產生一個ATP分子所需的平均能量。接下來，當我討論基於網絡動力學、更基礎的老化理論，如何解釋溫度依賴關係機制的由來時，我會更進一步探討這一點。

在這裡最重要的訊息是，看起來非常不同的生命史事件，一如預測，會隨著溫度與質量改變，一樣重要的是，控制其相對指數的參數也是一樣。**因此，在很大的程度上，出生、成長與死亡，都是由代謝率驅動的相同潛在動力所主導，並概括於網絡結構的動力中**。

產生ATP的指數關係，也就是由0.65 eV活化能決定的指數關係，可以用一個簡單的方式表達，溫度每上升攝氏十度，生產速率就增加一倍。因此，只有攝氏十度，相對小的加溫，就會導致代謝率增加一倍，生活速率（rate of living）也會因此增加一倍。順便一提，這也是在清晨還有點微涼的

（圖 23）鳥蛋和水生變溫動物胚胎發育時間的指數縮放（根據攝氏溫度）表現，會根據 $\frac{1}{4}$ 冪次縮放法則改變（見內文）。「質量調整」後的時間以對數尺度繪製在縱軸上，溫度則以線性尺度繪製在橫軸上。在這種半對數的圖上，指數顯示為直線，和觀察一致。（圖 24）類似的「質量調整」後的圖，顯示各種無脊椎動物壽命長度與溫度的相關指數。請注意，由於內文中說明的技術原因，數據是以**凱氏**溫度（毫度 k）的倒數來繪製，因此向右移動時，溫度實際上是**降低**的。

時候，你看不到太多昆蟲的原因，因為牠們必須等待，直到溫度上升以增加牠們的代謝，才能開始活動。

更貼切一點地說，周圍環境溫度稍微變化個兩度，就會造成成長率與死亡率二〇%到三〇%的改變。⑮這就是我們所面臨的大問題。如果全球暖化導致溫度升高兩度，這也是目前的步調，那麼幾乎所有尺寸的生物，會大幅增加二〇%到三〇%。這是非常重大的事件，也可能會破壞生態系統。這就類似布魯內爾想建造他的超級大船大東方號時跳太大步一樣，最後只能以災難收場，主要是因為當時的造船科學還不夠進步。相較於非常複雜的生態系統與社會，船隻極為簡單。如果沒有了解整體大局的一個完整而系統性的科學架構，讓我們能夠自信地預測如此龐大的氣候變遷的詳細後果，特別是它對農業生產的影響，更不要說對整個星球生態的影響，我們的處境就和布魯內爾非常類似。而發展出一個生態代謝理論，只是踏上這個方向的一小步。

最後一點：反應理論的基礎物理與化學，已經被人發現了一段很長的時間，一九〇三年榮獲諾貝爾化學獎的瑞典物理化學家斯凡特・奧古斯特・阿瑞尼斯（Svante August Arrhenius），一直在研究這個問題。他以傑出的表現成為第一位獲得諾貝爾獎的瑞典人。阿瑞尼斯是一位興趣非常廣泛的人，他的很多新奇點子與貢獻，對科學有很大的影響力。

他率先認真提出，地球上的生命可能源自其他星球傳送的孢子，這是猜測性質很大但意外有很多追隨者的理論，現在的名稱是**宇宙撒種說**（panspermia）。[16]更重要的是，他也是第一個思考到，大氣中的二氧化碳濃度會如何藉著溫室效應影響地球表面溫度的科學家，他也預測，燃燒化石燃料已經大到足以導致嚴重的全球暖化。最值得注意的是，他在一九〇〇年前就提出這些預測了，這一點也令人非常沮喪。因為這顯示，我們早在一百多年前已經在科學上了解到，燃燒化石燃料的某些不良後果，但我們卻什麼事都沒做。

老化與死亡

一、在狼的時間中夜思

> 古羅馬人傳說，狼的時間是指夜晚與黎明之間，也就是在天亮之前的這段時間。人們相信，這是惡魔的力量與活力最強的時間，也是大多數人死亡與出生的時間，還是噩夢成真的時間。[17]

就像成長是生命不可分割的一部分，老化與死亡也是一樣。在演化過程中，一切事物都會死亡，具有很重大的作用，因為只有這樣，才能讓新的適應表現、設計與創新，得以出現並欣

欣向榮。從這個角度來看，不管是有機體或公司，即使它們自己可能不是那麼開心，但每個個體都要一死，不只是一件「好」事，也是一件關鍵大事。

一切都是意識的詛咒。我們都知道，我們終將一死。但其他有機體都沒有像我們這樣沉重的意識負擔，知道一輩子是有限的，知道個體的生存最後都將難逃一死。不管是細菌、螞蟻、杜鵑花或鮭魚，沒有生物「在意」或甚至「知道」死亡；他們活著，然後死掉，藉著將基因傳給下一代，玩著沒有止境的適者生存遊戲，不斷地奮鬥求生。我們也是一樣。但在過去幾千年來，我們有了意識，而且意識到演化的過程，並把死亡、關心、理性、靈魂（soul）、精神（spirit）與神的觀念帶進這個宇宙，開始了思考演化意義的非凡冒險。

我在十六歲的時候，有過一次小小的頓悟。幾個學校的朋友說動我，和他們一起去倫敦西區一家小型藝術電影院，看一部很受知識分子吹捧的影片。這是柏格曼（Ingmar Bergman）的傑出之作《第七封印》（*The Seventh Seal*），頗有莎士比亞作品的壯麗與深度。故事是說一個中世紀的騎士布拉克從十字軍東征後，在回到家鄉瑞典的路上，遇到要來取他性命的死神。布拉克想方設法要避免一死，或至少盡量拖延，所以他提議玩一局棋，如果他贏，就能免除一死。他當然還是輸了，因為他在無意中被死神欺騙，死神偽裝成接受懺悔的牧師，而讓他把靈魂現在死神面前。就是這個寓言故事，讓我開始深入探索有關生命的意義或無意義，以及它與死亡的關係等永恆的問題。才華洋溢的柏格曼巧妙描繪出困擾好幾個世紀的男男女女，在哲學與宗教對話中的真正核心問題。誰能忘記片中最後令人毛骨悚然的場景：在標誌性的黑色側面剪影中，穿著黑袍的死神引領著布拉克與他的勇氣，穿越遙遠的山坡，去面對他無法避免的命運？

對於一個純真、無意識的十六歲青少年，這是一個什麼樣的印象啊。我認為，這是對我第一次真正嚴肅的暗示，人生除了金錢、性愛與足球，還有更多事值得探索，並開啟我對形上學（metaphysics）[18]與哲學思維問題的長期興趣。我開始狼吞虎嚥地閱讀最常被談到的哲學家，從蘇格拉底、亞里斯多德、約伯（Job）到史賓諾沙、卡夫卡（Kafka）與沙特（Sartre），還有羅素（Russell）、懷海德（Whitehead）、維根斯坦（Wittgenstein）、艾爾（A. J. Ayer），甚至科林・威爾遜（Colin Wilson），雖然幾乎看不懂他們在寫什麼（特別是維根斯坦）。然而，我學到的一件事是，雖然這群不凡的人苦苦思索這些大問題好久一段時間，實際上並沒有找到答案，還產生更多問題。

這也說明了柏格曼大師之作的深刻，以至於在將近六十年後，這部影片還是給我一樣的強烈感受。現在對一個有點精疲力竭的七十五歲老人來說，因為他正步向晚年，感受也許更細膩而鮮明。在電影的關鍵一幕中，死神非常理性地問布拉克，並強調他要回答：「你從不停止提問嗎？」「我從沒停止問過。」我們也不應該停止提問。對於死亡的執著，加上對生命意義的不斷提問與追尋，滲透在人類的文化中，但也大部分具體而正式表現在人類已經發明的多樣化宗教機構與經驗上。科學通常把自己置身於東拉西扯的哲學之外。然而，很多科學家即使本身既不「虔誠」，也不特別「哲學」，在討論這些大問題時，已經把對了解與解開「自然法則」的探索，想知道事物如何運作，以及由什麼東西組成的熱情，視為一種替代的旅程。我知道我也是其中一員，在這條路上的某處，在科學或至少在物理學與數學中，找到某些精神寄託的版本，似乎是一種普遍的需求。我最後也認為，對於這些大問題中的某些問題，科學如果不是唯一，也是少數幾個可以提供可靠答案的一個架構。

很早以前，科學被稱為**自然哲學**，這意味著一種比我們今天更廣的意涵，也與哲學和宗教思想有更多的關聯。牛頓提出普遍自然法則從而開創科學新局的名著《基本原理》（*Princip-*

ia），（英文版）完整書名是《自然哲學的數學原理》（*The Mathematical Principles of Natural Philosophy*），並不是偶然。雖然牛頓仍然堅持異端觀點，拒絕接受很多古典的教義，例如靈魂不朽、惡魔與邪靈的存在，以及把基督敬拜為神，因為他認為這是偶像崇拜，但他把自己的作品視為天啟，也是他寫作的主要動力。他在評論《基本原理》時說：「我在寫有關系統的論述時，我關心的是，這個原理也許能幫助人相信有神性，而且，我最感歡欣的是，我發現它對這個目的真的有幫助。」

從自然哲學發展出來的現代科學方法，雖然很少引用牛頓這樣的反思，但在有關「宇宙」這些最令人煩惱、而且從遠古時代就已經困擾人類的基礎問題，例如宇宙如何演變、星星是什麼東西形成的、所有的動物與植物是從哪裡來、天空為什麼是藍色的、下一次的日食是什麼時候等等問題，在提供深刻而一致的答案時，已經證實了它非常有用。我們對周遭的物理宇宙了解得非常多，在很多例子中，也了解得非常詳盡，而且不必引用任何宗教特色的專門說法或強詞奪理的論點，就做到了這一切。然而，我們是誰，我們是什麼，身為被賦予意識以及反省與推理能力的人類，還有很多與真正本質有關，尚未被解答的深入問題。我們想繼續了解心靈與意識的本質、精神與自我、愛與恨，以及意義與目的。也許這一切最後可以從神經元的發射，以及大腦複雜的網絡動力中理解，但就像湯普森一百年前所說的，我並不認為如此。問題永遠都在，這也是人類處境的本質，而且就像布拉克，即使是有關最令人挫折與煩惱的死亡，我們也永遠不會停止提問。這一切全部交織在一起，我們面對著了解老化與死亡的挑戰與悖論，然後對於自己存在的有限性，慢慢接受了我們集體與個人的不安。

二、黎明，回到日光時間

說了這麼多之後，現在我想回到科學本身。我的意圖絕對不是想要對這個有點病態的主題，提出一個完整的概括論述（不管是從形上學或科學觀點來看），而是想找出它與前一章探討的縮放與網絡架構的關係。就像成長，我想顯示的是，為了理解老化與死亡的很多一般特徵，而發展出一個大格局的量化理論架構，以及如何應用這種觀點，針對生物學與生物醫學的一個基本問題提出新的見解，死亡如何成為另一個重要的例子。另外，也是基於一個信念：只有更廣泛了解死亡機制的由來、它與生命的密切關係，以及它與宇宙其他重大現象如何運作的相互作用關係，我們才能慢慢接受不斷困擾我們的形上學問題。

不像很多主要是正面形象的生命史事件，例如出生、成長與成熟，我們大部分的人都不想面對老化與死亡。就像伍迪．艾倫（Woody Allen）簡單扼要的說法：「我不怕死，我只是不想在死亡來臨的那一刻，出現在那裡。」更輕鬆一點的，就是像動物或植物的無意識，而且「在死亡來臨的那一刻，出現在那裡」。我們花大量的金錢，想延長我們的生命，並盡量拖延死亡的到來，即使我們早就已經變得非常虛弱，甚至已經失去意識，再也不是自己了。光是在美國，我們一年花超過五百億美元在各式各樣的抗老產品、方案與藥物，包括維他命、草藥、營養補充品，到食品、荷爾蒙、乳液與運動輔助器材。大部分的醫療專家，包括美國醫學協會（American Medical Association）都同意，即使有，也很少有充分證據，可以延緩或反轉老化的過程。我應該盡快補充一點，我自己也很難避免這類作法，因此很老實地吃我的維他命、營養品，偶爾還有其他混合物，但我絕對不要做太多運動。

不談成本，我們已經太執迷於延長我們的壽命，但把重點放在維持與延長**健康時間**，可能更有意義，也就是說，以適度健康的身體和合理健康的心理，過一種更完整的生活，然後當這些生理系統明顯不再能完全運作時，就慢慢死掉。如何處理這些事情，以及如何面對死亡，完全是個人的決定，並沒有簡單的答案，所以我也不會對個人選擇做評判。但個人選擇集合起來，就會成為社會必須解決的問題，因此，對老化與死亡過程，以及它們與健康人生的關係，有更深入的理解，應該能在我們如何處理老化與死亡時發揮作用。

和這密切相關的是，神話中不斷尋找的不死仙丹，或不死靈藥，喝了的人就不會死。它出現在很多古老的文化中，通常與中世紀的鍊金術士有關。它也在很多神話中出現過，最近的版本就是暢銷的哈利波特故事中的哲學家之石（Philosopher's Stone，按：中文譯為魔法石）。

而它的現代化身，也已經藉由幾個專注於延長壽命、資金充裕的研究計畫，進入了科學界。其中有些研究頗為誇張可笑，但在最近幾年，幾位非常認真的科學家也參與了現代生命聖杯的追尋。很明顯的事實是，這些研究專案絕大部分都來自私人資金，而不是傳統的聯邦政府資助機構，例如國家科學基金會（National Science Foundation）與國家老化研究所（National Institute on Aging，是國家衛生研究院〔National Institutes of Health〕的一個部門）。其中有些最有名的計畫，是由矽谷的有錢大亨資助，也就不令人意外了。畢竟他們已經改革了社會，因此想要他們自己與他們超級成功的公司能永垂不朽，並願意把錢花在研究這件事上，並不是不合理的事。其中更令人注目的人是甲骨文（Oracle）的創辦者賴瑞．艾利森（Larry Ellison），他的基金會已經投入數億美元研究老化；PayPal的共同創辦人彼得．提爾（Peter Thiel），已經投入數百萬美元在目標為解決老化問題的生技公司；以及谷歌的共同創辦人賴瑞．佩吉（Larry Page），他創立Calico（the California Life Company，加州生命公司），聚焦於老化研究與延長壽命。然後是醫療保健業的大人物尹志峻（Joon Yun，音譯），雖然他不是在典型的高科技業賺到大錢，但他以矽谷為基地，透過他的基金會帕羅奧圖研究院（Palo Alto Institute），成為一百萬美元「致力終結老化」的長壽獎（Longevity Prize）贊助人。

雖然我仍然很懷疑，這些研究會達成什麼重大的成果，但不論動機如何，這是值得努力的嘗試，也是美國慈善事業在運作的一個絕佳例子。而且其中有些無庸置疑是一流的研究計畫，即使沒有達到宣稱的目標，沒發現讓生命不朽的靈藥，或未能大幅延長壽命，也將提供某些非常好而重要的科學研究。無論如何，我希望我是錯的，也許其中某個嘗試會大獲成功，然後壽命可以確實大幅延長，而且**不會**縮短健康的時間。

在不斷對抗死亡的戰爭中，一個最大的諷刺是，過去一百五十年來，我們在**沒有**進行什麼明顯的專門計畫以延長我們的壽命下，就已經有了非常大的進展。在工業革命之前，一直到十九世紀中葉，全球的人均壽命仍然相當一致。一八七〇年以前，出生時的預期壽命，全球平均下來估計只有三十歲；到了一九一三年，提高到三十四歲；到了二〇一一年，則增加為二倍多，超過七十歲。即使不同國家有非常不同的生活水準與醫療服務，但這個戲劇化的故事卻在世界各地重複上演。例如英國從十六世紀以來，就保存了某些最完整的死亡統計資料，從一五四〇年到大約一八四〇年，平均壽命保持在大約三十五歲；然後開始提高，一九一四年時到達五十二歲，這一年我的父親誕生；然後到一九四〇年大約是六十三歲，這一年我誕生了；而現在已經攀升到超過八十一歲了。即使在一些最貧窮的國家，也出現了這個明顯的現象：孟加拉在一八七〇年的平均壽命大約是二十五歲，現在大約是七十歲。很明顯的是，全世界每一個國家現在的預期壽命，都比一八〇〇年任何國家最高的預期壽命更長。這真的是太棒了。這個成就如此迷人的原因在於，延長壽命這件事，不必借助任何全球、全國或慈善機構專門的私人計畫，就自然達成了。沒有一個人發現了什麼不死仙丹、生命靈藥，或瞎搞任何人的基因，自己就發生了。究竟發生了什麼事？

好吧，你可能知道或可以輕鬆猜到答案。首先，一個主要因素就是，嬰兒與兒童死亡率大幅降低。在已開發國家，我們很容易忘記，其實一直到相當晚近，兒童死亡率都出奇地高。直到十九世紀中葉，歐洲兒童有四分之一到二分之一的人活不到五歲生日。例如，查爾斯・達爾文的十個孩子中，有一個才活幾個星期就夭折了，另外一個只活了一歲半，還有他的長女安妮（Anne）也活不到十歲。達爾文過的還是上流社會的生活，可以得到所有可能的設備與協助，包括最好的醫療照顧。那麼你能想像，對於勞動階級的廣大弱勢族群，情況會是如何呢？順便一提，達爾文對安妮的感情特別深，因此她的死亡刺激他與基督教決裂，並導致他慢慢接受這個非常個人的體認：死亡是永恆的進化動力中不可分割的一部分。七十五年後，我祖父母八個小孩的死亡模式，和達爾文的小孩沒有太大的不同，一個只活了幾周，另一個剛好也叫安妮的小孩，十歲時死於一百年前很少見的聖維特舞蹈症（St. Vitus' dance）。現在，這個病稱為較不生動的薛登漢氏舞蹈症（Sydenham's chorea）⑲，美國只有〇・〇〇〇五％的兒童會受到影響。

在已開發與開發中國家，兒童死亡率已經相當罕見；而未開發國家中，兒童死亡率也已經大幅降低，這是一個典型的好例子。就像之前討論過的，啟蒙與工業革命後，醫療技術快速進步，健康照顧亦大幅改善，這也是導致都市人口以指數增加，同時能提升生活水平的兩個主要因素。居住環境改善、公共健康計畫、預防接種、消毒劑，以及最重要的，衛生觀念與汙水系統的發展，以及取得乾淨的自來水等等，在克服與控制兒童的疾病與感染上，都發揮了很重大的作用。

所有的這些成就，都是因為越來越多人移入城市環境，並形成更大的社會責任，城市成為基本權利與服務的提供者，因此啟動良好動力的成果。雖然狄更斯（Charles Dickens）筆下不乏窮困的畫面，普遍的貧窮也確有其事，但越來越多人能取得這些基本服務，確實導致嬰兒與兒童死亡率下降，壽命延長，結果就造成了人口快速增加。早夭的人越來越少，活得更久的人越來越多，這種動力直到今天依然不減力道。**城市是社會變遷的引擎，而我們形成社會團體、集體運用規模經濟優勢的驚人能力，最後的勝利就是提高人類的福祉。**

嬰兒與兒童死亡率下降，對於提升壽命期限有很大的作用。例如在一八四五年，英國人出生時的平均預期壽命大約只有四十歲，但如果你能活到五歲，你就可以預期還能活五十歲，然後在五十五歲死亡。所以，如果我們把兒童死亡率從統計資料中排除，那麼一八四五年的預期壽命就會增加十多歲。把這個現象與今天的情形相比，是一件很有意思的事。英國現在的出生預期壽命大約是八十一歲；五歲時的預期壽命增加到八十二歲，只增加了一年，反映的是嬰兒與兒童死亡率極低。

即使把嬰兒與兒童死亡率大幅下降的因素排除，過去一百五十年來的平均壽命還是明顯大幅增加。另外，在思考對抗老化與延長壽命時，也要小心解讀統計資料。很明顯的一點是，幾世紀以來，所有這些甚至活不到青春期就悲慘死掉的嬰兒與兒童，並非死於老化過程中的某些急症。他們的命運主要取決於居住環境不良，而不是他們的基本生理問題。我們學到的是，如果一個小孩能活到一個合理的年紀，那麼他就有很大的機會，比整體的平均壽命活得更長。舉例來說，如果你在一八四五年活到二十五歲，那麼你的預期壽命就會從四十跳到六十二歲。另一方面，如果你活到八十，那麼大概就只能活到八十五。但這和今天的情況差不多：如果你現在八十歲，你也許「只」能活到八十九歲。更令人意外的是，這和我們幾千年前靠著狩獵採集維生的祖先經驗也差不多。他們也有很高的嬰兒死亡率，但一旦排除這個因素，他們就能活到六十或七十歲。

從個人的角度來看，我很高興從這些平均值中知道，只要活到七十五歲，我就可以預期再活將近十二年，然後在將近八十七歲的驚人年齡過世，這比我曾經想過的時間長很多。如果這個預估正確，而且我能夠保持健康，我就有時間完成這本書，看到我的孩子步入中年時的成就、甚至可能看到孫子長大、看到聖塔菲研究院繼續興盛，還收到一億美元的捐款，但最可能的是，看到熱刺足球俱樂部（Tottenham Hotspur）贏得英超聯賽（Premier League），或較不可能的歐洲冠軍聯賽（Champions League）。而與我結褵超過五十年的好太太，賈桂琳（Jacqueline）現在已經七十一歲了，根據這些平均值的統計資料，應該可以預期活到將近八十八歲，所以她會有四年多的時間，沒有我這個老糊塗在身邊讓她抓狂。

這些當然都只是幻想，因為我們是用非常粗略的平均值在談論個人狀況，這裡面充滿了從平均值推論到個人的所有陷阱。另一方面，它的確給你一般趨勢的某些看法，以及你在其中的位置，而且也提供一個非常接近的幻想基礎。事實上，這些統計數字對你的人生有很大的影響，因為保險公司與貸款業者經常使用這些資料，來決定你是不是一個好賭注，以及要對你收取多少費用。

現在我們再回到有關老年統計的討論，並再進一步探討：假設你在一八四五年，活到一百歲，那麼不意外的是，在統計上你只能預期再活不到二年，更精確地說，是一年又十個月。並不是非常長。同樣的，如果你現在一百歲，你一樣可以預期能再活二年多，事實上是二年三個月。這表示，即使在健康照顧、醫療與生活水準都非常進步的時候，你的壽命只比一百五十年前的祖先多了五個月，

這個例子說明，試著對抗老化與死亡的一切作為，都是庸人自擾，徒勞無功。隨著年齡變大，在你死之前的時間就會越來越少，最後變得非常少。這導出一個人類可以想像的最大可能年齡的概念，最後證明是大約不到一百二十五歲。很少人可以活到這把歲數。經過證實，活得最久的人是法國女人珍妮・卡曼特（Jeanne Calment），她死於一九九七年，活到一百二十二歲又一百六十四天。為了讓你了解這有多麼不尋常，下一位經過證實最長壽的人是美國的莎拉・科納斯（Sarah Knauss），她比珍妮少活三年多，死的時候是一百一十九歲又九十七天。下一位長壽的超級冠軍比莎拉少活將近二年，不過今天仍然在世的最長壽的人，是義大利人艾瑪・慕瑞諾

（Emma Murano），她現在「只有」一百一十八歲。

因此延長壽命的探索可以歸結到兩點：（一）保守的挑戰：我們其他人如何繼續向上挺進，邁向更長的壽命，並達到珍妮與莎拉的非凡成果？（二）激進的挑戰：可不可能超越顯然是最大極限的一百二十五歲，活到例如二百二十五歲？在非常真實的意義上，我們已經達成第一點，然而就是第二點引起了嚴肅的科學問題。

關於百歲老人與超級百歲老人（活超過一百一十歲的人），已經有很大量的研究，目的是想發現他們超級長壽的原因。他們代表的是年齡分布的極端例子，根據估計，今天最多只有幾百個這樣的人。他們是引人好奇的異常值，而他們的存在與生命史，也是我們如果想要過非常長的人生，在找尋該如何開展我們的人生，或我們出生時該擁有哪些基因的線索時，最吸引人的資料來源。很多書籍與文章都寫過他們，但一直很難把他們的集體生命史與基因組成，萃取出一個增加壽命的準確公式。[20]他們提到很多相當明顯的老生常談，和你媽媽在你成長過程中甚至到現在，給你的建議沒有太大差別，例如要吃綠色蔬菜、不要貪吃太多甜食、放鬆，不要給自己太大壓力、保持適當體重、維持樂觀態度，並住在一個有支持系統的社區，諸如此類。就這方面來看，簡單看一下長壽超級冠軍珍妮的生活，你會發現很有趣。

她出生並一輩子生活在法國南部的亞爾。她只有一個孩子，是個女兒，在三十六歲時死於肺炎，而她唯一的孫子也死於三十六歲，但是是因為車禍。因此她沒有直接的繼承人。她從二十一歲抽菸，抽到一百一十七歲。直到一百一十歲生日，她都是一個人獨自過活，而且直到一百一十四歲，走路都不需要協助。她不特別愛運動，也不太關心自己的健康。別人問到她的長壽祕訣時，她把她的長壽歸因於富含橄欖油的膳食，她還會用橄欖油抹皮膚、加進波特酒，而且每星期會吃一公斤的巧克力。你自己決定要不要跟進。順便一提，你可能認出亞爾就是文生·梵谷（Vincent van Gogh）去法國住的地方，為了發展他獨特的繪畫風格，他在那裡和保羅·高更（Paul Gauguin）住了一段時間。珍妮記得在十三歲的時候見過他，當時他到珍妮叔叔的店鋪買畫布。她對他記得非常清楚：「骯髒，穿得很寒酸，而且很不快樂。」

最長壽命是一個非常重要的概念，因為它暗示了無需重大的「不自然」干預（也就是追求靈藥的人想要的東西），自然選擇已經把人類壽命限制在大約一百二十五年。接下來，我將說明這些限制過程是什麼，並提出一個決定這個數字、基於網絡理論的理論架構。在這樣做之前，我想說明一下，典型的**生存曲線**（survivorship curve）如何提供最長人類壽命的有力證據。

生存曲線就是表示一個人可以活到某個年紀的概率（probability），並且把在一個特定人口中的存活者百分比，根據年齡的變化描繪出來。它的相反就是**死亡曲線**（mortality curve），指的是在某一個年紀死亡的人口百分比，代表一個人在那個年紀會死亡的概率。生物學家、精算師與老年醫學專家已經發明了**死亡率**（mortality or death rate）一詞，來表示某個人口族群中，在某一段時間內（例如一個月）的死亡人數，相對於仍然存活的人數。

生存曲線與死亡曲線的一般結構非常明顯：大部分的人在早年都能存活，接著死亡的百分比越來越大，直到最後到達某一點，生存的概率消失，死亡的概率達到一〇〇%。針對不同社會、文化、環境與物種的這些曲線，已經有大量的統計分析。其中出現一個令人驚訝的結果就是，隨著年齡變大，大部分有機體的死亡率大致保持不變。換句話說，不管任何年齡，在**任何**期間內死亡的相對人數是一樣的。所以，舉個例子，如果有五%的倖存人口在五歲到六歲之間死亡，那麼在四十五歲到四十六歲之間，以及九十五歲到九十六歲之間，也會有五%的倖存人口死亡。這聽起來很違反直覺，但如果用不同的方式表達，就會更合理了。一個不變的死亡率表示，在某個期間死亡的人數和活到那個時間的人數成正比。回想一下第三章討論的指數行為，你就會發現，這正是**指數函數**（exponential function）的數學定義，下一章我會更詳細討論這一點。在這裡它說的意義是，生存遵循著一個簡單的指數曲線，意思是說，族群年紀越大時，族群中的某個人就會以指數速度減少存活的可能性；反過來說意思也一樣，族群年紀越大時，這個人就會以指數速度增加死亡的可能性。

這正是物理世界很多衰變過程所遵循的規則。物理學家用**衰變率**（decay rate）而非死亡率，以量化放射物質的衰變現象，在這過程中，「個別」原子以發射粒子（α，β或γ射線）改變自己的狀態，然後「死亡」。衰變率一般來說是固定的，因此放射物質的量會以指數速度隨著時間減少，就像很多生物族群的個體數量一樣。物理學家也用**半衰期**（half-life）來描述衰變率的特色：這是原有放射性原子已經衰變一半的時間。在思考一般的衰變過程時，半衰期是一個很有用的指標，並且已經進入很多領域，包括藥物，半衰期被用來量化藥物、同位素，以及其他身體處理的物質的時間效能。

第九章我將用這種方式來討論公司的死亡，並顯示公司也遵循相同的指數衰變法則這個令人驚訝的結果，因此公司的死亡率並未隨著成立年份改變。事實上，數據顯示，美國公開上市公司的半衰期只有大約十年。所以在五十年裡（五個半衰期），只有$(1/2)^5 = 1/32$或大約三%的公司還在發布銷售消息。這引起一個非常令人好奇的問題，在有機體、同位素與公司死亡現象的驚人共通點中，是不是基於相同的一般動力？我們稍後會再回頭來探討這個猜測。

但首先，我們再回來討論人類。直到十九世紀中葉，人類的生存曲線大致沒有改變，和其他動物也很相近，都遵循著一個指數曲線。我們的生與死都遵循著一個固定的死亡率，所以活得非常久的機率是指數性地低。雖然如此，成為超級百歲人瑞還是有一個有限但極小的可能性，因此偶爾還是有人會活到一百歲以上。由於都市化與工業革命帶來的巨大改變，我們開始活得更長，並擺脫了固定死亡率的束縛。在圖二十五中，很清楚可以看見，我們的生存曲線逐漸從指數衰變變成越來越平像肩膀的形狀，這表示以不變的速度轉變成更長的壽命，反映出的現象是，所有年齡的人全部都增加了存活能力。一樣顯而易見的是，嬰兒與兒童死亡率急速降低，以及持續轉變成越來越長的平均壽命。

圖 25

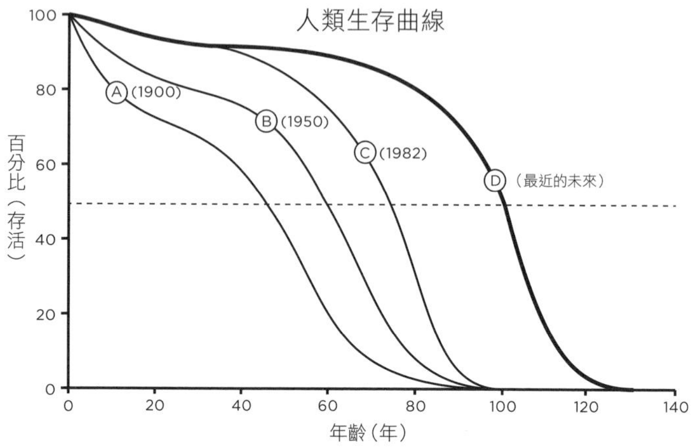

圖 26

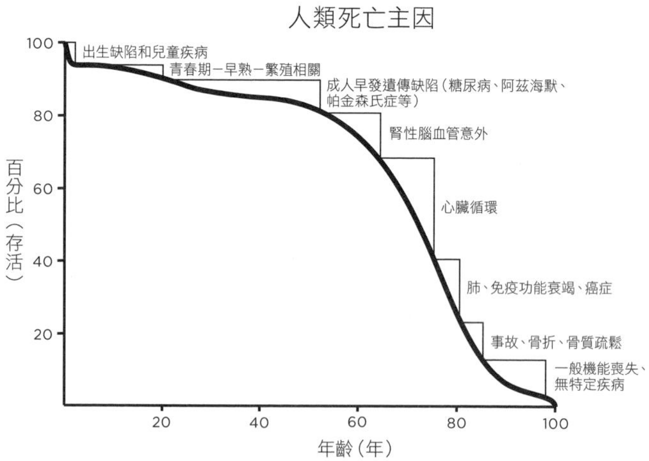

（圖 25）人類生存曲線顯示，由於圖上顯示的重大變化，隨著平均壽命逐漸增加，從十九世紀初之前典型的指數式死亡（持續的死亡率），圖形快速變成長方形。如果不管這個進展，最長的壽命仍維持在125年左右。（圖26）不同年齡的主要死因。

表 4　如果疾病治癒預期壽命會增加多少

死因類別	如果排除可能增加的預期壽命（年）
心血管：所有心血管疾病	6.73
癌症：惡性腫瘤，包括淋巴瘤和造血組織、愛滋病等	3.36
呼吸系統疾病	0.97
事故和「不利影響」（醫療導致的死亡）	0.92
消化系統疾病	0.46
傳染病和寄生蟲病	0.45
槍枝致死	0.4

然而，也要注意到的是，即使肩膀朝越來越長的壽命轉移，人們開始活得更長，但曲線最終一定會下降，並下降到大約相同的值。所以，雖然壽命大幅增加，也不斷朝越來越長的平均壽命演變，曲線終點的位置，也就是生存概率消失，死亡概率為一〇〇%的位置，一直保持相同，全部都收斂到大約一百二十五歲。這非常強烈說明了最長生物壽命的存在，也非常令人信服。

圖二十六則試著分析越來越長壽的各種原因。最大的原因還是改善居住環境、衛生和公共衛生計畫，再一次說明了城市和都市化發揮的核心作用。與此同時，它也很有趣地解構了死亡的主要醫療原因。按照順序下來，這些原因分別是（1）心血管與心臟疾病、（2）癌症（惡性腫瘤）、（3）呼吸系統疾病，以及（4）中風（腦血管疾病）。這個模式在全球都很類似。一個有趣的量化方法是問，如果這些明確的理由消失，預期壽命會增加多少。這些樣本顯示在表4中，取自美國疾病控制中心（CDC）和

世界衛生組織（WHO）分析的數據。例如你可以看見，如果心臟與心血管疾病都被治好了，出生時的預期壽命只會增加大約六年。更令人意外的是，如果所有的癌症都被治好了，出生時的預期壽命只會增加大約三年，而且，如果是在六十五歲，就只有二年不到。

從這些統計分析中，我想強調兩個重點：（一）主要死因絕大多數都與損壞有關，不管是在器官、組織（例如心臟病或中風）或分子（例如癌症），感染性疾病的影響相對不大。（二）即使每一個死因都消失了，所有人也一定會在一百二十五歲前死亡，而且我們絕大多數的人，在活到那麼成熟的老年以前，都早早就死了。

三、日光

關於老化的生物學與生理學，已經有很多人寫過了，但很少人採取我在這裡想強調的較為量化、機械學的角度。㉑基於這個精神，我想回顧某些老化的顯著特徵，並以任何長壽理論進行量化分析，而且顯示，這也許能提供某些線索，讓我們知道可能的一般潛在機制。

目前為止大部分探討的都是人類，為了連結到縮放法則，以及之前提到的理論架構，我現在想延伸到其他動物。不過仍是用粗略的精神討論，所以毫無疑問，某些主張一定會有異常值，甚至例外。對於老化與死亡的情形更是如此，因為這不像生命的其他特性（trait），在演化過程中並不會直接選擇這些特性。自然選擇作用只需要確保，在某個物種裡大多數的個體活得夠長，並產生足夠的後代，以極大化牠們的演化適應度（evolutionary fitness）。一旦這件事完成了，就是善盡了演化的「職責」，牠們之後活多久不太重要，所以個體與物種的壽命期限差異極大，也是可以預期的。人類已經演化到可以至少活到四十年，因此可以生十個左右的小孩，其中至少有一半的小孩可以存活到成年，或甚至更久。女人的更年期就是在這個時間左右（按：醫學界一般認為是五十歲左右），也許並不是偶然。然而，為了確保我們有足夠的人可以活到這個年紀，生育足夠的孩子，我們已經演化到充分「設計過度」（overengineered），也就是在統計上，我們很多人可以活得長很多。

汽車是一個很有趣的對照。基於不同的社經與技術理由，只要合理維護，汽車已經演變成至少可以跑十萬英里。根據製造過程的波動以及保養與維修的程度，有些車子還可以用更久。事實上，如果有足夠的保養、維修以及更換零件，汽車可以使用非常久的時間。人類要長壽，情況也很類似，吃得好、活得好，每年定期到醫院「微調」，保持衛生，偶爾更換不同的零件。然而，我們不可能做我們可以為汽車做的事，把一個人永久保存起來，因為我們不像簡單的汽車，我們是高度的複雜適應系統，特別是我們不只是可以替換的零件的線性總和。

這裡摘要了某些必須以理論解釋的老化與死亡的重要性質：

1. 老化與死亡是「普遍的」：所有的有機體最後都會死。其中的一個推論是，有一個最大壽命期限，以及相應消失的生存率。
2. 有機體的半自主次系統，例如各種器官，老化的情形大約一致。
3. 隨著年齡大約以線性方式老化。圖二十七顯示，器官功能如何隨著年齡下降。[22]圖中畫的是各種重要機能的最大效能百分比，並顯示出，幾乎是從成年時間的二十歲開始，馬上就隨著年齡線性降低。平均來說，我們身體的最佳狀況（一〇〇%），只有短短幾年，然後大約在二十歲左右，就一路線性下降。另外也要注意一點，在成長期間，我們相對很快就達到最大效能。稍後我將提到，即使在成年之前最初幾年，老化過程也持續在進行，只是隱藏在壓倒性的成長優勢下。老化過程事實上從受孕時就開始了。巴布・狄倫（Bob Dylan）唱的：「他不是忙著誕生，而是忙著死亡。」就說對了這件事。
4. 壽命期限以指數大約為$\frac{1}{4}$的冪次法則，隨著身體的質量改變。一如預測，數據的差異很大，部分是因為，我們沒有哺乳動物壽命的生命史對照實驗，包括我們自己。有些數據是來自野生動物的報告、有些來自動物園、有些是馴養的動物、有些來自研究實驗室，環境與生活條件差異很大。另外，有些報告只是針對某個物種的一或二隻動物，有些是一大堆物種。雖然缺乏對照是有問題，但在數據中有明顯的趨勢與一致性，在統計上指出大約$\frac{1}{4}$冪次縮放關係。

圖 27

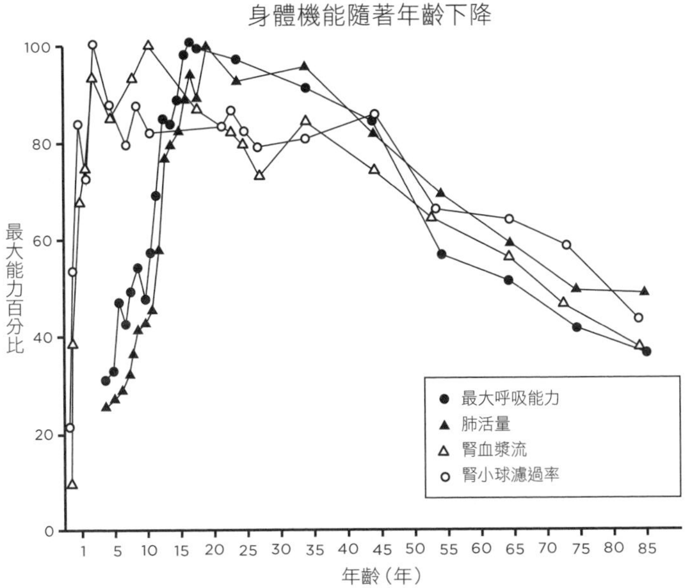

圖 28

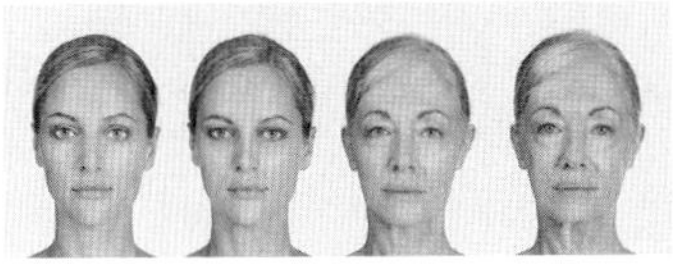

圖 29

不同器官功能隨著年齡的變化：最大機能百分比與年齡對照圖。可以看到成長期間快速增加，20 歲左右達到最大值，之後呈現穩定的線性下降。雖然有這種穩定下降的現象，健康、活躍的生活仍然可能持續到晚年。

5. 所有哺乳動物一生的心跳次數大致相同，就如第一章的圖二。[23]臭鼩一分鐘的心跳大約一千五百次，大約活二年，但是大象的心跳一分鐘只有三十下，卻活大約七十五年。雖然體型有巨大的差異，兩者的心跳大約是十五億次。這種不變性在所有哺乳動物身上都大致正確，即使我之前提到的那麼重大的波動。在這個令人好奇的不變性中，最大的異常值就是我們：身為現代人，我們的平均心跳大約是二十五億次，大約是一般哺乳動物的二倍。不過，就像我已經強調過的，只有在過去一百年來，我們才活得這麼長。在整個人類的歷史中，直到相對晚近的時間，我們活的時間大約只有現在的一半，就像絕大多數的哺乳動物，也遵循著大致不變的十五億次心跳「法則」。

6. 與這有關的另一個不變數值：一生中支持一公克組織的總能量，所有哺乳動物都一樣，甚至更廣一點說，在同一個特殊分類族群中的所有動物都一樣。[24]對哺乳動物來說，每公克每一生大約是三百卡路里。一個更基本的表達方式是指出，在同一個特殊分類族群中，負責產生細胞中能量的呼吸機能，一生中的汰換數量大致相同。對哺乳動物來說，大約是一萬兆（10^{16}），換個方式說，也就是為了支持一公克的組織，一生中產生的ATP分子（我們的基礎能量貨幣）數量不變。

不隨著系統其他參數改變而變化的數值，在科學中有很特殊的作用，因為它們指出，超越系統的細部動力與結構的一般潛在原理。能量守恆（conservation of energy）和電荷守恆（conservation of electric charge）是物理學中的兩個著名例子：無論系統的演變如何複雜與難懂，當它轉化以及交換能量與電荷時，所有的能量與電荷數量維持一致。因此，如果你一開始在某個時間把系統中所有的能量與電荷加總起來，那麼不論發生什麼事，這些數值在之後的任何時間都是一樣。當然，前提是你沒有從外部環境加入能量或電荷。舉個極端的例子：今天宇宙的總質量能量，和一百三十多億年前宇宙還只是一個緊湊的小點，然後發生大爆炸時，完全一樣，即使後來演化出所有的星系、星星、行星與生命形式。

在老化與死亡的複雜過程中，存在著大約不變的數值以及縮放法則，這強烈暗示了這些過程並不是隨意發生的，而且顯示，可能有粗略的法則與原理在發揮作用。更吸引人的是，長壽縮放法則和其他生理與生命史事件，都有相同的$\frac{1}{4}$冪次結構。

在更進一步探討之前，和汽車壽命做些比較，是很有啟發性的。可惜的是，針對汽車與其他機器的縮放分析，尤其是有關使用年限的分析，出奇的少。然而，哈佛的一位工程師湯瑪斯·馬克馬洪（Thomas McMahon）分析了內燃機的數據，包括割草機、汽車與飛機的內燃機，最後顯示，它們也遵循著第二章討論過的簡單的伽利略立方冪次等速縮放法則。例如，這些發電機的馬力等級（相對於它們的代謝率）會以線性方式隨著它們的重量增加，所以，如果希望它們的馬力輸出加倍，它們的重量就必須加倍。因此，發電機不像有機體，發電機在尺寸增加時，並沒有出現規模經濟。馬克馬洪也發現，它們的每分鐘轉速（就是它們的心跳率），隨著重量的反立方冪次（inverse cubic power）改變。[25]

這和有機體因為最佳碎形網絡結構所導致的$\frac{1}{4}$冪次縮放法則，形成鮮明的對比：它們的代謝率（馬力）縮放指數是$\frac{3}{4}$，但心跳率（每分鐘轉速）的指數是負$\frac{1}{4}$。內燃機沒有複雜的網絡結構，也不遵循$\frac{1}{4}$冪次縮放法則，這為生物潛在網絡理論的$\frac{1}{4}$冪次縮放法則的由來，提供了支持證據。由於被製造出來的發動機滿足一般的立方縮放法則，你可能會猜想，它們的使用年限會隨著重量的立方根而不是$\frac{1}{4}$冪次而增加。可惜並沒有充分的可用數據可以檢驗這一點。不過，在質性上，的確可以預測，汽車越大，應該可以開得越久。事實上，十大使用年限最長的運輸工具中，所有的車不是大卡車，就是休旅車，只有三輛普通尺寸的轎車進入前二十大。如果你只想買使用年限最長的，就買大的：第一是福特F-250，第二是雪佛蘭Silverado，第三是雪佛蘭Suburban。

汽車現在的一般預期是可以開大約十五萬英里。事實上，就像製造汽車的人，汽車的使用年限，在相對很短的時間內，就有很大幅度的增加，在過去五十年來，已經增加了將近一倍。為了讓你知道這是什麼意思，姑且假設，汽車平均在一生中，每小時開三十英里，然後它的「心跳率」是每小時轉速二千五百次，那麼在一生十五萬英里期間，「引擎跳動」的總次數大約就是十億次。有趣的是，這和哺乳動物一生的心跳次數並沒有太大差異。這只是一個巧合，或者它其實告訴了我們，關於老化機制的某個共通點？

四、邁向老化與死亡的量化理論

所有的證據都指出，老化與死亡的根源是「耗損」過程的結果，這是只要活著就一定會產生的事。就像所有的有機體，我們以非常有效率的方式代謝能量與資源，以持續對抗不斷產生的熵，熵的形式就是造成身體損壞（damage）的廢物與耗散力（dissipative forces）。當我們在身體各部位與熵的戰役中失敗時，我們就老化，到最後是完全失敗，對死亡屈服。熵會殺人。或者就如俄羅斯偉大劇作家安東・契訶夫（Anton Chekhov）的評論：「只有熵活得輕鬆。」（Only entropy comes easy.）

維持生命的一個重要特徵就是，透過各種尺度的空間填充網絡輸送代謝能量，以服務和滋養細胞、粒線體、呼吸複合物、基因組和其他功能性細胞單位，如一四五頁所顯示。然而，這些維持我們生命的系統，會不斷產生耗損，並降低我們身體的機能。就像高速公路上的汽車與卡車車流，或流經管路的水流，會不斷耗損，結果就是損壞與死亡。在我們身體網絡中的流也是一樣，只是，有一個很重大的區別：在有機體中，後果最嚴重的損壞發生在細胞與細胞內部的層次，這是交換能量與資源的網絡最終單元，例如微血管和細胞之間。

損壞是透過與物理或化學輸送有關的很多不同機制，在多重尺度上發生，但寬鬆一點來說，可以分成兩類：（一）流體中的黏性阻力導致的典型物理性耗損，類似兩個實體物體互相碰撞的普通摩擦所產生的耗損，就像鞋子或輪胎的磨損。（二）自由基（free radical）產生的化學損壞，這是呼吸代謝中產生ATP時的副產品。自由基是任何已經失去一個電子的原子或分子，因此會具有正電荷，使它非常不穩定。這類損壞大部分是因為氧自由基引起，它會和重要的細胞組成成分互相作用。DNA的氧化損壞特別嚴重，因為在不可複製的細胞中，例如在大腦和肌肉細胞中，會導致轉錄功能的永久性損壞，其中最重要的是基因組的調節區域。雖然老化中的氧化損壞的詳細作用與範圍，仍然不是很清楚，但已經催生了一個抗氧化營養品的迷你產業，例如維他命E、魚油、紅酒，以及某些抗老化的生命靈藥。

擁有一個一般量化理論，以理解這些網絡的結構與動力，特別是流經其中活力充沛的流體，其強大的力量與好處在於，提供一個分析架構，以計算其他的附屬數值，例如前一段談到的生長曲線，以及我即將要討論的與老化與死亡相關的損壞率（damage rate）。這個粗略架構非常一般化，因此可以併入任何和物理或化學輸送表現有關的「損壞」機制之老化模型。損壞機制的細節對於理解老化與死亡的很多一般特徵並不重要，因為最相關的損壞發生在具不變性的網絡最終單元（例如微血管與粒線體），它們的性質並不會隨著有機體的尺寸大幅變化。因此，不管什麼動物，每條微血管或粒線體的損壞大致相同。

由於網絡有空間填充性質，這就表示，網絡服務有機體身上的全部細胞與粒線體，而在同時，損壞也大致一致且不斷地在整個有機體體內發生，這也說明了為什麼老化會在空間上均勻分布，而且大致上隨著年齡以線性進展。這也是為什麼到了七十五歲的時候，你身體的每一個部分都老化到差不多的程度，就像圖二十七。再更仔細一點說，這意味著，雖然不同器官因為些微不同的網絡特性，例如修復的潛力，可能以不同的速度老化，但在每一個器官內部的老化大致相同。

由於體型越大的動物代謝率越高，遵循的是$\frac{3}{4}$冪次縮放法則，它們會產生更多熵，因此整體損壞也更大，所以你可能會認為，這表示大型動物的壽命期限應該更短，但這明顯和觀察結果矛盾。我們在第三章看到，一個細胞或組織的每個單位質量的基礎代謝率，也就是發生在細胞與細胞內部階層的損壞率，會隨著動物尺寸增加而有系統地**降低**，這是規模經濟的另一個表現。另外，就像之前強調過的，最嚴重的損壞發生在網絡的最終單元，在微血管、粒線體與細胞上，而它們的代謝率會遵循著指數為$\frac{1}{4}$的冪次法則，隨著有機體的尺寸**降低**。大型動物的細胞比小型動物的細胞，有系統地以更慢的速率處理能量。**所以，在關鍵的細胞層次，動物的體型越大，細胞的損壞率也會有系統地變慢，因此相對的壽命也更長。**

回想一下，最終單元的減量調節（down-regulation）是網絡優勢的結果，也是一般規模經濟隨著尺寸增加的由來。這也反映在最終單元的數量只是跟著質量以$\frac{3}{4}$冪次增加，而不是線性增加；在導出成長曲線以及解釋為什麼最後會停止成長上，這有很關鍵的作用。由於最終單元具有不變性，因此總損壞率就是最終單元總量的某個比例，所以也只會以質量的$\frac{3}{4}$冪次增加，因此和代謝率成正比。

由於代謝的驅動，累積的損壞不斷讓整個有機體降低機能。為了對抗持續的損壞，身體有強大的修復機制，而且也是由細胞代謝來驅動，也受到相同的網絡與縮放法則約束。因此把它們納入不可逆轉的損壞總量的計算時，並不會改變方程式的數學結構，只會影響它的整體規模。由於持續發生的損壞數量非常龐大，要修復即使不是不可能，也是非常昂貴的，而且想老老實實地修復每一個損壞，更是非常非常的昂貴。整體的維修規模主要取決於演化需求，也就是有機體要活得夠長，以產生足夠的下一代，好在基因庫中競爭。

因此，老化過程大致上非常一致，並逐漸導致死亡的發生。這是未修復的損壞部分累積下來，變得非常龐大，有機體的機能逐漸喪失的結果，就如圖二十七所示。最後，有機體就不能再運作，於是在「老年」死亡。這時候，一個小小的波動或擾動，例如輕微的心臟顫動，就足以終結性命。然而，在大多數情形下，死亡比這個情況出現得更早，有很多與特殊器官和／或免疫系統與心血管系統弱化有關的原因，例如因為在這些系統中累積的損壞數量。表四列出的所有主要死因，全都在這個範圍內，當然除了和外部與不良環境條件有關的死亡之外，例如意外、火災和汙染。因此，基於我概括的死亡原因來計算壽命長度，確實設限了**最大**的可能壽命。

這裡還可以進一步預估，假設達到死亡的最後門檻，就是相對於器官或身體的總量，損壞細胞（或分子，例如ＤＮＡ）的部分達到一個臨界值（critical value），在相同分類族群（例如所有的哺乳動物）中的所有有機體，大致相同。換句話說，損壞的總量與細胞總量，也就是身體質量的總量，成正比。我們從代謝率知道損壞發生的速率，以及平均來說，導致每一個細胞損壞事件的能量大致相同，我們就可以直接問：要多久才會產生這樣的損壞數量？一生中產生的損壞總量，就是損壞率（每一個單位時間發生的損壞次數，與最終單元的數量成正比）乘以壽命長度，所以這一定會與細胞總量，也就是身體質量，成正比。因此，壽命長度會與細胞總量除以最終單元數量的值成正比。但最終單元的數量隨著質量以$\frac{3}{4}$冪次指數縮放，但細胞數量卻呈線性縮放，導致壽命長度以質量的$\frac{1}{4}$冪次縮放，這與數據分析一致。

值得注意的是，就像我們在討論成長時看到的，能量來源的縮放表現，也就是損壞來源（最終單元）的縮放表現，與能量吸收槽（必須維持的細胞）的縮放表現，兩者的不一致有很重大的意義。一個意義是，它確保我們停止成長；另一個意義是，它確保大型動物有更長的壽命。這一切都是因為網絡的約束。

五、測試、預測與結果：延長壽命

A.溫度與延長壽命：由於代謝率與最終單元數量成正比，而最終單元就是大部分損壞發生的地方，所以我們可以說，壽命與代謝率直接相關。因此壽命有另外的表達方式，就是身體質量與代謝率的比值。換句話說，壽命與有機體每一單位質量的代謝率成**反比**，也因此與細胞的平均代謝率成反比。我們在討論生物代謝理論時看到，代謝率有系統地以 $\frac{1}{4}$ 冪次跟著身體質量縮放，並且以某個指數隨著溫度縮放。

如圖二十四所示，藉著解釋為什麼壽命長度會有系統而且可以預測，將隨著溫度下降而呈指數增加，對理論提供了一個有趣的測試。這表示，在原則上，壽命長度可以藉由降低身體溫度來延長，因為這會降低細胞代謝率，也因此降低了損壞發生率。這是一個非常大的效果：容我提醒，體溫稍微降低攝氏兩度，壽命就能延長二〇%到三〇%。㉖所以，如果你能降低體溫，只要一度，就能延長你的壽命大約一〇%到一五%。為了得到這個「好處」，你必須一輩子都這樣做。但更重要的是，大幅降低體溫也會有很多其他不良、甚至會威脅生命的結果。就像我之前強調的，在沒有完全了解多重的時空動力之前，只改變一個複雜適應系統中的一個組成因素，通常會帶來意想不到的後果。

B.心跳與生活步調：這些數據也證實了壽命與質量大致的 $\frac{1}{4}$ 冪次縮放關係。因為心血管系統理論預測，心跳率隨著質量的$\frac{1}{4}$冪次**下降**，當我們把心跳率乘以壽命長度，就移除了質量的依賴關係，因為一個**減少**，剛好補償了另一個的**增加**，而產生一個不變數，而且對所有哺乳動物來說，這個數值都一樣。但是把心跳率乘以壽命，可以得出一生的心跳次數總量，所以理論預測，所有哺乳動物應該都一樣，這與第一章的圖二顯示的數據一致。這個論點可以延伸到呼吸複合物的基本層級，這是粒線體內部生產ATP的基本單位，結果也顯示，產生ATP的反應次數，所有哺乳動物都一樣。

就像我之前談過的，大型動物活得久、活得慢；小型動物活得短、活得快，但他們的生物特徵，例如心跳的總次數仍然大致一樣。根據$\frac{1}{4}$冪次縮放法則調整後，所有哺乳動物的生命史事件都會回歸到相同的軌道，其中一個例子就是圖十九顯示的普遍成長曲線。也許所有哺乳動物都經驗著大致相同的順序、步調與壽命？這真是個可愛的想法。

很久以前，我們還「只」是另一種哺乳動物，我們也真的是。隨著社會群體與都市化的到來，我們演變成不一樣的動物，並大幅偏離了讓我們與自然和諧一致的約束。我們的有效代謝率已經增加了一百倍；我們的壽命已經延長一倍，並且減少了我們的生育力。我將在後面的章節，以相同的概念架構探討這些非比尋常的改變，以了解這一切是如何發生的。

C.熱量限制與延長壽命：我們剛剛看到，壽命隨著細胞代謝率反向減少。因為代謝率隨著動物質量增加而系統性降低，每個細胞受到的損壞也變少，大型動物因此可以活更久。然而，在單一物種中，每一個像我們一樣的個體，可以簡單藉由吃更少來降低細胞代謝率，這樣就可以讓每一個細胞的代謝率變小，就可能會延長壽命。這個方法稱為**熱量限制**（caloric restriction），已經有很長但頗有爭議的歷史，而且也一直是很多跨越大範圍動物研究的焦點。很多研究顯示，熱量限制有很大的好處，但也有其他研究發現效果有限，所以效果仍不清楚。幾乎所有的研究都顯示，無論壽命是否延長，都有某些減低老化的跡象。因為很難進行長期的對照實驗，也無法在人類身上進行實驗，所以這類實驗很多都有設計不良的問題。我有點偏向肯定他們的研究，因為我相信這個理論與概念：減緩代謝，就能降低損壞，並能增加最長壽命。

大致說來，這個理論預測，最長壽命，以及推論出來的平均壽命，隨著熱量攝取量反向增加。從表面意義來看，理論預測，如果你持續降低一〇%的食物攝取量（一天兩百卡路里），你就可以多活一〇%的壽命（長達十年）。圖三十顯示，洛伊・沃福德（Roy Walford）於一九八〇年代，在老鼠身上進行熱量限制實驗的數據，他是加州大學洛杉磯分校醫學院病理學家，也是熱量限制可以延長壽命的主要倡導者。[27]數據呈現的方式是，在不同程度的食物攝取量下，各組老鼠的生存曲線。效果確實非常戲劇性，也與降低一〇%的食物攝取量可以延長一〇%的壽命的預測一致，但實際的效果較小，原來預測大幅降低一半卡路里會延長一倍壽命，但實際結果是延長七五%的壽命，而不是一〇〇%。然而，壽命與熱量攝取關係的趨勢與總體形態，與理論一致。

圖 30

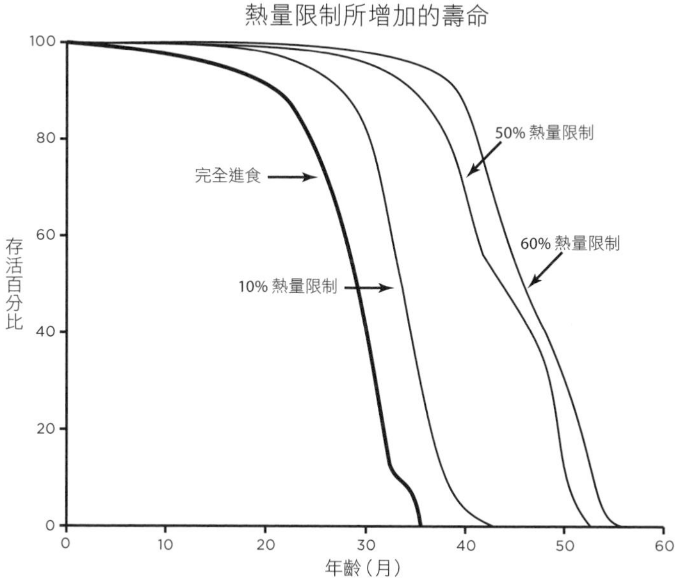

老鼠在不同程度的熱量限制下，增加的壽命長度。

由於這個理論相對簡單，這個實驗與預測的一致性也意外地好。再加上其他的成功預測（包括老化率、壽命的異速縮放，以及壽命與溫度關係），這個理論為理解老化與死亡發展出更詳細的量化理論，提供了一個可靠的粗略基準。它以一般「普遍的」生物參數，提出了老化率與最長壽命的公式。這些參數顯示，如何從微觀的分子尺度看到一百年的尺度；以及老鼠為什麼只活非常短的幾年時間。如果目標是延長壽命與延緩老化，我們可以操作什麼樣的參數，這個理論也為這類問題提供了科學基礎。例如，結合縮放法則與圖二十三至三十，就對改變體溫與減少飲食可以延長多久的壽命，給出了量化的估計數字。

另外，因為這個理論只是一個整合大部分生命史事件、且大很多的統一架構的一部分，因此也有助於回答操控壽命可能有什麼意想不到的後果等問題。不管是基因上、生理上或是藉由神奇藥水，天真地想干預老化與死亡的「自然」過程，可能會，事實上也會，對健康與生活方式產生不良後果。如果沒有一個量化理論架構，這樣的操控可能是有危險的，也是不負責任的。

在結束本節之前，如果我沒提到在老化研究上很重要的洛伊．沃福德，是個擁有很多才能的人，就是我的疏忽。在他的很多戰功中，有一件早年發生的事讓他聲名遠播，他曾經和他的研究所同學運用統計分析，來判斷內華達州里諾市的某家賭場中，哪一個賭輪意外偏了一邊。他們接著對最不平衡的那些賭輪下了大注，結果大賺了一筆。賭場最後發現了這件事，就禁止他們下注。靠著他的獎金，沃福德有了錢攻讀醫學研究所，並在加勒比海上開著遊艇航行了一年。

5 從人類世到都市世

被城市統治的星球

生活在指數擴張的宇宙

二十世紀一個最驚人與深刻的發現就是，我們了解到，在宇宙尺度中，我們生活在一個指數擴張的宇宙。一個一樣深刻但比較沒那麼預兆性質的發現是，在地球尺度上，我們也生活在一個指數擴張的宇宙，這是一個社經層面的宇宙。雖然它很難得到相同的關注，但是比起指數擴張的宇宙的奇蹟與悖論，還有暗物質、暗能量與大爆炸的原型神話，社經活動的加速擴張已經、也會繼續對你的人生、你孩子的人生，與他們孩子的人生，造成更重大的影響。

我們的社會與經濟生活一直在以指數率擴張，最明顯的一個表現就是，過去兩百年以來的人口大爆炸。在兩百萬年穩定緩慢的成長下，活在這顆星球上的人類數量，根據估計，最後大

圖 31

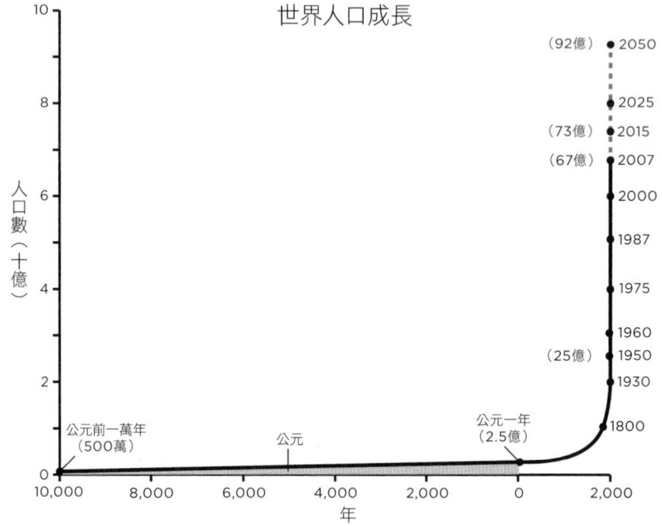
世界人口成長
人口數（十億）
年
公元前一萬年
（500萬）
公元
公元一年
（2.5億）
（92億） 2050
2025
（73億） 2015
（67億） 2007
2000
1987
1975
1960
（25億） 1950
1930
1800
10,000
8,000
6,000
4,000
2,000
0
2,000

圖 32

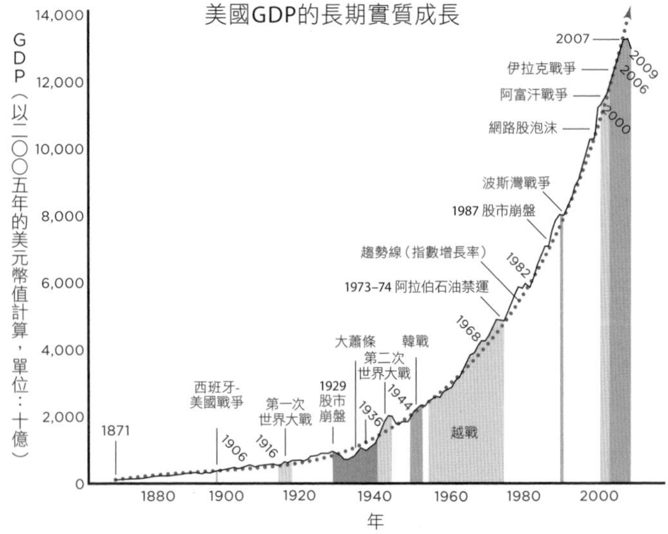
美國GDP的長期實質成長
GDP（以二〇〇五年的美元幣值計算，單位：十億）
年
1871
西班牙-
美國戰爭
第一次
世界大戰
1929
股市
崩盤
大蕭條
第二次
世界大戰
韓戰
越戰
1973–74 阿拉伯石油禁運
趨勢線（指數增長率）
1987 股市崩盤
波斯灣戰爭
網路股泡沫
阿富汗戰爭
伊拉克戰爭
2007
2009
2006
2000
1982
1968
1944
1936
1916
1906

約在一八〇五年達到十億人。但接下來的工業革命登場，全世界的人口就爆炸式成長了。這種轉變的特徵是從傳統的手工生產，變成大型工業機器與工廠生產。在很大程度上，這是因為發明了大規模的製造過程，再加上發現了開採儲存於大量鐵礦與煤礦中能源的新方法。之後資本主義興起，個人與企業創業與創新風起雲湧，還得到顯然取之不盡的能源與人力資源，這一切標誌著人類事務的重大轉變。工業革命就相當於社會經濟的大爆炸。我們花了兩百萬年才達到十億人口，下一個十億只花了一百二十年，再下一個花不到三十五年。人口加倍只花了二十五年，在一九七四年達到四十億人，而在今天，短短四十二年之後，我們幾乎再加倍了一次，現在的全球人口已經超過七十三億人。所以可以說，一直到最近，人口數量加倍的時間一直有系統地減短，這反映出一種比指數**更快**（faster-than-exponential）的成長現象。光是在今年（按：指二〇一六年），我們又增加了八千萬人，相當於整個德國或土耳其的人口，而且在下一個世紀開始，可能邁向一百二十億人口。

第一張從太空拍攝的地球全景照片，非常具有啟發性，它給了我們一個全新的心理視角，去看看我們是誰、從哪裡來，以及是什麼在維持我們的生命。第一次看到自己的母親照片，實在是一個驚人的啟示，這個地球母親孕育了我

（圖 31）從一萬年前的人類世以來，世界人口以比指數成長更快的方式增加。大約 1800 年開始的大幅成長，顯示的是工業革命與都市化的開始。（圖 32）伴隨著都市化而來的是經濟快速擴張，以美國從 1800 年以來的 GDP 成長表示。儘管發生了很多危機、繁榮與蕭條，還是呈現出純粹的指數，也就是點狀的虛線。

們所有七十三億人，並沐浴在我們的祖父太陽燦爛的光芒中（下左）。當時或許沒有人比作家與未來學家史都華．布蘭德（Stewart Brand）更重視這一張照片，他強烈感覺到，這張從太空拍的地球全景影像會是一個強烈的象徵，可以引發所有住在這座星球上的人有命運共同體的感受。他在一九六七年不斷遊說美國航太總署（NASA），公布地球的這些第一批影像，後來他也把其中一張，用來當成他非常具有影響力的《全球目錄》（*Whole Earth Catalog*）雜誌封面，這是一九六〇與七〇年代最具指標性的一本刊物。

一樣具有啟發性的是，地球母親最近在晚上被拍到不是沐浴在陽光中的照片（右下）。如果兩百年前在技術上可以拍到這樣的照片，照片會是黑的，而且看不到任何東西。甚至在五十年前，看起來也相對黯淡無光。但今天不一樣了。現在我們有美國航太總署衛星拍的、非常壯觀的照片，畫面顯示，地球被覆蓋在一層看起來像是閃閃發光的聖誕燈泡所形成的華麗銀絲網裡。這些璀璨「夜光」當然是指數式人口爆炸，以及伴隨

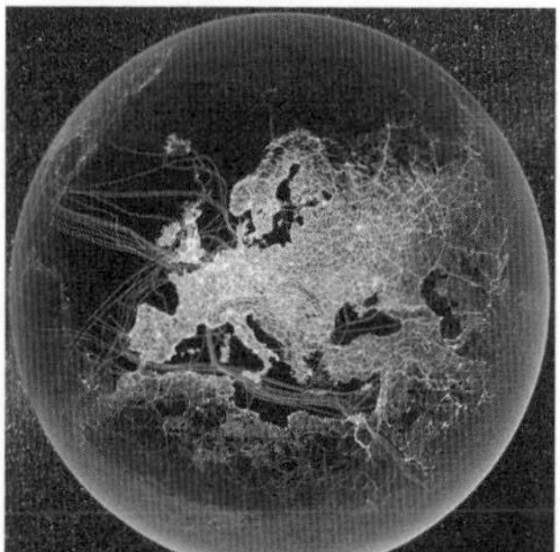

而來的非凡技術與經濟成就的明顯結果。而且，這些光芒絕大多數都是由都市產生的，這反映出我們一直在以令人迷惑的速度都市化。作為二十一世紀的象徵，智人概括了**都市世**（Urbano-cene）與規模概念的真正精髓，讓這張照片非常適合成為本書原版封面的書衣。

我們最近的全球人口爆炸，雖然還是有龐大的貧窮人口，但如果理解到，以健康、長壽與收入來評估的整體生活水平，大致上與全球人口的平均成長同步，就真的是一項非常驚人的成就。在傳統上，人口成長與日益增加的社經活動與金融指數有關，因此在很大的程度上，我們不只把指數成長視為理所當然，甚至還把它提升為某種公理。我們的整個社會與經濟典範，就是要適應這種持續的進展，以維持開放式的指數成長。

另外，我們已經出生的七十三億人，以及未來幾十年很快即將加入我們的幾十億人，都要吃、穿、受教育、受照顧。幾乎所有人都想要房子、車子與智慧型手機，我們也想要在舒適的環境中看電視、影片與電影，很多人也想到處旅行，獲得教育和連上網際網路。不管我們的活動、物質欲望與幸福多麼多樣化，我們都想過有意義而充實的人生。我們一起組成了夢幻的生活織錦畫，在這個人類發明的各式各樣社會與經濟過程中，所有人在不同程度上都做出貢獻、參與其中，也因此受惠受苦。但是如果沒有持續供應能源與資源，這一切沒有一件會發生，也不可能維持下去。按照目前的狀況，我們的持續發展需要供應煤、瓦斯、石油、淡水、鐵、銅、鉬、鈦、釘、鉑、磷、氮等，還有更多更多，而且要以指數式的成長率供應。

城市、都市化與全球永續

也許我們最偉大的發明就是這個舞台，在這個舞台上，一直發展著推動指數擴張的全套陣仗，包括所有社經互動、機制與過程。這是都市經濟學家艾德華．葛雷瑟（Edward Glaeser）在他所著的《城市的勝利》（*The Triumph of the City*）中表達的看法。①伴隨著過去兩百年來的人口爆炸，就是這個星球指數式的都市化。社會互動與合作，是成功創新與創富的兩個必要組成部分。為了促進與強化社會互動與合作，我們已經演化出巧妙的都市機制。人口與都市成長當然非常密切相關，一個會滋養另一個，導致我們在這個星球上擁有非凡的統治地位。

「**人類世**」（Anthropocene）這個專有名詞，一直被建議用來作為地球史最近的時代名稱，因為人類的活動在這段期間大幅影響了地球的生態系統。這個過程從一萬多年前開始，從發現農業，接著從四處移動的狩獵採集者，變成定居的社群，最後出現了第一批城市。直到那個時候，我們主要還是「生物性的」動物，這意味著，我們只是地球多面向生態的一個組成部分，可以說只是另一種哺乳動物，我們和大自然中看似無窮無盡的多樣化生物與有機體，形成一種元平衡（meta- equilibrium）②狀態。當時的全球人口只有幾百萬，我們與「自然」環境與地球的動態互動關係，基本上還是相當的「原始」。

最後，出現了工業革命。雖然在工業革命出現之前，人類的活動已經大幅改變了大部分的地球景觀，但工業革命帶來前所未見的一連串重大事件，預告著一個更深刻變化的開始，我們進入一種爆炸式的、比指數更快的擴張狀態，而且在非常驚人的短時間內，已經對地球的生態、環境與氣候，產生無法預料的變化。因此，有些人建議，我們應該把工業革命標示為人類世開始的時間，但有些人建議，應該是二十世紀的中葉。甚至有人建議，應該是一萬多年前就開始了，和全新世（Holocene）開始的時間一致，這是地球暖化並促使農業與現代人發展的地質年代的開始。

我個人非常熱中於想用一個新的時代名稱，來明確承認我們對地球造成的深遠影響，但我寧可保留人類世，作為表示從幾千年前到我們開始從主要是生物性動物，然後明顯變成主要是社會性動物而大幅增加代謝率的整個時期。在這個精神下，我們也應該承認，我們已經與純粹的人類世有了很大的轉變，甚至可以被視為另一個時代，而它的特徵就是城市以指數成長的現象，而且現在已經統治了這個星球。為了特別指出從工業革命開始的這段時間更短、變化更劇烈的時期，我想提出一個新的術語，並建議名稱為**都市世**（Urbanocene）。有鑑於這個變化的意義深遠，以及它的未來動力將會決定這個驚人的社經組織會繼續繁榮下去，還是注定會衰敗滅亡，我想先重述一下我在第一章提到的事，以作為探討的基礎。

當我們進入二十一世紀，人類變成社會性動物之後，城市與全球都市化就成為地球面臨的最大問題根源。人類的未來以及地球的長期永續問題，和城市的命運有著不可分割的關係。城市是文明的嚴酷考驗之地，是創新活動的孕育之地，是創造財富的動力與權力中心，也是吸引創意人才的磁場，更是觀念、成長與創新的興奮劑。但城市也有它的陰暗面：它們是發生犯罪、汙染、貧窮、疾病，以及能源與資源消耗的主要地點。快速都市化以及社經活動加速發展，已經產生多種全球問題，包括氣候變遷，以及氣候變遷引發的環境衝擊，而導致的糧食、能源、水源、大眾健康、金融市場與全球經濟的危機。

基於這種雙重特質，一方面，城市是很多重大挑戰的根源，但另一方面，城市也是創意與點子的發電機，因此也是找出這些挑戰解決方案的源頭，故而一個要問的急迫問題是，是否能有一門「城市的科學」，我指的是一個可以用有預測力的量化架構，以理解其動力、成長與演變的概念架構。為了研擬出能達成長期永續目標的嚴肅策略，這是非常重要的一環，特別是因為在這個世紀的下半葉，大部分的人類都會成為城市居民，而且很多人會住在空前規模的巨型城市中。[3]

我們現在面對的所有問題、挑戰與威脅，沒有一個是新的。至少從工業革命以來，這些問題就一直跟著我們。都市化是相對較新的全球現象，直到最近才開始被認真看待，因為它是僅次於總人口爆炸的問題。由於都市化以指數成長的速度發展，它引起的問題讓人感覺起來像是一個會讓我們滅頂的大海嘯。五十年前，甚至十五年前，我們大部分的人都不知道全球暖化、長期的環境變遷；能源、水與其他資源都是有限的，還有健康與汙染議題、金融市場的穩定問題等等。即使我們已經知道，我們也假設，這些問題都是暫時的脫軌，最後一定會消失。這當然是可以辯論的，也有大部分的政治人物、經濟學家與政策制定者，一直採取相當樂觀的看法，認為我們的聰明才智一定會得到勝利。但在指數的本質中，未來正在以越來越快的速度變成現在，因此在很大程度上，當問題出現時，也往往來不及順利解決它。基於大家對這個無聲無息的指數擴張威脅的一般態度，我想離題解釋一下它的影響，因為有權力制定政策的人，很少人重視這一點。

離題：指數成長到底是怎麼回事？幾個警世寓言

在討論從大爆炸以來的宇宙擴張，或從工業革命以來發生的巨大社會經濟變化時，我一直在用「指數成長」（exponential growth）與「指數擴張」（exponential expansion）這兩個詞彙，以為這是一個被完全理解的術語。事實上，我引用「指數」的態度有點傲慢，沒有仔細解釋它的意義與影響力。我也許低估一般大眾的知識與理解，但我經常聽到，受過良好教育的新聞從業人員、媒體大咖、政治人物以及企業領導人，在用「指數」這個字眼時顯示出，他們並沒有完全理解這個字眼的意義，或重視它強大的影響力。事實上，我經常覺得，如果他們真的理解，我們就能更輕鬆地說服他們，必須謹慎與策略性地思考長期永續問題的急迫性。因為這個概念如此重要，而且在本書中有非常重大的作用，我冒著賣弄的風險，想小小岔題一下，詳細闡述它的意義與影響。

「指數」就像「動能」（momentum）或「量子」（quantum），是一個擁有明確的定義，一開始用在科學界，後來進入一般術語的技術詞彙，它也意味著，一個在日常語言中還未充分溝通的有用概念。在口語上，「指數成長」（growing exponentially）通常被理解為非常快速成長的意思。例如，在我的字典中，第一個描述「指數」的意義就是「快速成長」。但實際上，指數成長的一開始其實非常緩慢，甚至沒有什麼害處，之後可以順利過渡到快速成長的階段。但這還沒完整表達指數的意義。

以指數成長的人口在數學上的定義是，人口規模成長的速度（例如每分鐘、每天或每年），和已經存在的人口規模成正比。因此，人口越多，成長率本身增加得越快。所以舉例來說，某個以指數成長的人口規模加倍時，它增加的速度也會加倍，這意味著，人口越多，人口增加的速度就越來越快，而且不斷回饋，直到最後失控。在沒有制衡下，人口與人口成長率最後會變得無限大。

在日常生活中，你對這種成長模式已經很熟悉，只是通常不稱為指數成長。每單位時間的成長率與當時已有的數量成正比，一個意思相同的說法就是，相對或**百分比成長率**（percentage growth rate）是固定的，這聽起來完全沒有什麼壞處，這不過就是銀行計算你的投資報酬率時使用的典型複利概念。所以，當總統、財政部長、首相與執行長宣布，他們的國家或公司今年的成長率是五％，或者當你的銀行告訴你，你的存款報酬率是五％，就是在說，這些都是指數成長，而且下一年的**絕對**成長率會比今年的成長率增加五％。所以如果沒有發生什麼變化，每個人都會越來越富有，越來越興旺。即使總統憂心地宣布，這一季的經濟成長率只有一．五％，並且得到很多經濟「低迷」的負面反應，他的意思仍是，經濟還是指數成長，我們還是在越來越快的成長軌道上，只是速度比較慢。在一個固定的百分比成長率下，每一個人仍然越來越富有、越來越興旺，所以也難怪我們迷上了像類固醇藥物一樣的開放式指數成長。這真的讓每個人都很嗨，也是我們經濟動力大為成功的明顯表現。

不管是經濟或人口，系統的成長通常以一個稱為**倍增時間**（doubling time）的數值來表達，就是系統規模加倍所需的時間。指數成長的特徵就是有**固定的**倍增時間，這聽起來也沒什麼壞處，直到你意識到它的影響，例如，人口從一萬變成二萬，也就是增加一萬人，和從二千萬變成四千萬，也就是增加龐大的二千萬人，所需的時間是一樣的。但令人驚訝的是，全球人口的倍增時間，實際上是有系統地越來越短，就像之前所說的：從一五〇〇年到一八〇〇年，人口從五億倍增到十億花了三百年；但倍增到二十億，只花了一百二十年；然後再倍增到四十億，只花了四十五年，如圖三十一所示。所以直到最近，我們實際上是以一個比純粹指數**更快**的**加速度**在增加人口。雖然這個加速度在過去五十年來開始變慢，但我們仍然在以一個指數的速度在成長。

與其提出更多定義與枯燥數字，我想提幾個更能生動說明這個觀念的有趣故事。指數成長的驚人吸引力與陷阱，很早以前就被充分了解了，尤其是在東方，那裡很早就了解了複利觀念，也自古就開始應用了。一千多年前，這個觀念也被受人尊敬的波斯詩人費爾多西（Ferdowsi），寫進世界文學的偉大史詩《列王紀》（*Shahnameh*）中。這是全世界最長的史詩著作，花了三十年才寫完。在寫作期間，西洋棋從發源地印度被引進到波斯。由於西洋棋大受歡迎，為了紀念，費爾多西利用棋盤說明指數成長的意義，以下是這個故事的一個版本：

當發明人向國王展示西洋棋遊戲時，國王深受吸引，於是要發明人指出想要的賞賜，以獎勵他發明了這麼奇妙又有挑戰性的遊戲。有數學喜好的發明者，請求國王以看起來非常不起眼的米粒作為賞賜。但是，米粒必須以以下的方式分配：棋盤的第一個方格上要放一粒米，第二個方格放二粒米，第三個方格放四粒米，第四個方格放八粒米，第五個方格放十六粒米，以此類推，每一個接下去的格子就要加倍米粒的數量。國王對於自己慷慨的提議，發明人卻提出這麼微不足道的回應，覺得有點不受尊重，於是勉強接受了發明人的請求，並命令司庫根據發明人的說明計算出米粒的數量。然而，一個星期過去之後，司庫還沒完成這個任務，國王把司庫召來斥責一頓，並質問他如此慢吞吞的原因。司庫告訴國王，發明人要求的賞賜比王國的整個資產總和還要多。

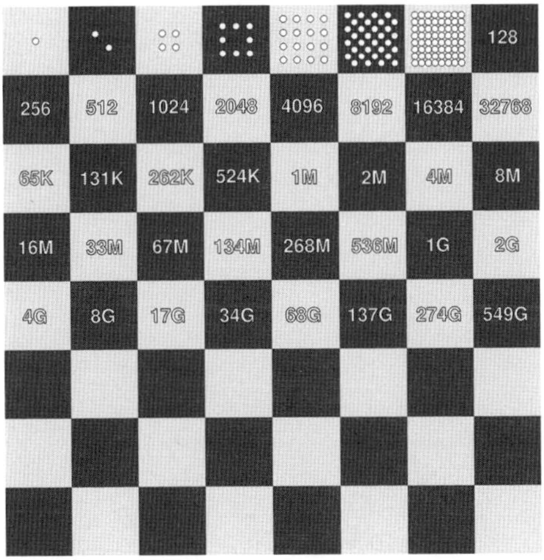

我們來看看，司庫的回答為什麼不只正確，事實上還大大**低估**了這份賞賜的規模。這實際上是個相當簡單的論述。一個西洋棋盤有六十四個方格（8×8）。賞賜的指示說明是第一個方格放一粒米，第二個方格放二粒米，第三個方格放四粒米，以此類推。所以舉例來說，第八個方格（就是棋盤右上方的角落）就會有2×2×2×2×2×2×2＝128粒米。然而，到最後一個方格，也就是六十四個方格時，就是棋盤右下方的角落，米粒的數量就是二乘以六十三次（也就是2×2×2×2×2×2…63次）。這的確是一個天文數字。如果你在筆電或智慧型手機的計算機上，把這個算式演算出來，你很快就會得出9,223,372,036,854,775,808，這只比千萬兆要小一點點而已！這個數量的米堆積出來的米堆，比世界第一高峰珠穆朗瑪峰更高。

這說明了毫無制衡的指數成長的神奇力量與終極

荒謬之處。它也說明了指數成長的某些令人毫不懷疑的特徵：它一開始總是出奇的慢，但一旦啟動，就會完全失控，而且會吞沒之前的一切。另外，在任何的一個時間點，一個指數成長的人口規模都比之前所有人的總和更多。例如，棋盤上任何一個方格的米粒數量，都比之前所有方格的米粒數量總和更大。因此，今天生活在這個星球上的人，比從人口開始指數成長到現在所有活過的人更多。所以，系統會意外達到一個可能無法維持的人口數量，或一個似乎「沒有限制」的人口數量。我們接下來要談的警世故事，可以恰當地說明這一點。我將在稍後討論到，在一個自然發生的社群中，例如森林與細菌群落，經歷了一段時間的指數擴張後，通常會遇到自然回饋機制，產生成長的生態限制，而且通常與競爭力與環境資源限制有關。

這讓我想到第二個警世故事，其中包含了一個塔木德（Talmudic）式的問題。這個故事是個虛構的思想實驗，靈感來自細菌群落成長的實際過程。假設我們要準備一個抗生素樣本，例如盤尼西林，然後以一個細菌開始，為了方便討論，我們知道每一個細菌每一分鐘會分裂成二個相同的細菌。所以一分鐘之後，我們會有二個細菌，然後再一分鐘之後，每一個細菌再分裂成二個細菌，就是四個細菌，再一分鐘之後就是八，然後是十六，以此類推，每過一分鐘，數量就增加一倍。這和棋盤上米粒數量的指數成長情形顯然很類似。假設我們在早上八點開始細菌生長過程，然後我們仔細計算容器中只有剛剛好的養分，以確保在正午十二點的時候，容器中會完全充滿細菌。問題來了：從八點到十二點之間，容器半滿會在什麼時候？

答錯的人通常回答的是八點到十二點之間的某一個時間，例如十點半或十一點十五分。但正確答案也許會讓有些人感到意外，是十一點五十九分，就在正午前的一分鐘。我相信你已經知道為什麼：由於族群數量每一分鐘增加一倍，所以最後規模的一半，一定就是在中午結束前的一分鐘，也就是十一點五十九分。

我想透過反向推論，更進一步探討這個小小的思想實驗：正午之前一分鐘，容器半滿；正午之前二分鐘，容器只有$\frac{1}{4}$分滿（$\frac{1}{2}\times\frac{1}{2}$）；正午之前三分鐘，容器只有$\frac{1}{8}$分滿（$\frac{1}{2}\times\frac{1}{2}\times\frac{1}{2}$），以此類推。在上午十一點五十五分，只在正午之前的五分鐘，容器只有$\frac{1}{32}$分滿（$\frac{1}{2}\times\frac{1}{2}\times\frac{1}{2}\times\frac{1}{2}\times\frac{1}{2}$），也就是說，只有三%滿，也幾乎看不見細菌。以這種方式進行下去，類似的計算方式顯示，在上午十一點五十分，在只剩十分鐘的時候，容器只有〇．一%滿，因此看起來似乎空無一物。所以，即使這個群落在整個期間，一直持續以指數成長，但幾乎在這個小宇宙的整個一生中，容器似乎空空如也，幾乎沒發生任何動靜。只有到最後幾分鐘，相對於整個存在時間微不足道的一小部分時間才有動靜，而且直到這個細菌宇宙不知不覺就要結束之前，在這個容器中似乎不見任何活動。

現在，讓我們以活在這個群落的細菌角度來看這一切。即使過了一百個世代，也就是等於「真實」的一百分鐘，相當於「人類時間」大約二千年（假設人類的每一個世代是二十年），生活十分美好，食物也很充足，因此社群不斷擴大，並在他們的小宇宙定居。即使過了二百

封閉系統的成長曲線

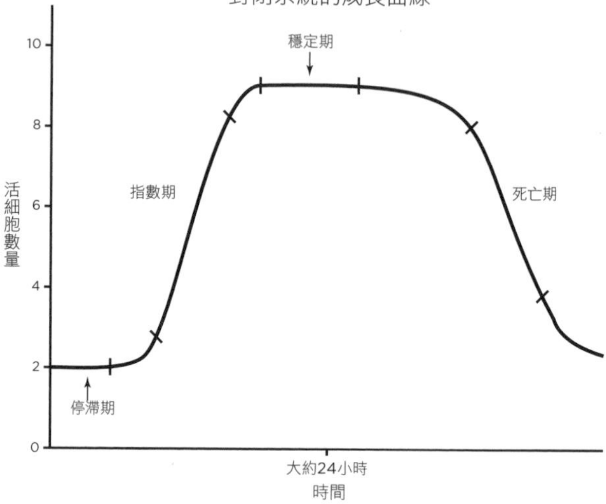

代，一切似乎還是非常好；甚至過了二百三十五代，看起來還是很好，但有些細菌可能已經開始意識到宇宙的「邊界」，並且第一次感覺到食物開始變得有點稀少了。不久之後，在二百三十九代的數量加倍時，族群數量已經達到荒謬的龐大數字10^{71}（也就是一兆乘以一兆，乘一百萬次），情況對每一個個體都非常糟糕，而且的確，再一個世代之後，一切都結束了！

雖然這個小寓言的細節並不完全正確，細菌加倍的時間通常超過三十分鐘，而不是一分鐘，而且更重要的是，也忽略了有毒廢物的產生，以及隨之而來的細胞死亡，但無限指數成長的基本訊息與影響，則是正確的。上方的圖顯示的是真實細菌群落的成長軌跡與生命周期，你可以在任何一本基礎生態教科書中看到。你可以看到，它描繪出我剛才說的故事：快速成長，然後停滯、崩潰。其中的一個關鍵是，這是一個封閉系統，這意味著，這個群落的可取得資源是有限的，就像我前面說的故事。坦白地說，這就類似我們在地球上為自己設計的封閉系統一樣，因為我們幾乎全部依賴化石燃料，而不是保持開放，用外部的太陽提供動力。雖然指數成長是我們這種物種非凡成就的一種顯著表現，但內建在其中的是我們滅亡的潛在種子，以及迫在眉睫的大麻煩前兆。

工業化城市的興起與其不足之處

我已經提出了兩個有點挑釁意味的警世故事，以說明開放式指數成長的意義與影響，並為之後的全球永續問題的討論奠定基礎。我們很難不把它們看成，是以人類為中心的現代人史詩般的冒險故事，並注定將以相當意外、和細菌大致相同的方式，悲劇收場。這些故事是我們過去兩百年來所作所為的真實隱喻嗎？我們應該準備面對最糟的情況，或者至少改變我們的揮霍方式？或者這些只是簡單誤導的神話寓言，人類會繼續他們的旅程，邁向一個擁有健康、財富、繁榮，更加輝煌的未來？

這類問題在工業革命推動一連串指數成長不久之後，就引起相當激烈的辯論，並且持續到現在。從在土地上幹活與手工生產，過渡到自動化機器與成立工廠以大量生產商品、農業技術創新與增加產量、引進新的化學製造與鐵器生產過程、水力發電效率改善，以及從可再生的木材能源轉變成化石煤能源，而增加使用蒸汽燃料，所有的這一切促成了越來越多人口離開傳統農村生活，進入快速成長的都市中心，因為都市被認為可以提供更多就業機會。這個過程一直在世界各地發生，而且直到今天仍然有增無減。④

工業革命帶來的巨大變化，創造了許多富有創業精神的製造商與工廠老闆，並見證了規模龐大且越來越有影響力的中產階級的崛起，但最新都市化的勞動階級，不管是在工廠還是在礦場，命運都相當悲慘。想想狄更斯《孤雛淚》（*Oliver Twist*）書中的奧利佛所在的倫敦景象：充斥著犯罪、汙染、疾病與窮困，大量的勞動階級生活在悲慘之中。因應快速的人口成長與工業化而出現的貧民窟，以擁擠、衛生不佳、環境骯髒而惡名昭彰。

曼徹斯特在很多方面都成為工業革命的象徵，它曾是蓬勃發展的紡織業中心，是英國野心勃勃的「統治浪潮」（rule the waves）的主要動力，以確保如棉花等原物料供應無虞。曼徹斯特是全世界第一座工業城市，人口從一七七一年的二萬人，到一八三一年共成長六倍，達到十二萬人，然後在將近七十年後，在十九世紀結束前，突破了二百萬人。曼徹斯特的變遷提供了城市的發展樣板，在全球各地，從德國的杜塞道夫、美國匹茲堡、中國深圳與巴西聖保羅，直到今天，已經重複了無數次。

回顧過去的大城市，例如倫敦與紐約，我們可以發現，它們大致上也有今日大城市的負面形象，例如墨西哥城、奈洛比或加爾各答。在一百五十年前，對曼徹斯特紡織工人的描述是這樣的：「非常不光彩的事實是，身強體健的男人在四十歲的年紀，就老得做不動了；就連兒童也因衰老而變形，數以千計的兒童在十六歲之前，就因為染病〔結核病〕而亡故。」雖然如此，即使無恥的剝削與可怕的非人性化的生活與工作條件，這些城市變得具有高度流動性，並快速發展出不同的社會族群，也提供大量的機會，最後導致其中很多城市變成世界經濟的驅動力。今天出現在非洲、亞洲與其他地方的大城市，大致也可以推想出相同的發展故事。引用一下美國建築師與都市規劃師安德烈・杜安伊（Andrés Duany）的說法：「一八六〇年，首都華盛頓人口六萬，沒有街燈、開放式下水道，豬在主要街道上漫遊。當時情況比我們今天最糟糕的城市還差。所以，還是有希望的。」

在寫到維多利亞時代的大城市，以及「工作窮人」的困境時，我忍不住補充一段我個人的親身經驗。雖然我在英國鄉下地區塞默薩特郡出生，但我們家和倫敦東區有些淵源，而且因為奇怪的命運安排，我高中的最後幾年就是在那裡度過。東區是倫敦在十九世紀快速擴張的產物，並成為城市中最貧窮、最人滿為患的地區，因此也是疾病與犯罪的溫床。惡名昭彰的開膛手傑克，更是有史以來最聲名狼藉的東區罪犯。好像是符合這個半信半疑的傳統一樣，我在那所高中的頭兩年，一直坐在我旁邊的同學，最後淪為英國的頭號通緝犯。當時大部分的東區還被稱為貧民窟，而且也仍然透著狄更斯小說的氛圍，特別是在冬季時節，白天很短，天空灰暗，加上城市中繚繞著經典的煮豆湯蒸氣，簡直就是福爾摩斯神祕案件的完美場景。

從那時候起到讀大學期間的夏天，我都在當地的釀酒廠打工。第一次是在一九五六年，當時我十五歲。那時是在萊姆豪斯的老泰勒．沃克（Taylor Walker）的啤酒廠，靠近泰晤士河北岸的碼頭邊，這是當時東區名聲特別差的地帶。萊姆豪斯是很多書籍與電影的主要特色，而且從維多利亞時代到現在，都沒有什麼改變。到了一九五六年，雖然狄更斯的《艾德溫．德魯德之謎》（*The Mystery of Edwin Drood*）中的鴉片煙館已經不見了，但仍然以犯罪出名。

這座啤酒廠可以追溯到一七三〇年，於一八二七年興建完成，並在一八八九年局部整修。這是一座典型的維多利亞紅磚工廠建築，照明與通風不良，工作環境相當糟糕，而且大致維持了一百多年。我的工作包括不斷愚蠢地把啤酒瓶裝進箱子，並送進一條垂直的輸送帶，這條輸送帶會把用過的瓶子送去清洗乾淨，然後再次加滿啤酒。大約每五秒鐘，我就要把另一個沉重的箱子，餵進這部古老的鐵製機器，一天九個半小時毫不間斷，一星期五天半（這包括每天加班一小時，以及星期六工作半天），中午休息一小時，上下午各有一次十五分鐘的休息時間。這是我人生中做過的最辛苦的工作（也許除了弦論，以及協助帶領聖塔菲研究院走出二〇〇八年的市場崩盤之外）。回家的時候（幾乎一個小時遠），我整個人筋疲力盡，吃了一頓大餐之後，八點半就睡了，然後在隔天早上六點半起床。

在休息時間，一個從狄更斯書頁中走出來的男人，身上繫著一條又髒又舊的皮圍裙，手裡拿著一個又大又髒的鐵桶，還連著一條鐵鍊，上面拴著一個被打得坑坑疤疤的舊錫杯。桶子裡裝著泰勒．沃克廠裡最便宜的棕色啤酒，我們可以用這個錫杯，想喝多少就喝多少。不必說，這個杯子在給不同人使用時，既沒清洗，也沒沖水。天知道我因此得了多少病，當然我不會把這些事告訴母親。我每小時的工資是一先令十一．七五便士[5]，幾乎是十分之一英鎊（今天的十便士），或大約十五美分。這工資聽起來其實沒有很糟，換算通膨到今天的幣值時，相當於大約一小時二．一八英鎊（或大約三美元）。

對一個十五歲的孩子來說，這其實很不錯，因此我在夏天的這二或三個月，就可以賺夠錢，足夠支付我做一次搭便車的旅遊行程，而且可以在一年剩下來的其他時間，享受倫敦可以提供給一個青少年的消遣。但如果我是一個有妻子與三個小孩要養的三十歲男人，即使我的工資是兩倍，天知道我該如何打平開銷。情況與前景真的非常暗淡。毫無疑問，這種情況當然已經比五十或一百年前改善很多，當時的工作日一天要工作十二小時，一星期六天，而且礦場與工廠中的童工都很常見。我在政治上是保守的，但就像我之前的很多人，深受我在大城市親眼目睹經濟光譜兩端的景象所影響。從馬克思（Marx）與恩格斯（Engels）到蕭伯納（George Bernard Shaw）與布魯姆斯伯利集團（Bloomsbury set），以及克萊門．艾德禮（Clement Attlee）與他戰後的英國工黨同事，很多來自舒適的中上階級背景的思想家，都對他們在倫敦東區、蘭開夏的鋼鐵廠與南威爾斯的煤礦場，所看到的貧窮與匱乏感到震驚。

我們很容易忘記，早在工業革命之前，對很多勞動階級來說，苛刻、衛生不佳的工作條件就是基準。所有我們認為和工業革命與都市化有關的罪惡，不管是童工、骯髒的工作環境或工時過長，在工業化社會之前就普遍存在了。事實上，就是因為科學與啟蒙運動帶來的改善，最後促成了嬰兒與兒童死亡率大幅下降，因此才有大幅增加的人口成長率。對一個都市工人來說，相對於他在鄉下的同類，生活可能更糟，部分原因是，相對於在土地上工作，工廠與礦場的工作被認為不人性化、條件嚴苛；另外也是因為指數成長的結果，問題的規模與範圍比鄉下大很多。今天也有人持類似的論點，很多人認為，如果我們都住在小村小鎮上，生活會好很多，因為那裡有一種社區與互相關聯的感覺，但在現代城市的嘈雜聲中，似乎已經蕩然無存。稍後我在討論都市的動力，以及說明不管我們是住在快節奏的都市或寂靜的鄉村，我們都依賴著開放式成長的經濟，而加速的生活步調與開放式成長的經濟觀念為何密不可分時，會再回頭探討這一點。

馬爾薩斯、新馬爾薩斯主義與大創新樂觀主義者

湯瑪斯・羅伯特・馬爾薩斯（Thomas Robert Malthus）通常被認為是第一位發現開放式指數成長的潛在威脅，並將這個威脅連結到資源限制與取用問題的人。馬爾薩斯是一位英國牧師與學

者，也是晚近出現的經濟學與人口學領域，以及它們對長期政策的影響的早期貢獻者。他在一七九八年出版了一本影響深遠的巨著，書名為《人口論》（*An Essay on the Principle of Population*），在書中他主張：「人口的力量無限大於地球維持人類生計的生產力量。」他的論述是，人口是以「幾何乘法」增加（multiplies geometrically），意味著它是以某個指數率增加；但是生長與供應食物的能力只能以「算術」（arithmetically）增加，意味著它是以一個小很多的線性速度增加，所以人口規模最後一定會超過食物供應，並導致災難性的崩潰。

馬爾薩斯認為，為了避免這種災難，並確保一個可以支撐的人口數量，需要採取某些形式的人口控制措施。也許可以透過「自然」原因產生，例如疾病、饑荒與戰爭，或者更好的方法是，透過改變社會行為，尤其是工作窮人的行為，因為他認為，他們的生育率是問題的明顯原因。身為虔誠的基督徒，他不太喜歡避孕的想法，並傾向道德約束的概念，例如禁欲、延遲結婚、限制處於赤貧或有健康或心理缺陷的人結婚。聽起來很熟悉嗎？由於他有很深的宗教與道德信念，如果當時有結紮與墮胎技術，他是否會熱烈支持大量結紮或墮胎自由，這有很大的辯論空間。然而，他肯定會是中國一胎化政策的大力支持者。不用說，現代的馬爾薩斯主義人士，對於人工避孕、墮胎，或甚至結紮計畫，只要是在自願的基礎上，並沒有這樣的宗教顧忌。

馬爾薩斯的分析產生的一個不幸後果是，他的主張被解讀為，窮人因為太早生育子女，才導致自己的窮困，所以應該被責怪。因此很容易就得出一個結論，窮人的貧困與普遍匱乏的原因就是如此，而不是被資本家剝削。這種思維的進一步後果就是，傳統的馬爾薩斯學派認為，不管是政府或是慈善團體，對窮人提供的家長式慈善援助都會引起反效果，因為這樣做只會增加他們的人數，也會因此助長依賴人口的指數成長，最後就會拖垮國家，讓國家破產。在各種現代版本中，這種論述聽起來也非常熟悉。這些想法不可避免引起很大的辯論，並在接下來的兩個世紀，不斷引起共鳴，而且持續到現在。

從很多方面來看，這些辯論竟然沒有停止，是非常令人意外的事，因為馬爾薩斯的觀點幾乎在他一開始提出來的時候，就遭到整個政治立場光譜中，許多最有力的社會與經濟思想家強烈批評，並立刻遭到駁斥，而且我們也會看到，他們都有很好的理由。過去兩百年來，從馬克思主義者與社會主義者，到自由派的自由市場愛好者，從社會保守派與女權主義者到人權倡議者，各方面出現了廣泛的批評，而且還會一直持續下去。我覺得特別有趣的一個經典批評，就是馬克思與恩格斯的批評，他們反駁馬爾薩斯，「本身不是資產階級」，但聽起來像是從蒙提．派森（Monty Python）⑥短劇出來的人，拙劣模仿著資產階級的口吻。

另一方面，馬爾薩斯的觀點也影響了很多重要的思想家，即使有些人並不是完全同意他所說的每一件事。這些人包括偉大的經濟學家約翰．梅納德．凱因斯（John Maynard Keynes），以及自然選擇理論創始人阿爾弗雷德．羅素．華萊士與達爾文。最近幾年來，由於全球永續問題受到新的關注，馬爾薩斯的觀點已經被擴大，包含了一般的資源限制問題（不只是食物），比較不強調窮人甚至人口成長的問題，而是比較強調環境、氣候變遷的問題，並承認這些問題超越了地理與經濟階級。

然而，在主流的經濟學家與社會思想家中，由於有即將發生大災難的含義，馬爾薩斯理論成為一個禁忌話題。大部分的人認為，這個理論的基本假設根本就錯了，而且有非常充分的證據可以證明。也許最重要的是，農業生產力完全與馬爾薩斯的預期相反，它不是隨著時間以線性增加，而是隨著人口成長以指數增加。另外，隨著平均生活水平穩定提升，人類的生育率也持續穩定下降。再加上平均工資提升與可以進行結紮，工人生得更少，而不是更多。

我遇到的大部分經濟學家都主動駁斥，傳統馬爾薩斯式最終或即將崩潰的想法，過於天真、簡單，或就是單純弄錯了；另一方面，我遇到的大部分物理學家或生態學家都認為，不相信的人就是瘋子。特立獨行的已故經濟學家肯尼思．博爾丁（Kenneth Boulding）也許總結得最好，他曾在美國國會作證時說：「任何相信指數成長可以在一個有限世界中永遠持續下去的人，不是瘋子，就是經濟學家。」

大多數的經濟學家、社會科學家、政治人物與企業領袖，一般持樂觀看法的理由是訴求「創新」這個標準的口頭禪，並把它當成可以讓我們守住指數成長的魔杖。他們正確地指出，我們非凡的發明能力以及對改變與創新的開放態度，很大部分是由自由市場經濟所驅動，而這也將持續促成指數成長，並提升生活水平。原始馬爾薩斯論點的錯誤在於，人們受到這股精神與啟蒙運動和工業革命的刺激，在農業上促成不可預見的技術進步。這導致了各式各樣的發明，例如脫粒機、黏合劑、軋棉機、蒸汽拖拉機和帶有切割邊緣的鍛鐵犁，以及作物輪作技術的進步，並增加使用商業生產的肥料。透過提高產量與機械生產，對生產效率的貢獻極大，而在過去的一萬年，這些基本上都是由手工完成。一八三〇年，種植一百浦式耳的小麥，需要將近三百小時的人工；到了一八九〇年，這個時間縮短為不到五十個小時；而在今天，則花不到幾個小時。

就在我們的有生之年，隨著農業日益工業化，我們已經看見這種驚人的革命在糧食生產上的非凡貢獻。在已開發國家，糧食生產已經由大型的農產公司財團所主導，它們運用科學與技術，達到最高產量以及最佳分配。在機械化的糧食生產中，肉、魚和蔬菜在大型工廠的生產線上有效生產出來，就像被快速送到全球各地的汽車與電視機，以合理的價格維持數十億人的食物需求。

舉個例子讓你知道這個變化的規模。想想看，在一九六七年，美國大約有一百萬家養豬場，但今天只剩十萬家，而且八〇%的豬隻都是由這些專門工廠農場所生產。光是四家公司就生產了美國肉品消費市場中，八一%的牛肉、七三%的羊肉、五七%的豬肉、五〇%的雞肉。從全球來看，全球七四%的家禽、四三%的牛肉、六八%的雞蛋，就是以這種方式生產。因此，美國現在不到一%的人口在農業部門工作，相較於一九三〇年代，農業占四分之一的人口，平均一個農場工人供應食物給大約十一個消費者，今天這個數字接近一百。效率大幅增加，農業勞動力需求大幅減少，一直是都市人口指數成長背後的一個主要動力。

當你想到長期永續問題時，很難不被「創新」的論點說服。只要想一想，在過去兩百年來，已經產生的一連串小工具、機器、人造物品、過程與觀念，更不要說過去二十年了。從飛機、汽車、電腦與網際網路，到相對論、量子力學與自然選擇，簡直就是難以想像的指數式狂飆。在這個服用類固醇的星球，簡直是無限量供應比阿里巴巴或霍拉帝奧（Horatio）[7]曾經夢想過的更多奇蹟。

根據世界銀行（World Bank）表示，聯合國於二〇〇〇年設定的一個主要千年發展目標（Millennium Development Goals），也就是在二〇一五年，把一九九〇年的貧窮率降低到一半，已經比預訂時間提早五年，在二〇一〇年達成。另外，平均來說，現在的人比以前的人壽命更長，生活水準也更高。但另一方面，全世界的另一半人口，每一天的生活費仍然不到二．五美元，高達十億人缺少乾淨的飲用水或足夠的糧食。儘管我們已有驚人的進步，但馬爾薩斯提出的威脅似乎仍潛伏在進步的背景中。

將近五十年前，生態學家保羅．伊里奇（Paul Ehrlich）在一九六八年出版了一本暢銷書《人口炸彈》（*The Population Bomb*）[8]，就在書中大力主張這一點。書中一開始就挑釁地宣稱：

> 餵飽全人類的戰役已經結束了。即使從現在開始採取任何緊急措施，在一九七〇年代，仍有數億人將會餓死。在這麼晚的時候，沒有任何事情可以防止世界死亡率大幅增加……

類似的可怕預測還有「我看不到印度如何能在一九八〇年，餵飽比現在更多的二億人。」書中並提出一連串嚴厲的建議，包括強制絕育，以減緩即將發生的大災難。

此後不久，一九七二年，麻省理工學院的丹尼斯・米道斯（Dennis Meadows）與杰伊・佛瑞斯特（Jay Forrester）進行了一項研究，並出版了《成長的極限》（*The Limits to Growth*）。[9]書中專注於探討，有限資源如何影響指數成長的延續，以及「一切照舊」的可能後果。這個研究的經費是一個名為羅馬俱樂部（Club of Rome）的組織所贊助，這是一個「共同關心人類未來的世界公民聯盟」，成員包括來自全球的前國家元首、外交官、科學家、經濟學家與企業領袖。這項研究是第一次認真嘗試，以現有的數據結合電腦，對糧食生產、人口成長、工業化、不可再生能源與汙染的演算，為地球的永續性推論各種可能的情況。因此，它也成為後來認真嘗試模擬地球未來的先驅，包括最近對氣候變遷的模擬。

就像馬爾薩斯的文章與伊里奇的書，《成長的極限》得到大眾媒體的極大關注，而且也刺激了對地球未來的辯論。然後也像前面的人一樣，這本書招來相當多的批評，特別是經濟學家，因為它未能納入創新的動力。

主要的評論家是知名經濟學家朱利安・西蒙（Julian Simon），他表達了很多經濟學家所持觀點的一個極端版本，他說，經由人類的聰明才智，以及我們持續創新的能力，過去兩百年來，我們所見證的令人讚嘆的成長，將會「永遠」持續下去。事實上，在西蒙於一九八一年出版的著作《終極資源》（*The Ultimate Resource*）中主張，人口實際上越多越好，因為它會刺激出更多技術創新、發明與聰明才智，因此會找出開發資源並提升生活水平的新方法。⑩

進入二十一世紀時，這個富饒的「豐裕角」（horn of plenty）⑪願景，再次成為企業與政治概念思維的重要內容。這個願景以不斷被魔法填滿無數漁獲的畫面出現，但不是因為神聖的干預，而是人類聰明才智的自由表達，以及自由市場經濟的無限可能性。事實上，西蒙的看法被很多學術界、商業界與政治圈的人接受。經濟學家保羅・羅默（Paul Romer）清楚總結了這個看法，他是**內生成長理論**（endogenous growth theory）的創始人之一，這個理論認為，經濟成長主要是由人力資本投資、創新與知識創造所驅動。⑫羅默主張「每一代都會感覺到，只要沒有發現新的配方與點子，有限的資源與不想要的副作用，就會造成成長的極限。但每一代都低估了找到新配方與新點子的可能性。我們一直無法掌握，還有多少點子沒有被發現。可能性不是用加法計算的，而是用乘法」。用稍微不同的方式說，他就是主張，點子與創新是以乘法（也就是指數），而不是以算術（也就是線性）增加，這和人口的指數成長一致，而且，這個過程是開放而沒有限制的。

另一方面，隨著環境運動的出現，以及對地球未來的嚴重關切，最近幾十年也重新出現了《人口炸彈》與《成長的極限》的精神繼承人。與此密切相關的是，大家非常關心不受管制的公司與政治野心的影響，因此刺激了「企業社會責任」的要求。猖狂的資本主義認為，它是創新與聰明才智的引擎，並能為所有人類帶來成長與繁榮；但環保人士和注意到氣候變遷與經濟可能崩潰的人，對未來卻充滿悲觀與擔憂，二十一世紀一個主要的政治挑戰，就是敉平雙方的分歧，並降低持續的緊張。

雖然無視於可能的崩潰，認為自由市場經濟所促進的集體人類的聰明才智與創新力，是維持長期開放式成長的祕訣，可能不是完全沒有道理，但我有點不解的是，這種看法通常對它所造成的不可避免的後果，帶著一種否認，或至少很深的懷疑心態。就像很多人提倡以「創新」作為達成全球社經挑戰的萬靈丹，在談到認為人類活動造成全球環境破壞，或是成為嚴重健康問題的根源時，不管是從氣候變遷、汙染或化學汙染來看，西蒙就持懷疑的意見。熱力學第二定律的精神與基本內容，以及它在產生熵的具體表現，代表了開放式指數成長的黑暗面。不管我們有多麼厲害的創新能力，到最後一切都是由能源來驅動或處理，但是能源的處理一定會產生不良的後果。

一切全和能源有關，笨蛋！

從全球的角度看，我們使用了非常大量的能源，一年大約是一百五十兆度電（kWh）。這簡直就是像美國年度預算那樣的天文數字，我們大部分的人也很難理解它的規模與意義，一聽到都只能當場傻眼。談到美國的預算，據說一九五九年到一九六九年的共和黨參議院領導人艾佛瑞特．德克森（Everett Dirksen）曾經說了這段話：「這裡十億，那裡十億，很快你就知道這是在談真正的錢了。」而現在的預算三．五兆美元，還是當時預算的三十倍多。這個數字表示，在美國的每一個男人、女人和兒童，每個人的預算是一萬美元，這讓我們更能了解它的規模。

為了讓你對全球能源消耗的規模有類似的理解，並用一種容易上手的角度來看它的龐大規模，這裡有幾個比較，可能有些幫助。我在第一章指出，你維持一天生命需要的二千卡路里，幾乎相當於一百瓦，一個白熾燈泡的電力。相對於所有的人造物品，你使用能源的效率非常高。舉例來說，你的洗碗機每一秒鐘需要的能源，是你用手洗碗的十倍多；而你的車子為了帶著你趴趴走，使用能量的速率超過一千倍。當你把一個地球上的普通人用來啟動所有機器、人造物品與連結現代生活的所有基礎設施的能源加總起來，大約是我們自然能源需求的三十倍。

稍微換個方式說，我們維持生活水平所需要的能源處理速度，數十萬年來一直維持幾百瓦不變，直到大約一萬年前我們開始形成集體的都市社群。這也標誌著人類世的開始，從那時候起，我們的實際代謝率一路穩定提高到今天超過三千瓦的水準。但這只是整個地球的平均值，已開發國家的代謝率要高更多。在美國，幾乎是四倍大，高達一萬一千瓦，比「自然的」生物代謝值高出一百多倍。這個量不比一隻藍鯨的代謝率小很多，但藍鯨的質量是我們的一百多倍。想一想，我們這種動物使用的能量其實是我們實體尺寸「應該」用量的三十倍，從這個角度來看，那麼在地球上活動的有效人口，也會相對比實際住在地球上的七十三億人更多。在一個非常真實的意義上，我們活動的方式就像我們的人口至少有三十倍多，也就是說，全球的人口就像超過二千億人。如果最樂觀的富饒思想家是對的，而世界人口在本世紀末又達到一百億人，全部活在與美國相當的生活水準，那麼有效的人口就會超過一兆。

這個思考練習不只讓我們了解，我們使用了多少能量，也說明了相對於其他的「自然世界」，我們超出生態平衡有多遠。一樣重要的是，從演化標準來評估時，大幅增加能源消耗的行為，只是發生在一段非常非常短的時間內，因此，對於它所造成的影響，幾乎不可能來得及完成所需的系統調整或適應。例如，根據估計，當我們還是自然世界的一部分，每一個人是以幾百瓦的能量水平活動，而且還沒發現農業時，全球人口就只有大約一千萬人。但在這麼短的時間內，全球人口就有效成長到二萬倍，造成自然平衡的演化動力中斷，因此可能導致災難性的生態與環境後果。

這一切都很發人深省，如果再想到我們使用能源時不可避免的低效率，以及同時產生的熵所導致的汙染、低階熱能（low-grade heat）⑬與環境破壞與毀滅，就更是如此了。現在每年的全球能源消耗量，高達一九八〇年的數值將近二倍，其中大約有三分之一被浪費掉。例如，用來讓車子移動的汽油，實際上只用到大約二〇％的能量。創新的一大功能就是，經由精煉現有的技術、發明新的技術，或是發展出石油用途的新方法，以降低這種不效率。我們現在也看到，由於政府計畫與稅收政策鼓勵思考與解決這些問題的新方法，大眾與企業也越來越意識到能源消耗、浪費與低效率的問題。毫無疑問，我們已經有了也會繼續出現重大的進展，但這樣夠了嗎？支持開放式成長的自由市場制度，即使經由政府干預、刺激與規範，可以在賺取大筆獲利以及解決永續問題之間，找到一個元穩定（meta-stable）的平衡關係嗎？這是一個信念的問題。畢竟，企業的主要功能不是提高效率，而是要賺錢。

地球上的生命經過演化，一直是直接從太陽轉化成有機體所需的生物代謝能量，以維持生命。儘管自然選擇導致新的、創新的生命形式，戲劇化的角色不斷改變，但這個驚人的過程已經順利持續進行了超過二十億年，因此可以稱為是一種「永續的」（sustainable）過程。生命如何一直延續下來的一個關鍵要素是，能量來源，也就是太陽，是來自外部的、可靠的，而且相對穩定的。它每一天都在照射萬物，而且它的輸出如有任何變化，發生的時間也夠長到讓有機體可以適應這種改變。

這個持續不斷演變的準穩定狀態（quasi-steady state），在我們發現火的時候，開始慢慢改變。這是把儲存在死木中的太陽能量釋放出來的化學過程。再加上發明農業，我們開始邁向人類世，從單純的生物性有機體，變成目前的狀態，成為都市化的社經生物，不再處於「自然」世界的元平衡狀態。換句話說，離開將近三十億年的永續生活，踏上真正革命性的大幅改變，只是過去兩百年的事，我們發現與開採了儲存在地下的煤炭與石油的太陽能量，也預告了都市世的開始。化石燃料一直被認為就像太陽本身，幾乎是無限的能量來源，隨後就引發了工業革命。

※※※

從科學角度來看，工業革命真正的開創性特徵是，從一個能量來自外部的太陽供應的開放系統，大幅改變成一個能量由內部的化石燃料供應的封閉系統。這是一種根本的系統性改變，也具有巨大的熱力學後果，因為在一個封閉系統中，會嚴格應用到熱力學第二定律，以及熵一定會增加的必要條件。我們從一個外部的、可靠的與穩定的能量來源，「進步」到一個內部的、不可靠的與會改變的能量來源。另外，由於我們現在的主要能量來源，是它所支持的系統的組成部分，因此它的供應也會受到持續改變的內部市場力量所脅持。

在化石燃料的推動下，我們在兩百年內取得的社經成就，在如此短暫的時間內所完成的一切生物性活動，遠遠超過直接由太陽提供動力的自然選擇。但是讓化石燃料精靈跑出瓶子，可能要付出沉重的代價，因此我們若不是得學著與它共同生活，就是，可能的話，把它放回它一開始來的瓶子裡。

一個有關第二定律後果的例子是，由於釋放了儲存在地下化石燃料的能量到地表，而造成大氣暖化。由於燃燒這些燃料的副產物熵，就是二氧化碳與甲烷等氣體，這些氣體又大幅強化了大氣暖化，導致熱能被困在大氣中，也就是眾所周知的溫室效應。我不詳細討論物理與化學反應過程的速度和溫度的關係，只再強調一點，它們是呈**指數**變化，而不是冪次法則。因此，影響天氣與動植物生命史的反應過程，**溫度很小的改變就會引起指數式的敏感作用**。容我提醒一下，平均溫度上升攝氏兩度，反應速度就會大幅增加二〇%。所以，環境溫度在相對非常短的時間內發生的微小變化，因為時間還不夠長到可以發展出適應過程，將會導致重大的生態與氣候效應。其中有些效應可能是好的，但很多將是災難性的。然而，不管這些效應的跡象如何，重大的改變完全操在我們手上，我們迫切需要了解這些效應的前因與後果，並制定適應與減緩的策略。

關鍵問題不在於這些效應的原因是否人為導致，因為幾乎肯定都是，關鍵在於在多大程度上可以把效應降到最小，而不會快速導致我們的身體與經濟環境不連續的變化，最後可能造成全球社經結構大崩潰。因此我對拒絕科學家、環保人士與其他人的警告與勸戒的一般大眾，包括政治與企業領袖深感困惑，並且也對他們的缺乏行動持續感到不堪。是的，我們所有人都應該對自由市場制度的巨大成功與成果，以及人類的聰明才智與創新力，感到歡喜，也應該繼續鼓勵，但我們也應該承認能量與熵的關鍵作用，並且一起有策略地行動，以找出解決它們不良後果的全球方案。

儘管能源在把我們帶到地球目前的歷史，特別是現代人類社會的社經發展上，明顯發揮了重要的作用，你卻很難在任何經典經濟學教科書中發現一、兩句有關它的內容。非常明顯的是，像能源、熵、代謝與承載能力的概念，從來沒有進入主流經濟學。經濟、市場與人口在過去兩百年的持續成長，加上生活水平的同步提升，毫不令人意外地被視為是古典經濟思維成功的明證，也反駁了新馬爾薩斯人士的觀點。所以沒有必要認真思考，能源是經濟成就與人口成長的潛在動力，更不必考慮能源不可避免的後果熵了。當然也沒有必要考慮，能源實際上可能是有限的，以及開放式成長可能有潛在的物理限制。直到現在。

這個問題很早就在概念上被迴避掉了，因為大家都認為，創新與人類的聰明才智已經發揮了神奇的作用，並且假設這將會繼續發揮作用，也能維持整個企業繼續存活下去，特別是受到相當自由的市場經濟刺激時。就像神祕而且幾乎是無限的概念，黑暗能量被用來「解釋」，為什麼物理宇宙持續以指數擴張中，所以，幾乎無限供應創新點子的幽靈也被用來解釋，為什麼社經宇宙將繼續擴張，並克服途中的所有障礙。

除此之外，似乎還有一個未被表達出來的假設，也就是作為創新種子的點子，本身並沒有成本，畢竟，它們「只是」人類大腦中的神經過程，因此集合起來，我們可以在我們的腦袋裡產生幾乎無限量的點子。但就像其他所有的一切事物，點子與它所啟發的創新活動都需要能量，其中很多是去支持想到這些點子的聰明人士，還有提供適當刺激的環境，以及已經制度化的體驗場所，例如大學、實驗室、議會、咖啡館、音樂廳與研討會場。

其中真正的精髓體現在城市與都市生活的概念中。知名人類學家瑪格麗特・米德（Margaret Mead）貼切地表達了這一點，她觀察到：「以城市為中心，一年裡的任何一天，可能會讓你遇到一位新的天才、一顆敏銳的心靈，或一個有天分的專家，這對一個國家的生活非常重要。」事實上，城市已經變成我們發明來加強與促進社會互動的引擎，從而刺激點子的產生與創新。城市會吸引聰明而有抱負的人，是育成新點子，也是創業活動蓬勃發展的地方，還是創造財富的所在。支持這一切都非常昂貴，所以把點子與能源切割開來是很天真的，因為如果沒有其他的條件，任何一件事都不會獨自蓬勃發展。針對新機器、新產品與新理論，數以兆計的想法、點子、猜測與提案之中，只有非常非常少的一部分會產生一點意義。幾乎所有的點子都會在半途中就失敗了，即使作為一個整體，為了新的與創新的活動得以出現與蓬勃發展，所有的點子也形成一個必要的背景噪音與世界觀。而所有的這一切，需要大量的能量：無中不能生有。

一個可能的永續科學必須了解，全球動力是一個複雜演變的適應系統，本身由很多互相連結與互相作用的子系統組成，而且這些子系統也是複雜適應系統，全部可能在能量、資源與資訊限制下一起演變。我們必須了解，創新、科技進步、都市化、金融市場、社會人際網絡的動力，如何與人口動力互相連結，而它們不斷變化的相互關係如何促成成長與社會變遷；以及作為人類活動的表現，它們如何全部整合成一個整體而互相作用的系統架構……以及這樣的動態演變系統，最後是否可以永續。

馬爾薩斯、伊里奇與羅馬俱樂部的論點也許有瑕疵，但他們的結論與意義還是正確的。無論如何，在我們盲目地進入二十一世紀時，他們提出了人類必須面對的某些最重要的存在問題，對我們有很大的幫助。雖然人口炸彈已經被掃到地毯下面無人聞問，但大家已經意識到，能源供應的永續問題，以及其可能的不良後果，現在也正在嚴肅地辯論著。

從太陽每天穩定送到地球的大量能源流量的觀點來看，根本沒有能源問題。想了解其中的相對規模，我提供以下數據給你參考：從太陽傳送到地球的能源總量，一年大約是一百萬兆（10^{18}）度電，而我們全部的人每一年加總起來的能源需求，從這個尺度來看是「微不足道的」一百五十兆（1.5×10^{14}）。所以從地球由太陽得到的能源規模來看，我們的能源使用量只占我們原則上可以取用的能源的〇・〇一五%。換個方式說：從太陽得到一個小時的能源，比整個世界一年使用的能源更多。事實上，太陽能的規模如此龐大，光是一年得到的量，就是有史以來曾經從地球的煤炭、石油、天然氣和鈾等不可再生的資源，取得的能源總和的大約二倍。所以從這個觀點來看，至少就原則上來說，不會有能源問題。

因此，為了維持全球能源可用性的長期策略應該很清楚：我們必須回到過去的生物典範，大部分的能量需求都直接由太陽供應，只是是以維持與擴張我們已經達成的成就的方式，而非原始的方式。我們迫切需要開發新的技術，讓我們能夠負擔得起，以利用來自太陽的充足能源，其中主要由直接輻射，還有間接從風力、潮汐力與海浪波動取得。這對我們自稱的聰明才智與創新力，是多麼奇妙的挑戰啊！這真的是一個大好機會，基於創業的動力、自由市場制度與政府鼓勵，活力充沛而充滿魅力的政治與企業領袖，可以帶領大家邁向全球能源可以永續的未來。當然，我們有非常了不起的發明紀錄，包括蒸汽渦輪、電話、筆記型電腦、網際網路、量子力學和相對論，所以這應該是一件輕而易舉的事。然而，二十一世紀較為神祕的一個面向就是，那些最鼓勵與讚美創新和自由市場經濟是永續性的引擎的人，似乎不太情願承認這個問題的急迫性，也不願意提倡與利用這種幾乎無限量的太陽能源有關的研發活動。

開發太陽能的基本技術，其實已經出現一百多年了，但直到最近仍然缺乏進展，實在令人相當震驚。美國工程師法蘭克．舒曼（Frank Shuman）在一八九七年就建造了一個主要裝置的樣本，並且顯示，它可以提供一個小型蒸汽引擎電力，因此證明可以利用太陽能。他的系統最後在一九一二年取得專利；一九一三年，他在埃及蓋了世界第一座太陽熱能發電廠。它只能產生大約五十千瓦的電力（大約六十五馬力），但從尼羅河到鄰近的棉花田，一分鐘能夠打出超過五千加侖的水（一分鐘大約二萬二千公升）。舒曼是一個支持太陽能的熱心倡議者，一九一六年，《紐約時報》引用他的話說：

> 我們證明了太陽能的商業利益……更證明了當我們的石油與煤炭儲量耗盡之後，人類可以從太陽光線中得到無限的力量。

想想看這是多久以前提出來的主張，舒曼的觀察真的非常具有先見之明，可惜並未實現。一九三〇年代發現與開發了廉價石油，因此阻礙了太陽能的進展，直到一九七〇年代的第一次能源危機，舒曼的遠見與基本設計實際上也被遺忘了。不過，激勵人心的是，由於可再生能源的價格，開始可以與傳統的化石燃料能源發電競爭，像光伏電池這樣的技術也已經開發出來了，這讓舒曼的夢想可能成真。

化石燃料與太陽能的另一個基本區別在於，它們產生能源的基本物理機制。燃燒化石燃料的過程，會釋放儲存在化學鍵上的能量，化學鍵是把煤炭、石油或氣體的原子與分子連在一起的物質。所有的分子，不管是你的身體、你的大腦、你的房子或你的電腦的基本組成構件，都是靠電磁力連在一起，因此，它的特徵就是能量，而它的規模大小則在電子伏特（electronvolts, eV）的範圍內，這是通常用來測量它們的單位。從我們一直在討論的能量規模上來看，一個電子伏特是無窮小的，一電子伏特相當於只有三百兆兆分之一度電（1eV = 3×10^{-26} kWh），所以從原子單位的角度來看，我們每一年消耗的能量數量，大約是5×10^{39}eV。你可以寬鬆地想，每一年我們要分解這麼多的分子來供應我們的能量需求。

另一方面，主要是由氫和氦組成的太陽，本身是由核能驅動，這些能量儲存在把原子核連在一起的鍵上。它會以輻射釋放能量，氫核會融合在一起，並形成氦核。這個過程稱為核融合（nuclear fusion），也是太陽照射光線的基本物理機制，它以光線與熱能的形式提供我們能量，並產生了地球上的所有生命。除了我們在過去幾千年發現了它儲存在化石燃料的力量之外，它仍然是地球上所有生命的唯一能量來源。

核能的規模大約是燃燒化石燃料釋放的化學電磁能的一百萬倍：核反應過程牽涉到的能量，是在數百萬電子伏特（MeV）範圍，而不是分子化學反應的電子伏特範圍。正是這麼強大的增強因素，讓開發核能的想法那麼吸引人：相同數量的物質，從它的原子核產生的能量，大約是從它的分子產生的能量的一百萬倍。因此，與其一年用五百加侖（大約二千公升）的汽油開車，你只需要相當於幾公克的核材料，大約是一顆小藥丸的大小。

從核能電廠產生「無限」能源的承諾，也就是利用驅動太陽的相同物理學產生能源，是一個很奇妙的想法。隨著原子彈的發展，這個想法在第二次世界大戰之後不久，在一個炎熱的日子裡第一次被提出來，當時非常樂觀，大家認為，核能很快會取代化石燃料，成為我們主要的能源。我想起在一九五〇年代，我還是青少年的時候，在報紙上讀到相關文章後還宣稱，等我長大，有自己的家庭時，電力會變得很便宜，便宜到不需要再測量用量了。諾貝爾獎得主核化學家格倫·西博格（Glenn Seaborg），當時是美國原子能委員會（U.S. Atomic Energy Commission）主席，他說的話就是這種狂喜心情的一個典型：「我們將會有往返地球到月球的核動力太空梭、核動力的人造心臟、給水肺潛水員用的以鈽加熱的游泳池，以及更多更多。」

很可惜的是，儘管國際上有各種想要讓它實現的努力，但利用核融合來產生經濟上有競爭力的能量，在技術上相當具有挑戰性，目前仍然難以掌握。相反的，利用核分裂（nuclear fission）則已經成功開發出核能，在這個方式中，（鈾）的重核解離成較輕的產物就會釋放出能量，這個過程類似從化石燃料產生傳統的化學能量。目前，全球大約有一〇％的電力是由核分裂產生，其中法國使用的比例最高，八〇％的電力來自核反應爐。

就像傳統的化石燃料發電廠，核反應爐產生的能量還是來自整個地球系統的內部，因此也有產生熵與不良後果的類似問題。雖然核能像太陽一像，並不是溫室氣體的主要來源，因此也不是氣候變遷的驅動力，但它的副產品可能非常有害，因為它的能量規模比其他來源大得多（是一百萬倍）。因此，核反應過程產生的輻射對分子極為有害，也對器官組織傷害極大，會導致嚴重的健康問題，其中最為人所熟知的就是癌症。在很大的程度上，大氣層保護我們不受類似的太陽輻射影響，但在地球上的反應爐，就是一個很大的挑戰。另外還有安全的問題，以及可靠儲存與處置從核反應產生的核廢料等，它們還有幾千年不會消失的放射性。

儘管為了確保核反應爐的安全，已經付出了很大的努力，但幾次的意外事故，即使直接造成的死亡人數非常少，卻已經降低了利用核能當成石油燃料替代能源的熱情。二〇一一年，日本發生福島核電廠事故，災難的後果導致全球目前與未來依賴核能的意願大幅消退。雖然化石燃料已經造成數十萬人的死亡，以及大量的健康問題，但許多人仍然認為，比起核反應爐產生的可能風險，它還是比較理想的選擇。長期的安全問題，以及量化評估能源產生與利用的熵後果，是一個非常複雜而具爭議性的社會、政治、心理與科學問題。能源生產直接造成多少人死亡、多少人間接死亡、什麼健康問題是危險的，以及它們的長期後果是什麼？我們如何比較不同的技術？我們應該使用什麼指標？

為了了解我們必須做的各種比較，不妨想一想：當情況持續與規律發生時，我們似乎非常能夠容忍「非自然、人為」因素所導致的死亡與破壞；但非常不能容忍忽然發生的不連續事件，即使牽涉到的傷亡人數少很多。例如，全球每一年死於車禍的人超過一百二十五萬，這相當於死於肺癌的人數，這也是癌症最常見的一個死因。雖然如此，對於死於癌症的恐懼與焦慮，似乎遠大於車禍身亡的擔心，而這會反映在我們投入解決這些問題的巨大資源差異上。把這兩個數字和直接死於核事故的人數相比，會很有意思。即使把所有核電廠全部營運時間所造成的死亡人數加總，也不到一百人，而且其中大部分的人死於一九八六年蘇聯車諾比事故，而福島事故則無人死亡。另外，由於這些事故的輻射暴露，特別是車諾比事件，已經有數千人因罹患癌症而死亡，或過早死亡。但這應該相當於車禍事故的類似數字，根據估計，每年有五千萬人在車禍事故中受傷或殘廢。

當我們在比較蘋果與橘子時，論點會在不同方向上來來回回，所以，當我們試著考慮全球能源組合的優先順位時，掌握適當的指標，將有助於我們做出困難的決策與比較。在確定社會接下來數十年將如何演變時，這也能發揮核心的作用。只是，讓難度增加的是無法計算的心理因素，例如因為很難解開對核彈的普遍恐懼，幾乎所有人普遍都喜歡汽車，而且幾乎所有人普遍都恐懼重大的核電災難。我在這裡並不是想對能源選擇提出完整的利弊分析，而是想提出幾個在辯論這些議題時，我們必須深思的量化統計數據。我們必須量化思考，並發展出解決這些挑戰的基礎科學，以提供合理政治決定的相關訊息。

不論是核融合或核分裂，不管是否相信人類的創新能力，可以解決核能問題；或者負擔得起、可靠的太陽能技術，足夠支撐一百億人能源需求的挑戰；或者翻轉我們排進大氣層的碳量，我們還是留下了長期熵產生的問題。在很多其他問題之外，核能選擇就像傳統的化石燃料，讓我們困在封閉系統的典範裡，然而太陽能選項卻具有關鍵的能力，能讓我們回到真正永續的開放系統典範。

6 城市的科學序曲

城市與企業只是非常大的有機體？

在了解縮放法則並提供一個大格局的概念架構，以量化解決自然界各種跨族群的生物問題上，網絡理論的成功引出了一個問題：這個架構是否可以延伸到了解其他的網絡系統，例如城市與公司。表面上看，這些與有機體與生態系統有很多共同之處。畢竟，它們都會代謝能量與資源、產生廢物、處理資訊、成長、適應與演化、感染疾病，而且會發展出像腫瘤生長的特徵。另外，它們也會老化，就公司的例子來說，幾乎所有的公司最後都會死亡，但對城市來說，只有極少數的城市會滅亡，這是我們稍後會再探討的一個謎題。

我們很多人愉快自在地使用「一座城市的新陳代謝」、「市場生態」、「公司的DNA」等等詞彙，好像城市與公司是生物組織一樣。我們甚至還發現，亞里斯多德也不斷在提到城市

從上而下順時針方向的城市圖像：巴西聖保羅的鋼鐵水泥摩天大樓，葉門薩納（Sana）的「有機」城市，澳洲墨爾本的城鄉結合，揮霍能源的西雅圖。

（政治）時，把它稱為是一個「自然的」**有機**自治實體。在較近的時候，建築業出現了一個很有影響力的運動，稱為**代謝派**（Metabolism），明顯受到類似代謝過程驅動生物再生的觀點啟發。這一派把建築看成是都市規劃與發展不可分割的組成部分，而且是一個不斷改變的過程，這意味著，建築物在一開始設計時，就應該把改變放在心上。其中一個早期支持者就是知名的日本建築師丹下健三，他是一九八七年建築界諾貝爾獎普立茲克獎（Pritzker Prize）得主。然而，非常令我意外的是，我發現他的設計沒有有機體的優美曲線與柔軟質感，反而一點也不有機，多以直角和混凝土為主，而且有點欠缺靈魂。

作家也經常表達城市是有機的看法。

一九五〇年代，在詩與文學圈形成垮風格（Beat）①、充滿魅力的創始人之一傑克・凱魯亞克（Jack Kerouac）就是一個極端的例子，他曾異想天開地寫著：「巴黎是一個女人，但倫敦則是一個在酒吧抽菸的獨立男人。」然而，在商業界，也許不是實際的生態學與演化生物學，但這個概念與語言開始有了想像力，特別是在矽谷。**商業生態系統**的概念已經變成標準的商業流行語，以表達在市場上的某種達爾文適者生存的觀念。這個觀念在一九九三年第一次被提出來，當時在哈佛法學院的詹姆斯・摩爾（James Moore）寫了一篇題為〈掠食者與獵物：新的競爭生態〉（Predators and Prey: A New Ecology of Competition）②的文章，那篇文章贏得該年的麥肯錫獎（McKinsey Award）。③這是一篇相當標準的生態論述，只是個別企業取代了在自然選擇演化動力中的動物。這篇文章也和大多數傳統的企業文獻一樣，完全是質性描述，沒有量化預測能力。但有一個很大的優點，它強調了社群結構的作用、系統思考的重要性，以及不可避免的創新、適應與演化的過程。

所以，這些引用生物概念與過程的說法，只是我們寬鬆使用像「量子跳躍」（quantum leap）或「動能」之類的科學術語，來描述傳統語言很難掌握的現象的一種質性隱喻，或者它們其實表達了某種更深刻、更本質的意義，意味著城市與公司的確只是遵循著生物與自然選擇的規則、體型非常大的有機體？

這些都是我在二〇〇一到〇二年，開始和聖塔菲研究院裡有社會經濟學背景的同事進行非正式討論時，反覆思考的一般問題。巧合的是，巴黎大學知名人類學者桑德・范德路（Sander van der Leeuw）當時正因離休年（sabbatical leave）④待在聖塔菲，桑德後來負責亞利桑那州立大學的永續學院（School of Sustainability）；還有之前負責聖塔菲經濟學計畫的大衛・藍恩（David Lane）也經常出現。大衛是知名統計學家，受到聖塔菲的啟發，後來轉攻經濟學研究。他曾擔任明尼蘇達大學統計學系主任，但後來轉到義大利摩德納（Modena）大學，在那裡開始進行一個了解創新的計畫，特別是製造業，那一直是北義的命脈（你可能知道，摩德納以奇妙的巴薩米可（balsamic）香醋聞名，也是頂級跑車法拉利、藍寶堅尼、瑪莎拉蒂的故鄉。我第一次造訪當地時，大衛介紹我他們傳統的巴薩米可香醋，這實在是一種了不起的神奇醬汁，和我們很多人日常灑在沙拉上的乏味醬料完全不同，但價格也貴死人，比我曾經買過的某些最貴的紅酒還貴）。

儘管我抱著懷疑，但大衛與桑德讓我相信，把網絡縮放理論從生物學延伸到社會組織，的確是一個值得研究的計畫。他們兩人成為把廣泛的計畫放在一起的主要推手，這個計畫涵蓋了我們的共同興趣，範圍從古老與現代社會中的創新與資訊傳送，到了解城市與公司的結構與動力，而且全都是從複雜的角度來研究。這個計畫名稱是「資訊社會是一個複雜系統」（Information Society as a Complex System, ISCOM），並得到歐盟慷慨資助。不久之後，巴黎索邦大學知名城市地理學家丹尼斯・普曼（Denise Pumain）加入我們的合作計畫，於是我們四個人就各自負責這個計畫的一部分。我也以聖塔菲為中心，組織了一個多學科的合作計畫，我們的首要目標就是要問，城市與公司是否表現出縮放特徵，如果是的話，並接著發展出一個量化原則理論，以了解其結構與動力。

在人生的大部分時候，在一件事結束很久以後，回頭看看一個人曾經提議要做的事，通常非常具有啟發性。例如，當我回顧一份非常早期的工作小組出席名單時就看到，最後持續研究這個合作案的成員非常少。像這類提出超越科學界線的新問題的計畫，在一開始還滿常見的。因為在一開始，各式各樣可能與這個計畫相關的專業背景的人，都會被邀來參與，希望可以發揮綜效、產生火花，以及一種未來可能會產生什麼新東西的真正的意義感與興奮感。然而，很多人發現，即使他們深受智慧挑戰與計畫的可能結果吸引，但還是不夠大到讓他們犧牲時間全力投入，並重新設定各自的研究計畫優先順位。其他人也發現，他們沒有真的那麼感興趣，或者這些努力最後可能不會有什麼結果。不過，最後透過口頭傳播，或偶爾的聯繫與非正式的討論，以及滲透與擴散，一群不斷變化的研究小組終於出現，在不同程度上，這些成員願意承諾長期投入這項挑戰，並在接下來幾年實際從事實質的研究工作。這就是ISCOM的縮放與社會組織部分的過程。⑤

這麼多年以來，雖然隨著研究的進展而擴大了研究範圍與重點，但這個提案的願景依然沒有改變。我們最初的研究動機是：「因為生物網絡系統和社會網絡系統，例如公司與都市結構，有明顯的類似之處，把用來了解生物網絡系統的相同分析，研究延伸到社會組織的可能性，是很自然且具有吸引力的事。」並強調：「社會組織的資訊流和物質、能量與資源的流通，一樣重要。」我們也提出了很多問題，包括：「社會組織是什麼？什麼是適當的縮放法則？架構資訊、物質、能量的社會流通管道，必須滿足什麼樣的限制？特別是，相關的限制全部都是物理性的嗎？或者，也可能有必須考慮的社會與認知限制？」

紐約、洛杉磯和達拉斯，表面上看起來與感覺起來彼此差異很大，東京、大阪和京都，或巴黎、里昂和馬賽也一樣，但是和我們之前在鯨魚、馬和猴子身上發現的差異相比，城市的差異相對較小。而且，鯨魚、馬和猴子實際上是遵循著簡單的冪次縮放關係，是彼此的縮放版本。這些隱藏的規律，就是它們身上輸送能量與資源的基本網絡本身的物理與數學表現。維持城市的運作也有類似的網絡系統，例如道路、鐵路與電纜，負責輸送人群、能量與資源，因此這些網絡上的流動就是城市代謝的表現。這些流動是所有城市的實體命脈，而且和有機體一樣，它們的結構與動力往往透過不斷的回饋機制而演變，這些機制內含著一個以最少成本與時間，達到接近最佳表現的選擇過程：不管什麼城市，一般來說，所有的人都想以最短的時間和最低的成本從A到B，而且大部分公司的供應與送貨系統，想要的也是一樣。這表示，不管外觀如何，城市可能也是彼此大致的縮放版本，方式大致和哺乳動物一樣。

然而，城市絕對不是只有由不同運輸系統連結與服務的建築物與結構的物理性質（physicali-

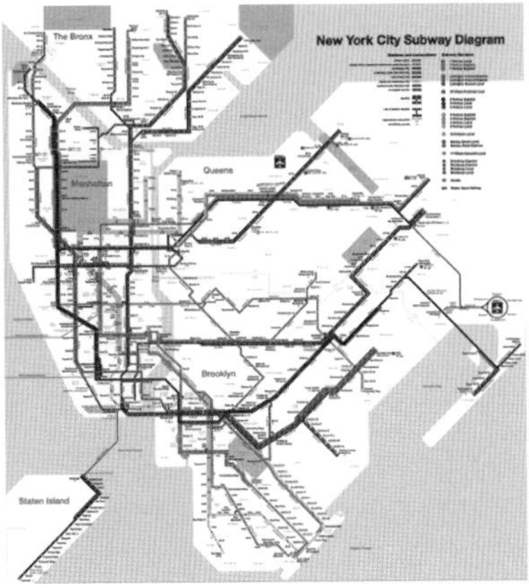

洛杉磯道路網絡與紐約市地鐵網絡，還有其他隱藏的基礎設施網絡，例如水、天然氣和電力。

ty）而已。雖然我們很容易用物理的角度想像城市，例如巴黎美麗的林蔭大道、倫敦的地下鐵、紐約的摩天大樓、京都的寺廟等等，但城市遠遠超過其實體基礎設施。[6]事實上，一座城市的真正本質是它的人民，他們提供了城市的興奮感（buzz）、城市的靈魂與精神，這些都是不可定義的特徵，但當我們在一座成功的城市中生活時，就能發自內心感覺到。這一點似乎顯而易見，但考慮城市發展的人，例如城市規劃師、建築師、經濟學家、政治人物與政策制定者，通常主要聚焦在城市的物理性質，而不是生活在其中的人，以及他們彼此如何互動。人們經常忘記城市的整個重點就是，藉由利用大城市提供的多元性這種非凡的機會，把人帶到一起、促進互動，因而創造點子與財富，強化創新思維、鼓勵創業與文化活動。這就是我們在一萬年前，意外開始都市化過程時發現的神奇方程式。它的意外後果導致人口以指數成長，並且平均而言，人們的生活品質與生活水平也一直在提升。

就像幾乎每一件事都和人類的心理社會世界有關，莎士比亞也了解我們與城市的基本共生關係。在他相當令人毛骨悚然的政治戲劇作品《英雄叛國記》（*Coriolanus*）中，一個名叫西西努斯的羅馬護民官說：「除了人民之外，城市還有什麼？」人民也跟著強力回應：「沒錯，人民就是城市。」我把這段話的意思翻譯如下：城市是自然出現的複雜適應社會網絡系統，是由居民不斷互動而產生，並經由都市生活提供的回饋機制而強化與進步。

聖人珍與龍

把城市看成等同於市民的集體生活，沒有人比都市作家、理論家珍．雅各（Jane Jacobs）做得更透徹了。對於我們如何思考城市，以及如何進行「都市規劃」，她的關鍵著作《偉大城市的誕生與衰亡》（*The Death and Life of Great American Cities*）在全球發揮了很大的影響力。⑦任何對城市有興趣的人，不管是學生、專業人士，或只是一個對知識好奇的公民，都應該要讀這本書。我甚至懷疑全世界主要城市的每一位市長，在書架上都有這本書，而且至少讀了一部分。這是一本很好的書，極具啟發性，也有很多洞見；非常個人，也很能引起辯論，非常有趣，也寫得非常好。雖然這本書在一九六一年出版，而且明顯聚焦在那個時期的美國主要城市，但書中的訊息則廣泛得多。而且，它現在可能比以前更重要，特別是在美國以外的地方，因為很多城市已經跟隨著典型美國城市發展軌跡的變化，有大量汽車、購物中心、郊區發展，以及尾隨而來社群精神喪失的問題。

令人料想不到的是，珍並沒有漂亮的學歷，甚至沒有大學學位，更沒有從事傳統的研究活動。她的寫作比較像是新聞論述風格，主要根據的是軼事、個人經驗，以及對於城市是什麼、如何運作，以及「應該」如何運作，有一種深刻的直觀理解。雖然內容中明顯聚焦於「偉大的美國城市」，但書中給人的一個印象是，大部分的分析與評論都是以她在紐約市的個人經驗為基礎。她非常無法忍受都市規劃師與政治人物，因此有點惡意抨擊傳統的都市規劃，特別是都市規劃明顯缺乏對人的重視，以為只有建築物與高速公路最重要。以下是摘自她書中的幾段典型文字，也是她一般的批判態度：

> 都市規劃的偽科學幾乎就像神經質，因為它決心模仿失敗經驗，忽視成功經驗。
>
> 在把地圖當成某種更高現實的依賴中，開發計畫規劃師與都市設計師以為，只靠地圖就可以在想要的地方蓋一條步道，然後就這樣蓋出來了。但是，步道需要有人在上面走啊。

不必在城市硬套另外的邏輯，城市是由人形成的，因此我們的計畫必須適合他們，而不是建築物……我們可以看看人們喜歡的是什麼。

他的目標是建立自給自足的小鎮，如果你是聽話的人，也沒有自己的計畫，而且不在意把人生花在沒有自己計畫的人身上，那真的是非常好的小鎮。和所有的烏托邦一樣，任何重大計畫的權利只屬於計畫負責人。

最後一段文字的「他」，指的是發明「田園城市」（garden city）概念的艾伯尼澤・霍華德（Ebenezer Howard）。這個概念在二十世紀的城市規劃上有很大的影響力，為世界各地的郊區提供理想化的樣本。霍華德是一個有遠見的烏托邦思想家，十九世紀英國勞動階級的貧困與剝削處境，對他產生很大的影響。霍華德的田園城市願景是一個規劃良好的社區，住宅（房子）、工廠（產業）與自然（農業）都有不同的區域，並且占他認為理想的規定比例，以提供最好的都市與鄉村生活環境。沒有貧民窟、沒有汙染，還有空間可以呼吸充足的新鮮空氣，並過著美好的生活。結合城鎮與鄉村，似乎是向一種新的文明社會邁進一步，是自由主義與社會主義之間的巧妙聯姻。他的田園城市大致上會是獨立運作的，但是由市民合作管理，這些人擁有經濟利益，但不擁有土地。

和大部分的烏托邦夢想不一樣，霍華德的願景在自由派思想家與務實投資人中得到很大的回響。因此他得以成立公司，募到足夠的私人資金，並興建了兩座田園城市：一八九九年在倫敦北邊的萊奇沃斯田園城市（Letchworth Garden City），目前居民三萬三千人；以及一九一九年的韋爾芬田園城市（Welwyn Garden City），目前居民四萬三千人。然而，為了在現實世界完成夢想，很多理想必須犧牲或大幅讓步，包括珍．雅各大力抨擊的嚴格由上而下的設計計畫。雖然如此，他的「城鄉」社區基本思想一直持續到今天，而且，不只在從那時開始於世界各地出現的很多田園城市翻版中留下印記，也幾乎出現在每一座城市的每一個郊區發展的設計概念中。一個很有趣的大規模特例就是新加坡。即使這座城市已經變成主要的全球金融中心，居民超過五百萬人，而且一直在蓋招搖的鋼筋玻璃摩天大樓，但它的可取之處在於，它維持了在大規模尺度中成為一座田園城市的夢想。這主要歸功於新加坡由上而下、極有遠見的領導人李光耀，他在一九六七年就深謀遠慮，要求新加坡要以「在花園中的城市」方式發展，即使土地長期短缺，但仍然要有豐富的植被、開放的綠色空間，以及一種蔥鬱茂盛的熱帶感覺。新加坡也許不是全世界最令人興奮的城市，但它環境中的盎然綠意，卻是顯而易見。

諷刺的是，霍華德實際設計的田園城市，並不全都是有機的。它們的布局與組織基本上都是歐式幾何圖形，放眼所見，唯一的曲線是完美的圓形，並連接著完美的直線，這和有機演化

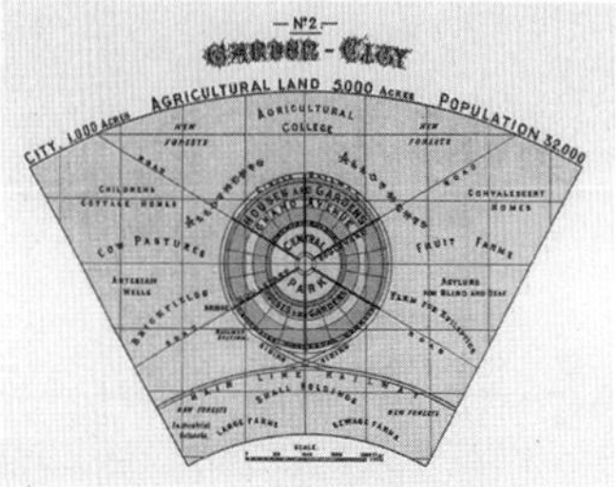

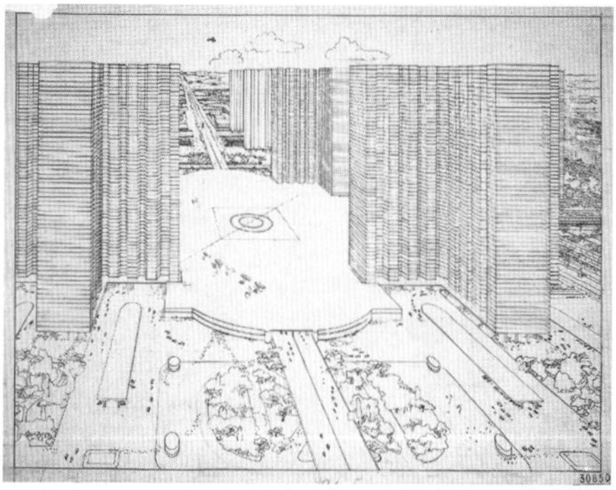

左上：霍華德的一座田園城市計畫。
右上：阿布達比的馬斯達（Masdar）新城。
中與左下：柯比意設計的新城市。

出來、明顯交錯著混亂的城市、城鎮與鄉村，完全相反。在霍華德願景中的田園城市，完全沒有出現曼德伯的碎形邊界、表現或網絡，其中一個例子顯示在右頁。遠離有機的幾何圖形，在二十世紀的建築界與都市規劃界，成為現代主義運動的鮮明特徵。頗具影響力的法國－瑞士建築師、也是都市理論家夏爾－愛德華・尚納雷－格里（Charles-Édouard Jeanneret-Gris），一般被稱為柯比意（Le Corbusier），與通常被稱為「機能決定形式」（form following function）的哲學，也許是最佳的例子。他採用這個來自母親家族姓氏的假名，部分動機就是要證明，每一個人都可以重新塑造自己。

和霍華德一樣，柯比意受城市貧民窟惡劣的生活條件影響很大，並尋求有效的方式改善城市窮人的處境。出於這個想法，他大膽提出建議，要打掉大部分的巴黎市中心區（還有斯德哥爾摩），換成很多棟高密度混凝土、玻璃與鋼筋的高樓，並且還有縱橫交錯的鐵路、高速公路，甚至機場。一切都非常僵硬、簡樸，甚至有點讓人心裡發毛，似乎反映出他在一九三〇年代的動盪時期中，政治思維轉向右派的表現。這也反映在他說的話裡面，例如「清洗與淨化」城市，或者開發「寧靜而強大的建築」，而且，在他的堅持下，建築物的設計沒有任何裝飾物。幸好他的偉大計畫沒有採取行動，所以我們今天還能享受巴黎與斯德哥爾摩市中心某些較頹廢的都市裝飾。

柯比意強烈影響了全球的建築師與都市主義者，我們主要城市的中心區，到處可見剛硬的鋼鐵與混凝土結構，就是一大證明。就像霍華德的都市設計哲學，在城市郊區生活中留下不可磨滅的印記，柯比意也在我們市中心的城市風景，留下不可磨滅的標誌。這在新的首都城市的設計，例如澳洲坎培拉、印度昌迪加爾與巴西的巴西利亞，更是特別明顯。格外有趣的例子是巴西利亞，它的公共建築物是由建築師奧斯卡．尼邁耶（Oscar Niemeyer）所設計，他深受柯比意的影響，不過，他在讚美這座城市的時候說：

> 由人創造，僵硬而不靈活的直角、直線，並不吸引我。自由流動的感官曲線，才能吸引我。這些曲線是我在祖國的山脈中、在河流的蜿蜒中、在海洋的波浪中，以及在心愛的女人身上，所找到的曲線。曲線裝扮了整個宇宙，愛因斯坦的彎曲宇宙。

針對這一段說法，他可能加進了曼德伯與碎形的概念。諷刺的是，即使有這麼一段讚美宣言，巴西利亞卻成為城市不應該變成的樣子的象徵。即使令人聯想起霍華德的影響，確實也有很多開放的綠色空間與公園，但它的特色經常被說成是一座「水泥叢林」，剛硬而沒有靈魂。前衛的法國作家－哲學家西蒙．波娃（Simone de Beauvoir），在一九六〇年於巴西利亞成立後不久，親自造訪之後，以這樣的問題附和了珍．雅各的意見：

到處漫遊有什麼意思？……那個街道，路人、商店與房子、車輛和行人……的會面場所……巴西利亞都沒有，而且永遠也不會有。

五十年之後，巴西利亞終於擺脫了最初設計的枷鎖，現在擁有超過二百五十萬居民，慢慢開啟自然有機演變，並發展出「會面場所」，而融合了更人性化的宜居環境。在這段期間，一九八九年，就在丹下健三得到普立茲克獎的兩年後，尼邁耶也得了獎。另一位更近的普立茲克獎得主諾曼・福斯特（Norman Foster），也試著親手無中生有，在波斯灣國家惡劣的沙漠環境中，設計出一座城市。這就是阿布達比廣為人知的馬斯達城，這座城市被想像成是一座利用充沛的太陽能以及資訊科技的進步，可以永續、節能又方便使用的高科技社區。這是一個令人興奮的大膽計畫，即使它是一隻奇怪的野獸。它計畫以大約二百億美元的成本，在二〇二五年，容納大約五萬居民。它的主要商業預計是高科技研究與製造環境友善的產品，產品的支持者預計是六萬名來自阿布達比的通勤者。馬斯達城最奇怪的一點是，它的邊界被設計成最無機、最無法想像的形狀，一個精確的方形。是的，一個正方形城市。

我們很難不認為，馬斯達城實際上是一個大型的私人郊區住宅產業園區，而不是一個充滿活力的多元自治城。從很多角度來看，它的哲學是衍生於霍華德的田園城市概念，並帶進二十一世紀的高科技文化，只是它似乎是設計給特權階級，而不是做工的窮人。在《紐約時報》二〇〇四年到二〇一一年擔任建築評論的尼可萊・歐羅索夫（Nicolai Ouroussoff）認為，馬斯達城是門控社區（gated community）的一個縮影：「是另一個全球現象的結晶：這個世界越來越分歧，一邊是精緻、高端的飛地（enclave）[8]，一邊是和永續議題沒有直接關係、沒有固定形狀的大型貧民窟。」目前還看不出來，馬斯達城會成為一座真正的城市，還是繼續成為只是阿拉伯沙漠突出的一個宏偉的高檔「門控社區」。

形式與功能、城鎮與鄉村、有機的演化發展與簡約樸素的鋼筋水泥，以及複雜的碎形曲線與歐式幾何的簡單平面，孰優孰劣，仍然繼續辯論中，並沒有簡單的方案或容易的答案。事實上，很多當代建築師已經探索、掙扎與實驗了很多這類辯論主題，例如尼邁耶就誓言拒絕「僵硬而不靈活」，擁抱「自由流動的感官曲線」，但實際上蓋出來的卻是沒有靈魂的水泥建築物。再來看看埃羅・薩里寧（Eero Saarinen）在紐約甘迺迪機場ＴＷＡ航站大廈，或法蘭克・蓋瑞（Frank Gehry）在洛杉磯異想天開的音樂廳與西班牙畢爾包的神奇博物館，或約恩・烏松（Jørn Utzon）美妙的雪梨歌劇院，甚至倫敦那棟被暱稱「小黃瓜」（the gherkin）的奇怪性器象徵[9]，這是在沙漠中建造出一座正方形城市的同一個福斯特的作品。而在這個光譜的另一個極端，與柯比意和他的門徒的建言完全相反的是，一群少數的知名建築師，例如西班牙的安東尼・高第（Antoni Gaudí），以及美國的布魯斯・葛夫（Bruce Goff）。高第的代表作，位於巴塞隆納極為特別的聖家堂，或葛夫在奧克拉荷馬州諾馬市的普萊斯宅邸（Bavinger House），都是受到表現在鸚鵡螺殼、向日葵與螺旋星系的費波那契數列（Fibonacci sequence of numbers）的啟發。

所有這些創新例子都是個別的結構，在整個城市的設計上並沒有看到等同的東西，在田園城市主題的各種變種的都市發展中也未曾得見。然而，一九八〇年代出現了一個稱為新城市主義（New Urbanism）的運動，企圖對抗由汽車與鋼筋水泥主導的社會的內在問題，因為在這種地方，人們變得彼此疏離，而且長途跋涉上下班成為常態。這個運動提倡，在建築、社會與商業上，回歸多元、混合使用的社區，並透過強化行人使用與公共運輸的設計，強調社群的結構。其中很多想法是受到傑出的城市主義者劉易士．孟福（Lewis Mumford）與珍．雅各的批判性著作所啟發，他們提醒著我們，城市是人，而不只是服務汽車與鋼筋水泥企業大樓的基礎設施。

珍．雅各在一九五〇與六〇年代，因為對抗一條通過紐約格林威治村、她當時住的地方的限制出入四線道高速公路，而同時博得聲望與罵名。這段時間是「都市更新」與「掃除貧民窟」的顛峰時期，興建了許多大量乏味的公共住宅高樓，以及主要穿越城市市中心地區的四線道高速公路，幾乎沒有考慮到城市的組織或人的角度。在紐約市的這一切建設，背後是強有力的主要策畫者羅伯特．摩斯（Robert Moses），他在將近四十年裡，重新改造與更新了紐約市的基礎設施。他為紐約市做了很多重要的事，包括興建連結曼哈頓與其他行政區的橋梁與高速公路，但代價是犧牲了很多傳統的社區。

摩斯的一大願景是在曼哈頓下城興建一條高速公路，可以直通格林威治、華盛頓廣場與蘇活區。珍．雅各領軍對抗並阻止了這個重大侵略，她主張那會摧毀這座城市的精髓特徵。經過一段漫長而艱苦的抗爭，她最後打贏了這場仗。在這過程中，她受到很多人的詆毀，而且不只是政治人物與開發商，還有很多都市規劃者與從業人員，包括劉易士．孟福，他認為她是多愁善感的奇怪反動派，只會阻撓紐約市的進步與未來的商業成就。基於柯比意的精神，摩斯的計畫也呼籲，幾個城市街區應該被夷為平地，並改建成高檔的大樓。雖然這個計畫在紐約很多地區執行，而且的確促成華盛頓廣場村的發展，例如紐約大學在那裡有一個開發計畫，後來作為教職員的住宿區，但是格林威治並未徹底執行這個計畫。我其實很高興，在延長紐約大學的訪問期間，我在那裡住了一段短期時間。我非常喜歡那裡，不是因為我特別喜歡住在現代典型的高樓公寓，而是它讓我很快就可以接觸到格林威治、蘇活區與小義大利區的精彩生活。這裡的人都是貢獻了都市興奮感、擴散了美術館、餐廳與多元文化活動，讓紐約變成如此偉大的城市的一群瘋狂人士。如果不是救主聖人珍．雅各，先知摩斯（按：帶領猶太人出埃及的先知摩西〔Moses〕與羅伯特．摩斯的英文同姓氏）可能會在無意中毀了這一切。紐約以及我們其他人都應該永遠感謝她。

全球許多城市目前也有同樣的問題。都市更新與掃除貧民窟的願景，都是出自非常好的意圖，通常也有很好的理由，然而，卻太常忽視社區意識，更不要說關心一下被取代的貧民窟，因此也造成數不清的意外後果。在很多的例子中，沒有出口的高速公路從傳統社區中穿越，造成一個一個的孤島，實際上就像被阻斷了通往城市主動脈的路。再加上單調的公寓高樓，這些孤島經常成為人際疏離與犯罪的溫床。在美國，這簡直就是珍．雅各所極力呼籲的證明。如今，五十年前興建、穿越主要城市市中心區域的大型高速公路，例如波士頓、西雅圖與舊金山，現在都已經拆了，然而，要復興已經發展數十年的老街坊與社區結構，並不容易。但是，城市是非常有彈性與適應力的，而且毫無疑問，也將會演化出嶄新而意想不到的東西。

這段城市發展史的一個注腳是，非常諷刺的是，紐約大學的長期策略計畫中，包含了一個開發華盛頓廣場村綜合大樓的提案，希望拆掉相同的高樓公寓建築，把這個地區回復成它原有的結構。這真是應了那句法國老話啊：「越想改變，到頭來還是一樣的啊！」（plus ça change, plus c'est la même chose.）

珍．雅各在二〇〇四年的一次採訪⑩中，被問到：

你認為，別人最記得你的會是什麼事？你是那個站出來抵抗聯邦推土機與都市更新團體，並且大聲說他們會毀掉這些城市命脈的人。那會是什麼？

她的回答是：

沒有。如果我被記得是本世紀真正重要的思想家，我最重要的貢獻就是，我討論了促成經濟擴張的因素。這是一直讓人困擾的事。我想我已經弄清楚了。

哎呀，她搞錯了。事實上，大家主要記得她，是她為了保留曼哈頓下城區的完整性而抗爭，以及她對城市本質與城市運作的洞見，其中包括看出多元與社區在創造一個充滿活力的都市社會經濟生態時的關鍵作用。近幾年來，她被很多都市規劃社群與更廣泛的知識分子社群，列為「本世紀真正重要的思想家」。可惜的是，她對經濟學本身的貢獻，也是她想被記得的部分，並沒有這麼顯著，也一直沒有得到承認。她寫了幾本有關都市經濟學與經濟學的書，主要關注成長的問題以及科技創新的由來。

她的整個寫作重點在於，在總體經濟上，城市是經濟發展的主要動力，而不是大多數古典經濟學家以為的國家。這在當時是一個很激進的觀點，因此幾乎被經濟學家完全忽視，特別是因為珍並不是正規經濟學界的人。一國的經濟顯然與國內城市的經濟活動密切相關，但就像任何一個複雜適應系統，整體會大於個別部分的總和。

將近五十年以後，才有人延續了珍對城市位居國家經濟首要地位的假設，我們很多從不同角度研究都市的人，已經得出某些和她一樣的結論版本。我們住在都市世時代，對全球來說，城市的命運就是地球的命運。珍在五十年前就理解了這個道理，但直到現在，只有某些專家才承認她的超凡遠見。很多作家已經開始關注這個主題，包括都市經濟學家艾德華・葛雷瑟與理查・佛羅里達（Richard Florida），但沒有人像班哲明・巴伯（Benjamin Barber）一樣直率與大膽，他的書名也非常挑釁：《當市長們統治世界：國家失能，城市崛起》（*If Mayors Ruled the World: Dysfunctional Nations, Rising Cities*）。[11]這些都象徵著城市是採取行動的地方這種意識的崛起，至少相對於國家越來越失能，城市是問題必須被即時解決的地方，也是治理似乎可以有效運作的地方。

順便一提：田園城市與新市鎮的個人體驗

二次世界大戰後，數百萬的住房在戰火中被毀，英國的社會主義政府面臨了一個嚴重的住房危機。大部分被毀的房子是在勞動階級地區，因此大大加速了在戰前就開始持續進行的「都市發展」與「掃除貧民窟」過程，而霍華德的田園城市觀念就是一個經典的遠見。到了一九五〇與六〇年代，對新房子的偏好已經從傳統英國人喜愛的單戶住宅，變成更有效率的高樓公寓建築。但其中成效不一，也出現了很多我們已經討論的問題。牛津大學政治經濟學家、前《觀察家報》（*The Observer*）總編輯威爾・賀頓（Will Hutton），在二〇〇七年評論：

> 事實的真相是公營住宅是活的墳墓。你不敢放棄，因為你可能永遠得不到另一間房

子，但住在裡面，就是被困在一個地方與心靈上的貧民窟……公營住宅必須與其他的經濟與社會有更多連結。

除了新的戰後住房計畫，為了重新安置來自窮困或被轟炸的都市地區的人，英國政府開始興建一系列的「新市鎮」（New Town）。它們的設計被認為是受到田園城市的啟發，並把它當成是勞動階級住宅未來的潮流，人們可以住在鄉村一樣的環境，而工廠則坐落在另一個獨立的飛地。其中第一個是斯蒂夫尼奇，它在一九四六年被指定為第一個「新市鎮」，我在那裡住了將近一年，從一九五七到一九五八年。所以我真的有些個人經驗，知道住在一個田園城市是什麼感覺。

當時我很意外，劍橋大學提供了岡維爾與凱斯學院（Gonville and Caius College）的一個職位給我，預計在一九五八年的秋天開始，也就是新學年要開始的時候。所以到了一九五七年的年底，我辭掉在倫敦東區的學校工作，並在國際電腦有限公司（International Computers Limited, ICL）的研究實驗室找了份短期工作，這家公司又稱為製表機公司（Tabulating Machine Company），就位於斯蒂夫尼奇。

就像任何第一次離開家住在外地的青少年，這是一次很重要的經驗，我在這段期間學到很多事。它打開了我的很多新視野，其中有三點與這個論述有關。首先，最明顯的一點就是，在一個允許自由思考與活動的創新研究環境工作，遠勝過啤酒廠限制你不必用大腦地把啤酒瓶送進一部機器中。

第二就是珍．雅各說對了，雖然她對田園城市嚴加批評，但我猜她從沒真的去過。我在很多年之後才知道珍．雅各是誰，但我很快就了解，和住在倫敦東北地區下層中產階級群聚、有點破敗的維多利亞時期排屋比起來，住在斯蒂夫尼奇就像住在一個昂貴的鄉村度假中心。而這就是它的問題。就像珍．雅各在多年後辛辣地說：「如果你是聽話的人，也沒有自己的計畫，而且不在意把人生花在沒有自己計畫的人身上，那真的是非常好的小鎮。」雖然這話講得很苛刻，但確實掌握到隱藏與壓抑內在熱情的那種無聊、單調、疏離與和善的「親切」感覺。哈克尼與倫敦東區不是都市幸福的典範；順便一提，格林威治、小義大利或布朗克斯也不是，儘管珍可能會抗議我這麼說。把倫敦勞動階級的居住地區，視為一種浪漫的懷舊氛圍，並且為城市生活中心的社區辯解，現在已經成為一種時尚，雖然它實際上又髒、又亂、又不衛生，而且生活艱難，它有自己版本的建築沉悶感，以及可能的孤寂與疏離。然而，參與其中的人的活動、多樣化與脈動感，加上隨時可以進入博物館、音樂廳、劇院、電影院、體育賽事、聚會、抗議會場，以及傳統城市必須提供的奇妙設施，大大彌補了這些缺點。

那時候是商業電腦發展的初期，就像美國的ＩＢＭ，ＩＣＬ也在開發老式的真空管，以及由可怕的打孔卡程式控制的新型晶體管機器。有一點年紀的人都記得這個，應該還帶著一種噩夢般的懷舊情緒。幾年後我成為史丹佛大學的研究生，我強烈痛恨這些可怕的卡片，以及有像福傳（Fortran）和包珣（Balgol）等怪異名稱的程式語言，所做的繁瑣例行程式程序。這真的很糟糕，因為這讓我從此對電腦發展與編寫程式倒盡胃口，所以，即使我還滿擅長的，而且「在發展之初」就參與了，不管是在斯蒂夫尼奇，或是在後來變成矽谷的地方，我都沒有遠見看到電腦除了可以做複雜的計算與分析之外，對所有的一切都大有用處。因此也難怪我最後成為一個只有綿薄之力的學者，而不是史丹佛創業機器生產出來的有錢人。

第三個打開的視野是瞥見了電子迴路的精密與潛力。用幾個非常簡單的模組單元（電阻、電容、電感和晶體管），根據非常簡單的規則，以巧妙而複雜的方式用電纜連結起來，就能出現奇蹟般強大而「複雜」的能力，可以用光速執行超級任務，這就是電子計算機。這就是我接觸網絡、突現與複雜的原始概念的經驗，雖然當時都沒有人詳細闡述過這些字眼與語言，但我一進入劍橋大學學生的生活，所有的這一切都被我拋在腦後。然而其中的某些概念，一定深藏在我的潛意識裡，等著四十年後我開始推測，網絡成為了解人體、城市或公司運作的基礎支架時，終於一一浮現。

中場摘要與結論

寫這段簡短而有點離題的個人經驗的目的，並不是要提出一個完整的批評，或平衡一下都市規劃與設計的概論，而是要強調某些與設定基礎有關的明確特徵，並自然連接到發展出一門城市的科學的可能性。我不是專家，也沒有都市規劃、設計或建築的專業憑證，所以我的觀察一定是不完整的。

從這些觀察得到的一個重要見解是，大部分的都市開發與更新都不是非常成功，特別是所有新成立的規劃型城市，例如華盛頓特區、坎培拉、巴西利亞與伊斯蘭堡。這似乎是評論家、專家、批評家等人的一般共識。很受歡迎的旅遊作家比爾．布萊森（Bill Bryson），在他寫的《在下方》（*Down Under*）⑫一書中，就這樣諷刺坎培拉：

> 坎培拉：什麼東西都沒有！
> 坎培拉：要死還等什麼？
> 坎培拉：去其他地方的通道！⑬

要客觀判斷一座城市的成功極為困難，我們甚至不清楚，應該用什麼特徵與指標來判斷成功或失敗。心理社會現象的評估，例如快樂、充實與生活品質，沒有辦法提供可靠的量化數據，更無法做成模型。另一方面，較具體的生活特徵，例如收入、健康與文化活動，顯然可以做到。大部分有關成功的城市書寫，大致上不會比我已經引用的這種軼事風格的描述更複雜，而且充其量都是直觀分析，就像珍．雅各與劉易士．孟福的論述風格。[14]

有很多根據訪談與調查進行的社會學學術研究，試著想發展出一個更客觀、更「科學」的觀點。都市社會學這門學科已經有一段很長而知名的歷史，但有點爭議性，而且非常令人意外地狹窄，它甚至被羅伯特．摩斯用來作為高速公路穿越傳統社區的理由。考慮到這一切之後，似乎很清楚的是，幾乎所有規劃型城市在不同的程度上，最後都淪為沒有靈魂與疏離，缺少流行的興奮感與文化活動，而且普遍缺乏社區精神。相對於在興建新城或重要的城市開發案時，一定會有的承諾與宣傳，我們可以持平地說，幾乎沒有一個達到期望，而且很多城市可以說是失敗的。

然而，城市非常有彈性，而且是不斷演變的複雜適應系統。舉個例子，對我們很多人來說，華盛頓特區並不是一座城市，我們只會因為歷史或愛國的理由，或是必須和政府打交道，才會去造訪。它非常死氣沉沉，而且有點水泥叢林的味道，主要都是大型的政府建築物，而且通常透著卡夫卡筆下官僚機構令人不安的感覺，會令人奇怪地聯想起舊蘇維埃的風格。

但看看現在的華盛頓特區，儘管仍有許多問題，但它已經變成一個非常多元而活力充沛的城市，並吸引了一大群受到它的行動感與社區感引誘而來的有抱負、有創意的年輕人。在更大的都會圈裡，現在的經濟活動也擴大了，不再只有依賴政府的工作機會。而且最神奇的是，因為很多出色的餐館與集會場所，充滿著來自世界各地的年輕人，那些政府大樓現在看起來也不再那麼令人感到威脅了。華盛頓花了很長的一段時間才變成一座「真正的」城市，一個甚至珍．雅各也會讚美的地方。所以，還是有希望的。

這讓我想提出另一個重點。在事物的宏偉計畫中，這些無機的規劃型新城市，例如華盛頓特區、巴西利亞，或甚至斯蒂夫尼奇，它們無法讓人感到興奮的「失敗」之處，例如充滿讓人可以過得充實、擴大視野的機會，以及讓人覺得自己是充滿活力與創意的社區的一部分，也許不是非常重要。因為城市會演化，雖然可能要花一段很長的時間，但最後會發展出自己的靈魂。另外，在不久的過去，相對更少的人住在都市環境，事先規劃的城市也很少。然而，由於都市化一直在指數擴張，在接下來的三十年裡，平均**每一個星期**，我們就會在地球增加一個相當於一百五十萬人口的新城市，這個情況已經徹底改變了，現在大部分的人都住在城市了。

因此，之前不重要的「失敗」之處，現在變得很重要了。為了適應不斷的指數成長，新的城市與都市開發以非常驚人的速度在進行。光是中國，就要在接下來的二十年，建設二到三百個新城市，很多城市的人口會超過一百萬，同時，已經主導開發中國家的大城市也持續在擴大，因為越來越多人湧進城市，很多大城市出現了貧民窟與非正規的住宅區。

就像我之前提過的，以前的大城市，例如倫敦與紐約，也和今天的大城市有一樣的負面形象。雖然如此，它們已經發展成為主要的經濟引擎，提供大量的機會，推動世界的經濟發展。問題在於：城市的確會演化，但它需要數十年的時間改變，而我們已經沒有時間去等待了。華盛頓花了一百五十年，倫敦花了一百年，巴西利亞花了五十多年，但大致還在演變的過程中。除此之外，這個問題的規模很大。中國已經開始進行艱巨的計畫，要興建數百個新城市，以便讓三億名農村居民住進城市。為了方便，這些城市的建設沒有深入了解城市的複雜性，以及城市與社經成就的關係。事實上，很多評論家指出，很多新城市就像典型的郊區，是沒有靈魂的鬼城，也沒有什麼社區感。城市有一種有機的性質。它們會演化，而且實體大小會因為人們的互動而長大。世界上偉大的大都市都會促進人的互動，會創造無法定義的興奮感與靈魂，而這就是城市創新與令人鼓舞的泉源，也是城市在經濟與社會上的彈性與成功的主要因素。漠視這些關鍵面向，只專注於建築物與基礎設施，將是短視之舉，甚至會招來災難。

7 邁向城市的科學

幾乎所有的城市理論都是大量的質性研究，主要集中於特定城市或一組城市的研究，再加上一些論述、軼事與直覺的看法。其中很少是有系統的研究，通常也沒有整合社經活動的基礎動力等問題。也許我想提倡「受物理啟發」的量化城市理論，根本是令人無法想像的嘗試。城市與都市化過程也許「太過複雜」，所以超越個體性的法則與規則並無法以有效的方式產生影響。科學最棒的地方在於，針對任何特定的個別構成單位，不管是一個夸克、一個星系、一個電子、一個細胞、一架飛機、一台電腦，一個人或一座城市，尋找超越與支持其結構與行為的共通性、規律性、原理與普遍性。而當科學可以用一個可量化、可用數學計算、有預測力的架構來做到這件事，如同電子、飛機和電腦的例子，就是真正最棒的了。然而，有很多重大議題無法完全用這種方式表達，例如意識、生命的起源、宇宙的起源，而且確實城市本身也是這一類，所以我們必須承認並滿足於知識與理解的極限。雖然如此，我們的職責就是，不受龐大的複雜性與多樣性的幽靈阻礙，盡可能推展這種科學典範，以確定邊界在哪裡。事實上，知識與理解的邊界本身與可能極限，真正的問題就在於它本身在哲學與實際上的基礎性與重要性。

聖塔菲研究院啟動城市與公司的研究計畫是基於兩個精神，一是迫切需要一個可以協助解決實際存在的長期全球永續問題的理論，二是渴望了解某種非常基礎的自然現象，前一章我已經簡單介紹了計畫的起源與初期的形式。這一章要概略談到，這個計畫中有助於形成**城市的科學**的某些重要成果，並且把它和其他一直在研究相關議題的人員的工作連結起來。另外，有些被用來了解城市與都市化多元面向的傳統觀念與模型，我也會試著找出它和這些觀念與模型的關係。

這是一個非常古老的主題，最早的研究可以回溯到亞里斯多德。因此，為了了解城市是什麼、如何出現、如何運作，以及城市的未來，已經發展出各式各樣的觀點與架構。光是在學術界本身，就有一大堆令人眼花撩亂的不同科系、中心與機構，分別代表感知城市的各類方法：都市地理、都市經濟、城市學、建築研究等等，每一個都有自己的文化、典範與理想，而且彼此很少互動。隨著最新的發展情勢，很多人受到大數據與智慧城市願景出現的刺激，這種情況正在快速改變。大數據與智慧城市有點天真地被吹捧為解決所有都市問題的靈丹妙藥。但很明顯的是，還沒有出現「都市科學」（urban science）或「都市物理學」（urban physics）等科系。這些現象代表的是一個新的研究領域（new frontier），因為從較科學的觀點了解城市的急迫性已經出現了。這就是我現在談的主題的脈絡，希望以縮放法則作為強大的工具，為了解城市打開一扇通往發展量化概念整合系統架構的窗。

執行這個計畫的第一步是問：城市是不是以和動物相同的方式，成為彼此的大致縮放版本？以可測量特徵來看，紐約、洛杉磯、芝加哥與聖塔菲，是不是彼此的縮放版本？如果是的話，它們的相對縮放關係，是不是和東京、大阪、名古屋與京都的縮放方式一樣，即使它們的外觀與風格各異其趣？它們的縮放表現是否類似於我們在生物界看到的普遍性，也就是鯨魚、大象、長頸鹿、人類與老鼠，是彼此的大致縮放版本，而且全部巧妙地量化表現出$\frac{1}{4}$冪次縮放法則的優勢？

在我們進行這個研究之前，和生物學相比，很令人驚訝的是，很少人注意到有關城市、都市系統或公司的這類問題。在某種程度上，可能是因為都市研究一般比生物學更少量化，也因為相對來說，在城市或公司的研究中，很少有關計算的機制模型（mechanistic model）被提出來，更不要說大數據了。

城市的成長

德克．賀爾賓（Dirk Helbing）很早就加入我們的合作案，我第一次見到他時，他還是德國德勒斯登大學交通與經濟研究所（Institute for Transport and Economics）所長。德克受過統計物理學的訓練，過去也把這個技術應用到高速公路交通與人群的研究。他現在是蘇黎世瑞士聯邦理工學院（Swiss Federal Institute of Technology，通常被稱為ＥＴＨ）院長，在那裡負責一項名為地球實況模擬器（Living Earth Simulator）的大型計畫。該計畫的目的是，從經濟、政府與文化趨勢，到流行病、農業與科技發展，利用大數據與先進的演算法做成全球尺度系統的模型。

二〇〇四年，德克找了他的學生克利斯提安・庫納特（Christian Kuhnert），研究不同的城市特徵如何隨著歐洲國家城市的規模而改變。這個早期研究的某些結果顯示在圖三十三，你很容易可以看到，跨城市與國家的數據，表現出令人意外的簡單與規律。①這些圖上畫的是較簡單的城市特徵，也就是城市規模與加油站數量的關係。縱軸是加油站數量，橫軸是以人口數量衡量的城市規模。和之前顯示縮放現象的圖形一樣，這些數據是以**對數尺度**描繪，也就是說，坐標依次增加十倍。你不必知道任何數學或記得什麼是對數，甚至不必非常了解城市，也可以清楚看到，加油站數量隨著不同城市變化的方式非常規律。大致上來說，這些數據緊密地靠著一條簡單的直線，而不是在圖形上隨機散落各處。這清楚顯示，這種變化並不是任意的表現，而是遵循一個高度受到約束的系統性行為。最後的直線告訴我們，加油站的數量循著簡單的冪次法則跟著人口增加，這讓人聯想起我們之前看到的生物與物理數值如何縮放的情形。

另外，這條直線的斜率，也就是這個冪次法則的指數，大約是〇・八五，比我們在有機體

圖 33

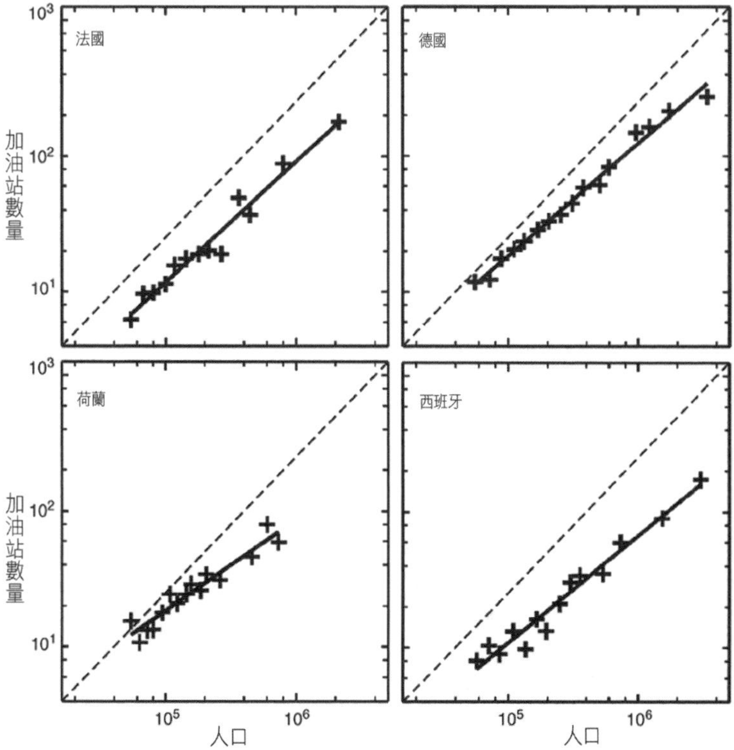

四個歐洲國家的加油站數量與城市大小的對數尺度關係圖，顯示它們以相同指數線性縮放。虛線的斜率是 1，表示線性縮放的性質。

代謝率看到的〇・七五（著名的3/4）多一點點（圖一）。同樣有意思的是，在圖中顯示的所有國家中，加油站縮放的指數數值也大致相同。由於〇・八五這個數值小於一，所以按照之前的說法，這就是一個**次線性**的縮放表現，顯示出某種系統性的**規模經濟**，並意味著，城市越大，人均需要的加油站數量越少。因此，平均來說，比起較小的城市，較大城市的加油站服務更多人，每個月也能賣出更多燃料。稍微換個方式說就是，城市的人口每加倍一次，就只需要另外增加八五％的加油站，而不是天真猜想的二倍，所以，每一次人口加倍，就會系統性地節約大約一五％。這是個非常大的效果，例如，拿一個大約五萬人口的小城市，和一個一百倍大、人口五百萬人的大城市相比。服務一百多倍的人口，只需要增加大約五十倍的加油站，因此從人均來看，大城市只需要小城市一半的加油站。

大城市人均需要比小城市更少的加油站，也許沒有給人太大的驚喜，但規模經濟是如此的有系統，就令人非常驚喜了。而且，在這些國家中全都大致相同，都以大約〇・八五的指數，遵循著相同的數學縮放法則。更令人驚喜的是，其他有關運輸與補給系統的基礎設施數量，例如電纜、道路、水與瓦斯管路的總長度，全都以大致相同的方式，以大致相同的指數數值縮放，也就是大約〇・八五。另外，只要能取得數據，這種系統性的表現在全球各地都一樣。所以，談到整體的基礎設施，城市的表現就像有機體，會以簡單的**次線性**冪次縮放法則表現，因此呈現出一種系統性的規模經濟，只是因為指數不同（有機體是〇・七五，城市是〇・八五），規模經濟的效果較小。

這個縮放法則的初步探索，延伸到很大範圍的國家，以及很大範圍的城市指標，是由一組非常聰明的新成員執行研究工作。其中包括路易士・貝當古（Luis Bettencourt）。我認識他的時候，他是洛斯阿拉莫斯天體物理學的博士後研究員，正在研究宇宙初期的演變。到洛斯阿拉莫斯之前，他花了兩年時間在麻省理工學院，是應用數學小組的成員。路易士在葡萄牙出生、成長、受教育，但你永遠都不會知道這一點，因為他的英語非常流利，沒有任何口音，所以當我第一次見到他時還以為他是英國人。事實上，他在倫敦帝國學院（Imperial College in London）取得物理學博士學位，當時我碰巧在數學系擔任某個職務。路易士輕鬆駕馭科學的能力，和他輕鬆駕馭語言的能力簡直旗鼓相當，他很快地非常投入我們的都市研究計畫，負責從全球收集與分析數據。他熱情支持對城市發展出深度理解的理想，現在也已經成為這個領域全球頂尖的專家。

路易士會參與這項工作，是因為另一位非常聰明的成員荷西・洛伯（José Lobo）引進，荷西現在是亞利桑那州立大學永續計畫的都市經濟學家。我們第一次見面時，荷西還是康乃爾大學城市與區域規劃系（Department of City and Regional Planning）的年輕教員，而且已經來聖塔菲好多年了。就像路易士，荷西為我們的計畫帶來統計與先進數據分析的真才實學，另外，也帶進城市與都市化的專業知識，這是我們研究專案的關鍵部分。

路易士與荷西帶頭調整與分析大量的數據集，涵蓋全球各地都市系統非常廣泛的指標，從歐洲的西班牙和荷蘭，亞洲的日本與中國，以及拉丁美洲的哥倫比亞與巴西。這項研究非常具有公信力，並驗證了基礎設施指標顯示次線性縮放法則的早期分析，並強力支持城市系統性的規模經濟的普遍性。無論是日本、美國或葡萄牙，不管是哪一種特定的都市系統；無論是加油站數量、管路、道路或電纜的總長度，不管是哪一種特定的指標，城市規模每增加一倍，大約只要再增加八五%的物質基礎設施。②因此，與兩個五百萬人口的城市相比，一千萬人口的城市通常需要比這兩個城市少一五%的基礎設施，故而可以大幅節省物質與能源使用量。③

這個節省效果可以大幅減少廢氣排放與汙染。因此，規模越大越有效率，有一個違反直覺但非常重要的意義，平均來說，城市規模越大就越環保，人均的碳足跡就越少。從這個意義上來看，紐約是美國最環保的城市，但我住的聖塔菲就是比較浪費的城市。平均來說，聖塔菲的每一個人排進大氣層的碳是紐約人的兩倍。但我們不應該認為，這反映出紐約規劃者與政治人物更有智慧，也不是聖塔菲領導人物犯了錯，而是反映出，支撐規模經濟的那股動力，幾乎一定會產生的副產品，而且，當城市的規模變大時，也會超越城市的個體性。這些收穫大部分都不是規劃出來的，雖然城市的政策制定者可以大力促進與加強，隱藏在其中發揮作用的「自然」過程。事實上，這就是他們很大一部分的工作。有些城市做得非常成功，但有些城市就沒那麼出色。我會在下一章討論相關表現的問題。

這些成果非常令人振奮，並為探索可能的城市理論提供強有力的證據。然而，更重要的是一個令人驚喜的發現，數據也顯示，**在生物界中沒有類比物**的社經數值，例如平均工資、專業人士數量、專利數量、犯罪數量、餐廳數量，以及城市的ＧＤＰ，也以令人意外的規律而系統性的方式縮放，如圖三十四至三十八所示。

這些圖也清楚呈現一個同樣令人驚喜的結果，這些不同數值的斜率有大致相同的數值，大約是一．一五。因此，這些指標不只是以極為簡單的方式，遵循典型的冪次法則表現而改變，而且，不管都市的系統是什麼，也是以相同的方式，以大約一．一五的相同指數縮放。所以，這與基礎設施隨著人口規模以**次線性縮放**，呈現鮮明的對比，作為城市精髓的社經數值，則是以**超線性縮放**，表現出系統性的**規模報酬遞增**（increasing returns to scale）現象。因此，城市越大，工資越高、ＧＤＰ越大、犯罪越多、愛滋病與流感病例越多、餐廳越多、產生的專利數量越多等等，而且以每人平均的角度來看，在全球各地的都市系統中，這些指標全都遵循著「一五%規則」。

因此，城市越大，就會創造更多創新的「社會資本」，一般市民也擁有、生產與消費更多商品、資源或想法。這就是城市的好處，也是城市吸引人與誘惑人的理由。但另一方面，城市也有陰暗面，也有壞處。大致和正面指標相同的程度，人類社會行為的負面指標，也會隨著規模有系統地增加。所以，城市規模增加一倍，不只每人平均會增加一五%的工資、財富與創

圖 34

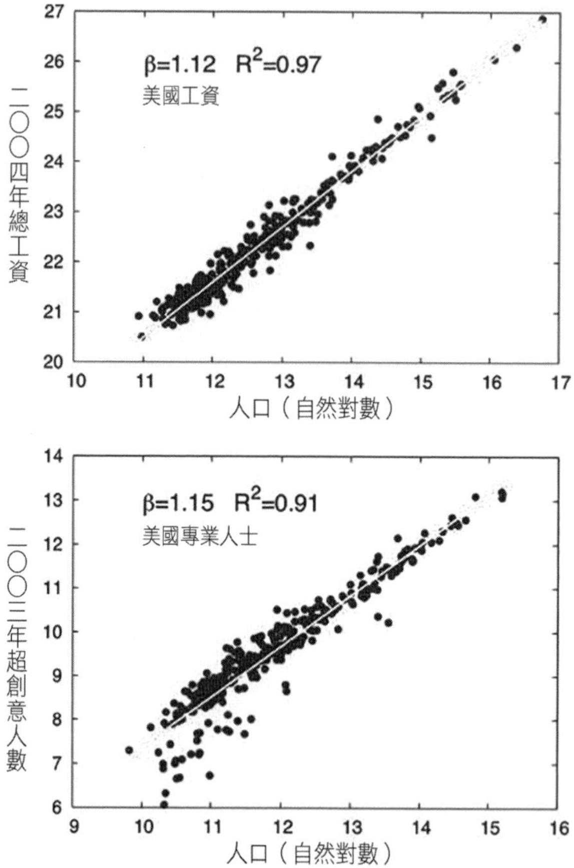

在不同的都市人口規模中，不同社經指標的縮放表現，顯示出明顯相同的超線性指數（圖的斜率）：（圖 34 上）美國工資，（圖 34 下）美國專業人士（超創意人士）數量，（圖 35）美國的專利數量④，（圖 36）日本的犯罪率，（圖 37）荷蘭的餐廳，（圖 38）法國的 GDP。

圖 35

專利創新數

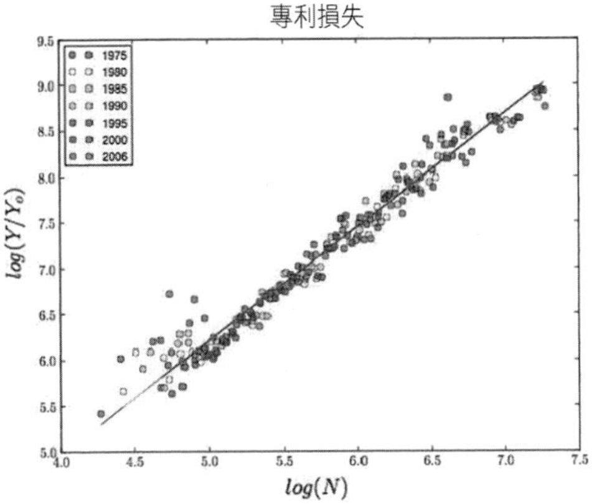

圖 36

總犯罪（日本）

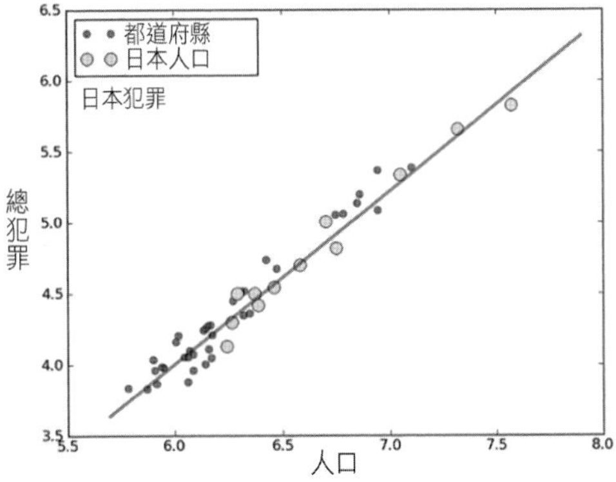

斜率 = 1.21　　[1.08, 1.35]

圖 37

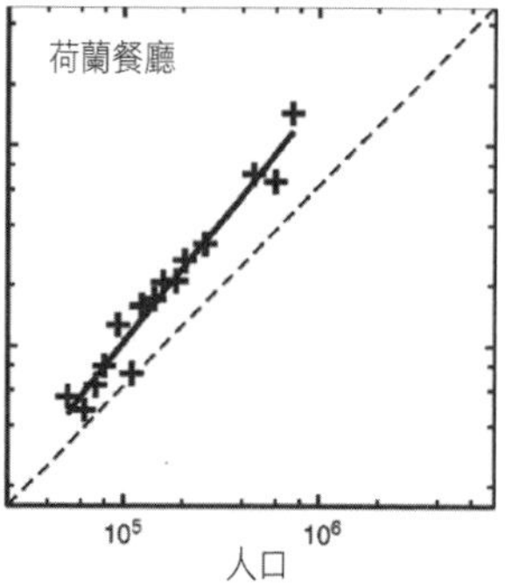

圖 38

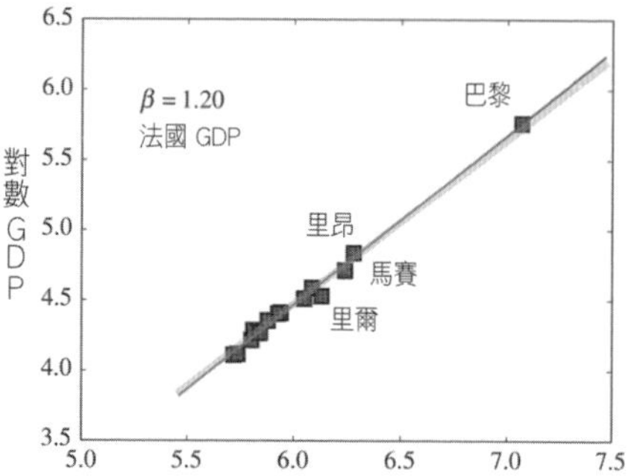

新，也會增加相同程度數量的犯罪、汙染與疾病。好的、壞的和醜的，顯然彼此密切相關，幾乎是可預測的包裹組合。一個人可能受到更多創新、更多機會、更好的工資，與更好的「行動」感吸引，而到更大的城市去，但他同時也要預期，垃圾、竊盜、腸胃感染和愛滋病，也一樣會增加。

這些結果非常令人震驚。我們一般想到每一座城市時，尤其是我們住的城市，都是獨一無二的，有自己的歷史、地理與文化，有我們覺得我們認得出來的獨特個性與風格。波士頓和紐約、舊金山或克里夫蘭不只看起來不一樣，「感覺」起來也不一樣，就像慕尼黑和柏林、法蘭克福或亞琛，看起來與感覺起來都不一樣。而且，它們的確不一樣。但是誰會相信，在它們自己的都市系統中，至少用可測量的任何指標的角度來看，它們都是彼此大致的縮放版本？例如，如果你知道美國某個城市的人口大小，你就可以掌握到八〇%到九〇%的準確率，預測到這個城市的平均工資是多少、產生多少專利數、所有的道路有多長、有多少愛滋病例、有多少暴力犯罪、多少餐廳、多少律師與醫生等等。很多城市的相關數量都取決於城市的大小。另外，這樣的評估當然有異常值和變數，也將在下一章探討。

另外要知道的一個重點是，我們觀察到的縮放法則，是在**相同**國家都市系統裡的不同城市，也就是說，是在同一個國家裡面。圖三十四至三十八顯示的縮放法則，無法預測在不同都市系統裡的城市如何縮放。不同指標的整體規模，例如工資、犯罪、專利產量與道路總長，根據的是每一個國家都市系統的整體經濟、文化與個體性。例如，以整體的犯罪規模來看，日本就比美國少很多；但美國的整體專利產量就多很多。因此，雖然縮放法則可以預測芝加哥的指標相對於洛杉磯的縮放方式，以及京都相對於大阪的縮放方式，卻無法直接預測大阪相對於芝加哥的縮放方式。然而，如果我們知道指標的整體規模，這可以從知道紐約的指標相對於東京如何縮放，就可以推論出來，然後我們就可以預測，任何日本城市相對於任何美國城市會如何縮放。

我們通常會把這些不同的都市指標與特徵，看成互不相關、彼此獨立。例如，我們絕不會想到，某個特殊疾病的病例數量，與某個城市的專利數量或加油站數量有關。誰會相信工資、專利、犯罪與疾病，和全世界的任何地方都一樣，都是以大致「可以預測」的方式，全部隨著都市的大小而縮放？這些數據強力顯示，不管外觀如何，城市就是彼此的大致縮放版本：在一個驚人且可以預測的程度上，紐約與東京分別是舊金山與名古屋的非線性縮放版本。這些特殊的規律性顯示，所有城市有共同的基本機制、動力與結構，而且強烈指出，所有的這些現象事實上高度相關，也互相關聯，由相同的潛在動力所驅動，也受相同的「普遍」原理所約束。

所以，每一個都市特徵、每一個指標，不管是工資、所有道路的總長度、愛滋病例數量或犯罪數量，彼此都有關係，也互相關聯，而且全部一起作用，形成一個包含許多面向、標準的複雜適應系統，不斷整合與處理能量、資源與資訊。結果就是我們稱為城市的特殊集體現象，其根源就是人們如何透過社會網絡和彼此互動的動力與組織。在這裡要重複一點：城市就是自我組織的突現現象，是因為人類交換能量、資源與資訊的互動與溝通而形成。身為都市生物，我們全都參與了密切的人類互動多重網絡，無論我們住在哪裡，這些互動表現在大都會充滿生產力、速度與聰明才智的興奮感中。

重要的是要知道，增加生產力以及伴隨而來的降低成本，這種模式也適用於不同發展、技術與財富程度的各個國家。雖然富裕國家的城市有較多資訊，但像巴西與中國這樣快速發展中的國家，也開始越來越能得到廣泛的數據。印度和非洲國家的好數據，目前還是很難掌握，但在不久的將來，很快就會改變。目前分析到的數據都符合這個模式，因此接下來我將提到，某些在協助建立系統性縮放法則的「普遍性」時，發揮很大作用的數據。例如巴西與中國城市的GDP，就密切追隨著西歐與北美城市展現的超線性曲線，即使它們開始的基準較低。這些模式會適用是因為，不管是在聖保羅的棚戶區、在北京霧霾瀰漫的天空下，或哥本哈根整潔的街道上，都有相同的社會與經濟過程在運作。

最後，值得注意的是，不是所有的城市特徵都以非線性縮放。例如，不管城市的大小，平均來說，每一個人有一個家與一份工作，所以工作與房子的數量會隨著城市變大而線性增加。換句話說，它們的相對縮放曲線的指數非常接近一，而且也得到數據的確認：把一個城市的人口增加一倍，你就會發現，房子與工作的數量都增加一倍。但這其中藏著某些假設與結論。很顯然的，不是每一個人都有一份工作（特別是老人與小孩），而且有些人不只有一份工作；另外，雖然幾乎每一個人都有自己的家，但不是每一個人都有房子。雖然如此，大部分的人有一份工作，而平均占有的房子（或「家庭」，不管怎麼定義），整個城市大致相同，所以，在粗略的程度上，還是適用這個原則，因此出現了簡單的線性關係。

在這裡總結一下：城市越大，社會活動越多、機會越多、工資越高、也越多元化、越容易取得好餐廳、音樂會、博物館與教育設施，也會對興奮感、刺激感與參與感越有感覺。較大城市的這些面向，對世界各地的人非常有吸引力與誘惑力，而且他們同時也會壓抑、忽略或輕視一定會有的負面面向，以及犯罪、汙染與疾病增加的陰暗面。人類非常善於「強調積極面，排除消極面」，特別是和金錢與物質福祉有關的時候。城市規模變大，除了可以感覺到個人利益之外，規模經濟也產生很大的集體利益。隨著城市變大，個人的利益增加，再加上集體系統性地增加利益，兩相結合，就是全球都市化持續爆發的潛在驅動力量。

城市與社會網絡

所以，世界各地的都市系統，在日本、智利、美國與荷蘭等如此多元的國家，不管地理、歷史與文化差異多大，而且每一個都是獨自演變，為什麼會基本上以相同的方式縮放？這並不是因為，這些國家在過去幾百年來有某些國際協定，要求他們要根據這些簡單的縮放法則建立與發展城市。沒有人執行、設計與管理，事情就這樣發生了。所以，超越這些差異，並支撐這個令人驚訝的結構與動力相似性的，是什麼共通的統一因素？

我已經強烈暗示了答案：其中的偉大共通點在於，世界各地社會網絡結構的普遍性。城市就是人，而且在很大的程度上，全世界的人如何彼此互動，如何聚集形成團體與社區，大致都一樣。我們可能看起來不一樣，穿得不一樣，說不一樣的語言，也有不一樣的信仰體系，但在很大的程度上，我們的生物與社會組織和動力是非常相似的。畢竟，我們都是人類，基因大致相同，也有相同的一般社會歷史。而且，不管我們住在地球的哪裡，我們所有人都是在最近才從移動的狩獵採集者，變成主要是定居形態的群居生物。因此，表現在都市縮放法則中的驚人普遍性的潛在共通點就是，人類社會網絡的結構與動力，大致上到處都一樣。

隨著語言的發展，人類以在整個生命史上前所未見的規模與速度，取得了交流與溝通新資訊的能力。這項革命的一個重大結果就是，發現了規模經濟的好處：經由一起合作，我們可以用相同的人力建設或完成更多，或者相當於我們每個人可以用更少的能量，更快達成特定的工作。像建設、狩獵、儲存與規劃等群體活動，全都是從語言的發展演化出來，而且讓人得到很大的利益，也因此進一步強化了溝通與思考的能力。另外，我們也開發了想像力，並把未來的概念帶進意識中，因此有了計畫、預先思考的卓越能力，並形成可能的模擬情境，以預測未來的挑戰與事件。在人類大腦活動中的強大創新能力，對地球來說，是全新的東西，也導致了特殊的後果，受到影響的不只是人類，而是從微小的細菌，到龐大的鯨魚和紅杉，包括地球上幾乎所有的居民。

的確，很多其他生物，例如群居的遊牧動物，特別是社會性的昆蟲，也發現了規模經濟，但是相對於人類的成就，牠們的成就相當原始與靜態。語言的力量讓我們遠遠超越典型的規模經濟，就像我們的細胞或我們的狩獵採集祖先已經取得的規模經濟；而且，比起目前為止重大創新需要的典型演化時間尺度，我們在一段非常短的時間內，藉著適應新的挑戰，加以演化並建立這些優勢。螞蟻聰明地自我組織，以演化出非常強健也極為成功而複雜的身體與社會結構，但這花了牠們數百萬年。而且，牠們在五千多萬年前達成這樣的成果之後，就幾乎不再改變。另一方面，我們在發明口說語言之後，從狩獵採集演化成定居的農民，只花了數萬年的時間，而且更明顯的是，只花了另外一萬年的時間，就演化出城市，成為城市主義者，並發明手機、飛機、網際網路、量子力學以及廣義相對論。

當然，我們適應生命是否比螞蟻適應得好，是個判斷的問題；至於牠們的城市、經濟、生活品質與社會結構，最後證明是否或多或少比我們的永續，是個未來學的問題。就目前的情況來看，我賭牠們絕對會活得比我們久。牠們非常有效率、強健與穩定，而且牠們已經比我們活了更久的時間，很可能也會在我們都死光之後，還繼續活得好好的。雖然如此，儘管我們有很多瑕疵，而且我們當然有很多問題，以我的人類中心判斷，就生活的品質與意義來說，我們一定贏過牠們。

我們非常獨特地演化出也許是最珍貴、也最神祕的生命特質，也就是意識，並用來沉思與覺悟，而且已經產生了一些如何解決最令人敬畏的問題的見解。創造與創新、搜尋與探索，胡思亂想、思考、沉思、反省、質疑與哲學思維，這種標準以人類為中心的心智過程，一直受到我們發明的城市所強化與推動，城市是文明的嚴酷考驗之地，也是促進創意與點子的引擎。

如果城市被認為只是單純的物質，只是建築物與道路，以及供應能源與資源的多重管路與電纜網絡系統，那麼城市就真的非常類似有機體，也會表現出包含規模經濟的相同系統性縮放法則。然而，當人類形成相當規模的社群，就為地球帶進了一種本質上全新的動力，並超越了生物的動力與規模經濟。隨著語言的發明，以及隨之而來的人與人之間以及與團體之間，經由社會網絡交換資訊，我們發現了如何創新與創造財富。因此，城市不僅僅是有機體與蟻丘，城市依賴人員、商品與知識，進行長期的複雜交換。它們一直是吸引創意與創新人士的磁鐵，也是經濟成長、產生財富與新觀念的興奮劑。

城市提供一個自然的機制，讓以不同方式設想與解決問題的人，形成高度的社會連結關係，而因此得到好處。它產生的正向回饋迴路，就是持續增加創新與財富創造的驅動力，最後導致超線性縮放以及規模報酬遞增現象。普遍的縮放法則表現的是，我們身為社會性動物在演化史中的一個基本特徵，而且超越地理、歷史與文化，全世界的人都一樣。它來自社會網絡的結構與動力，以及實體基礎設施網絡的整合，這是盡情施展一整套都市生活的平台。雖然這超越了生物學的動力，但它有和第三章探討的碎形幾何網絡類似的概念架構與數學結構。

這些網絡是什麼東西？

現在回想一下，讓生物網絡呈現$\frac{1}{4}$冪次異速縮放的一般幾何與動力特性：（一）它們有空間填充的特性（例如，網絡必須服務有機體的每一個細胞）；（二）最終單元，例如微血管或細胞等，在某個特定的設計中具有不變性（所以我們的細胞與微血管，和老鼠與鯨魚的細胞與微血管一樣）；（三）網絡已經演化成最適表現（所以為了讓我們有最多的能量去繁殖與養育後代，我們的心臟用最少的能量來循環血液與支持細胞）。

在城市的基礎設施網絡中，也有和這些特性可以直接類比的表現。例如，我們的道路與運輸網絡，必須具有空間填充性，才能服務城市的每一個地方；就像各式各樣的公用事業管路一樣，必須供應水、瓦斯與電力給城市中的每一間房子與建築物。把這個概念延伸到社會網絡也很自然：平均來說，一段時間下來，城市中的每一個人會和一定數量的人互動，以及某些團體互動，而他們集體的互動網絡會填滿所有的「社經空間」。事實上，都市的社經互動網絡，構成了社會活動與互相連結的大鍋爐，有效定義了城市以及城市的邊界。為了要成為城市的一分子，你必須在這個網絡中持續參與。而且，當然，這些網絡具有不變性的最終單元，也就是類似微血管、細胞、葉子和葉柄的東西，就是人和他們的房子。

一個具有挑戰性也非常有趣的問題是，如果有的話，在城市的結構與動力中，什麼活動被最適化了。和生物相比，城市出現的時間並不長，只有幾百年而已，但很多有機體已經出現數千或數百萬年了。所以，當城市成長與演化時，任何來自逐步適應與回饋機制中朝向最適化的動力，都沒有很長的時間安定下來，以達成完整的成果。而且，相對於一般的生物演化速度，城市中的創新與變化速度相對快很多，又讓情況更加複雜。雖然如此，市場力量與社會動力持續在發揮作用，所以猜測基礎設施網絡的演變，已經朝向最低成本與能源的方向，也有幾分道理。例如，說到運輸，不管是搭公車、火車、汽車、騎馬或走路，大部分的人想的都是交通時間或距離最短，或兩者都要。毫無疑問，很多地區的電力、瓦斯、水與運輸系統非常沒有效率，大都是因為歷史因素與經濟上的權宜之計。雖然如此，不管外觀如何，城市都會持續進行升級、改善、汰換與維護，所以如果從一段夠長的時間來看，就可以看到一個明顯的趨勢，這些網絡系統也是朝向大致最適化的表現。在世界各地不同的都市系統中，各種不同的基礎設施數量出現系統性的縮放法則，可以看成是這種演化過程的結果。

但是請注意，相對於我們在生物上看到的大部分指標的縮放表現，城市的理想縮放曲線，數據分布的範圍大很多。例如，比較數據配適的緊密度，圖一是動物代謝率的數據，圖三十四至三十八是城市的平均工資，城市的數據分布範圍就大很多。這個較大的差異反映出，城市必須有機演變到理想最佳配置的時間更短。在其中，理想最佳配置由縮放曲線表示，也就是對數圖中的直線。與直線的偏離程度，就是每一個城市獨特的歷史、地理與文化殘差足跡（residual footprint）[5]的測量值，接下來將會更詳細地討論。比較縮放指數（○・八五），縮放指數就是對數圖中的直線斜率，這個數字在所有的都市系統中都一樣；這些直線（全都有相同的斜率）周圍數據的變化程度（也就是分布的範圍），在不同的都市系統中會不一樣。主要是因為，不同的國家有不同的資源，用來維護、改善與創新自己的城市。

從城市的社經動力的角度來看，我們也可以問，如果有的話，在都市社會網絡中被最適化的事物是什麼？這是一個很難明確回答的問題，很多學者間接嘗試從不同的觀點來回答。[6]如果我們把城市想成是社會互動的重要推動器，或財富創造與創新的重要孵化器，自然就可以推測，它的結構與動力的演化就是，經由個人之間的最適化連結，以達成社會資本的最大化。這表示，城市與都市系統的社會網絡與整個社會結構，也就是誰和誰有關係、他們之間有多少資訊流通，以及他們的團體結構的性質等等，最終是由個人、小公司與大企業一直想要更多的那種貪得無厭的動力所決定。或者說得俗氣一點，我們全部參與其中的社經機器，主要的燃料就是貪婪，其中包括「渴望更多」的負面與正面意涵。有鑑於全球所有城市都能觀察到嚴重的收入分配落差現象，以及我們大部分的人雖然有了夠多的東西，但仍然想要更多的明顯動力，我們不難相信，各種形式的貪婪就是城市的社經動力的主要推動器。聖雄甘地（Mahatma Gandhi）說：「地球能夠滿足每一個人的需要，但無法滿足每一個人的貪婪。」

貪婪是無法滿足、渴望更多的貶抑詞，但它也有極為重要的正面意義。打個比方，它是動物演化上生物驅力的社會類比，這些動物也包括我們，目的是為了相對於身體大小來說，最大化牠們的代謝能力。就像第三章討論過的，這可以看成是從自然選擇的原理衍生而來，並且成為遍及生物界的異速縮放法則的基礎。把適者生存概念延伸到社會與政治領域，把很多思想家帶進具爭議性的社會達爾文主義（Social Darwinism）概念，這個根源可以回溯到馬爾薩斯。無論這個概念的有效性如何，為了支持所有的極端看法，從優生學與種族主義，到十分猖狂的自由放任資本主義，這個觀點被政治人物與社會思想家扭曲、濫用與誤用，有時候還帶來毀滅性的後果。

除了財富與物質資產，渴望更多還可以適用到很多事物。這是社會中一股極為強大的力量，在個人與集體的層次上，形成了巨大的道德、精神與心理挑戰。不管是在運動、商業或學術上，想跑得最快、想擁有最有創意的公司，或想產生最深刻與最有洞察力的觀點，渴望成功一直是主要的潛在社會動力，而且也一直對我們有幫助，讓我們很多人有幸得以享受超凡的居住標準與生活品質。而在同時，我們也調節了強烈的物質貪欲，發展出利他與慈善行為，這也已經納入我們的社會政治結構，以防止我們不至於太過貪婪。

隨著城市的發明，以及規模經濟與創新和財富創造的強大結合，形成非常顯著的社會分歧現象（divisions of society）。我們目前的社會網絡結構，是直到都市社區發展出來才形成目前的形式。狩獵採集者的社會比我們明顯更少階層，也更平等、更社區導向。個人不受約束地自我強化，以及照顧與關心較不幸的人，兩種思維的角力與緊張關係，一直是貫穿整個人類歷史的主要線索，尤其是過去這兩百年。雖然如此，似乎沒有自利的動機，我們富含創業精神的自由市場經濟就會崩潰。我們發展出來的這個系統，非常仰賴人們不斷想要新車、新手機、新的小工具或小玩意、新衣服或新的洗衣機、新的刺激、新的娛樂，和大致所有新的一切，即使他們的「一切」都已經足夠了。這也許不是一幅美麗的畫面，也不適用於所有人，但目前為止，我們大部分的人都適用得很好，而且很顯然，大部分的人似乎還想要這樣繼續下去。但它能不能持續下去，就是我下一章想要回來探討的主題。

這一章稍後，我將詳細說明在社會與基礎設施網絡中，資訊、能源與資源流動的性質，並顯示它們如何呈現觀察到的縮放現象。這些網絡其實很像生物網絡，本質上也是分階層的碎形系統。例如，在基礎設施網絡中，在公用事業管路中流動的東西也會有系統地減少，從例如發電廠與水廠等中央供應單位，經過各自的電纜與水管網絡，供應給一間一間個別的屋子，方式大致就像在循環系統中的血流，從心臟，經過主動脈，再到微血管，然後供應給細胞，以大致規律的幾何比例減少。這些網絡以及流經網絡的流體的碎形性質，確保能量與資源能有效率地分配，並成為次線性縮放與規模經濟的基礎。

但實際上的情形比這更微妙，因為城市並不完全一樣，而且通常有一些半自主運作的地方活動樞紐（local hubs of activity），即使如此，它們還是分階層地和彼此互相連結。這些地方樞紐通常被稱為「中心地」（central places），這是根據一個流行的都市系統模式而來，這個模式稱為**中心地理論**（central place theory），這個理論在一九三〇年代由德國地理學家瓦爾特·克里斯塔勒（Walter Christaller）提出來之後，大受都市規劃者與地理學家的歡迎。

城市：結晶或碎形？

這是個奇怪的理論。基本上，它是一個靜態、高度對稱的幾何模型，用來說明城市與都市系統的物理配置。它是瓦爾特．克里斯塔勒基於他對德國南部城市的觀察所提出來的假設，有點類似珍．雅各從個人的紐約經驗形成她對城市的看法。這個理論不太考慮或不考慮量化計算與測試、系統分析與數據處理，或以數學公式進行後續的預測，所以不完全算是科學，至少不是我在這裡想呈現的方式。在精神上，它和霍華德僵硬的無機田園城市設計有很多共通點，主要受到理想的歐式幾何圖案啟發，除了經濟單位之外，幾乎沒有考慮到人的角色。雖然如此，它還是有很多有趣的特點，並在二十世紀的城市設計與思考中極有影響力。

有點像是用自己的名字玩了一個名稱的遊戲，克里斯塔勒假設，都市系統，而且意味著各別的城市，會根據高度對稱的六角晶格圖案，以越來越小的尺寸重複自己，因此城市可以用理想的二維結晶幾何結構呈現出來（按：姓氏Christaller，發音與拼字都類似crystalline〔結晶〕），就像下頁圖。選擇六邊形作為最簡單的複雜形狀，是因為它的每一邊都可以符合別的六邊形，所以可以填滿城市或都市系統的地理範圍，之間不會有任何空隙。這些六邊形作用就像商業活動的「中心地」，內部還有更小的六邊形中心地。克里斯塔勒是觀察到，德國南部規模差不多的城市，彼此之間的距離大致相等（全部假設位在六邊形的頂點），而且距離作為樞紐功能、

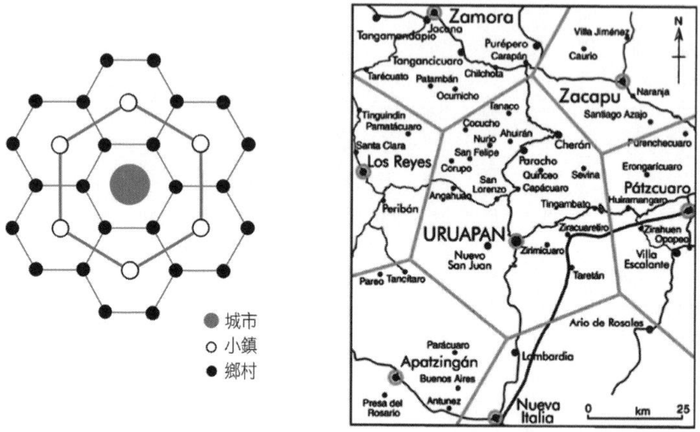

克里斯塔勒的中心地六角晶格概念，以及支持這個觀念的墨西哥「真實世界證據」。

較大的中心城市（就位在這個六邊形的中心）也大致一樣，才提出這個設計。雖然這個規律性，並不是從觀察大部分的都市系統或城市的內部而來，也不管它的結構非常做作而不自然，克里斯塔勒的都市系統幾何模型，結合了兩個和有機演化的網絡結構一樣非常重要的特點。它具有空間填充性與自相似性（因此也是階層式的），即使這兩個專有名詞當時都還未發明。他的模型也結合了其他重要的一般特點，例如移動時間與距離最短以取得服務的想法，我之後也會再談到這一點。

雖然大家已經非常了解中心地理論的缺點，但在今天的都市規劃與設計圈，仍然是一個重要的概念。一九五〇年代初期，它成了剛成立的德意志聯邦共和國（西德）重建市政關係與邊界的基礎，這個系統仍然延續到今天。有點矛盾的是，克里斯塔勒在二次世界大戰之後加入了共產黨，但在戰爭期間曾經是納粹黨的成員，曾在納粹武裝親衛隊工作過。受到他自己理論的啟發，他構思了一個宏偉的計畫，想重新配置剛剛征服得來的捷克斯洛伐克與荷蘭領土，以順應德國的擴張。這個故事中更諷刺的一點，但也很悲慘的是，被認為是區域科學（regional science）創始者的德國經濟學家奧古斯特．勒施（August Lösch），他最知名的事蹟是擴大克里斯塔勒的研究，讓它不再那麼靜態，更數學，也更符合現實。施勒本人是反納粹新教團體的成員。他在戰爭期間留在德國，並藏匿在某處，但在戰爭結束後，不到幾天卻死於猩紅熱。死時才剛滿三十九歲。

其實，城市實際上的自相似性，是更密切反映在運輸與公用事業系統的有機演化階層式網絡結構，而不是克里斯塔勒僵硬的六角晶體結構。城市並不是由上而下設計出來的機器，以直線與典型的歐式幾何為主，城市更像是一個有機體，具有典型複雜適應系統的皺痕，以及碎形的線條與形狀，因為城市本來就是一個複雜適應系統。隨便看一眼一般城市的成長模式，就會很清楚這一點，像金銀絲線一樣不斷擴張的基礎設施網絡圖案，令人聯想起細菌群落的成長模式，如下頁圖所示。例如，如果城市的邊界長度以不同精細度來測量，就類似理查森測量海岸線一樣，然後以對數尺度來繪圖，就會出現大致上的直線，而它的斜率就是城市邊界的傳統碎形維度。

就像我之前提過，碎形維度就是一個物體破碎程度的測量方式，有些人也把它解讀為複雜

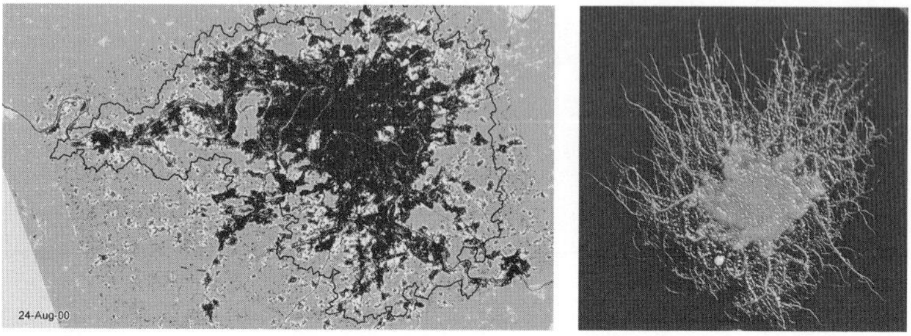

巴黎的有機成長，顯示出碎形幾何的發展（左圖）；細菌群落顯示出碎形幾何的發展（右圖）。

度的測量方式。由於受到碎形研究的爆炸性興趣的刺激，以及複雜科學在一九八〇年代的初期發展，傑出的都市地理學家邁克爾．巴蒂（Michael Batty）針對城市進行了廣泛的統計分析，以測量它們的碎形維度。[7]巴蒂與同事和其他支持者發現，數值在一．二的範圍內，但變化可以大到接近一．八。除了提供比較不同城市複雜度的指標，也許碎形維度一個更有趣的用途是，作為城市健康的判斷指標。一般來說，一個健全強大的城市的碎形維度，會隨著成長與發展而穩定增加，以反映出更大的複雜度，因為興建了越來越多的基礎設施，以容納越來越多的人口，這些人則投入越來越多元而錯綜複雜的活動。但相反的，當城市歷經困難的經濟時期，或經濟暫時緊縮，碎形維度就會變小。

這些碎形維度是測量城市不同基礎設施網絡的自相似性的方式，並且是以不同的精細度分析上圖而來。然而，城市的碎形性質不一定都是這麼明顯，可以光從它的物理表現中看出來。畢竟，紐約市的街道計畫，或幾乎任何美國城市的街道，一般都是規律的矩形網格，大概就是你可以從歐式幾何得到的簡單線條。但舊世界的城市，例如倫敦或羅馬，很明顯就不是這樣，它們彎彎曲曲的街道明顯更像碎形的有機結構。不管是哪一種情形，即使是有矩形網格的城市，隱藏在幾何圖形下的就是遍及所有城市的碎形，而且也反映在縮放法則的普遍性中。

讓我用一個例子來說明這一點，我用整個都市系統來說明，而不是某個特定的城市，但重點是一樣的。下頁圖顯示的是美國的州際道路網絡系統。這是在二次世界大戰之後，由艾森豪政府所興建，靈感來自德國戰前希特勒蓋的、有強烈防禦需求的高速公路系統。事實上，它的正式名稱就是全國州際與國防公路系統（National System of Interstate and Defense Highways）。因此，道路盡可能要規劃得很直，才能把主要城市之間的移動時間與距離縮到最短，大致和羅馬人在二千年前修建道路的方式一樣，目的是為了維持帝國的控制力。結果就像你所看見的，州際系統大致上就像矩形網格，非常像典型的美國城市，當然，地理與各地的情形出現的偏離現象，隨處可見。然而，整體來看，它很意外的非常規律，而且看起來不太像典型的碎形。

然而儘管外觀如此，如果用實際的交通流量來看，而不是簡單以實體的道路網絡來看，州際系統其實是一個標準的碎形。因為交通流量是州際公路的真正本質，也是它存在的根本原因。為了顯示它的碎形性質，我們可以考慮一下某些港口城市，例如波士頓、長灘與拉雷多。卡車會定期由這些港口出發，利用州際道路網絡，在美國各地運送貨物。美國運輸部（Depart-

進出德州的卡車主要車流

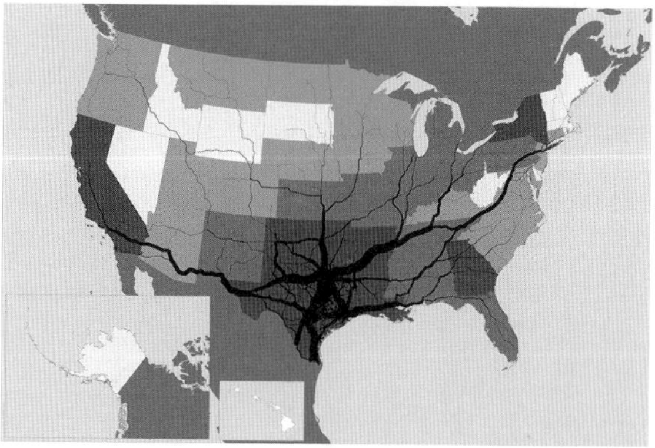

上圖：美國州際高速公路的一般地圖。下圖：德州的運輸路線圖。兩者顯示，隱藏在實體道路系統中的碎形結構。道路寬度表示相對的交通流量。許多比較細的區域，就是「微血管」，代表非州際道路；而較寬的區域，就是主要「動脈」，是更大的道路。請把這張圖和第三章的心血管血液輸送系統做比較。

ment of Transportation）對這些交通流量保留了詳細的統計資料，所以很容易把在某一段特定期間內，例如一個月，開在每一個路段內的卡車數量加總起來。我們以德州的拉雷多為具體例子。顯而易見，直接離開城市的州際公路路段的交通流量最大，因為所有的卡車都必須走這段路才能離開。當卡車離開城市夠遠，就會散開到全國各地。它們會經由分線，進入州際公路的其他路段，最後到達各州的當地道路系統。因此，離拉雷多越遠的路段，把貨物送到更遠城鎮的卡車就越少。

在德州的運輸流量圖上，巧妙地說明了這一點。在圖中，每一個路段的寬度代表從拉雷多出發的卡車流量，換句話說，道路越寬，從拉雷多離開的卡車數量越多。你可以很容易看到，你在地圖上習慣看到州際公路的規律網格，已經變成更有趣的階層式碎形結構，很明顯可以讓人聯想起我們的循環系統。因此，就實際的狀況來說，也就是從公路上的交通流量來看，這才是道路網看起來真正的樣子。從拉雷多離開的主要道路就像主動脈，之後的道路就像動脈，而最後道路則連接到不同的小鎮與城市，也就是貨物最後要送到的地方，就是它的微血管。而它的心臟就是拉雷多這個城市本身，它把卡車「打進」整個州際循環系統。這個模式在整個國家的每一個城市複製，所以這個系統是我們生理循環系統的一個概括，每一個城市就像一個跳動的心臟，或克里斯塔勒所用的專有名詞「中心地」。

很可惜的是，沒有人可以在城市內部的道路進行類似的分析，主要原因是，我們沒有城市裡面每一條街道交通流量的詳細資料。智慧城市的出現，承諾要在每一個街角安裝無數監測交通的探測器，最後將能提供充分的數據，以針對所有城市進行類似的分析，就能顯示它們的運輸系統的動力結構，就像第三六六頁的圖。這將可以對交通模式提供詳細的量化評估，連同其他指標，還能提供特定地點的吸引力分析，這對規劃的目的非常重要，例如成功開發城市的某個新區域，或是決定要在哪裡設置新的購物中心或體育館。

巴蒂一直在率先倡導發展碎形城市的概念，並把複雜理論的想法整合到傳統的都市分析與規劃，他現在負責倫敦大學學院（University College London）的高級空間分析中心（Centre for Advanced Spatial Analysis, CASA）。他的研究主要聚焦在城市與都市系統的物理性（physicality）的電腦模型。他對城市是複雜適應系統的概念非常熱中，最後也成為發展城市科學的主要倡導者。但是他的願景和我的有點不一樣，並且總結在他最近的書《城市的新科學》（*The New Science of Cities*）中，他強調的是較現象學的社會科學傳統、地理與都市規劃，反對我一直在闡述的潛在原理，也就是那種物理學較分析性的數學傳統。⑧但如果我們想要徹底了解城市，最後都需要用上這兩種研究方法。

城市就是大型的社會孵化器

一座城市不只是構成它的實體基礎設施的道路、建築物、管路與電纜的總和，也不只是所有居民的生活與互動的累積，事實上，城市是把所有的一切合併起來，變成一個充滿活力、多面向的活體（living entity）。一座城市就是一個突現的複雜適應系統，它的形成是因為，透過所有居民互相連結的社會網絡，人們彼此交換與流通資訊，這些支持實體基礎設施與居民的能量與資源流整合起來，就形成了城市。這兩套非常不同的網絡的整合與互相作用，神奇地產生了實體基礎設施不斷增加的規模經濟，而且同時也不成比例地增加了社會活動、創新與經濟產出。

前一節專注於城市的物理性，強調例如道路長度與加油站數量等基礎設施指標，表現在次線性縮放的自相似性碎形性質。這些性質和它們在有機體的過程大致相同，在有機體中，它們就是最適化、空間填充輸送網絡共同性質的結果，這個網絡會限制能量與資源如何供應到城市的所有地方。我們對這些實體網絡非常熟悉，道路、建築物、水管、電纜、汽車與加油站，都是都市生活中非常明顯的東西，因此也不難想像，它們如何模仿我們身體中的生理網絡，例如我們的心血管系統。不過，社會網絡的幾何形狀與結構，以及城市居民之間的資訊流，就不是那麼顯而易見。

社會網絡研究是一個包含所有社會科學的龐大領域，也有一段悠久而輝煌的歷史，可以回溯到社會學成立的時候。雖然分析這些網絡的複雜數學與統計技術，是由社會科學家基於學術興趣與公司和行銷原因而開發出來，但當物理學家與數學家在一九九〇年代開始對複雜適應系統感興趣時，這個領域得到了大幅的進展。由於資訊技術革命，新的溝通工具出現，產生了例如臉書（Facebook）、推特（Twitter）之類的新形態社會網絡，又進一步強化了這個發展。再加上智慧型手機的出現，可以用來分析人們如何互動的數據品質與數量已經爆炸式地增加。

過去二十年來，網絡科學的一個新興次領域就自己興盛了起來，讓我們得以更深入了解一般網絡的現象學，以及產生網絡的潛在機制與動力。⑨ 網絡科學的主題涵蓋範圍非常廣，包括典型的社區組織、犯罪與恐怖分子網絡、創新網絡、生態網絡與食物網、健康醫療與疾病網絡，以及語言與文學網絡。這類研究也對範圍廣泛的重要社會問題提出重要的洞見，包括制定最有效的相關策略，目的在於對抗流行病、恐怖組織與環境問題，以及強化與促進創新過程與社會組織最佳化等等。我在聖塔菲的同事執行或激勵了很多這些有意思的研究。

這是一個小世界：米爾格倫與六度分隔理論

你很可能非常熟悉「六度分隔」（six degrees of separation）的概念。這是非常富有想像力的社

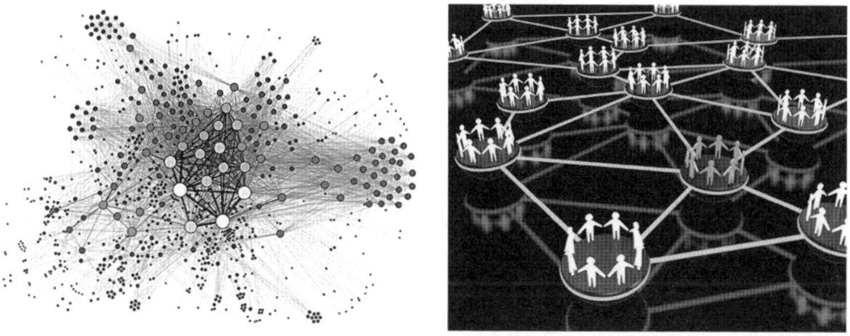

左圖：社會網絡的例子顯示，許多個人的節點透過單一連結相連。要注意，有些人之間的連結，需要二個或更多的個人連結；但有些人卻像擁有過多連結關係的樞紐。右圖：社會網絡一般會有彼此密切互動的個人模組化次級單位，例如家人或非常親近的朋友團體。

會心理學家史丹利．米爾格倫（Stanley Milgram）在一九六〇年代提出來的理論，通常被稱為「小世界問題」（the small world problem）。[10]這個理論是來自想要回答一個非常有趣的問題：平均來說，你和這個國家裡隨機的另一個人，之間隔了多少人？一個概括的簡單方法，是用圖形來思考這個問題，首先每一個人代表紙上的一個點，這稱為**節點**（node）。如果兩個人彼此認識，就在這兩個節點中間畫一條線，這稱為**連結**（link）。用這麼簡單的說明，你就可以建立任何社群的**社會網絡**，上圖就是一個例子。所以，如果我們想要檢視整個國家的社會網絡，可以問一個有趣的問題：兩個隨機的人之間，平均有幾個連結關係？很明顯的，對於你非常認識的人，也就是你的朋友，並包括你的家人與同事，你和對方之間只有一個連結。對於你不認識的朋友的朋友，你們之間就有兩個連結。再接下去就是你不認識的你朋友的朋友的朋友，以此類推。所以你現在懂意思了，這可以無限延伸下去，直到網絡中的每一個人都被考慮進來。我住在新墨西哥州的聖塔菲，而你，我的讀者，也許住在緬因州的列文斯頓，相距超過二千英里。就我所知，我不認識任何住在列文斯頓的人，你也可能不認識任何住在聖塔菲的人。但一個很有趣的問題是，我必須透過最少幾個連結，也就是說，多少層朋友的朋友的朋友的朋友的關係，才能連結到你？美國大約有三億五千萬人，所以你可能會以為這個數字相當大，例如五十、一百或甚至一千。但很令人震驚的是，米爾格倫發現，平均來說，連結任何兩個人的連結數大約只有六。因此出現了「六度分隔」的說法，就是這樣，我們和另一個人的分隔只有六個連結，所以雖然表面看不出來，我們卻意外地緊密相連。

應用數學家史蒂芬．史特格茲（Steven Strogatz）與他當時的學生鄧肯．華茲（Duncan Watts），率先用數學分析發現了這個意外的結果。[11]這顯示，小世界的網絡一般有過多的**樞紐**（hub），而且人群大量聚集在一起，並不是隨機連結的網絡。樞紐就是擁有很大量連結關係的節點。航空公司利用從網絡理論衍生而來的「軸輻」（hub and spoke）演算法，而組織航班，就是類似的方法。例如，達拉斯是美國航空（American Airlines）的一個主要樞紐，從美國西部任何一個地方要飛往紐約市，就必須經過達拉斯。由於樞紐結構而有更大程度的聚集現象，這就意味著，小世界網絡往往包含著稱為**小團體**（cliques）的模組化次級網絡（modular subnetworks），內部高度互相關聯，所以幾乎任何兩個節點都互相連結。這些一般特性就是社會網絡的特徵，導致的結果就是，平均來說，節點之間的最短路徑相當少，而且，這個連結數量基本上與人口的大小無關，所以在所有的社群中，大致都有相同的六度分隔關係。另外，事實證明，模組結構通常是自相似性的，所以小世界網絡的很多特徵，都滿足冪次縮放法則。

史蒂芬·史特格茲是一位不拘一格的康乃爾大學應用數學家，他用非線性動力與複雜理論的觀點，來分析與解釋廣泛而吸引人的問題。例如，他進行了很多研究顯示，蟋蟀、蟬與螢火蟲，如何同步牠們的行為，最近還延伸到倫敦的千禧橋（Millennium Bridge）為什麼運作不良。⑫後面這個問題有很多有趣的教訓，值得城市科學借鏡，因此我想岔題來說明一下。

這座橋是英國慶祝千禧年活動的一部分，英國決定在泰晤士河上興建一座新的人行步橋，而且這座橋要連接各個地標，例如南岸的泰特美術館（Tate Modern Gallery）、莎士比亞環球劇院（Shakespeare's Globe Theatre），到北岸的聖保羅大教堂（St. Paul's Cathedral）與倫敦的金融中心倫敦城（the City of London）。設計競賽由被認為最可能的人選贏得：傑出的建築師諾曼·福斯特爵士，我之前提過，他就是阿拉伯沙漠中奇怪的正方形馬斯達城的主要設計師，並由知名雕塑家安東尼·卡羅（Anthony Caro）與工程公司奧雅納（Arup）共同協助。那個設計很可愛，也是倫敦很美好的附加品。而且非常令人驚喜的是，它是連接城市兩邊唯一的一條純粹的人行步橋，不管你是要去聖保羅、泰特、環球，或其他地方，在一天中的任何時間走過那條橋，就是一種令人愉悅的體驗。在它啟用前，設計師稱它為「工程結構的純粹表現」，並把它的設計比為「一片光芒」，其他人則稱之為「我們的能力在二十一世紀初的絕對主張」。

這座橋在二〇〇〇年六月十日啟用，當天的活動非常成功，有九萬人走過，而且在任何一個時間，都有二千人同時在橋上。不過可惜的是，由於一個無法預料的嚴重設計錯誤，這座橋在二天後必須關閉，並且在將近一年半之後才再度啟用。原來是人群走過橋上的動作，導致橋身從一邊向另一邊橫向搖晃，而且有些人的腳步會無意識地配合這種搖晃，動作還因此放大，導致橋身震盪加劇。這不只讓它走起來不舒服，讓人不安，也可能非常危險。

這是正向回饋機制的典型案例，通常表現出一種**共振**（resonance）現象，物理學家與工程師長久以來對這個現象都非常了解。我們通常會在基礎物理課程上教授這個現象，並解釋它如何在樂器與我們的聲帶發聲中產生作用，以及雷射如何運作，甚至如何推鞦韆上的小孩，讓推動頻率符合鞦韆的自然頻率（它的「共振頻率」），讓鞦韆盪得越來越高。這其實就是行人走過千禧大橋時所做的事。他們自然的集體搖晃與橋身的自然共振頻率同步，導致橋身劇烈地橫向搖擺。

橋身會受到隱藏在結構中的共振威脅影響的可能性，是一個眾所周知的現象，因此士兵在傳統上都會被告知，在行軍過橋時，要打破腳步的規律性。現代的橋梁設計也會確保不會發生這種狀況。所以，為什麼在二十世紀結束時，這些掌握了必要的知識與計算能力的頂尖建築師、設計師與工程師興建的先進橋梁，卻會發生這種事呢？

看起來的情形是，他們在考慮可能的共振與橋身的振盪時，只想到**垂直**的運動，但通常忽略了可能的**橫向水平**運動，這實在讓我非常震驚。在他們的辯詞中，千禧大橋的設計師指出，橫向搖擺是「在工程界中，之前很少人知道的現象」。這座橋的成本將近三千萬美元，另外還需要八百萬美元修正這個問題。如果事先加入一點點科學，像是加入史蒂芬．史特格茲，也許就能省下不少現金。

城市的設計與開發，也是一樣的道理。千禧大橋的失敗，就像之前布魯內爾的大東方號，只是一個相對「簡單」的例子，但清楚說明了不管如何複雜，傳統的方法如果能補充與整合系統性的科學角度，以分析架構中的基礎原理，就可能避免重大的遺憾與尷尬，而且省下相當多的金錢。開發與建設城市比建造一座橋或一艘船，更具挑戰性與複雜性，但同樣的道理一樣適用。知道與認識基礎的原理與動力，以廣泛的系統背景看問題，以量化與分析來思考，都必須整合和具體問題相關、且必定是主要焦點的細節，才能做出最佳設計，並出現最少的意外結果。

史蒂芬．史特格茲和鄧肯．華茲在研究他的小世界網絡時，是聖塔菲的外部教授。他寫了一些有關數學與非線性動力很棒的暢銷書，而且是《紐約時報》的科學專欄作家。[13]華茲在康乃爾大學完成博士學位後，加入聖塔菲擔任博士後研究員。這剛好是我在聖塔菲剛開始研究工作的時間，因此我在聖塔菲期間，有幸和他共用一個辦公室。華茲現在已經是一個成熟的科學家，並在微軟（Microsoft）帶領一個活力十足的團隊，致力於研究線上的社會網絡。

華茲的一個研究計畫，證實了米爾格倫的六度分隔結果。他應用人們之間傳送的大量電子郵件，來判斷要連結任意的兩個人需要多少個連結關係。這很重要，因為米爾格倫的研究基礎，是透過一般郵政服務的傳統郵件，一直被嚴厲批評數據太過稀疏，而且缺少系統性的對照。

米爾格倫還有一個很有名的實驗，非常挑釁，也非常具有思考啟發性，就是服從權威的調查。由於受到大屠殺事件，特別是主事者之一阿道夫・艾希曼（Adolf Eichmann）在一九六一年受審的強烈影響，他設計的實驗顯示，我們每一個人是多麼容易受到同儕或團體壓力的勸說，做出違背自己信念與良知的行為或聲明。這個研究也受到很大的批評，不只是因為科學與方法學的理由，也因為相關的倫理問題，例如如何認為這些實驗參與者是被欺騙的，以及這樣做可能造成的情緒壓力等。米爾格倫當時是耶魯的年輕教員，之後不久就轉到哈佛，並在哈佛從事六度分隔的研究。他在哈佛沒有得到終身職，部分原因就是他的實驗有關的倫理問題爭議，他最後永久落腳在紐約市立大學。

米爾格倫在紐約市的平凡環境中長大，父親是一個猶太移民麵包師傅，由於我長期以來對好麵包上癮，我會很高興和他的父親碰面。他有一個高中朋友是知名的社會心理學家菲利普・金巴多（Philip Zimbardo），他因為在一九七〇年代早期於史丹佛時期的「監獄」實驗而知名。這是受到米爾格倫服從權威的實驗所啟發，這個實驗顯示，一般正常人（在這個例子中是史丹佛學生）在扮演監獄管理員角色時，如何被誘導出虐待行為；或在扮演囚犯角色時，如何變得極端被動與壓抑。在伊拉克戰爭期間，阿布格萊布（Abu Ghraib）監獄被披露警衛虐囚事件之後，金巴多的研究變得非常知名。[14]

關於好人為什麼會變邪惡然後做壞事的問題，就像約伯的困境（Job's dilemma），也就是上帝為什麼讓壞事發生在好人身上的問題，自從我們發展出社會意識以來，一直是人類行為的基本悖論。人與自己的關係的問題，也就是不斷在善與惡之間對抗的道德倫理困境，可以看成是人與宇宙的關係的相關問題。這都是人類生存的核心問題，從智人變得有意識，而產生許多宗教、文化與哲學以來，這兩個問題就是人類沉思的主題。只有到非常晚近的時候，才有科學啟發的觀點，之後「理性」開始影響這些深刻的問題，希望能提供一個輔助架構，以了解它們的起源，並提供可能的新見解與答案。米爾格倫與金巴多深具挑釁的研究，強烈顯示，為什麼好人會做出非常糟糕的事，這個難解的問題是源自於同儕壓力、害怕被拒絕，並渴望成為團體的一分子，在這種團體中，權力與控制權是由權威授予個人。金巴多也大力提倡，這種強大的動力，似乎內建在我們的心靈，而且與文化無關，並在幾個世紀以來造成了很多恐怖事件，因此應該被明確理解與處理，而不是訴諸我們的本能傾向，把責任簡單歸咎在個別的「壞蘋果」、國家特色或文化規範。

都市心理學：生活在大城市的壓力與緊張

令人難過的是，米爾格倫在相當年輕的年紀，五十一歲就死於心臟病。他改變了我們普遍接受的人性觀點，特別是顯示一個人的行動與行為，受到他與社群互動的強烈影響。他的服從實驗顯示，不需要邪惡或異常的人，也會做出殘忍、不人道的事。個人與社群之間的關係，自然把他帶到更廣泛的都市生活心理層面問題。一九七〇年，他在《科學》發表了一篇非常挑釁的文章：〈城市的生活經驗〉（The Experience of Living in Cities），這篇文章為剛發展的都市心理學領域奠定基礎，也成為他後來學術興趣的主要研究焦點。⑮

米爾格倫對於生活在大城市的刻薄心理，印象非常深刻。一個普遍的看法是，在當地的環境之外，一般人通常都避免參與或投入其他地方的日常事務，也很少知道可能會引起他參與或投入興趣的其他人或事件。所以大部分的人在目睹犯罪、暴力或其他危險事件時，非常不願意介入，或甚至打電話求助。他設計了一系列的創新實驗，調查明顯的缺乏信任、更大的恐懼感與焦慮感，以及普遍缺乏文明與禮貌，這些似乎都是生活在大城市的特徵，而不是小鎮。例如，他讓個別調查員去按門鈴，說自己把附近一個朋友的地址弄錯了，希望使用對方的電話聯絡朋友。他發現，小鎮居民允許調查員進入家裡的比例，是大城市的三到五倍。另外，七五％的都市受訪者是從關閉的大門後大喊，或從窺視孔中窺看，來回答訪員的問題，但在小鎮，七五%的人會開門。

在一個相關的實驗中，米爾格倫的朋友金巴多安排了一輛車，放在紐約大學布朗克斯校區附近將近三天，另一輛類似的車則放在帕羅奧圖的史丹佛大學附近，也是一樣的時間。帕羅奧圖是舊金山南部一個非常富裕的小鎮，一個美國郊區的標準例子，實驗進行的時候，我剛好住在那裡，所以可以作證，那裡的氣氛非常低調、安靜。這兩輛車的車牌都被移走，引擎蓋也被打開，以「鼓勵」可能的破壞者。不到二十四小時，在紐約的車子所有可以移動的零件都被扒走了，到了三天時間結束時，只剩下一個金屬骨架。一個很大的意外是，大部分的破壞行為都是在光天化日下進行，所以完全被「不關心」的路人觀察著。相反的，在奧羅帕圖的車子卻完全沒被動任何手腳。

在概念化城市生活的心理陰暗面時，米爾格倫從電路與系統科學理論借用了「超載」（overload）一詞。在大城市，我們不斷以非常快的速度，被這麼多的影像、聲音、「事件」與其他人轟炸，以至於我們根本無法處理感官訊息的所有砲火。如果我們試著回應每一個刺激，我們的認知與心理電路就會瓦解，所以簡單說，就像超載的電路，我們的脾氣就會炸開。而且可悲的是，我們有些人真的就是這樣。米爾格倫建議，我們在大城市感受與體驗到的這類「反社會」行為，事實上是為了因應城市生活感官衝擊的適應反應，這意味著，如果沒有這種適應行為，我們全都會熔斷我們的保險絲。

我很肯定，有關都市超載的負面社會心理後果，米爾格倫的觀察與推測中的諷刺意味，並沒有把你嚇跑。我一直讚美的都市生活的真正面向，是作為思想與財富創造、創新與吸引力的潛在推動力，換句話說，就是珍．雅各非常讚美的人與人的高度連結，以及隨後產生的都市興奮感，因此，這是我們為了城市所賦予的更大好處，一定要付出的代價。這就是當城市規模變大，增加人與人的連結度，並產生超線性縮放表現時，產生「好的、壞的與醜的」結果的另一個面向。每人平均有系統地擁有更多，不只表示有更高工資、更多專利、更多餐廳、更棒的機會、更多的社會活動，與更讚的興奮感，也會有更多的犯罪和疾病，而且活得更有壓力、更焦慮、更恐懼，而且較不信任別人，也較不文明。就像我稍後會談到的，這些大部分都可以從在大城市生活會加快生活步調來說明，這也是網絡理論一個可以預測的後果。

你究竟有多少麻吉？鄧巴和他的數字

在前面幾節，我概略介紹了一些城市社會互動的一般特徵。這讓我們可以自然接著討論到，都市基礎設施網絡有系統的自相似性與碎形幾何，如何反映在社會網絡中。首先，值得再重複一提的是，六度分隔現象告訴我們，雖然表面看不出來，但我們彼此的連結比大部分的人意識到的更加緊密。另外，小世界網絡通常展現出冪次縮放法則，反映出潛在的自相似性特性，以及個人小團體的優勢。這種模組化的團體結構，就是我們社會生活的核心特色，這些團體也許是我們的家人、親近朋友圈、工作的部門，或居住的社區，或我們的整個城市。

理解與解構社會團體的階層結構，一直是五十多年來社會學與人類學的主要研究焦點，但一直到最近二十年左右，某些量化特徵才開始變得明顯。部分原因是演化心理學家羅賓・鄧巴（Robin Dunbar）與他的合作者的研究貢獻，他們提出，一般人的整個社會網絡可以分解為一個離散[16]巢狀群集（discrete nested clusters）的階層式序列，而且群集的大小遵循著一個令人意外的規律模式。[17]當一個人在階層中往上發展，例如從家庭到城市，每一個階層的團體大小會有系統地增加，但團體中的人際關係親密度會有系統地降低。所以，舉例來說，大多數的人都和直系親屬有很強的連結，但和公車司機或市議員的連結就很弱。

部分受到社會性靈長類社群的研究啟發，部分受到人類社會從狩獵採集者到現代企業的人類學研究啟發，鄧巴發現，這個階層有意外的固定數學結構，並且遵循著非常簡單的縮放法則，讓人想起自相似性的碎形表現。他和研究的合作者發現，在最低的階層中，一般人關係最密切的人數，至少在某一段時間裡，大約是五個人。這些是我們最親近、最關心的人，通常是家人——父母、孩子或配偶，但也可能是極親近的朋友或夥伴。在設計來測量這個核心社會團體規模的調查中，一個決定性的特徵就是：「當受訪者有嚴重的情緒或財務壓力時，這一群人是他會去尋求個人建言或幫助的人。」

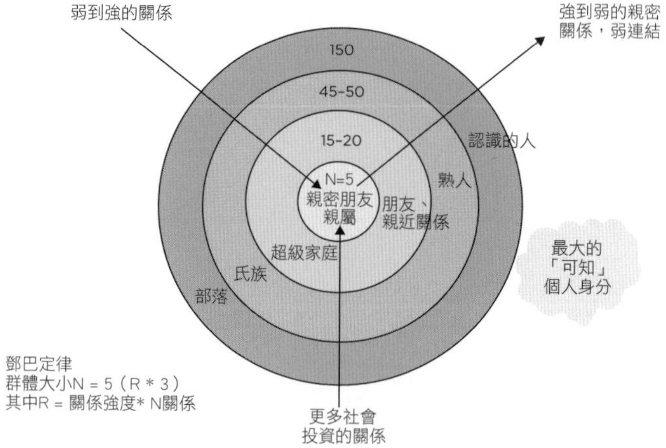

鄧巴數字序列示意圖，顯示出社會互動模組結構的碎形階層，要注意的是：互動的強度和模組團體的大小成反比。

再上一層是你通常稱為親近的朋友的人，你喜歡花時間和他們在一起，如果有需要，你也會去找他們，只是他們不像你的內圈（inner circle）團體那麼親近。這一層通常包含大約十五個人。再上一層是你仍然稱為朋友的熟人，但你很少約他們一起晚餐，只會約他們去參加某個聚會或派對。這一層可能包括同事、街上的鄰居，或不常見面的親戚。這一群人通常大約是五十人。

再上一層，從個人互動的角度來看，大致定義了你的社交範圍界限，包含的是你可能稱為「普通朋友」的人，你知道對方的名字，並和對方保持社交上的接觸。這個團體通常大約是一百五十人。這個數字通常被稱為鄧巴數字，大眾媒體也對這個數字有相當程度的注意。

你可以注意到，這些連續團體階層的規模數字順序，也就是五、十五、五十、一百五十，是以大約三倍的縮放倍數，而且和彼此有順序的關係。這種規律性就是我們熟悉的碎形模式，不只在人體的循環與呼吸系統網絡上可以看到，也可以在城市的運輸模式上看到。除了在這些網絡中的實際流量之外，它們之間的主要幾何差異是**分支比率**（branching ratio）的值，也就是每一層和下一層的單元數量比，在這個例子中，指的就是人數。證據顯示，在社會網絡中，分支比率三的模式可以超過一百五十人那一層，到大約五百、一千五百人，以此類推。由於數據差異很大，所以不必太嚴肅看待這些數字的精確值。我們想說明的重點是，從一個粗略的視角來看，社會網絡呈現出一個近似碎形的模式，而且似乎適用於很大範圍的不同社會組織。雖然這個模式大致上保持靜態，但網絡中的個人可能隨著時間改變，或因為關係變得更親近或更疏遠，而從某一層移到另外一層。例如，父母可能會離開你的內圈，由配偶或某個親近的友人取代；或者你可能在某個聚會上遇到某個人，這個人隨後成為你一百五十人那個圈子的一員。如果不考慮這些變化，在這個網絡的一般架構中，構成內圈的人數是四到六人，而這個巢狀團體的結構也依然不變，它的離散規模會以大約三的倍數，增加到一百五十人左右。

一百五十這個數字，代表的是一個人可以保持聯繫，並認為對方是普通朋友的最多人數，因此是一個人的社會網絡人數。這是一個團體中，所有成員還可以對彼此有相當認識的大約規模，讓團體可以維持凝聚力，並維持持續的社會關係。鄧巴也發現，有很多這樣運作的社會單位，從狩獵採集者的游群（band），到羅馬帝國、十六世紀的西班牙與二十一世紀的蘇聯軍團，他們的人數都落在這個神奇數字上。

他推測，這個明顯的普遍性是源於大腦認知結構的演化，因為我們根本沒有處理超過這個規模的社會關係的計算能力（computational capacity）。這意味著，團體人數增加到超過這個數字，就會大幅降低社會穩定、凝聚力與連結度，最後就會瓦解。對於團體認同與凝聚力是團體運作成功的關鍵，了解到這個限制，以及社會網絡結構更廣泛的影響，顯然非常重要。對於其他人的穩定性、知識與社會關係和表現密不可分的機構，情況更是如此。為了提高績效表現、生產力，以及組織所有成員的福祉，公司、軍隊、政府行政機關與官僚組織、大學與研究組織，就是採用這種資訊與思維方式可能很有利的地方。

鄧巴最初是用簡單的縮放論點，從靈長類動物群體的大小推算到人類社會，來估算這個數字。他和同事發現，靈長類動物團體的大小和牠們的新皮層容量有關，而且是典型的冪次法則關係。新皮層是大腦最複雜的部分，負責控制與處理更高的機能，例如感官知覺、產生運動指令、空間推理、有意識的思想與語言，因此是參與複雜社會關係的計算能力。大腦大小與組成社會團體的能力有關的這個假設，稱為**社會腦假說**（social brain hypothesis）。鄧巴進一步認為，這是一種因果關係，人類智力的演化主要是為了因應組成大型而複雜的社會團體的挑戰，而不是一般的解釋，認為是遇到生態挑戰的直接結果。[18]不管因果，他用大腦容量大小的相關性，估計出一百五十這個數字，作為人類社會團體的理想大小。

由於大腦的大小幾乎跟著代謝率線性縮放，我們也可以使用人類與靈長類動物的代謝率，而不是新皮層的相對容量，判斷人類社會團體的理想大小。而且，也可以大略得出一百五十的數字，這引出一個與鄧巴相反的主張，在演化上，這個數字是和資源與代謝的生態挑戰有關，而不是和組成團體的認知挑戰有關。但是，如果沒有一個基礎理論，以引導與強化分析，並提供更進一步可以測試的預測，就無法區分這兩種假說——團體結構的演化是因應社會壓力或是代謝生態壓力。這也凸顯了一個典型的難題，究竟在多大的程度上，相關性可以推論為因果關係，畢竟，只因為兩件事有相關，並不意味著就是其中一件事造成另一件事。

雖然這樣說，但我必須承認，不管是社會或環境壓力，我喜歡社會網絡結構源自演化壓力的一般想法，因為這意味著，社會網絡的自相似性碎形性質被寫在我們的DNA中，因此也在我們大腦的神經系統中。另外，由於我們大腦中白色與灰色物質的幾何圖形，也就是形成神經迴路，負責我們所有認知機能的部分，本身就是一個碎形階層網絡，這意味著，社會網絡隱藏的碎形性質，實際上是我們大腦物理結構的表現。再進一步推測的想法就是，城市的結構與組織是由社會網絡的結構與動力決定，在這種情況下，城市的普遍碎形性質可以看成是社會網絡普遍碎形性質的投射。

把這一切放在一起，我們可以導出一個驚人的推測，城市實際上是人類大腦結構的一個縮放表現。這是一個非常狂野的猜測，但它生動地結合了城市具有普遍性的想法。簡而言之，城市是人們如何與另一個人互動的表現，而且這已經被寫在我們的神經網絡中，也因此寫在我們大腦的結構與組織中。這也許不只是比喻，而是可能意味著，一張代表城市實體與社會經濟流動的地圖，就是我們大腦神經網絡的幾何與流動的非線性表現。

文字與城市

與生物學不同，在我們的研究之前，關注到城市、都市系統或公司縮放法則的人，出奇得少。可能是因為，很少人認為，像這樣複雜、擁有歷史偶然因素而形成的人造系統，可能會表現出任何系統性的量化規律性。另外，比起在生物學或物理學，在都市研究中，比較沒有提出模型以及應用數據驗證理論的傳統。然而，有一個很大的例外，也就是用在以人口規模為城市排名，稱為齊夫法則（Zipf's law）的縮放法則，如圖三十九。

這是一個很有趣的觀察：在簡單的形式中，這個法則指出，城市的排名順序與人口規模成反比。因此，在一個都市系統中，最大城市的人口應該是第二大城市的二倍，第三大城市的三倍、第四大城市的四倍，以此類推。因此，舉例來說，在二〇一〇年的人口普查中，美國最大的城市是紐約市，人口是8,491,079人。根據齊夫法則，第二大城市洛杉磯的人口，應該大約是這個數字的一半，也就是4,245,539人；第三大城市芝加哥的人口應該大約是三分之一，或2,830,359人；而第四大城市休士頓的人口大約是四分之一，也就是2,122,769人，以此類推。實際數字是洛杉磯3,928,864人；芝加哥2,722,389人；休士頓2,239,558人，全部都和齊夫法則相當一致，相距不到七%。

齊夫法則的名字由來是因為哈佛語言學家喬治・金斯利・齊夫（George Kingsley Zipf），他在一九四九年出版的《人類行為與最小努力原則》（*Human Behavior and the Principle of Least Effort*）非常吸引人，也因此讓齊夫法則打響名號。[19]他一開始發表齊夫法則時是在一九三五年，但不是為了城市，而是語言中任何單字（word）的使用頻率。在最初的說明中，齊夫法則指出，在一個書面的語料庫中，例如所有的莎士比亞劇本、聖經，或甚至這本書，任何單字的出現頻率，與它的使用頻率排名成反比。因此，最常出現的單字，其出現頻率大約是第二常出現單字的二倍，是第三常出現的單字的三倍，以此類推，如圖四十。例如，英文文本的分析顯示，不令人意外、最常使用的單字「the」，大約占了所有單字的七%；而第二個單字「of」，占了大約一半，也就是所有單字的三・五%；接下來是「and」，大約是三分之一，也就是二・三%，以此類推。

更神祕的是，這個法則也適用於範圍驚人的例子，包括船隻、樹木、沙粒、隕石、油田、網路流量的檔案大小的排名分布，以及更多更多的例子。圖四十一顯示，公司大小的分布也符合這個法則。基於這個法則驚人的普遍性，以及某些影響，齊夫法則在很多研究人員與作家中

圖 39

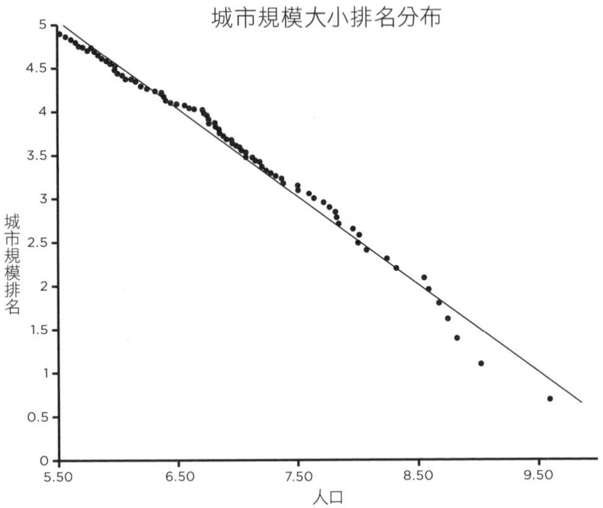
城市規模大小排名分布
5
4.5
4
3.5
3
2.5
2
1.5
1
0.5
0
城市規模排名
5.50
6.50
7.50
8.50
9.50
人口

圖 40

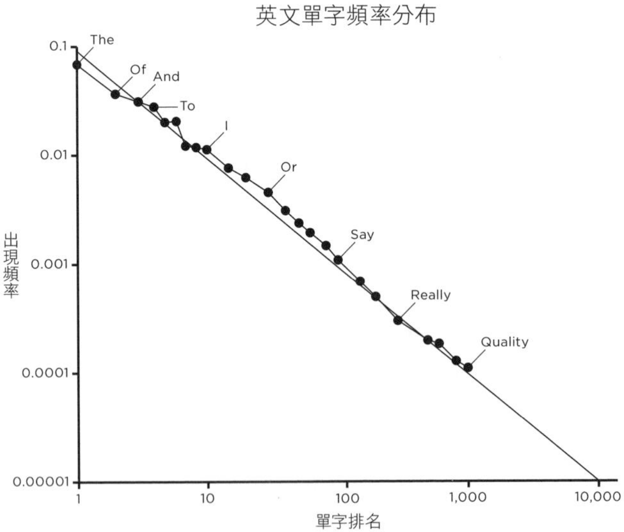
英文單字頻率分布
0.1
0.01
0.001
0.0001
0.00001
出現頻率
The
Of
And
To
I
Or
Say
Really
Quality
1
10
100
1,000
10,000
單字排名

圖 41

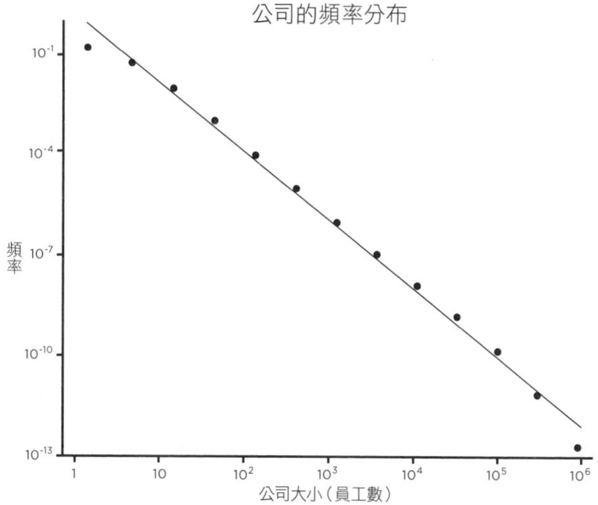

（圖 39）美國城市規模大小排名分布：縱軸是規模排名，橫軸是人口。
注意：在這兩個例子中，最高排名（單字「the」以及紐約市）的變異度很大。
（圖 40）齊夫定律的英文單字頻率分布：縱軸是單字出現頻率，橫軸是排名。
（圖 41）美國公司大小頻率分布：縱軸是頻率，橫軸是大小（員工數）。

引起很大的好奇，大家對它驚人的簡單性特別感興趣。齊夫與許多追隨他的人也探索過這個法則的由來，但還沒出現普遍同意的解釋。

在經濟學上，齊夫法則事實上出現得比齊夫更早。在更早以前，就被一位很有影響力的義大利經濟學家維弗雷多・帕列托（Vilfredo Pareto）發現，只是他說的是一個族群中的收入頻率分布，而不是排名分布。這個分布情形，遵循著一個指數大約是-2的簡單冪次法則，而且適用於很多其他經濟指標，例如收入、財富與公司的規模。如果以排名來表達，這個指數也與齊夫法則一致。它確定了一個明顯經濟事實的數量，非常有錢的人或大公司，數量極少；但非常窮的人或小公司，數量很多。帕列托法則（Pareto's law），或稱帕列托原理（Pareto principle）經常被鬆散地稱為八〇／二〇法則，一個族群中最有錢的二〇%的人口，掌控了八〇%的總收入，而且全球各地大致都是如此。同理，一家公司的八〇%獲利，來自二〇%的顧客；八〇%的投訴也是如此。非常大的數量很少，非常小的數量很多，這種不對稱表現，就是齊夫法則的特色。例如，你只需要二〇%的字典內容，就能了解八〇%的文學作品；大約八〇%的人口住在前二〇%最大的城市。這兩者之間，大約都按照冪次法則成反比。

雖然具有一般性，但齊夫與帕列托「法則」通常有很大的變異度，所以如果因此推論，有某些固定的普遍原理決定了這些頻率分布的精確性質，而沒有考慮很多其他的動力過程等更廣泛的背景，就太天真了。例如，只知道都市系統的城市規模符合齊夫的模式，根本不足以發展出一個原則性的、全面的城市科學。至少，還是需要我已經提過的所有其他縮放法則，因為它超越了只知道大小的頻率分布，還可以涵蓋整個都市活動的範圍，包括能量、資源與資訊的流動等等。雖然這些分布現象真的很吸引人，但我抱著比較低調的看法，我認為它們就是縮放法則其他的很多現象之一，並沒有特別的根本意義。

雖然如此，在這麼多元的現象中發現齊夫類似的分布顯示，它們表現出某些一般的系統性特性，而且與這些特性實體的個別性與詳細動力無關。這讓人聯想到用來描述有關平均值（average value）的統計變化，無所不在的鐘形曲線分布的一般性。在技術上，這稱為**高斯**或**常態**分布，它是一連串事件或實體，不管是指什麼，隨機分布、不相關、彼此獨立時，就會出現的模式。所以，舉例來說，美國男人的平均身高大約是五英尺十英寸（一七七公分），那麼他們的身高和這個平均值（mean value）的頻率分布，也就是某個特定身高有多少人，就會是典型的高斯鐘型分布。這可以告訴我們，某個人在某個特定高度的概率。所有的科學、技術、經濟學與金融，針對不同事件都用高斯統計來決定統計概率，例如天氣預測，或是從投票調查中得出結論。然而，有時候在應用時卻會忘記，這些概率估計是基於一個假設：每一個「事件」，不管是與歷史紀錄比較今天的氣溫，或是一個人與其他人的身高，都是彼此獨立的，因此可以被認為是不相關的。

典型的高斯鐘型曲線如此無所不在，也如此被視為理所當然，以至於被普遍認定，而不去多想，其實這就是「所有事物」的分布方式。因此，像齊夫與帕列托這類冪次法則分布，就很少被注意到。我們會很自然地假設，城市、收入與單字會隨著典型的鐘型曲線隨機分布。如果是這樣，它預估的非常大的城市、非常大的公司與非常有錢的人，以及常用單字，數量會比實際的少很多，因為這些都是依循冪次法則分布，尾巴會長很多，這意味著，罕見事件會比隨機的高斯統計預期的多更多。這個差異有時候會被稱為冪次法則的「肥尾效應」（fat tail）特徵。但很顯然，一本書裡的單字是相關的，也不是隨機的，因為它們必須形成有意義的句子，就像城市，因為它們是統一的都市系統的一部分。因此，這些分布不是遵循高斯分布，也就不令人意外了。

目前我們已經探討過的很多最有趣的現象，都落在這一類，包括地震、金融市場崩潰與森林火災等災難。所有這一切都是肥尾分布，比假設它們是依照典型高斯分布的隨機事件，有更多的罕見事件，例如超級大地震、大規模市場崩盤與嚴重的森林大火。另外，因為這些大致都是自相似性過程，相同的動力也發生在所有的規模上。因此，當市場遭遇重大崩盤時，相同的一般機制也會運作，在金融市場中做些小調整。這與高斯統計中明顯的隨機性質，不同規模的事件被假設彼此獨立、互不相關，呈現出鮮明的對比。諷刺的是，經濟學家與金融分析師傳統上都用高斯統計來分析，完全忽略大量出現的肥尾現象，以及其中相關性。買單的人，就自己看著辦吧！

不意外的是，由於和罕見事件的發生有關，基於碎形表現的冪次法則分布與模型，在迅速發展的**風險管理**（risk management）領域越來越受到重視。不管是在金融市場、法律責任、信用貸款、事故、地震，火災、恐怖主義事件，諸如此類的事件中，**綜合風險指數**（composite risk index）是用於處理風險的常見指標，其定義是，風險事件的衝擊乘以該事件的發生概率。衝擊通常以估計損失的美元成本來表示，而概率則以冪次法則的某些版本來表達。隨著社會變得越來越複雜且厭惡風險，發展出一門風險的科學變得越來越重要，因此，在學術界與企業界，也越來越有興趣了解肥尾效應與罕見事件。

碎形城市：用物理學整合社會

實體的基礎設施和社經活動，這兩個構成城市的主要部分，都可以被概念化為大致的自相似性碎形網絡結構。碎形通常是特定功能最佳化的演化結果，例如確保有機體中的所有細胞，或城市中的所有人，都能得到能量與資訊的供應；或者為了以最小能量完成任務，把交通時間與次數最少化，以達到效率最高的表現。比較不明顯的是，在社會網絡中被最佳化的事物。例如，鄧巴觀察到的階層架構，其基礎原理或數量序列的由來，並沒有令人滿意的解釋。即使社會腦的假設是正確的，也無法解釋社會團體的碎形特質的由來，或一百五十這個數字的由來。但有跡象顯示，這種遵循之前自利推測的一般特性，也就是所有個人與公司，都渴望最大化他們的資產與收入，加上填充最大社會空間的概念，就是基礎的驅動力。要建構一個社會網絡的量化理論，肯定還有很多事要做，很多令人興奮的問題也等待著未來的調查與研究。

城市中所有的社經活動，都牽涉到人與人之間的互動。就業、財富創造、創新與想法、傳染病的傳播、醫療保健、犯罪、警政、教育、娛樂，確實，所有的這些想望形成現代智人的特徵，也是都市生活的象徵，都是經由人與人之間不斷交換資訊、商品與金錢所維持與產生的。城市的工作就是促成與強化這個過程，提供適合的基礎設施，例如公園、餐廳、咖啡廳、運動館、電影院、劇院、大眾廣場、市場、辦公大樓與會議廳，以鼓勵並增加社會連結度。

因此，所有反應這些活動，以及我們在檢視都市縮放法則提到的社經指標，都與城市裡人與人之間的連結數或互動成正比。例如，如果可能的話，讓每一個人可以和其他每一個人互動，那麼一年之後，在城市中的每一個人都能和其他每一個人建立有意義的連結，而人與人之間的互動總數，就可以從一個簡單的公式算出來：城市總人數乘以一個人在城市裡可以連結的總人數。後面這個數字就是總人數減一。例如，如果你是一個十人團體之一，你只能連結其他九個人。另外，這個數字還要除以二，因為你和另一個人的連結與他和你的連結，不能算二次。這是對稱的連結，而且完全是同一件事。

因此，在一個城市裡，可能的成對連結總數，就是城市總人數乘以總人數減一，然後再除以二。這似乎有點拗口，但實際上相當簡單，所以我舉幾個例子來解釋。

如果只有兩個人，例如你和你的夥伴，那麼根據這個公式，連結總數就是$2\times(2-1)\div2=2\times1\div2=1$，這很清楚是對的，你們兩人只有一個連結關係。現在假設多了一個人，變成三人組，那麼根據公式，單獨的成對互動關係就是$3\times(3-2)\div2=3\times2\div2=3$，這也很容易看出就是正確的，A與B，B與C，C與A。現在把人數增加到四個人，那麼連結數就會變成$4\times3\div2=6$，即使只是增加一個人，連結數卻比三個人時增加一倍。我們現在把人數增加一倍，從四變成八，那麼連結數就會從六增加為$8\times7\div2=28$，比四倍還要多。如果再增加一倍變成十六，那麼連結數就會再以大約四倍增加，從二十八增加為一百二十。事實上，每一次人數增加一倍，連結數就增加大約四倍。其中的道理很清楚：**團體中人與人之間的連結數，比團體人數增加的速度快很多，而且非常接近團體人數平方的一半。**

人群之間的最大連結數，以及團體人數之間簡單的非線性二次關係（nonlinear quadratic relationship），有各式各樣非常有趣的社會後果。例如，我太太賈桂琳特別喜歡單一話題可以讓所有人都參與的晚宴，所以她不太喜歡出席超過六個人的晚宴。因為，要出現一個可以維持下去的集體話題，就必須阻止六個人可能組成對的一對一獨立談話，也就是十五個對話（6×5÷2＝15）。這是可能的，而且這也很容易引人推論，這是因為其他客人的人數，五，符合鄧巴對一般人內圈團體人數的說法。如果有十人同桌，這種二元可能性就是四十五，團體就一定會分成小圈圈，因為會分散成二個、三個或更多的單獨談話。當然，很多人偏好這種談話模式，但值得記住的是，如果你想要營造某種團體的親密度，人數超過六人，就會變得有點困難。

同理，我祖父母家的人數相當多，這是以前大部分家庭的典型情況。一共包括十個人，八個小孩與兩個大人。因此，在各種年紀與個性的範圍中，共有四十五種同時存在的兩人關係，並創造出非常多元的互動。如果鬆散地依循鄧巴模式，每一個小孩除了父母之外，只會和另外二或三名兄弟姐妹關係密切，畢竟，不是每一個人都可以一樣愛另外的每一個人，這也是滿尋常的情況。另一方面，我自己的直系核心家庭，包括我太太與兩個孩子，我們四個人只有六個獨立的兩人關係。因此我的每個小孩只需要應付五種不同的關係，相對於我親愛的老媽，即使她的家人只有二倍半多，卻必須應付將近十倍的關係，精確一點說，是四十四種關係。我們不需要判斷小家庭與大家庭的優點與缺點，只要看看這麼大的家庭動力差異，很難不讓人感到驚訝，而且自然會猜測，隨著家庭規模在二十世紀大幅縮小，這麼大的變化一定會產生深遠的心理影響。

現在我們再回頭看看，這個模式怎麼在一整個城市運作。如果每一個人都像在一個快樂的大家庭裡，和其他每一個人都能有意義地互動，那麼以上的論點就意味著，所有的社經指標應該會隨著人口規模的**平方**而縮放。這表示指數是二，這當然就是超線性（因為大於一），而且比一・一五大很多。然而這也代表非常極端、完全不真實的情況，整個城市人口處於一種持續，而且完全與彼此互動的狂亂狀態，就像在蛋糕麵糊中，被超高速電動攪拌機攪拌的葡萄乾與堅果。這很顯然不可能發生，當然也不是大家想要的情況。即使在一個只有二十萬人口普通規模的城市，就大約有二百億種可能的關係，而且即使每一個人在每一段關係上一年只花一分鐘，他們就必須把全部清醒的時間，都花在和別人互動，根本沒時間做其他的事了。可以想像一下，把這個情況延伸到紐約或東京。鄧巴數字也有一個限制，根據這個模式，我們和一百五十以上的人維持有意義的關係都有困難了，更不要說幾十萬或幾百萬人。互動人數相當小，就是它的限制，也導致超線性指數大幅小於最大的可能值二。

這個思考的練習顯示，社會連結度與因此而來的社經數值，為什麼會隨著人口規模以**超線**

性縮放，有一個自然的解釋。**社經數值是人與人之間互動或連結的總數**，因此根據的是他們和彼此如何關聯。在極端的情況下，每一個人可以和其他每一個人互動，這會導致一個指數是二的超線性冪次法則。然而，在真實的情況下，一個人可以和多少人互動，在密度與重要性上有很大的限制，因此指數的值大幅降低，不到二。

我們在城市中與其他人維持互動的次數與速率（rate）有限，根本原因就是看不見的空間與時間限制。我們就是沒辦法隨時出現在每一個地方。一個明顯但微妙的基本限制是，我們所有的互動與關係都必須發生在某個實體的環境，不管是家裡、辦公室、劇院、商店或是街頭。不管你和其他人如何溝通，即使是透過衛星以光速傳到手機，或是你透過網際網路購買所有的商品，你的人必須身在**某處**（somewhere）。你也許是坐在某個建築物裡的房間，或者站或走在街頭上，或在搭地下鐵或公車，不論你在哪裡，你必須在某個實體的**地方**（place）。我會強調這個明顯的事實是因為，網際網路的發展以及網絡科學的快速演變，已經產生了一個令人遺憾而誤解的印象，以為社會網絡是以某種方式懸在半空中，好像不再受到重力以及討厭的物理世界的負擔所約束。這可以用傳統的社會網絡圖為例子，像我提過的樞紐與連結，如三七一頁上的圖所示。這些社會互動的拓樸（topological）[20]表現是抽象的，靈感是來自網絡理論，並把人畫成是浮在超空間、沒有物理性的短暫存有，而不是一個坐在廚房、咖啡館、辦公室或公車上彼此交談的真人。令人驚訝的是，雖然最近有大量針對社會網絡的結構、組織與數學研究，幾乎沒有人承認，更別說接受，社會網絡必須直接和實體世界的骯髒現實結合。而實體世界主要就是都市的環境。

而這就是城市基礎設施的功能了，就像我之前強調的，它在城市的作用就是強化與促進社會互動。這又引出另一個明顯的重點：我們不只必須在某段時間位於城市的某個地方，我們也必須從那個地方移到另一個地方。在城市裡的人不會是靜止不動的；他們的移動力（mobility）就是生存能力與生命力的關鍵。我們一直從一個地方移動到某個地方，不管是去辦公室或工廠工作，回家睡覺或吃飯，去商店買食物，或去劇院娛樂。從幾天或幾星期的時間來看，城市裡的人實際上是處在不斷移動的狀態，這就和城市的運輸系統有不可分割的關係，並受到運輸系統的限制。對城市的成功運作如此重要的移動力與人際互動，加上空間與時間的限制，就與社會與基礎設施網絡的結構、組織與動力交織在一起。畢竟你無法靜止不動，你必須身在某處。

在第三章與第四章，我解釋了生物界普遍的縮放法則，並發展出一個基於網絡的一般數學特質，以了解生命系統（living systems）很多面向的大格局理論。以類似的方式，針對城市的社會與基礎設施網絡一般特質的觀點，也必須用數學表達，以發展出類似的大格局城市理論，才可以從中推論出城市的縮放法則。接下來，我將會解釋，如何不訴諸花俏的技術細節，藉由專注於概念架構與牽涉其中的基本特徵，而做到這一點。

基於這種精神，個人就可以被視為是社會網絡「具不變性的最終單元」，也就是說，在城市裡，每一個人平均在大約相同的社會與物理空間內活動。這與「普遍的」鄧巴數字，以及我們剛剛討論過，在城市移動的空間與時間限制的意義相符。回想一下，我們活動的物理空間，會由具空間填充性質的碎形網絡所覆蓋，例如道路與公用事業管路，以服務基礎設施的最終單元，例如房子、商店與辦公室建築物，而這就是我們居住、工作與互動的地方，而且我們也必須在這些地方之間移動。表現在具空間填充、碎形性質的**社會網絡**的社經互動，以及必須固定在城市的物理性上，具空間填充、碎形性質的**基礎設施網絡**，這兩種網絡的結合，決定了一般城市居民可以維持的互動次數。並且如前所述，就是這個數字決定了社經活動如何隨著人口規模而縮放。

把城市比喻成就像是活體的生物，主要就是因為它的物理性。最明顯的就是承載能量與資源的網絡，就是這些網絡組成了城市，其中的能量與資源就是電力、瓦斯、水、汽車、卡車與人。這與生物體中的網絡非常類似，例如我們的心血管與呼吸系統，或植物與樹木的維管束系統。結合空間填充、具不變性的最終單元與最適化（例如移動時間與能量使用最小），導致這些網絡也具有碎形的性質，因此基礎設施指標會以次線性指數的冪次法則縮放，並顯示出遵循一五％規則的規模經濟。

當城市中人們的移動力與互動的物理空間限制，被加在社會網絡的結構上時，就會出現一個重要而影響深遠的結果：城市中一般人可以和其他人維持的互動量，與基礎設施隨城市人口規模縮放的程度**相反**。換句話說，基礎設施與能量使用的**次線性**縮放程度，與一般人社會互動的**超線性**縮放程度，可以預測是一樣的。因此，支配社會互動以及所有社經指標的指數——所有好的、壞的與醜的指標，都以普遍的一五%規則，隨著城市規模縮放——**大於一**（一・一五）的程度，和支配基礎設施與能量與資訊流量的指數**小於一**（〇・八五）的程度一樣，這也和觀察到的數據一樣。在圖形上，圖三十四至三十八裡所有斜率超過一的那些縮放程度，和圖三十三的斜率小於一的那些縮放程度相同。

在這個網絡縮放意義上，物理面與社會面彼此互相鏡像，並不是偶然，所以我們可以把**物理城市**（physical city），也就是建築物、道路與電力、瓦斯與水管的網絡，想成是**社經城市**（socioeconomic city，也就是社會互動的網絡）的反向非線性表現。城市的確就是人。

城市人口規模每增加一倍，社會互動會增加大約一五%，因此也反映在社經指標上，例如收入、專利與犯罪，這可以解讀為是一種紅利或報酬，來自於實體基礎設施與能量使用節省下來的一五%。社會互動系統性地增加，是城市中社經活動的關鍵推動力，也就是財富創造、創新與暴力犯罪的活動；而更大意義的興奮感與機會，也是透過社會網絡與更多的社會互動而擴散與強化。

但用另一種解釋方式也一樣好。我們可以把城市看成是社會化學的催化促進器或大鍋爐，增加社會互動，就會強化人的聰明才智、創新與機會，而其股利就是增加基礎設施的規模經濟。就像提高氣體或液體的溫度，就會增加分子碰撞次數的速度，所以增加城市的規模，也會增加居民互動次數的速度。從這個比喻來說，增加城市的規模，就可以想成是提高它的溫度。在這個意義上，紐約、倫敦、里約與上海，就是名副其實的熱門城市，特別是和我住的聖塔菲相比的話，而俗話中的「熔爐」，最初是用來形容紐約市，其實也很貼切地表達了這個比喻。

在這個意義上，一個成功城市的標誌，不在於它的規模，而在於它提供了實體的氛圍、文化與地標，經由它吸引人的城市景觀與聚會場所、方便使用與容易使用的交通與溝通系統，以及支持性的社區、商業、文化、承諾與領導風格，以促成與強化多元的社會互動。城市實際上就是提供刺激與整合的作用，在物理與社會網絡之間，不斷正向回饋動力的各種機制，每一個都以乘法增強另一個的效果。的確，我即將在下一章說明，就是這種乘法機制（multiplicative mechanism），最後造成經濟與城市的開放式指數成長特色，而且我們如果不是被它奴役，也已經對它上癮。

增加社會互動、社經活動，以及更大的規模經濟之間的關聯，也許不讓人意外。然而，讓人意外的是，這麼關鍵的相互關係遵循著這麼簡單的數學規則，可以表達為一個優雅的普遍形式：**基礎設施與能量使用的次線性，和社經活動的超線性，正好相反**。因此，對於相同的一五%的程度，也就是城市越大，每一個人賺的、創造的、創新的與互動的越多，而且每一個人經歷的犯罪、疾病、娛樂與機會也越多，然而所有這一切的成本更少，也就是說，每一個人需要**更少**的基礎設施與能量使用。這就是城市的天賦。難怪有這麼多人受到它的吸引。

社經活動增加與基礎設施的規模經濟的緊密關聯，概括表現在兩者之間的反向關係中，因為它們的動力來源，也就是它們潛在的網絡結構之間，也是類似的反向關係。雖然社會與實體網絡有共通的一般特質，例如碎形、空間填充，以及具有不變性的最終單元，但還是有某些根本上的差異。一個有重大影響的差異就是，當它們透過碎形階層往下推展時，**網絡裡**的尺寸與流量縮放的方式。[21]

在基礎設施網絡系統裡，例如運輸、水、瓦斯、電力與下水道，在這些管路與電纜、道路等等的尺寸與其中的流量，從服務個別房子與建築物等最終單元，透過網絡往上連結某些重要來源、場所或倉庫的主要管路，這樣有系統地增加的方式，就像人體心血管系統的尺寸與流量，從微血管到主動脈，然後到心臟，有系統**增加**的方式。這就是**次線性**縮放與規模經濟的由來。相對的，在與財富創造、創新、犯罪等等有關的社經網絡中，就像我們在討論鄧巴數字的階層架構解釋的一樣，表現方式剛好相反。社會互動的優勢與資訊交換的流量，在最終單元（也就是個體與個體之間）是最大的，而且從團體階層架構往上，從家人到其他團體，再到更大的群集，會有系統性地**降低**，於是導致**超線性**縮放、報酬增加，以及生活步調加速。

8 結果與預測

從移動力與生活步調到社會連結度、多元性、代謝與成長

我將在這一章探討前一章發展出來的大格局城市理論的某些結果。即使這個理論仍在發展過程中，但我將從幾個例子中顯示，我們在城市中的大多數經驗，以及更一般的日常社經活動，都具體表現在這個量化架構中。我們應該把它視為傳統社會科學與經濟理論的補充架構，因為這些理論一般都是較為質性、較在地化，也較敘述性，較少分析，也較少機制性。物理學角度的重要性就在於，提出經過數據甚至是**大數據**（big data）檢驗的量化預測。

這個理論已經通過了第一個測試，也就是針對很多之前探討的縮放法則的由來，提出了一個自然的解釋。它也解釋了跨越多元指標與都市系統的普遍特徵，以及城市的自相似性與碎形特質。另外，這個分析濃縮與說明了隱含在很多縮放法則中的大量數據，這些法則涵蓋了我們可以測量城市結構與組織的大部分資料，包括市民的社經生活。

雖然這代表了重大的成就，但也只是一個開始。它無非是提供一個把這個理論延伸到更大範圍問題的起點，不只與城市與都市化有關，也與經濟和成長、創新與永續的根本問題有關。而其中一個重要的內容就是，以數據檢驗新的預測，來測試與確認這個理論，這些數據包括量化人與人之間的社會連結度、人們在城市內的移動，以及某些特定地點吸引力等指標。例如，有多少人去城市裡的某個特定地點？多久去一次，以及從多遠的地方來？職業與行業的多元分布如何？一個城市可以有多少個眼科醫師、刑事律師、店員、電腦程式設計師與美容師？哪些行業在成長，哪些在萎縮？生活步調加速與開放式成長的由來是什麼？以及第十章要探討的最後的關鍵問題——這些都是可以永續的嗎？

生活步調加快

我在前一章提出，一個城市的人口規模變大，就會同時產生更多的人均社會互動，而且成本也會以相同的程度減少。這些動力就表現在當城市規模變大時，創新、創意與開放式成長，也會出現超出平常的強化現象。同時，它也導致另一個意義重大的現代生活特色，就是生活步調不斷加速。

就像之前討論過的，如果我們把社會網絡想成是一層一層的階層，從個人作為「具不變性的最終單元」開始，有系統地往上**增加**模組團體的規模，從家人、親近的朋友，到朋友與認識的人、工作群集與組織，每一個階層相對的互動強度與訊息交換量就會有系統地**減少**，導致**超線性**縮放的效果。和更大、更匿名性的團體相比，例如城市或工作場所管理部門的人，一般人花更多時間在家人、親近的朋友或同事身上，也交流更多的資訊。

基礎設施網絡則是相反的階層。規模與流量從最終單元（房子與建築物），通過網絡有系統地**增加**，導致我在第三章討論有機體的循環與呼吸系統時，顯示的**次線性**縮放法則與規模經濟，這種網絡設計的進一步結果是，當有機體的尺寸變大，會**有系統地降低生活步調**。因此，體型較大的動物活得更久，心跳與呼吸速度更慢、花更長的時間成長、成熟與繁殖後代，並且普遍以更慢的步調過日子。換句話說，體型變大，就可以預測生物時間會有系統地循著$\frac{1}{4}$冪次縮放法則延長。從很多方面來看，一直忙不停的老鼠只是加快轉速、縮小體型的沉重大象。

了解了這兩種不同網絡的反向關係，就不會對這兩種網絡出現的行為正好相反而感到意外。生活步調並不是隨著規模變大而有系統地降低，而是因為社會網絡的超線性動力，會導致**生活步調有系統地加速**，包括疾病擴散得更快、公司成立與倒閉更頻繁、商業交易更快速、人們也走得更快，而且全部都遵循著一五%規則。我們所有人都能意識到，在紐約市的日子過得比聖塔菲快，而且在我們的有生之年，隨著城市與規模經濟成長普遍加速，這就是其中潛在的科學理由。

時間加速是社會網絡固有的持續正向回饋機制所產生的突現現象，在社會網絡中，當社會的規模變大，互動會帶來更多互動、想法刺激出更多想法、財富創造出更多財富。這是一種不斷攪拌的反映，是城市動力的真正精髓，導致人與人之間的社會連結度以乘法增強，這都表現在超線性縮放法則，以及社經時間有系統地加速上。就像隨著體型變大，就可以預測生物時間會以 $\frac{1}{4}$ 冪次縮放法則有系統地**延長**，社經時間是以一五%縮放法則**減少**，這兩種時間遵循的數學規則，是由潛在的網絡幾何與動力所決定。

加速跑步機上的生活：城市是不可思議的縮時機器

即使你還很年輕，也不需要太多說服，應該就可以接受，在你的有生之年，生活中幾乎每一個面向一直都在加速。這對我來說，更是千真萬確。雖然我現在已經七十五、六歲了，早已走過人生的很多關卡與挑戰，但我還是覺得，自己必須努力跟上越來越快的永恆跑步機。不管我刪了多少訊息、回了多少郵件，我的收件匣永遠是滿的；我來不及報完今年的稅，甚至連去年的稅也沒報完，這件事可能會讓我有點危險；還有我喜歡而且應該出席不完的研討會、會議與活動；我也很難記住各種帳戶與會員長長的密碼數字，諸如此類，不勝枚舉。你應該也有類似的情況，不管你多努力，就是無法擺脫一連串的時間壓力。如果你住在大城市，還有小孩要養，或經營一家公司，情況就會更糟糕。

社經時間加速是都市世的現代生活中不可分割的一部分。雖然如此，我和很多人一樣，心裡總想著一個浪漫的情景，不久以前，生活沒那麼忙碌，壓力較小，也更放鬆，而且真的有思考與沉思的時間。但讀一下偉大的德國詩人、作家、科學家與政治家歌德（Johann Wolfgang von Goethe），在將近兩百年前的一八二五年，就在工業革命不久之後，針對這個主題所寫下的文字[1]：

> 今天的每一件事都很過度（ultra），每一件事都在思想上與行動上不斷被超越。每一個人都不再認識自己了；沒有一個人可以掌握他生活與工作中的元素，或他所處理的材料。純粹的簡單已經不可能了，因為簡化的東西已經夠多了。年輕人太早就被要求快速行動，然後在時間的高速轉動中忘我失控。財富與快速受到這個世界的推崇……鐵路、快速郵件、輪船，以及每一種可能的快速溝通方式，就是受過教育的世界所追求的，但這只是過度自我教育，因此只能守著平庸的表現。這是普遍化的結果，平庸的文化成為普遍的文化……

這是一段用古老的文字，表達對生活步調加速造成文化與價值流失的綜合評論，雖然很有意思，聽起來卻熟悉得讓人傷感。

所以，生活步調加速幾乎不是新聞，但令人意外的是，它有一種可以藉由分析數據而量化與驗證的普遍特徵。另外，它也可以藉由強化創意與創新的正向回饋機制的關係，利用社會網絡的數學，以科學方式來理解，而這就是社會互動與都市化的很多好處與代價的由來。在這個意義上，城市就是時間加速機。

社經時間縮短是現代生活最明顯與影響深遠的特色。雖然已經滲透到我們所有人的生活，卻沒有得到應有的重視。我想提一個有關生活步調加速的個人故事，以及隨之而來的改變。

一九六一年的九月，我初次來到美國，目的是去加州史丹佛大學物理學系研究所就讀。我從倫敦國王十字車站搭蒸汽火車，北上利物浦，登上加拿大的郵輪英國皇后號（Empress of England），然後花了將近十天橫渡大西洋，再順著聖勞倫斯河前進，最後在蒙特婁下船。我在那兒過了一夜，再轉搭灰狗巴士，四天後終於把我送到加州，中間在芝加哥的YMCA過了一晚，並在那裡換巴士。這一整趟旅程是一次極為特殊的經驗，讓我跨越了很多層面，特別是帶我進入多元、多樣而古怪的美國生活，包括欣賞其廣袤的地理範圍。五十五年後，由於我持續在了解美國與美國所代表的一切的意義與謎團，我仍在努力消化我在那趟旅程中體驗到的每一件事。

雖然我來自一個相當平凡的家庭，這樣的旅程對當時大部分的學生是很典型的。整體來說，我從倫敦到洛杉磯共花了兩個多星期，在動身前往帕羅奧圖之前，我和一個朋友待在一起。在今天，即使是最窮的學生，也可以在不到二十四小時，就完成從倫敦到洛杉磯的旅程，絕大部分的人還可以省下好幾個小時。因為現在的直航只要花大約十一個小時，甚至在一九五〇年代晚期，只要負擔得起，就可以花不到十五個小時，舒舒服服地從倫敦飛到洛杉磯。然而，如果我在一百年前要從倫敦到洛杉磯，就會花上好幾個月。

過去兩百年來，旅行時間大幅縮短，這只是一個鮮明的例子。這件事經常被比喻為世界縮小了。但很顯然，世界並沒有縮小，倫敦與洛杉磯的距離還是五四七〇英里，縮小的是時間，而且這件事對個人生活到地緣政治的每一個層面，都有很深遠的影響。一九一四年，國王喬治五世的皇室製圖師、知名的蘇格蘭地圖繪圖者約翰・巴塞洛繆（John Bartholomew），出版了《經濟地理地圖集》（*An Atlas of Economic Geography*），這是一本有關經濟活動、資源、健康與氣候條件，以及全球所有已知地點的數據與事實的精彩彙整。[2]其中有一張獨特的世界地圖顯示，要花多少時間到任何一般地點。這張圖非常具有啟發性。例如，歐洲的邊界大約需要五天的時間，但今天已經縮短到只有幾個小時。同樣的，大英帝國在一九一四年的邊界，要走超過幾個星期，但在今天，不到一天就可以穿越它的幽靈遺跡。中非、南美與澳大利亞的大部分地方，需要超過四十天的行程，甚至雪梨也需要超過一個月的時間。

但是，縮短時間的創新產品令人眼花撩亂地擴散開來，旅行時間只是生活步調非凡加速的一個表現而已。光是在我的一生中，我就經歷了各方面的轉變，在旅行上，出現了噴射機與子彈列車；在溝通技術上，有個人電腦、手機與網際網路；在食物與材料供應上，出現了家庭購物與得來速餐廳；在家庭輔助設備上，出現了微波爐、洗衣機與洗碗機；在戰場上，則出現了毒氣室、地毯式轟炸與核子武器。在這些創新出現之前，想想蒸汽引擎、電話、攝影、電影、電視與廣播帶來的革命性改變。

所有這些奇妙發明（除了可怕的毀滅性武器之外）的一大諷刺是，它們全部承諾要讓我們的生活更容易、更可以管理，我們因此可以有更多時間。的確，當我還是個年輕人時，專家與未來主義者都在討論，從這些節省時間的發明中所預期的光明未來，其中一個討論很多的話題是，我們要把可以自由運用的時間拿來做什麼。有了來自核能的廉價能源，以及幫我們做所有手動與精神勞動的神奇機器，工作時間就可以變短，我們就會有大量的時間，真正享受和家人與朋友的美好生活，有點像幾個世紀前貴族所過的終日無所事事的特權生活。一九三〇年，偉大的經濟學家凱因斯寫道：

自從上帝創造人類以來，這是第一次，人類將要面對他真正而永恆的問題：如何運用從緊迫的經濟問題中得到的自由、如何安排休閒時間，這是科學與複利為他贏來的明智而愉快的生活。

接著在一九五六年，查爾斯．達爾文的孫子查爾斯．達爾文（Charles Darwin）爵士，在《新科學家》（*New Scientist*）雜誌中，寫了一篇有關即將到來的休閒時代的文章，他寫道：

> 假設一個星期可能的工作時間是五十個小時。一周工作五十個小時的技術人員，將會做出發明，其他人因此一星期只要工作二十五個小時。社會中的休閒人口會比以前更多，他們必須在另外的二十五個小時玩樂遊戲，因此可能免於身體的毛病……大部分的人真的能夠面對休閒享受的選擇，還是必須提供成人某些像學童玩的強制性遊戲？

他們完全錯了。他們預見的主要挑戰是，如何讓人有事做，才不會讓人無聊到死。但是，由「一周工作五十個小時的技術人員」所產生的「科學與複利」，並不是讓我們有更多的時間，事實上是讓我們的時間更少。因為都市化產生的社經互動乘法複合效果，不可避免地導致**時間縮短**。在加速到死的生活中，我們的問題不是無聊到死，我們真正的挑戰是避免焦慮、精神崩潰、心臟病發作與中風。

我想，以不同的意義來看，有人或許會主張，查爾斯爵士可能無意中說對了一部分吧。畢竟，你可以說，電視與資訊革命帶給社會的最大衝擊，就是「提供成人某些像學童玩的強制性遊戲」。其他還有臉書、推特、Instagram、自拍、簡訊，以及支配我們的生活，並填滿我們時間的其他娛樂媒體。這樣說吧。這些東西還有其他的用途，而且肯定提升了生活品質，但是它們的成癮誘惑，一直很難令人抗拒。因此很容易把它們想成是「強制性遊戲」的演變，或已經取代宗教，成為二十一世紀馬克思「人民的鴉片」的版本。

接下來，我將介紹一個由網絡縮放理論啟發的成長理論，並指出創新與典範轉移的速度必須越來越快，才能維持不斷的開放式成長，因此又促進了時間進一步加速。不過，在探討這個理論之前，我想提出幾個明顯的例子，有些會運用到大數據，以證實與測試這個理論的不同量化預測，包括生活步調增加。

通勤時間與城市大小

一九七〇年代，以色列運輸工程師亞科夫．札哈維（Yacov Zahavi），為美國運輸部，後來為世界銀行，寫了一系列城市運輸的精彩報告，以協助解決城市不斷成長，塞車成為常態時，交通與移動的特定問題。一如預期，這些報告的數據非常豐富，內容相當詳細，而且目的是為特定的都市運輸問題提供解決方案。然而，除了從典型的顧問工程師角度提供的標準分析之外，札哈維出人意料地以粗略的大格局架構呈現他的結果，這大致就像理論物理學家會做的事。他的模型被他大器地稱為「移動模型的統一機制」（Unified Mechanism of Travel Model），完全不考慮城市的物理或社會結構，也不考慮道路網絡的碎形特質，而是完全基於一般人的相對收入，思考最佳的移動經濟成本（大致上來說就是，移動者採用的是負擔得起的最快移動方式）。雖然他的模型似乎沒有引起普遍的讚譽，而且沒有發表在科學期刊，但它很多有意思的結論中，有一個已經進入都市的民間傳說，並為增加生活步調的問題帶來有趣的轉折。

札哈維運用從來自幾個國家的數據，包括美國、英國、德國，以及某些開發中國家，發現了一個令人意外的結果，不管城市的大小或運輸的方式，一般人每一天花在交通的時間大致相同。很顯然，不管我們是誰或住在哪裡，我們一天往往花一小時在交通上。大致來說，不管城市或交通工具，從家裡到工作場所的平均通勤時間，每一趟是半小時。

雖然有些人開車或搭火車，通勤速度快一點，有些人搭公車或地下鐵，另外有些人騎單車或走路而更慢，但平均來說，我們所有人花大約一小時從工作場所來回。所以，從過去兩百年來的神奇發明所促成的交通速度變快，並不是用來減短通勤時間，而是用來**增加通勤距離**。人們是利用這些進步住得更遠，並且移動更長的距離去工作。結論很明顯：在某個程度上，城市的規模是由運輸系統的效率決定，也就是說，把人送到工作場所不能多於半小時的時間。

札哈維的精彩觀察讓義大利物理學家切薩雷．馬凱帝（Cesare Marchetti）留下深刻印象，馬凱帝是維也納國際應用系統分析研究院（International Institute for Applied Systems Analysis，IIASA）的資深科學家。國際應用系統分析研究院一直是全球氣候變遷、環境衝擊與經濟永續等問題的主要研究單位，而這也是馬凱帝的研究興趣與大部分的貢獻所在。他對札哈維的研究很感興趣，並在一九九四年發表了一份完整的報告，詳細闡述了每日通勤時間的大致不變性，並提出一個想法，實際上真正不變的是整體的日常移動時間，他把這稱為曝光時間（exposure time）。[3]所以即使一個人的每日通勤時間不到一個小時，他在本能上也會以其他的活動，例如有益健康的走路或慢跑，來彌補這些移動時間。為了支持這一點，馬凱帝還挖苦地說：「即使被判無期徒刑的囚犯，在監牢裡沒事可做，也沒地方可去，一天也會在戶外走大約一個小時。」

由於步行速度大約一個小時五公里，所以一般的「步行城市」範圍大約是五公里，相當於二十平方公里的面積。根據馬凱帝的說法，「所有的古城（一八〇〇年以前），不管是羅馬或是波斯波利斯，大城牆都不會超過直徑五公里，或半徑二・五公里。即使是今天仍是一個步行城市的威尼斯，中心相連地帶的最大範圍，正好就是五公里。」隨著引進了電車、巴士、電氣與蒸汽火車，以及最後的汽車，城市的大小會成長，但根據馬凱帝的說法，會受限於這個一小時的規則。汽車一小時能行駛四十公里，城市以及更一般的都會地區，就可以擴大到四十公里，這也是大部分大型城市的典型範圍，相當於大約十二公頃或四百五十平方英里的範圍，超過步行城市面積的五十倍。

不管通勤的人住在古代的羅馬、中世紀的小鎮、希臘的小村莊，或二十世紀的紐約，每天通勤大約花一小時的不變量的驚人觀察，雖然一開始是札哈維的發現，但現在已經被稱為馬凱帝常數（Marchetti's constant）。作為一個粗略的指導原則，這個常數顯然對城市的設計與結構，有很重大的影響。當規劃師開始要設計無車的綠色社區時，以及當越來越多城市限制在市中心開車時，了解與執行馬凱帝常數隱含的限制，就成為維持城市機能的重要考量。

走路速度變快

札哈維與馬凱帝推測，就某種特定的交通方式，例如走路或開車，移動速度並不會隨著都市規模而改變。我們在前面看到，馬凱帝以假設平均走路速度是每小時五公里，來估計主要交通方式是步行的城市的大概規模。但是在有各種交通方式的大城市中，人們是在繁忙的地區步行，每一個人實際上會變成人群的一部分，因此會出現社會網絡動力的作用。我們會在下意識中受到其他人出現的影響，並被越來越快的生活步調感染，不知不覺中就發現自己，急急忙忙趕著要去某家店、電影院，或見某個朋友。在小城鎮裡，人行道一點也不擁擠，而且一般的生活步調悠閒很多。因此，一個人可能會預期，步行速度是隨著城市規模而加快，而且很容易就會推測這是遵循一五％規則，因為增加速度的潛在機制，部分是由社會互動所驅使。

有趣的是，數據證實，步行速度確實遵循著一個大致的冪次法則，隨著城市的規模而增加，只是它的指數比典型的〇・一五稍微小了一點，接近〇・一〇（見圖四十二）。這並不奇怪，因為這個模型很簡單，而且社會互動只是這個效果的一部分原因。但有意思的是，根據數據資料，從只有幾千名居民的小鎮，到人口超過一百萬人的城市，平均步行速度增加將近二倍，因為大城市的平均步行速度是每小時六．五公里，比小鎮上的人走路更輕快。但這可能是飽和狀態了，因為人們可以走多快，有明顯的生物物理學限制，所以在更大很多的城市中，步行速度也不會再明顯增加。

這種看不見的動力，出人意料地表現在英國利物浦最近引進的行人快步道上。很顯然，人們因為人行道上的走路速度不夠快而不開心，因此市政當局為行人引進了一種特殊的快步道（見圖四十三）。照片上的標題表達了越來越快的生活步調：一半的受訪者表示，因為其他行人走路步調慢，讓他們無法在市中心購物。這個作法引起全世界其他城市的濃厚興趣，也跟進利物浦的領先作法，所以我推測，我們將會在大城市的市中心地區，看到更多這種新奇現象。

你並不孤單：手機就是人類行為的探測器

在二十一世紀高度連結的世界中，一個最革命性的表現就是，手機無所不在。我們輕輕鬆鬆就能取得廉價而先進的智慧型手機，再加上網際網路，一直是提高生活步調與縮短時間的主要因素。以推文、簡訊與電子郵件的形式，即時傳送一小段評論，已經大幅取代了傳統的電話

圖 42

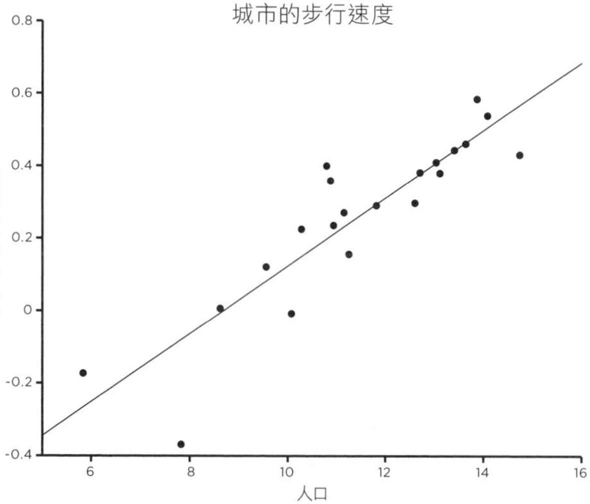

圖 43

（圖 42）不同歐洲城市的平均走路速度。
（圖 43）英國利物浦的行人快步道。

溝通，更不要說以前小心翼翼遣詞用字地寫信，或者，但願不需要的，面對面的親密對談。我稍後會再回頭談這個驚人創新的某些影響與意外後果，現在我想聚焦在一個手機最不被重視的面向，而且已經開始徹底改變了科學的一角。

你可能知道，你的手機服務供應商記錄了你的每一通電話或簡訊，什麼時候撥的、講了多久、你講話或傳送的對象是誰、你和他們的位置在哪裡……而且非常有可能在某些情形下，還能知道你們的談話內容。這是非常龐大的訊息量，而且在原則上提供了空前而且非常詳細的社會互動與移動資訊，特別是因為在今天，幾乎每一個人都在使用這種裝置。現在在地球上，人們使用的手機數量比人口數量更多。光是在美國，每一年打出的電話就超過一兆通，而且平均來說，一般人每一天花超過三個小時在手機上。在這世界上，有手機可用的人數是有馬桶可用的人數的將近二倍，對於人們的優先順位，這真是一個有趣的觀察！

即使對最貧窮的國家來說，這都是很大的福音，因為它們可以用室內電話龐大的安裝與維護成本的一小部分，跳過傳統的技術，直接跳進二十一世紀的通訊基礎設施。在之前，大部分的國家都負擔不起，目前手機提供的通信涵蓋範圍內的室內電話設施。所以，手機使用比例最高的國家就是開發中國家，並不令人意外。

因此，對於社會網絡的結構與動力，以及人與地點之間的空間關係，甚至延伸到城市的結構與動力，分析手機通話的大量數據，或許可以提供我們新的、可以測試的量化見解。手機與其他資訊科技裝置這種不可預見的後果，已經迎來了大數據與智慧城市的時代，並帶著有點誇大的承諾，宣稱這就是我們解決所有問題的工具。而且不只是城市基礎設施的挑戰，這個承諾還延伸到生活中的每一個面向，從健康、汙染到犯罪與娛樂。這還只是靠著我們透過行動裝置、手機或健康紀錄，在無意間製造的大量數據，而快速出現的「智慧」產業的一個表現罷了。這種發展中的典範肯定會提供我們新的強大工具，如果明智使用，毫無疑問，除了為公司與創業家提供創造更多財富的新方法之外，也會帶給我們有利的結果。不過，稍後我將針對這種作法的天真與危險之處，提出強烈的警告。[4]

在這裡我想專注在如何科學地使用手機數據，以測試我們理解城市的新興理論架構的預測與結果。城市，以及更廣的社會系統，除了是一種複雜適應系統的事實之外，想在社會科學中發展出可以測試的量化理論，一個傳統的障礙就是，很難取得大量的可靠數據，並進行對照實驗。物理學與生物學已經達成重大進展的主要原因就是，研究中的系統可以被操控或設計，以測試具體而定義完善的預測與結果，而這些預測是來自提議的假設、理論與模型。

大型粒子加速器，就像瑞士日內瓦的大型強子對撞機，也就是最近發現希格斯粒子的地方，就是這種人為對照實驗的標準例子。藉由很多粒子高能碰撞實驗的分析結果，結合高深數學理論的發展，物理學家發現與確認物質中基本次原子[5]成分的性質，以及它們之間的互相作用力，已經很多年了。這帶來二十世紀科學界的一項最偉大的成就，也就是**基本粒子標準模型**（standard model of the elementary particle）的發展。這涵蓋、整合與解釋了我們周圍世界的驚人科學範圍，包括電力、磁性、牛頓的運動定律、愛因斯坦的相對論、量子力學、電子、光子、夸克、膠子、質子、中子、希格斯粒子等等，全都符合一個統一的數學架構，而這個數學架構的詳細預測，也有持續進行的實驗加以測試，並得到令人讚嘆的驗證結果。

同樣令人讚嘆的是，在這些實驗中探測到的能量與距離，解釋了從大爆炸之後，決定宇宙演變的現象。在這些實驗中，我們以人為的方式重新創造了宇宙開始之初發生的事件。因此而產生的理論架構，給了我們一個可靠的量化知識，讓我們得以了解星系如何形成、為什麼天空看起來是這個樣子。我們顯然無法在天空或宇宙身上做實驗，它們就是那個樣子，不像實驗室裡的實驗，它們代表著特別的獨特事件，不能被複製。我們只能觀察。就像地質學，以及就這方面的社會科學，天文學是一種有關**歷史**的科學，只能靠著後測（postdiction），也就是根據理論的公式與論述，對於應該發生了什麼事，提出事後推測，並在適當的地方找到可以驗證的證據，來測試理論。這正是牛頓從他的基礎運動定律與萬有引力定律，推導出克卜勒行星運動定律（Kepler's laws of planetary motion）的方法。運動定律與萬有引力定律，是牛頓為了解釋物體在他周圍世界中運動的方式，而發展出來的理論。他無法直接在這些星球上做實驗，但可以把他對它們的運動的預測，與克卜勒的觀察與測量做比較，並因此驗證了其正確性。過去這一百年來，這個方法在天體物理學與地質學方面，被證實為非常成功。因此，我們非常確信，我們已經了解宇宙與地球如何變成它們今天的樣子。藉由聰明整合精細的觀察，再加上此時此刻可以進行的適當的傳統實驗，這些歷史科學的例子，也已經成功地得到某些進展了。

雖然社會系統有明顯的困難，但社會科學家也非常有想像力地設計出類似的量化實驗，以啟發靈感並測試假設，而且也已經證明，能對社會結構與動力提供洞見。很多實驗牽涉到調查與回答各種問卷，因此會受限於必須和受試者互動的實驗團隊的角色。因此，在廣泛的人與社會的情況下，取樣相對很少，也很難得到大量的數據，而這會引起可信度的問題，以及結果與結論的一般性問題。

手機數據或來自社群媒體的數據，例如臉書或推特，對調查社會行為的好處在於，可以大幅降低這類問題。當然，使用這類數據並不是不會帶來麻煩，例如，手機用戶如何代表所有的人，以及手機通話如何代表社會互動？這都是可以辯論的問題，但是很顯然，這種溝通方式是目前社會行為的主要特色，對於我們如何、在何時與何地與人互動，足以提供一個可以量化的窗口。

測試與驗證理論：城市的社會連結度

卡洛・拉蒂（Carlo Ratti）是麻省理工學院建築系的義大利籍建築師／設計師，他在該校負責一個名稱很吸引人的組織：智慧城市實驗室（Senseable City Lab）。我第一次和卡洛見面時，是在慕尼黑的ＤＬＤ年度研討會上。這個會議期望發展成為像ＴＥＤ一樣的活動，只是範圍比較窄，更專注在藝術與設計。就像ＴＥＤ與世界經濟論壇（World Economic Forum）的達沃斯會議，它基本上是一個為期幾天的社交雞尾酒派對，並在一種「這就是它所在的地方」的氣氛中，安排密集的談話節目，以試著保護一種未來文化、高科技商業與「創新」的形象。出席的人不拘一格，有風趣的人，甚至也有很具影響力的人，偶爾在簡報中也能一瞥實質而精彩的見解，只是這一切都混雜在一大堆不可靠又有點膚淺的胡說八道裡，而且還被包裝在華麗的PowerPoint中。這就是這個世界的方式，而且很多高知名度的活動就是像這樣。儘管有這些缺點，這些場合還是能達成重要的目的，創造橫向交流，並讓生意人、創業家、技術人員、藝術家、作家、媒體、政治人物，偶爾也有科學家，接觸到創新的觀念，當然對其他人來說，偶爾有點瘋狂與挑釁。這有點像城市的作用，只是大幅壓縮了空間與時間。順便一提，就像ＴＥＤ，你很難找到任何記得ＤＬＤ代表什麼意思的人了，我模糊地想起來，這兩個Ｄ代表的是「design」（設計）。縮寫字也是這個世界運作的方式，同時也是生活步調加速的另一個微妙表現。２Ｍ２Ｈ⑥（多到無法處理）。ＬＯＬ⑦（哈哈）。

卡洛雖然不是科學家，但熱中於以科學的角度了解城市，並努力說服我相信，手機數據是測試這個理論與研究城市動力其他面向的一個很好的方法。我起初很懷疑，主要是因為，我不認為手機的使用夠廣泛、夠多元、夠具代表性，可以成為測量社會互動與移動力的可靠代表資訊（proxy）。不過，卡洛不是輕言放棄的人。慢慢地，我也開始注意到手機使用人口高速成長的統計數據，特別是在開發中國家，使用手機的人高達人口的九〇%，於是我慢慢開始承認，卡洛與其他像他的人是對的。很多研究人員也利用起這個新的數據來源，大部分是用來研究網絡的結構與動力，並提出像疾病與觀念擴散過程的見解。

卡洛受到我們的縮放研究啟發，雇用了幾名聰明的年輕物理學家／工程師來利用手機數據，再加上在聖塔菲的路易士・貝當古和我，我們開始合作測試這個理論的基本預測。城市縮放現象中一個最新奇的面向，就是它的普遍特徵。就像我們已經看到的，似乎毫不相干的社經數值，從收入、專利到犯罪與疾病的發生，都是以大約一・一五的相同指數，隨著城市規模以超線性放大。在前一章中，我提到這種驚人的共通性，跨越不同的城市與都市系統，指標也反映出人們之間的互動程度，而且它的由來就在於社會網絡的普遍結構。全球各地的人，不管歷史、文化與地理條件，行為的方式大致都一樣。因此不必用任何花俏的數學理論，這個觀點就可以預測到，城市中人們的互動量隨著城市規模縮放的方式，和所有多樣化社經數值縮放的方式一樣，也就是說，不管都市系統為何，都是遵循著指數大約是一・一五的超線性縮放法則。換句話說，城市規模每增加一倍，不管是工資與專利或犯罪與疾病，社經活動就會有系統地增加一五%，同時也應該可以在人們之間的互動上，追蹤到增加一五%的預測值。

所以要如何測量人們之間的互動量？傳統的方法靠的是書面調查，但很花時間、也很花勞力，而且因為範圍必然受到限制，也有採樣的誤差。即使其中某些問題可以克服，要進行包含數百個城市整個都市系統的調查，工作極為艱巨，也可能根本不可行。另一方面，最近從手機網路自動收集到的大量數據，涵蓋了全球各地具有代表性的人口比例，終於為有系統地研究所有城市的社會動力與組織，打開了前所未有的可能性。很幸運地，我們的麻省理工學院的同事就取得了如此大規模的數據，包含了數十億的匿名通話紀錄（表示我們不知道這些打電話的人的名字或號碼）。有些電話顯然只是一次性的通話，所以我們只計算了在某一段設定的時間內，兩個人會互相打的電話。從這裡開始，我們選取的資料包括兩人互動的全部次數、通話的全部次數、每一個城市花在通話的全部時間。⑧

我們的分析基礎是兩組獨立的數據組；葡萄牙的手機數據，以及英國室內電話的數據，結果顯示在圖四十四至四十六。圖中顯示，在一段很長的時間內，城市中兩人接觸的總次數，並以對數尺度相對於城市的人口規模繪製出來。如你所看到的，這兩組數據都出現了一條典型的直線，表示在這兩個情形中都有冪次縮放法則，而且指數的數值相同，非常接近預測的

圖 44

收入、GDP、犯罪率（合併）與專利（合併）損失

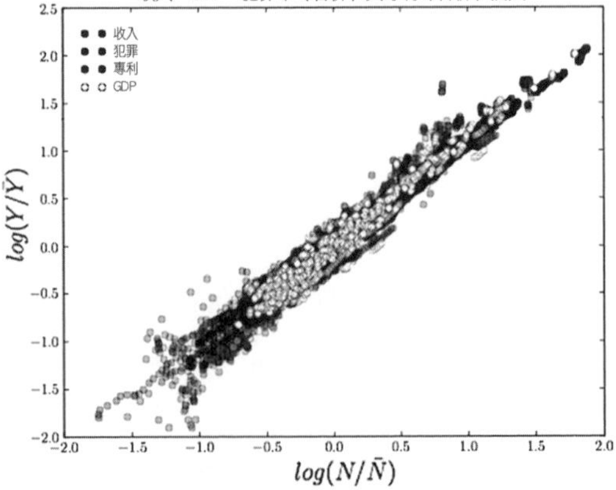

圖 45

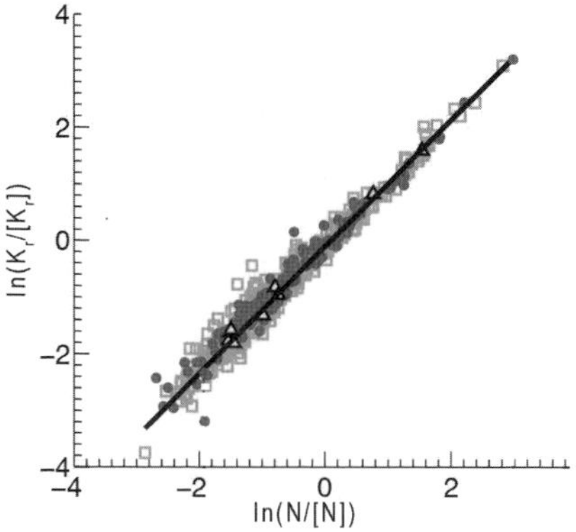

圖 46

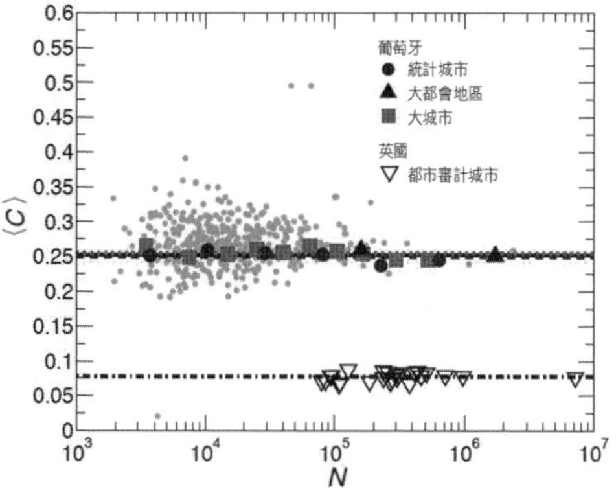

（圖 44）從圖 34-38 調整後的四個不同都市指標（收入、GDP、犯罪與專利）的縮放表現，顯示出它們以大約 1.15 的相同縮放指數改變。
（圖 45）不管城市的大小，個人的朋友模組團體大小大致相同。
（圖 46）人與人之間的連結度縮放表現，以葡萄牙與英國不同城市的人互打電話的次數測量，也顯示出相同的指數，並證實了理論的預測。

一・一五，與這個假設非常吻合。為了從視覺上說明這一點，我把這個圖放在從第七章圖三十四至三十八得到的複合圖上，也顯示出城市中社經活動縮放表現的普遍性：這些不同指標的子集（subset），也就是GDP、收入、專利與犯罪，也畫在相同的圖上，以顯示它們在適當調整後，如何全部一起縮放。

這個結果非常令人滿意地確認了這個假設，也就是社會互動的確是都市特徵普遍縮放表現的基礎。更進一步的確認是觀察到，人們花在電話互動上的全部時間，以及所有的通話次數，也以同樣的方式隨著城市的規模有系統地增加。這些結果也證實，生活步調加速是因為，當城市的規模變大，社會網絡的連結度越來越高，以及正向回饋的增強作用。例如，在收集葡萄牙人數據的十五個月內，比起人口只有四千二百人的小農村利莎的一般居民，人口五十六萬的里斯本的一般居民，花大約二倍的時間在大約二倍的電話互通行為上。另外，如果把一次性非互動電話也包含在分析之內，縮放指數就會有系統地增加，這表示個人請託的次數，例如商業廣告與政治拉票活動，在大城市的比例較高。比起小鎮的生活，大都市的生活在各方面都更快速、更激烈，也包括被越來越多無意義的廢話轟炸。

但事實上，並不是**每一方面**都是如此。當我們調查，某個人的聯絡人中有多少人是彼此的朋友，答案非常令人意想不到。一般來說，一個人的整個社會網絡可以跨越很多元的團體，從親近的家人、朋友與同事，到相對遙遠的普通關係，例如汽車修理工或水電雜工。可能很多人彼此認識也互相聯繫，但大部分的人並沒有。例如，你親愛的老媽可能從不或不太認識你工作上最親近的同事，即使你和他們兩位都有很親近的關係。所以，你的整個社交網絡中有多少成員，也就是你的聯絡人總數中，有多少人會彼此交談？這個子集定義了你的「延伸家庭」（extended family），以及你的社會模組的大小。由於在大城市可以接觸到更大量的人，你可能會預期，你的延伸家庭也會一樣跟著變大，而且它也會大致和其他社經數值一樣，以超線性方式縮放。我當然也是這樣以為。但讓我們大感意外的是，數據顯示的結果正好相反，它根本沒有改變。一般人認識而且會互動的人的模組群集，大致上是一個不變數，它不會隨著城市的規模而改變。例如，里斯本的居民超過五十萬人，利莎的居民不到五千人，但住在里斯本的一般人的「延伸家庭」人數，並沒有比住在小鎮利莎的一般人更多。所以即使是在我們居住的大城市，我們的朋友團體和小鎮或小村莊的團體一樣關係緊密。這有一點像我在前一章提到鄧巴數字的不變性，而且就像這些數字，這也許反映出，我們的神經結構已經演化出某些基本性質，以因應大團體的社會資訊處理需求。

然而，在村莊中的這些模組團體與大都市中的模組團體，在本質上有很大的質性差異。在真正的小村莊中，因為村莊很小，人與人非常靠近，我們只能受限於某個社區，但是在城市中，由於人口更多，我們可以利用更多的機會與多元性，去尋找和我們有類似興趣、職業、種族、性取向的人，我們能更自由地選擇自己的「村莊」。因為生活各方面都有更大的多樣性所提供的自由感，是都市生活的一個主要吸引力，也是促成全球不斷加速都市化的重要原因。

城市中明顯的運動規律結構

城市非常的多元化與多面向，產生了大量的意象與比喻，以試著捕捉城市特定的具體表現。步行城市、科技城、綠色城市、生態城市、田園城市、後工業城市、永續城市、有彈性的城市……當然還有智慧城市。這份清單可以一直列下去。其中每一個都表達了城市的一個重要特徵，但沒有一個捕捉到在莎士比亞提出的問題「沒有人的城市算什麼？」中的本質特徵。大部分的城市意象與比喻，只是讓人聯想起它們的物理足跡，並傾向忽略社會互動扮演的核心作用。另一種形態的比喻，比較能掌握到這個關鍵成分，例如城市是一個大鍋子、大鍋爐、攪拌碗或反應器，社會互動在其中攪動，並催化出社會與經濟活動：人們的城市、集體的城市，以及人類的城市。

城市的意象就像一個大桶子，人們在其中被不斷攪拌、混合與鼓動，在世界各地的大城市中，人們可以發自內心地感受到這一點。最明顯的是，在市中心與商業區，人們有時候有點瘋狂的不斷移動，看起來經常就像幾乎隨機的動作，非常像氣體或液體中的分子。而且整體的特質也很像氣體或液體，例如分子碰撞與化學反應後產生的溫度、壓力、顏色與氣味，所以城市的特質也來自社會碰撞，以及人與人之間的化學反應。

比喻是有用的，但有時候卻會造成誤導，以下就是一個例子。雖然和看起來的樣子不一樣，但人們在城市中的移動，一點也不像氣體中的分子或反應器中的粒子一樣隨機運動。相反的，卻是非常有系統，有方向性的。隨機的旅程非常非常少。不管運輸的方式為何，幾乎所有的移動，都是有意從某個特定地點到另一個特定地點，大部分是從家裡到工作場所，到某家店、到學校或電影院等等，**然後**再回來。另外，大部分的人都會找最快與最短的路線，讓他們花最少的時間，以及移動最短的距離。在理想情況下，這意味著，每一個人會願意沿著直線移動，但由於明顯的物理限制，這是不可能的事。別無選擇，只能按照曲折的道路與鐵路，所以一般來說，所有的特定旅程都會循著之字形的路線。然而，當我們透過粗略的角度，以更大的尺度來看，把在一段夠長的時間內的所有旅程與所有人平均，任何兩個特定地點之間的偏好路線，大致上就是一條直線。寬鬆一點來說，這意味著，平均來說，人們實際上是沿著圓圈的輻條向外行進，圓心則是他們的特定地點，其作用就像樞紐的軸心。

有了這個假設，就可以得出一個非常簡單但非常強大的數學結果，可以說明城市裡的人的移動。這個數學結果指出：先想一下城市中的任何一個地點。這可以是像市中心地區或街道、一家購物中心或街區的「中心地」（central place），但也可以是某些隨意的住宅區，例如你住的地方。這個數學定理可以預測，多少人從多遠的距離，以及多常來造訪這些地點。更明確地說，它還可以指出，**訪客的數量應該會隨著移動距離與到訪頻率的平方反向縮放**。

在數學上，反平方律（inverse square law）就是我們在整本書講的冪次法則縮放形態的一個簡單版本。以這種方式來說，對城市運動的預測可以重新描述為，到某個特定地點的人數，會以一個指數為負二的冪次法則，隨著移動距離**與**造訪頻率縮放。因此，如果移動人數以**對數尺度**，相對於移動距離，並把造訪頻率固定；或者相對於造訪頻率，並把移動距離固定，這樣繪製出來，**這兩個**情形應該都會出現一條直線，而且斜率**一樣**是負二（負號只是表示，這條線是向下傾斜）。我應該強調的是，和所有的縮放法則一樣，假定一段平均夠長的時間，例如六個月或一年，是為了要消除日常的波動，或周間與周末的差異。

從圖四十七可以很容易看到，數據非常清楚地驗證了這些預測。事實上，觀察到的縮放表現非常緊密，斜率也完全符合預測的負二。特別令人滿意的是，世界各地的不同城市，即使有不同的文化、地理條件與開發程度，也觀察到預測的反平方律，我們在北美（波士頓）、歐洲（里斯本）、亞洲（新加坡）與非洲（多哈）⑨，都看到一致的表現。另外，當這些大都會被解構成特定的地點，相同的反平方律也表現在城市裡的每一個地點，例如圖四十八至四十九就是波士頓與新加坡的不同地點採樣。

讓我舉一個簡單的例子，說明這個數學定理怎麼作用。假設平均有一千六百人從四公里遠的地方，一個月去一次波士頓公園街附近。那麼從二**倍**遠（八公里）的地方，一個月一樣去一

圖 47

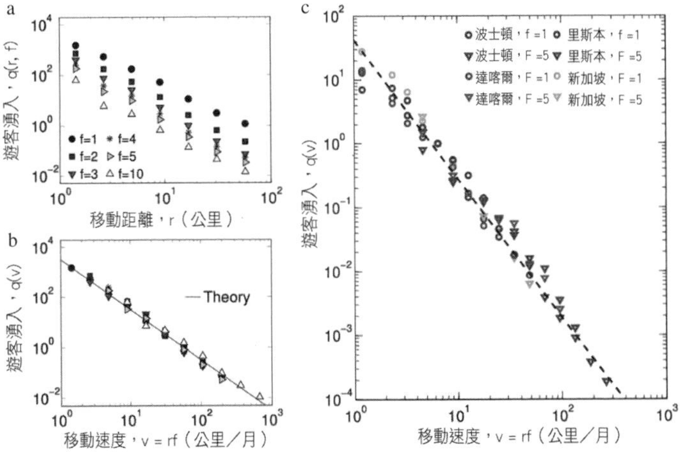
a
遊客湧入，q(r, f)
f=1
f=4
f=2
f=5
f=3
f=10
移動距離，r（公里）
b
遊客湧入，q(v)
Theory
移動速度，v = rf（公里／月）
c
波士頓，f =1
里斯本，f =1
波士頓，F =5
里斯本，F =5
達喀爾，F =1
新加坡，F =1
達喀爾，F =5
新加坡，F =5
遊客湧入，q(v)
移動速度，v = rf（公里／月）

圖 48

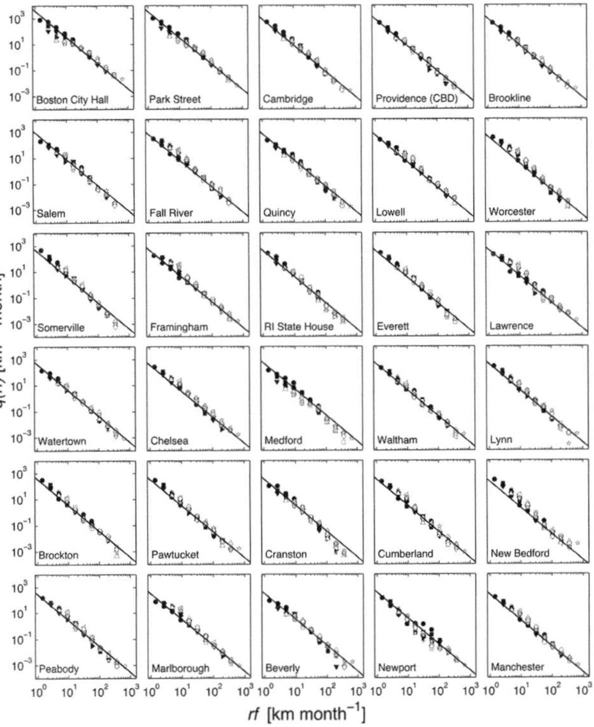
Boston City Hall
Park Street
Cambridge
Providence (CBD)
Brookline
Salem
Fall River
Quincy
Lowell
Worcester
Somerville
Framingham
RI State House
Everett
Lawrence
Watertown
Chelsea
Medford
Waltham
Lynn
Brockton
Pawtucket
Cranston
Cumberland
New Bedford
Peabody
Marlborough
Beverly
Newport
Manchester
q(rf) [km⁻² month]
rf [km month⁻¹]

圖 49

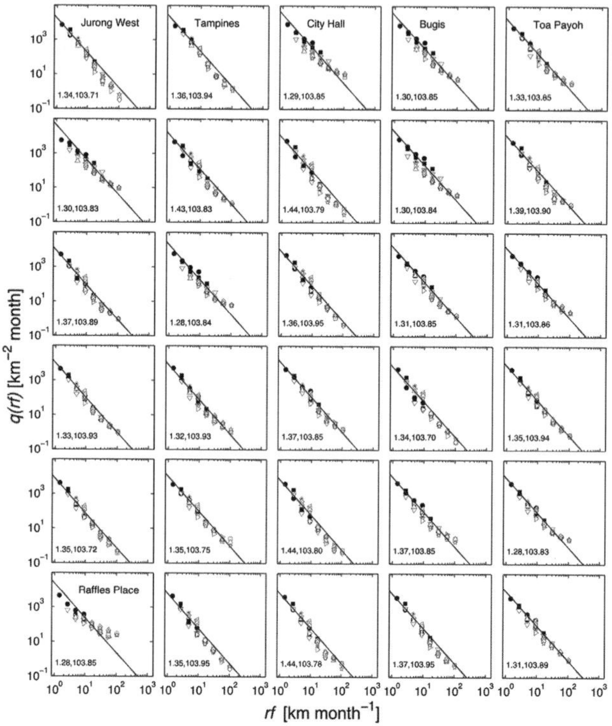

(圖 47a)以不同但固定頻率(一個月 f 次),從不同距離到波士頓特定地點的人潮,與反平方律一致。(b)和(a)相同數據,但顯示,以頻率 × 距離的單一變數來繪圖時,所有不同的頻率與距離都會變成一條線。(c) 的圖和(b)類似,顯示在全球非常不同的城市中,遊客人潮一如預期遵循相同的反平方律。

(圖 48)和(c)的圖相似,只是在波士頓的不同地點;(圖 49)則是在新加坡,實線是理論的預測。

次的人有多少？反平方律告訴我們，會有$\frac{1}{4}(=\frac{1}{2^2})$的人，所以從八公里遠的地方，一個月去一次的人只有四百人（$\frac{1}{4}\times 1{,}600$）。那麼從五倍遠的距離，二十公里呢？答案是$\frac{1}{25}(=\frac{1}{5^2})$，也就是一個月去一次的只有六十四人（$1/25\times 1{,}600$）。你現在應該了解了這個定理的意思。但還有更多，你也可以問，如果改變造訪頻率會怎樣？例如，假設我們的問題是，從四公里遠的地方，但一個月去公園街**兩次**的人有多少？這也一樣符合反平方律，所以人數是$\frac{1}{4}(=\frac{1}{2^2})$，也就是四百人。同樣的，如果你問，從一樣四公里遠的地方，但一個月去**五次**的人有多少？答案就是六十四人（$1/25\times 1{,}600$）。

請注意，這個數字和從五倍距離遠（二十公里），一個月去公園街一次的人數一樣。因此，從四公里以外、一個月去**五**次的人數，和從**五**倍遠（二十公里）、一個月去一次的人數是一樣的（這兩個具體例子都是六十四人）。這個結果和我選來說明的具體數字無關。這只是移動的一般對稱性的例子：**如果到某個特定地點的移動距離乘以造訪頻率保持不變，那麼造訪的人數也會保持不變**。在我們的例子中，第一個例子是4公里×5次一個月＝20，第二個例子是20公里×1次一個月＝20。對於去城市中的任何地點、任何造訪頻率、任何移動距離，都有這種不變性。這些預測也得到數據的驗證，並表現在圖四十八與圖四十九的各種圖形中，在這些圖中，你可以清楚看到，當距離乘以頻率的結果數值相同時，造訪模式保持不變。

我想特別強調，這個預測有多麼了不起與令人意想不到，畢竟城市的移動與運輸非常複雜而多元。人們想到像紐約、倫敦、德里或聖保羅城市，看似混亂、隨機而多樣的移動與流動時，對於這個隱藏著秩序與規律、極為簡單的畫面，很難不把它想成是最不可能，甚至是荒謬的事。不管是走路、搭地下鐵、搭公車、自己開車，或甚至全部都用上，每一個人經由最佳路線，從特定地點來回的隨機決定，被預測會產生一個連貫的集體流動現象，就像你打開廚房水龍頭時，數兆個水分子的隨機運動，會產生一個流暢、連貫的水流。

就像我之前解釋過，手機數據提供的詳細資訊，不只是你和誰說話、說了多久，還包括你在何時、在何地通話。事實上，我們每一個人都隨身攜帶著一個設備，隨時記錄我們在任何時間的位置。這就好像我們能把房間裡的每一個分子貼上標籤，因此就能知道它的位置、它的移動速度、它碰到了誰等等。由於一間普通大小的房間裡，就有一萬兆兆（10^{28}）的分子，這可以代表所有的大數據之母（按：指最大的大數據資料）。然而。這個資訊實際上並沒有太大用途，特別是處於平衡狀態的氣體，實在多到無法使用了。統計物理學與熱力學的強大技術，已經順利發展到不必知道所有組成分子運動的恐怖細節，就能了解與描述氣體的總體特性，例如溫度、壓力、相位轉變等等。另一方面，在城市裡，這些資訊卻極有價值，不只是因為我們本身就是分子，也因為城市不像氣體，城市是複雜適應系統，有著錯綜複雜的網絡結構，以交換能量與資訊。手機數據提供我們強大的工具，得以確定這些網絡的結構與動力，並因此可以量化測試理論的預測結果。

這可能是規劃與開發的一個強大工具，因為它能提供一個架構，以估算人們進出城市某些特定地點的流量。興建一座新的購物中心，或開發一個新的住宅計畫，都需要對交通與人潮流量正確或至少可靠的估計，才能確保充分而有效率的運輸需求。這些資訊很多已經用電腦模型完成了，這當然非常有用，但這些電腦模擬往往集中在局部地區，而忽略了城市更大、互相整合的系統性動力關係，也很少基本原理的根據。

用來測試理論的大量手機通話數據分析，是由瑞士工程師馬庫斯・斯萊費爾（Markus Schläpfer），以及匈牙利物理學家麥克・賽爾（Michael Szell）合作完成，這兩位就是卡洛在麻省理工學院雇用的、非常聰明的博士後研究員。馬庫斯後來在二〇一三年加入聖塔菲的我們，在聖塔菲，我們開始了這個特別的合作。在他進行的很多研究計畫中，有一個和路易士合作的專案特別有趣，是分析建築物的高度與數量和城市大小的關係。馬庫斯後來轉到蘇黎世知名的聯邦理工學院，那也是他的家鄉，在那裡參與一個很龐大的合作計畫，稱為未來城市實驗室（Future Cities Lab），該計畫的總部設在新加坡，並由新加坡政府所支持。

表現突出與表現低落的人

不管是針對城市、學校、大學、企業、政府或國家，大部分的人都對排名很執著，更不要說足球隊與網球選手了。當然，這件事最基本的重點就是，選擇用來排名的指標與方法。如何提出問題，以及要取樣哪一部分的人口，可以強烈左右調查與民意調查的結果，這對政治與商業也會造成重大影響。對政府與產業界的個人、規劃者與政策制定者來說，這種排名對做決策的影響也越來越大。在健康、教育、稅收、就業與犯罪方面，一個城市或政府在國家或世界中的排名，會強烈影響投資人、企業與度假人士的感受。

在運動界，一個永遠在辯論的問題是，有史以來最偉大的球員或隊伍是誰？很顯然從任何客觀的角度都無法回答這個問題。問題不只是什麼指標才能合理代表「偉大」，也在於這通常牽涉到蘋果與橘子的比較，也通常牽涉到不同的時期。在這個脈絡下，讓我們暫時回顧一下第二章討論到的舉重問題，並且回想一下伽利略的重大見解，動物四肢的力量應該以本身體重的$\frac{2}{3}$倍呈次線性縮放。這個預測已經被舉重冠軍的數據驗證，如圖七所示。我也引進了一個觀點，應該把這個縮放曲線看成是，應該測量哪一種表現的基準：它告訴我們，一個理想的舉重冠軍，或一個特定體重的人，應該舉多少重量。同樣的道理，圖一顯示代謝率的$\frac{3}{4}$冪次縮放法則也告訴我們，一個有特定體重的理想有機體，它的代謝率「應該」是多少。在這種情況下，就像第三章的解釋，「理想」被理解為是指，從網絡結構的能量使用、動力與幾何形狀的角度來看，已經「最適化」的系統。

這個架構可以用來當成以科學基礎測量表現的一個起點。基於體重與縮放法則的預期，六個舉重冠軍中，有四個人舉起了他們應該舉的重量。另一方面，相對於選手體重的預期，中量級冠軍的表現**突出**，但重量級冠軍則表現**低落**。所以雖然重量級冠軍舉起的重量比其他人都多，但從科學的角度來看，他實際上是所有冠軍中**最弱**的一個，而中量級那位冠軍則是**最強**的。

在這種情況下，我們就能為體能表現發展出一個以縮放法則為基礎的量化科學架構，我們也能為排名以及跨越不同比賽的評比，建構有意義的指標。更多的機械性運動，例如舉重、划船、甚至跑步，可能都很適合這種方法，但是像足球與籃球等團隊運動，就有相當的挑戰性。另外，與縮放法則的變異度，也因此可以作為測量個人表現的原則性指標，以舉重的例子來說，也是研究為什麼相對於體重，中量級舉重冠軍表現**突出**，而重量級冠軍表現**低落**，一個量化的起點。

這個科學的排名策略，是把主要變數從簡單的體型差異，變成每一個選手個人基本技能的展現，實際上也可以促成公平的競爭環境。接下來，我將把這個觀點應用到城市，但在這樣做之前，我想把這個觀點結合城市的移動分析，並指出可以如何應用，讓它成為重要的規劃與開發工具。

如圖四十八與圖四十九所示，在城市內特定地點的移動數據，極為符合理論的預測。但如果仔細看波士頓的圖，你可以看到，有兩個特定的位置，也就是機場與足球場，有很大的變異度，也沒有非常符合預測。由於這兩個地點的特殊作用，這可能不是那麼令人驚訝，因為這兩個地方吸引的是相當窄的人群，這些人到這兩個地方的理由也非常明確：不是去旅行，就是去看球賽。

但是機場的數據還是非常合理地聚集在預測值的周圍，變異度最大的是短距離移動與造訪頻率相對不高的人數。這些人實際上就是機場大多數的使用者。相反的，那些從更遠的地方來或更頻繁使用機場的人，就非常符合預測的縮放曲線，雖然他們只是機場的少數使用者。在一般趨勢以及它們的差異上，知道與理解這些使用模式，對於規劃與管理往返機場的交通流量，以及這和在整個大都會地區內移動的關係，顯然非常重要。

在新加坡，只有一個主要的異常值，也就是萊佛士坊（Raffles Place），它是這個城市國家金融區的核心地帶。另外，它也是主要的交通樞紐，是通往大型旅遊區的通道。旅客人數的數據其實相當符合縮放法則，但它的指數卻比其他地點小很多，其他地點全都完全符合預測值負二。另外，它也比新加坡其他地點出現更大的波動。這表示，從更近的地點來或較不常來的人，比預期的更少，而且從更遠的地點來或較常來的人，比預期的更多。這可能是因為，新加坡本身是小島國的特殊性，它的核心地帶萊佛士坊，並不在其地理中心附近，而是在靠近海洋的邊界上。

就像波士頓的機場與足球場的例子，知道萊佛士坊是新加坡其他地點觀察到的主要移動模式的一個異常值，對於規劃、設計與管控這個具體的特殊地點，以及整個城市的交通與移動，是很重要的。一樣重要的是，這可以在整個都市系統的脈絡下被量化與理解。

財富、創新、犯罪與彈性的結構：城市的個體性與排名

我們可以期待一個城市有多富裕、多有創意，或多安全？我們要如何打造最創新、最暴力，或最能有效創造財富的城市？根據經濟活動、生活成本、犯罪率、愛滋病例數量或居民的快樂，要如何為城市排名？

常規的答案通常是用簡單的人均數字作為績效指標，並根據結果為城市排名。關於工資、收入、國內生產總值（GDP）、犯罪、失業率、創新率、生活成本指數、生病率與死亡率，以及貧窮率，幾乎所有的官方統計與政策文件，都是由政府機關與國際組織，根據總和與人均指標來編製。另外，知名的都市表現與生活品質等綜合指數，例如世界經濟論壇與《財星》（*Fortune*）、《富比士》（*Forbes*）、《經濟學人》（*The Economist*）等雜誌組合的指數，主要也是天真地線性結合這類數字。[10]

因為我們已經有很多城市特徵的量化縮放曲線，以及這些特徵基礎動力的理論架構，在設計一個評估表現與城市排名的科學基礎上，我們其實可以做得更好。

普遍使用人均指標做城市排名與比較，其實特別糟糕，因為它隱含的假設是，任何都市特徵的基準（baseline），或零假設（null hypothesis）⑪，與人口規模呈**線性**關係。換句話說，它假定一個理想化的城市只是所有居民活動的線性總和，因而忽略了最重要的本質特徵，以及城市存在的真正重點，也就是說，城市是一個集體的突現凝聚狀態，是**非線性**的社會與組織互動的結果。城市是標準的**複雜適應系統**，因此也比只是個別組成與單元的線性總和要大很多，不管是建築物、道路、人或金錢。這也表現在指數是一．一五而不是一的超線性縮放法則上。人口每增加一倍，所有的社經活動就大約增加一五％，幾乎與行政人員、政治人物、規劃者、歷史、地理與文化條件無關。

在評估特定城市的表現時，我們因此必須確定，相對於它只是因為人口規模就已經達到的成果，它的表現究竟如何。從相對於體重的理想縮放法則，測量每個人偏離預期表現的程度，以決定最強的舉重冠軍的類似討論中，我們可以根據相對於理想縮放法則，測量城市不同指標偏離預期值的程度，量化個別城市的表現。這個策略可以區分出，一個城市的組織與動力的真正地方特質，以及所有城市共通的一般動力與結構。因此，就可以處理任何城市的幾個基本問題，例如相對於它的同類型城市，它的表現有多麼特殊；當地政策生效和什麼時間表有關；當地在經濟發展、犯罪與創新之間的關係如何；在多大的程度上，它算是獨一無二的；在多大的程度上，它可以被認為是類似城市的家族成員。

我的同事路易士、荷西、戴比（Debbie）用一組指標，針對整個美國都市系統，進行了一個分析，其中共包含了三百六十個城市統計區域（Metropolitan Statistical Areas, MSAs）。⑫分析結果的一個例子如圖五十所示，圖中顯示的是，二〇〇三年美國城市的個人收入與專利數量，從縮放曲線偏離的情形，相對於每一個城市的排名順序，以對數尺度畫在縱軸上。我們把這個變異度稱為**縮放調整後的城市指標**（Scale-Adjusted Metropolitan Indicators, SAMIs）。跨越這些圖表中心的橫軸，是SAMI為零而且沒有偏離城市規模預測的那條線。從圖上可以看出，**每一個**城市在某個程度上都偏離了它的預期值。左邊的城市表示**高於**平均表現，右邊的城市表示**低於**平均表現。這對一個城市的個體性與獨特性，提供了一個有意義的排名，遠遠超過只是因為某個規模的城市所保證的表現。我不深入研究這個分析的細節，但想提出有關這些結果的幾個要點。

首先，從傳統的人均指標，以GDP的角度，把七個最大的城市列入前二十大，但用我們以科學為基礎的指標來看，這些城市沒有一個登上前二十名。換句話說，如果這些數據以人口規模的一般超線性作用調整後，這些城市的表現就不算好。雖然這些城市的市長為自己表功，還吹噓他們的政策帶來經濟上的成功，因為它們的城市在人均GDP排名中名列前茅，但這些都只是誤導。

從這個觀點來說，很有趣的是，紐約市整體來說就變成非常一般般的城市，只比它的規模所預測的富裕程度稍微好一點點而已（收入排名第八十八，GDP排名第一八四），不是非常有創意（專利數排第一七八），但意外地安全（暴力犯罪排第二六七）。另一方面，舊金山是表現最突出的大城市，很富裕（收入排第十一）、有創意（專利數排第十九），而且相當安全（暴力犯罪排第一八一）。真正表現突出的城市一般是較小型的城市，例如布里奇波特的收入排名（因為從紐約市來的銀行家與對沖基金經理人都住在這個郊區）、科瓦利斯（惠普研究室與備受推崇的奧勒岡州立大學所在地）與聖荷西（矽谷就在這裡，還要說什麼嗎？）的專利數排名，以及洛根（摩門教文化？）與班戈（誰知道為什麼？）的安全排名。

這只是一年的數據（二〇〇三年），我們很自然會想問，這些城市隨著時間的變化如何？很可惜的是，不太容易找到這些指標在一九六〇年之前的數據。然而，涵蓋過去四十到五十年來的數據分析，顯示了某些非常奇妙的結果，如圖五十一所示，幾個典型城市的個人收入變異度的時間變化。最明顯的特點是，實際發生的根本改變相對非常慢。一九六〇年代表現突出的城市，例如布里奇波特和聖荷西，今天依然富裕而創新，但在一九六〇年代表現落後的城市，例如布朗斯維爾，還是落在排名的底部。所以即使美國整個都市系統的人口增加，整體GDP與生活水平都提升了，**相對**的個別表現，並沒有太大改變。大致來說，所有的城市都一起上下起伏，或者說得白一點：如果一個城市在一九六〇年表現得很好，現在也可能表現得很好；如果當時做得很糟糕，現在也可能做得很糟糕。

一個城市一旦有了相對於它的縮放預期的優點，或是缺點，往往就會維持數十年。在這個

圖 50

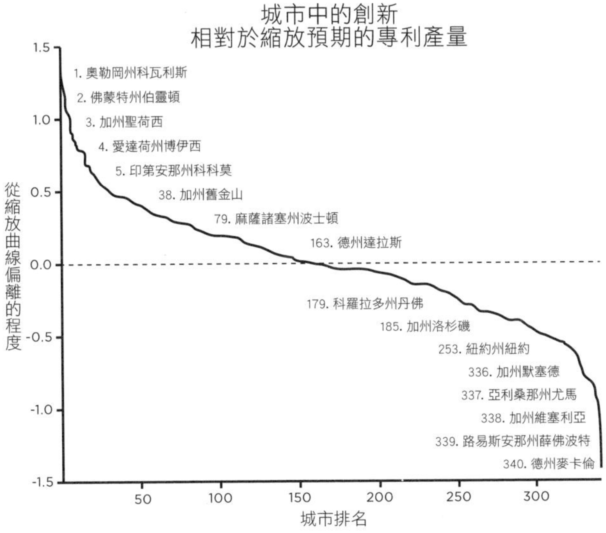

圖 51

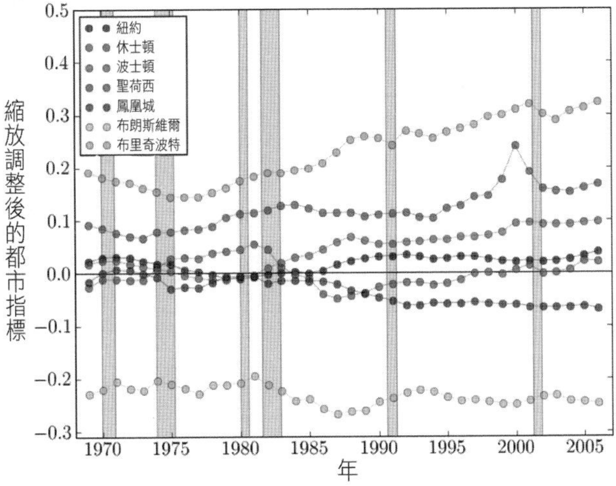

（圖 50）基於城市大小，相對於從縮放法則預期的數字，2003 年美國城市產生的專利數量的變異度，相對於城市排名繪製。左邊是表現良好的城市，科瓦利斯排名第一；右邊是表現不佳的城市，麥卡倫最後一名。
（圖 51）這些變異度（SAMIs）的時間演變顯示它們長期的持續時間。

意義上，不管是好是壞，城市其實是非常強壯而富有彈性的，它們很難改變，也幾乎不可能死亡。想想底特律與紐奧良，以及更嚴重受創過的德勒斯登、廣島與長崎，這些城市在不同程度上都從重大的生存威脅中存活了下來。現在實際上也都表現得很好，也會繼續維持下去很長一段時間。

聖荷西就是一個維持優點的迷人例子，這個城市包含了每個人都想去的矽谷。從財富創造與創新的角度來看，這個城市是主要的表現突出者，並不讓人意外。令人意外的是，聖荷西在一九六〇年代已經表現得非常突出了，而且突出的程度幾乎就像現在一樣，這可以在圖五十一中清楚看到。這也說明了一點，聖荷西一直維持著突出的表現，甚至還強化了表現超過四十年，雖然在一九九九年與二〇〇〇年，有短暫的科技與經濟繁榮與蕭條周期，但在那之後，這個城市就回到它長期的基本趨勢。用稍微不一樣的話說就是：除了在一九九〇年代末期，發生了一個相對的小波折，早在矽谷誕生**之前**，聖荷西就已經奠定了持續成功的趨勢。所以，與其認為是矽谷促成了聖荷西的成功，並提升了它的傳統社經排名，這件事卻指出，情況剛好相反，其實是聖荷西的文化與DNA中的某種東西，協助與滋養了矽谷的超凡成就。⑬

重大的改變往往要花數十年才能實現。這對都市政策與領導有很深遠的意義，因為決定城市未來的政治程序，時間表通常只有短短幾年，而且對大部分的政治人物來說，二年就算無限期了。現在，為了要符合選舉進程的政治壓力與要求，政治人物的成功在於快速的回報與立即的滿足。很少市長承擔得起以二十年到五十年的時間架構來思考問題，並把主要精力放在推動可以真正留下重大成就的策略上。

初議永續：關於水的小岔題

在已開發國家，我們把大部分的基礎設施視為理所當然，我們每一次打開廚房水龍頭的時候，也很少意識到，提供乾淨、安全飲用水的這些便利設施的規模與成本。這是一種很大的特別待遇，而且正如我在前一章討論過的，這也是我們的壽命從十九世紀末期開始大幅延長的主要原因。為世界各地所有的人提供這樣的基本服務，是我們在進行全球都市化的一個巨大挑戰。安全的水也逐漸變成越來越多社會摩擦的原因，特別是隨著氣候變遷，並產生不可預期的嚴重乾旱與大量洪水時期，這兩種氣候災害都會損害供應與輸送系統。在很多開發中國家，這已經是一個重大問題，甚至也可以開始在美國看到些許跡象，例如密西根州弗林特的供應系統出現嚴重的問題，在很多西部州也有嚴重的水荒。

我住在新墨西哥聖塔菲這個小城市，人口大約是十萬人，這裡通常被認為是半乾旱高沙漠氣候，每一年只有大約十四英寸的雨量。所以很合理的，水在這裡很貴，而且過度使用也有很高的罰金。這個城市是全美水費最高的一個城市，比全國平均高了二・五倍，也比下一個最貴的城市，也就是令人意外的、總是下著毛毛雨的西雅圖，多了五〇%，當地一年雨量將近四十英寸。但一樣令人意外的是，它比最便宜的一個城市鹽湖城貴了六倍，而鹽湖城的年雨量是十六．五英寸。更奇怪的是，沙漠城市鳳凰城（人口四百五十萬人）與拉斯維加斯（人口將近二百萬人）的水費，幾乎不比鹽湖城更高，即使鳳凰城的年雨量只有八英寸，而閃閃發亮的拉斯維加斯只有少少的四英寸。多麼奇怪啊！

浪費水資源，其實無所不在。例如，大部分的人都沒有意識到，即使像洛杉磯與舊金山這樣人口是聖塔菲將近一百倍的加州大城市，或是擁有蔥鬱植被的時髦綠色小鎮，例如史丹佛大學所在的帕羅奧圖，或谷歌所在的山景城，年雨量和聖塔菲差不多，大約一年是十四英寸。但他們大部分的水是用在草皮與庭園上，好像它們是在新加坡一樣，但新加坡的年雨量是九十二英寸。

好消息是，美國與世界各地的大部分城市，對這些問題已經越來越敏感，他們已經發現，乾淨的水是一種很珍貴的商品，而且正以驚人的速度被人消耗中，因此不能被視為理所當然。大部分的城市正在開始執行大幅降低用水的政策，但就像很多「綠色」保護措施，這些作法可能有點為時已晚。

關鍵在於，所有這些城市都已經投入龐大資源在基礎設施工程，以便從很遠的地方或很深的含水層，以人為的方式提供人們豐富的水量，而且隱含的假設是，這些資源取之不竭、用之不盡，所以永遠是便宜的資源。但這個假設是有問題的。隨著都市化與永續問題越來越急迫，水的政治與經濟學將會越來越有爭議，就像二十世紀的石油與其他能源來源的問題。而且就像石油的例子，主要的衝突最後也可能發生在爭奪水的取得與擁有權。

然而說來奇怪，值得謹記在心的是，水和石油不一樣，其實地球有非常充足的水，就像它有非常充足的太陽能，可以永遠支持整體人類的生存。推廣可再生的太陽能與海水淡化，把我們的科技與社經策略，調整到因應這個簡單的事實，對我們的長期生存至關重要，這也是我們在很久以前就應該有的心態。但我們是如此的短視而狹隘，所以我們注定要像英國詩人塞繆爾・泰勒・柯勒律治（Samuel Taylor Coleridge）的名詩〈老水手之歌〉（The Rime of the Ancient Mariner）的水手，步向口渴的集體噩夢？

水啊水，到處都是，
所有的船板都縮小了；
水啊水，到處都是，
但沒有一滴可以喝。

在回到科學與城市之前，我想讓大家知道，一個大城市供水系統的規模以及它必然會牽涉到的東西。紐約市因它幾乎引領每一件事的潮流而知名，但它還有一項不常被讚美的成就，就是它的供水系統。它的品質與味道，被認為是非常優越的等級，不只比下其他城市的水，也比下花俏的瓶裝水，而且只要花費瓶裝水一小部分的成本，還不必丟掉塑膠容器而造成無謂的浪費。下一次到紐約來的時候，你可以省下幾塊錢，直接從水龍頭裝滿你的水瓶，就可以得到優質的產品。

紐約市的水來自城市北邊一百英里範圍的流域，而且主要是靠重力流，因此省下巨額的抽水能源成本。這個供水系統的儲水容量是五千五百億加侖（大約二十億立方公尺），每天提供超過十二億加侖（大約四百五十萬立方公尺）的乾淨飲用水，給超過九百萬的居民。這些都是很龐大的數字，為了理解它們的規模有多大，可以注意一下，這相當於在**每一秒鐘**內，輸送大約十萬個又小又蠢的五百毫升塑膠瓶裝水。為了完成這個驚人的成就，水從水庫離開，流經的大型「管路」，其實是深入地下的水泥隧道。除了兩條較舊的隧道，目前還在進行一項五十億美元的計畫，要增建一條新的隧道。它最後將在深達八百英尺的地下，跨越六十英里長，而它離開水庫的直徑是二十四英尺（甚至比酷斯拉的主動脈更大）。當水透過網絡階層，分送到整個紐約都會地區時，直徑就漸漸縮小，最後流到埋在街道下方的主管線時，直徑是四到十二英寸之間，根據建築密度而定（最大的管線很顯然在曼哈頓地區）。水從這些主管線，透過一英寸的管線，分送到一個一個家庭，然後在抵達廚房水槽與廁所之前，又進一步縮小到半英寸。

紐約供水系統的階層式幾何形狀，是世界各地所有城市供水系統的典型，當然，整體的規模會根據城市的大小而不同。這個樣本和我們自己的循環系統非常相似，甚至兩種網絡都有空間填充性，而且兩個系統的最終單元也大致具有不變性。聖塔菲的供水系統比紐約的小很多，但是送水到我家的一英寸管線，以及送水到我家廁所的半英寸管線，都和紐約的水管尺寸一樣，這就像我們的微血管尺寸，大致也和老鼠或藍鯨的一樣。而碎形表現也反映在紐約供水網絡系統所有管線的總長度，把從水庫流到街道上的主管線加總起來，一共延伸大約六千五百英里（一萬零五百公里）。換句話說，以頭尾相連，這個系統所有管線的總長度，可以從紐約連到洛杉磯，然後再回來。這是非常了不起的事，但是和你的循環系統所有血管的總長度相比，又遜色了不少，因為如果把所有血管頭尾相連，也一樣可以從紐約延伸到洛杉磯，然後再回來，但它們卻全部好好的塞在你的身體裡。

城市中企業活動的社經多元化

就像彈性（resilience）與創新，**多樣性**（diversity）經常被用來作為成功城市的特徵，也已經成為被過度使用的流行語彙。的確，不斷變化的個人、種族、文化活動、商業、服務與社會互動的混合，就是城市生活的一個決定性特徵。其中一個主要的社會經濟成分就是，城市有大量交易商品或服務的不同類型機構。所有的城市一定都有類似的基礎核心機構，例如律師、醫師、餐廳、垃圾收集商、教師、行政管理人員等等，但只有非常少數的城市會有專業化的子類型（subcategory），例如海事律師、熱帶疾病醫師、鐵匠、象棋店業者、核子物理學家，以及對沖基金經理等。

因此，要量化行業類型的多樣性有潛在的問題，因為任何有系統的分類方案，都會受到武斷指定的具體類別影響；而且只要能找出明確的區別，任何行業類別也可以再細分。例如，餐廳還可以分成美食、速食之類，以及各種層次的料理、價位、品質等等。類別可以是很廣泛的，例如亞洲菜、歐洲菜與美洲菜，但以亞洲為例，還可以分成中國、印度、泰國、印尼、越南料理等，然後中國菜本身還可以再進一步細分為廣東菜、四川菜、點心等等。其中的重點很清楚：都市的多樣化和規模有關，而且這會取決於看待它的精細度。這和理查森測量不同海岸線與邊界長度時，第一次認知到的問題精神，並沒有太大的差異，曼德伯也因此發明了碎形的概念。

很幸運的是，至少在北美地區，經由彙整幾乎所有在美國設立商業機構的大量數據（超過二千萬筆），已經解決了企業的正式分類問題。這是美國、加拿大、墨西哥之間了不起的合作成果，這個分類稱為北美行業分類系統（North American Industry Classification System, NAICS）。[14]其中，一個**機構**（establishment）只是一個做生意的實體地點。因此，個別店面只是全國連鎖的一部分，例如一家沃爾瑪或一家麥當勞的連鎖店店面，就會算成不同的機構。這些機構通常被視為經濟分析的基本單位，因為創新、創造財富、創業、創造就業機會，全都是透過這些工作場所的成立與成長而表現出來。北美行業分類系統的分類方案，在最細節的行業層次，採用六位數的代碼。前兩個數字代表最大的行業類別（sector），第三個數字代表子類別（subsector），因此已經掌握到非常精細層次的經濟生活。

我的同事路易士、荷西與戴比分析了這些數據，負責領導的是博士後研究員延惠真（Hyejin Youn，音譯）。惠真在南韓首爾接受統計物理的訓練，並且加入聖塔菲以完成博士學位。在加入我們的合作案之前，她一開始是在做語言的起源與結構研究。她現在已經是科技創新的專家，目前是牛津大學新經濟思想研究所（Institute of New Economic Thinking, INET）的研究員，這是金融家喬治・索羅斯（George Soros）資助的新計畫。

就像我們在其他都市指標分析中看到的，這些數據顯示出令人意外的簡單而意想不到的規律性。例如，每一個城市的機構總數，不管從事什麼行業，都與人口大小呈線性比例關係。平均來說，城市的人口增加一倍，機構數量也會變兩倍。這個比例的常數是二一・六，這意味著，在一個城市裡，**不管城市的規模大小**，大約每二十二個人就會有一家機構。或者用稍微不一樣的說法：不管是小鎮或大都會，平均來說，每一次成立一家新的工作場所，就表示城市的人口增加了二十二個人。這是個令人意想不到的小數字，對大部分的人來說，甚至是在企業與商業中打滾的人，也覺得非常驚訝。同樣的，數據也顯示，在這些機構工作的員工總數，也大致以線性方式隨著人口規模縮放，平均來說，無論城市的規模大小，每一家機構只有大約八名員工。在規模與特徵都有極大差異的城市中，機構的平均數量與平均員工人數的明顯恆常性（constancy），不只與以前的認知矛盾，以普遍的超線性凝聚效應來看時，也一樣令人不解。而這個超線性效應是所有社經活動的基礎，包括人均生產力、工資、GDP與專利產量的提高等等。⑮

為了更深入了解這一點，並顯示城市的商業特徵，只要問在一個城市裡，有多少不同**類型**（type）的企業，就很清楚了。這就像是問，在一個生態系統內，有多少不同物種的動物。這個顯示城市經濟多樣性最簡單的粗略數字，只要計算機構不同類型的數量就可以取得。因為機構的類型與人口數量有關。數據證實，在以NAICS數據定義的所有不同精細度上，多樣性會有系統地隨著人口的數量增加。可惜的是，這個分類方法仍然無法掌握最大城市經濟多樣性的完整範圍，因為它無法區分非常密切相關的機構類型，例如，北義與南義的義大利餐廳。不過，從這些數據的一個推論強烈顯示，如果我們可以測量多樣性到最精細的可能程度，它就會隨著城市的規模以對數尺度放大。

和大多數指標遵循的普通典型冪次法則表現相比，這代表隨著人口規模的成長，多樣性的成長極為緩慢。例如，人口增加一百倍，假設從十萬變成一千萬人，公司數量會增加一百倍，

圖 52

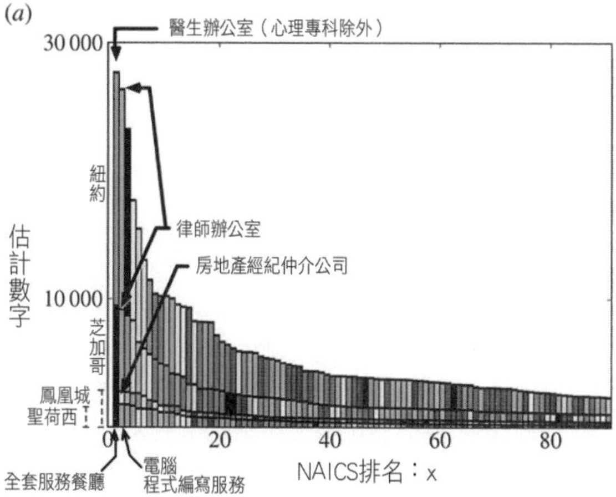

圖 53

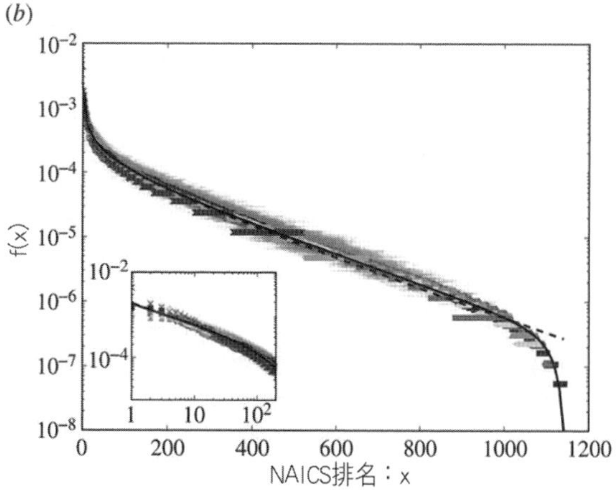

(圖 52)紐約、芝加哥、鳳凰城、聖荷西的機構數量,以頻率下降的方式排名(從常見到罕見)。機構類型根據 NAICS 的分類。

(圖 53)美國 366 個都會統計地區機構類型的人均排名豐富度曲線,明確顯示的是紐約市、芝加哥、鳳凰城、底特律、聖荷西、厄巴納-香檳市、丹維爾。插圖顯示的是前200個類型,是以對數尺度繪製,並遵循著近似齊夫冪次法則的表現。

但公司的多樣性只會增加二倍。換個不同的方式說：城市的規模增加一倍，機構的總數也會增加一倍，但新的公司**類型**只會增加少少的五％。幾乎所有多樣性的增加，也反映在更大程度的專業化與互相依存度，這與更大量的人數有關，包括工作者與客戶兩種人。這是一個很重要的觀察，因為這顯示，越來越多樣化和越來越專業化密切相關，而這就是遵循一五％規則的更大生產力的主要驅動力。

評估經濟多樣性一個更詳細的方法，就是更深入挖掘與檢驗，構成每個城市商業景觀的各機構具體組成類型（specific component type）。每一個城市有多少律師、醫師、餐廳或承包商，其中有多少是公司律師、整形外科醫生、印尼餐館，或管線承包商？這個分析的一個例子是圖五十二，圖中顯示美國某些城市前一百個行業類型的豐富度（abundance）。這些圖以典型的大小排序（rank-size）方式繪製，也就是用齊夫法則，我們在探討一種語言中的單字分布頻率，以及一個都市系統中的城市分布頻率時用的繪圖方式。我在演講時，開場白都會秀出這張圖，並問現場觀眾，他們認為紐約開業最多的行業類型是什麼。到目前為止，包括在紐約營業的公司與商業大師級人物，沒有一個人提出正確的答案。你可以從一個簡單的分析性的、原則性的處理問題方法學到的東西，實在太驚人了。

好吧，公布答案，紐約開業最多的行業類型就是醫師診所。這是很奇怪的現象，特別是醫師在鳳凰城只排名第五，而鳳凰城有很多像我一樣年老體衰的退休族群；醫師在聖荷西也只排第七，這可能比較不令人意外，因為這裡有很多年輕的加州強迫性慢跑族與健康愛好者。比較不讓人驚訝的是，在醫師之後，紐約排名第二高的是律師事務所，其次是餐廳。事實上，餐廳在所有城市的排名都很高，例如，在芝加哥、鳳凰城與聖荷西都是第一名。不管是在時髦的四季餐廳或麥當勞速食店，外食顯然是美國人一個主要的社經活動。更一般說來，推測這種排名表達了城市的什麼特徵，也非常有意思。例如，鳳凰城在餐廳之後，排名第二的是房地產業，在一個成長快速的城市，這也許不讓人意外；然而矽谷的所在地聖荷西，預計電腦程式編寫應該排名第二。紐約的律師與餐廳排名很前面，理由很明顯，但為什麼紐約應該有這麼多的醫師？在大蘋果（按：紐約暱稱）的生活是那麼有壓力、不健康嗎？如果你覺得這很有趣，你可以在我們張貼文章的網站上的補充資料中，查看你最喜歡的城市類似的經濟活動拆解。很顯然的，對於那些治理城市的人、思考城市未來的人，或調查城市發展的人，知道有關構成城市商業景觀的這種細節，可以提供很重要的參考。

和表現在縮放法則的城市固有普遍特質相反，這些公司類型的大小排名分布，顯示其經濟活動的組合，因此反映出每一個城市的個體性與獨特特徵。這些都是每個城市的標誌，而且顯然與城市的歷史、地理與文化有關。因此，更令人讚歎的是，雖然每一個城市有獨特的公司類型組合，它們分布的**形狀與形式**，在數學的意義上全都一樣。因此事實上，經由理論啟發而簡單進行尺度變換（scale transformation）後，**所有**城市的豐富度排名（rank abundance）會趨近於一條獨特的萬有曲線（universal curve），就如圖五十三所示。當你想到美國各地的城市，在收入、密度與人口水平上，分布的範圍非常大，更不要說獨特性與多樣性的變化也非常大，卻出現這種普遍性，實在相當令人驚訝。

不管城市行業類型詳細的組成狀況如何，這種普遍性的驅動力就是，所有不同公司的總數與城市人口大小呈線性關係。實際分布函數如圖五十三，就像蛇一樣的數學形式，這可以理解為一種非常普遍的動力機制的變化，這在很多不同的領域，也已經非常成功地用來理解大小排名的分布，範圍從字詞、基因到物種與城市都有。它也有很多不同的名稱，包括**偏好連結**（preferential attachment）、**累積優勢**（cumulative advantage），或**富者越富**（the rich get richer），以及**尤爾－西蒙程序**（the Yule-Simon process）。它基本上是一種正向回饋機制，在這種機制中，系統中新元素（在這例子中是指公司的類型）的增加概率，與已經在系統中存在的豐富度成正比。數量越多，那種類型就會增加越多，所以，出現頻率更多的類型，就會變得更加豐富，概率也會比頻率較低的類型越來越高。[16]

用大白話談幾個例子，可能會幫助大家理解：成功的公司與大學會吸引最聰明的人士，於是變得更成功，因此又吸引到更聰明的人士，以此類推，就像有錢人會吸引到可以創造更多財富的有利投資機會，於是他們就能進一步投資，結果就變得更加富裕。但是，**富者越富**這個用語與它的含義，通常沒有說明，這個過程導致的特徵就是**貧者越貧**。或者，正如耶穌在新約馬太福音中表達的一樣：

> 凡有的，還要加給他，叫他有餘。凡沒有的，連他所有的，也要奪去。

耶穌這個令人意外的聲明，已經被有些基本教義派的基督徒與其他人，拿來合理化猖獗的資本主義主張，就像一種反羅賓漢的口號，以支持劫貧濟富的想法。但是，耶穌的話雖然是**偏好連結**的好例子，但不令人意外的是，這樣引用完全是斷章取義。這些人通常傾向忘記，耶穌指的是天國奧祕的知識，並不是指物質財富。他表達的是勤奮學習的真正精髓，是一種精神上的版本，而且，古老的拉比對研究與教育也表示：**不增加知識的人，知識就會減少**。

第一位認真以數學角度思考偏好連結的人，是蘇格蘭統計學家烏德尼・尤爾（Udny Yule），他在一九二五年用它來解釋，開花植物每一個屬物種數量的冪次法則分布現象。赫伯特・西蒙（Herbert Simon）則提出了偏好連結的現代社經領域版本，因此偏好連結目前也被稱為尤爾－西蒙程序。順便一提，西蒙是一位非常博學多聞之士，也是二十世紀最有影響力的一位社會科學家。他的研究範圍跨越認知心理學、電腦科學、經濟學、管理學、科學哲學、社會學和政治學。他也是幾個最近幾年非常有影響力的重要科學分支的創始人，包括人工智慧、資訊處理、決策、問題解決、組織理論……以及複雜系統。他的整個學術生涯幾乎都是在匹茲堡的卡內基美隆大學，並且因為他對經濟組織決策過程的重要研究，而得到諾貝爾經濟學獎。

以上呈現行業多樣性的實證與理論分析顯示，所有城市在成長時的行業生態發展中，都表現出相同的基礎動力。一開始，經濟活動組合有限的小城市，必須快速成立新的機構與功能。這些基本活動構成每一個大大小小城市的經濟核心，每一個城市都需要律師、醫師、商店主人、貿易商、行政人員、建築商等等。隨著城市變大，這些基本核心活動變得飽和，引進新功能的步調就會大幅降低，但永遠不會完全停止。一旦個別的組成單元夠多了，因此形成的人才與功能組合，就足以產生新的變化，從而擴大商業景觀，專業化的機構紛紛出現，例如異國餐廳、職業球隊與精品店，並產生更大的經濟生產力。

雖然這個理論無法預測，具體的行業類型在個別城市如何排序（例如，為什麼醫師在紐約是排第一，在聖荷西是排第七），但卻能預測，行業排名如何隨著城市變大而改變。其一般規則就是，豐富度隨著人口大小呈超線性變化的行業類型，會有系統地提高排名。例如，以NAICS分類方案最粗略的層級來看，農業、礦業與公用事業等傳統行業是以次線性縮放，這個理論預測，當城市變大，這些行業的排名與相對豐富度卻會降低。另一方面，例如專業的、科學的與技術服務，以及公司與企業管理等資訊與服務公司，則以超線性縮放，因此也被預測，其增加的比例會超過城市的大小，這個預測也符合觀察結果。[17]一個具體的例子是，想想律師事務所的數量。它以接近典型的一·一五的指數呈超線性縮放，這意味著，在較大城市中，會有系統地增加人均律師人數。

因此，與每一個行業類型豐富度如何隨著城市大小縮放有關的縮放指數，可以掌握到不同行業不成比例的成長現象，並且比起簡單計算公司或針對行業性質的「專家」判斷，以一種較有系統的方式將它們以參數表示，畢竟專家判斷通常都很主觀。這個方法的一個關鍵點是，城市與公司都是複雜適應系統，因此應該視為一種整合系統，而不是獨立的個別機構。經由檢視所有的城市，以及構成國家整體都市經濟的完整行業類型，這個分析把每一個城市的經濟結構，與所有城市整體系統的經濟結構，完整結合起來了。

城市的成長與代謝

貫穿本書的一個重要主題是，沒有能量與資源的輸入與轉化，就不會成長。這是我在第四章提出的全面理論（comprehensive theory）的根本基礎，這個理論的目的是量化理解生物系統的成長情形，不管是個別的有機體或社群。回想一下基本要點：食物被消耗，接著被消化，然後被代謝為一種可以使用的形式，並透過網絡輸送供應給細胞，在這裡，有些被配置來修復與維護現有的細胞，有些被用來取代已經死亡的細胞，然後有些用來形成新的細胞，以增加整體的生物量（biomass）。[18]不管是有機體、社區、都市、公司或任何經濟體，這個順序是所有成長如何發生的基本樣本。大致說來，進入的代謝能量與資源，被分配到一般維護與修復，包括取代已經存在與已經死亡的，並產生新的實體，也許是細胞、人群或基礎設施。這些是被加進這個系統，以增加系統規模的實體。因此，可以用於成長的能量，就是可以供應的速率與維護所需的速率之間的差額。

有機體的供應代謝率隨著細胞數量呈**次線性**縮放（遵循著來自網絡限制的$\frac{3}{4}$冪次指數），但需要的代謝率卻大致呈**線性**增加。所以當有機體增加體型，因為線性縮放成長比次線性更快，需求最後會超過供給，因此可以用於成長的能量就會持續減少，最後變成零，導致停止成長。換句話說，因為維護與供應方式之間的差額，隨著規模變大而增加，成長就停止了。代謝率的次線性縮放，以及從最佳網絡表現產生的規模經濟，就是成長為什麼停止，以及生物系統為什麼會出現第四章圖十五至十八的S形成長曲線的原因。支持次線性縮放、規模經濟，以及停止成長的相同網絡機制，也是生物隨著體型變大，生活步調會有系統地放慢，直到最後死亡的原因。

現在我想把這個架構應用到社會組織的成長，並從城市開始。由於它的一般性，也很容易把它延伸到公司與整個經濟體，這部分我將會在下一章探討。就像在第七章解釋過的，城市有兩種組成成分：一種是表現為建築物、道路等等的實體基礎設施；另一種是表現為觀念、創新、財富創造與社會資本的社經動力。這兩種都是網絡系統，而且兩者緊密地相互關聯與相互依存，因此在相對的次線性與超線性縮放法則之間，產生大致的互補性，也就是說，城市規模每增加一倍，基礎設施網絡節省下來的一五%，和社經網絡增加的一五%，大致相等。

其中的第一個系統，也就是實體的基礎設施部分，和生物學非常類似，因此才有了城市就像有機體的比喻。但就像我一直在強調的，城市遠遠超過它的物理性。因此，代謝率的概念，也就是促進城市的成長與維持的供應輸入部分，必須延伸到包含社經活動。除了城市使用與生產的電力、瓦斯、石油、水、材料、商品、人造物品等等，我們還必須增加財富、資訊、想法與社會資本。其中一個更基礎的層面就是，不論物理或社經網絡，都是由能量的供應所驅動與維持。除了提供建築物暖氣、材料與人員運輸、製造商品，以及提供瓦斯、水與電力，每一次交易、每賺或虧了一美元、每一次的對話與會議、每一通電話與文字訊息、每一個觀念與思想，都必須由能量來促成。另外，就像食物必須被代謝成有用的形式，以供給細胞和維持生命，被城市消化進來的能量與資源，也必須被轉化成可以用來供給、維持與發展社經活動的形式，例如財富創造、創新與生活品質。針對這一點，沒有一個人比傑出的都市學家劉易士・孟福說得更深刻動人了[19]：

> 城市的主要功能就是把權力轉化成形式、把能量轉化成文化、把死氣沉沉的材料轉化成活生生的藝術符號、把生物繁殖轉化成社會活動。

這個了不起的過程，可以被想成是城市的社會代謝過程，就是我們傳統的生物代謝率，從一天只有二千卡路里或一百瓦，增加到大約一萬一千瓦，相當於一天二百萬卡路里的原因。因此城市總能量預算中的食物輸入能量，是城市總消耗量極小的一部分，還不到一%，所以雖然它顯然是都市生活的關鍵組成，我卻沒在前面的討論中把它納進來。這似乎有點矛盾，因為我們在前一節看到，在大部分的城市中，和食物有關的機構是最豐富的行業類別，甚至還超越律師。其中的關鍵在於，和食物有關的龐大能量成本，並不在食物本身（每人每天二千卡路里），而在於它透過供應鏈，從農場到商店、到你家，最後到你口中的生產、運輸、分配與行銷。

如果考慮到城市整體的新陳代謝，攙雜了大量的不同因素，有一件事變得非常明顯：不管是以美元或瓦特為單位，決定它的數值，都是一件很大的挑戰，而且據我所知，也從來沒有人仔細嘗試過。⑳由於這對城市或更一般的經濟體的功能與成長至關重要，實在令人感到意外。除了需要收集與分析涵蓋範圍非常廣泛的不同活動的大量數據，還包括一個問題：到底應該計算什麼，以作為城市社會代謝的一部分？獨立的因素有哪些？例如，我們應該把犯罪、警察、專利、建設、投資的成本都包含在內，或是由於這些活動有明顯的重疊與互相關聯，這樣做就會重複計算？

然而，為了了解成長，可以用縮放理論的概念架構，巧妙地解決這個問題。關鍵的要點是，作為成長基礎的社會代謝，其中的**所有**社經因素，包括財富創造與創新，大致上都是隨著典型的超線性冪次法則縮放，而且其指數接近一・一五。這就是從縮放角度檢視的美妙之處，為了確定它的成長軌跡，我們甚至不必知道城市代謝個別因素的細節。因為經由構成都市生活的社會與基礎設施網絡，所整合在一起的相同統一動力，這些個別因素全部彼此連結，而且互相關聯。

代謝的超線性縮放對成長有很重大的影響。這與生物的情況相反，隨著城市的成長而產生的代謝能量供應，會比維持城市的需求，增加得**更快**。因此，可以用於成長的代謝能量，也就是社會代謝率與維護所需之間的差額，會隨著城市變大而持續增加。城市變得越大，這個差額就成長得越快，這就是開放式指數成長的典型信號。有一個數學分析也確實證實，由**超線性縮放驅動的成長**，實際上比指數更快，它事實上是**超指數**（superexponential）現象。

雖然有機體、社會性昆蟲群落與城市的成長方程式（growth equation），在概念與數學結構上都一樣，但結果卻大相逕庭：**支配生物界的次線性縮放與規模經濟，導致穩定的有限成長以及生活步調放慢；然而，支配社經活動的超線性縮放與規模報酬遞增，卻導致無限成長與生活步調加速**。

社會網絡導致社會連結以乘法增強以及超線性縮放，而其固有的持續正向回饋機制也很自

圖 54

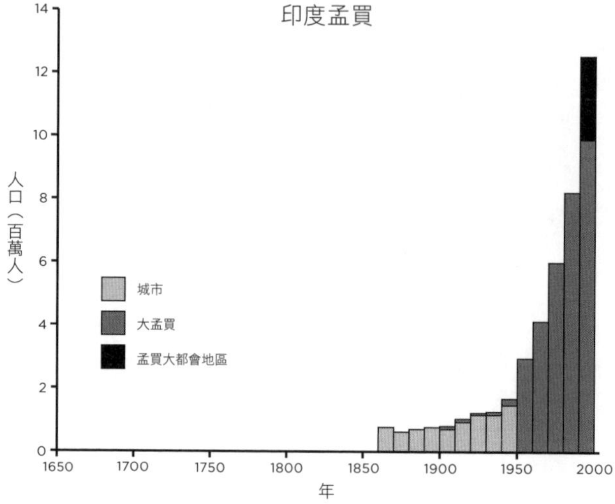
印度孟買
人口（百萬人）
城市
大孟買
孟買大都會地區
年
0
2
4
6
8
10
12
14
1650
1700
1750
1800
1850
1900
1950
2000

圖 55

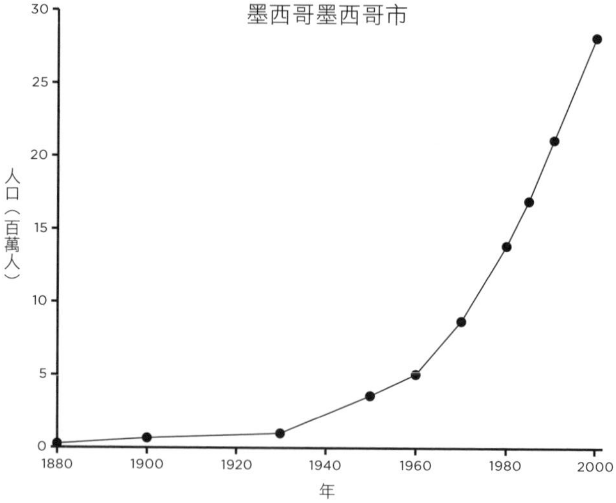
墨西哥墨西哥市
人口（百萬人）
年
0
5
10
15
20
25
30
1880
1900
1920
1940
1960
1980
2000

圖 56

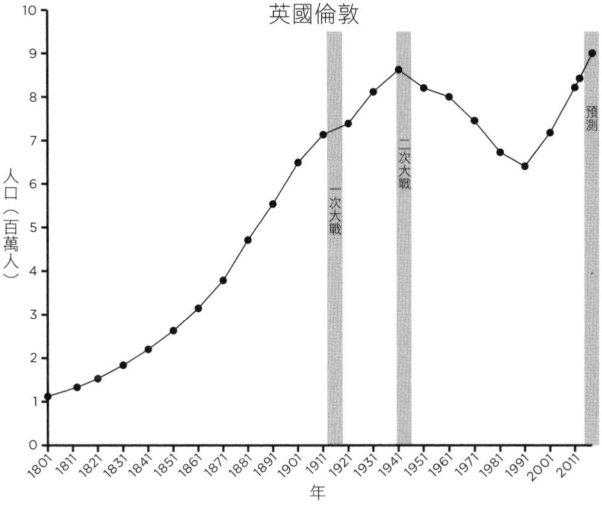
英國倫敦
人口（百萬人）
年
一次大戰
二次大戰
預測
0
1
2
3
4
5
6
7
8
9
10
1801
1811
1821
1831
1841
1851
1861
1871
1881
1891
1901
1911
1921
1931
1941
1951
1961
1971
1981
1991
2001
2011

圖 57

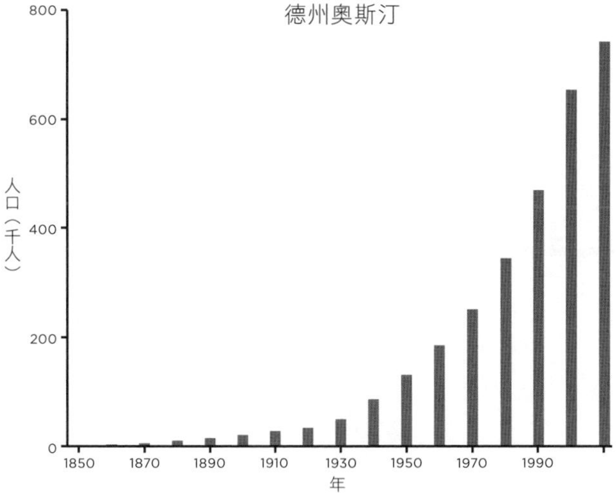
德州奧斯汀
人口（千人）
年
0
200
400
600
800
1850
1870
1890
1910
1930
1950
1970
1990

圖 58

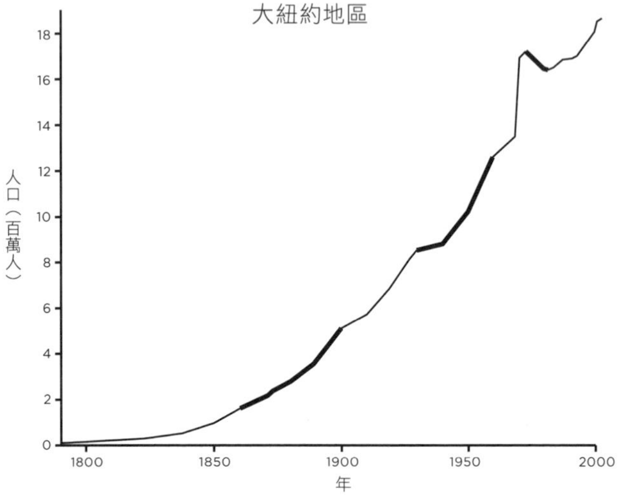

圖 59

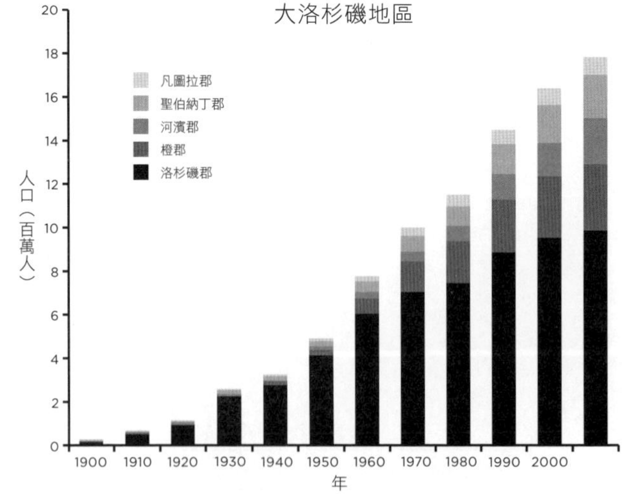

從 464 頁到 466 頁，全球不同城市的成長曲線都呈現出無所不在的開放式超指數成長，按照順序分別是孟買、墨西哥市、倫敦、奧斯汀、大紐約地區與大洛杉磯地區。1850 年以前，沒有可靠的數據。

然導致開放式超指數成長，以及伴隨而來的生活步調加快。這就是過去兩百年來，隨著城市在地球上爆炸成長所發生的事。圖五十四至五十九，是全球各地的幾個例子，包括舊世界的城市（倫敦）、新世界的城市（紐約、奧斯汀、幾個加州城市與墨西哥城），與亞洲城市（孟買）。我在這裡要強調的重點是，由超線性縮放所驅動的成長方程式所產生的數學公式，其預測與圖中所看見的一般超指數成長一致。

不過，請注意，倫敦和紐約都表現出收縮和停滯的時期。我將在第十章回顧討論這些影響，並將在更廣泛的背景下介紹開放式成長的故事，將其與創新周期的作用和加速的生活步調相關聯，以及它們會如何影響永續發展的關鍵問題。

9 邁向公司的科學

公司就像人與家庭（household），是城市與國家的社經生活的基本要素。創新、財富創造、創業，以及創造就業機會，全都表現在商務機構（business）、事務所（firm）、股份公司（corporation）的成立與成長上，我把這些機構一律統稱為**公司**（company）。公司主宰著經濟，舉例來說，美國所有公開上市公司的總價值（嚴格說來就是其**總市值**）超過二十一兆美元，超過全部國內生產毛額的一五%，而且任何一家真正的最大型公司，例如沃爾瑪、殼牌（Shell）、埃克森美孚（Exxon）、亞馬遜（Amazon）、谷歌，以及微軟，公司的市價與年銷售額就將近五千億美元，這意味著，相對少數的一些公司擁有整個市場的大部分利益。

我們之前解釋過個人所得（帕列托法則）與城市（齊夫法則）的排名頻率分布與規模頻率分布，現在看到這種分布不均衡現象，其實是反映出，以市值與年銷售額來看，公司排名的頻率分布也有類似的冪次法則分布現象，也就不令人意外了。[1]第七章的圖四十一，也已經說明過這一點。極大的公司非常少，但非常小的公司數量非常龐大，還有規模介於兩者之間的其他公司，全都遵循著一個簡單的系統性冪次法則分布。雖然美國的獨立公司約有三千萬家，但大部分都是只有幾個員工的私人公司，股票公開上市交易的公司只有四千家左右，卻構成了大多數的經濟活動。

就像我們在探討城市與有機體的縮放現象時，基於之前的觀察結果，我們現在也自然會想知道，公司的銷售額、資產、支出、利潤等評估指標，是否也有縮放現象。公司能不能超越規模、個體性以及行業，表現出有系統的規律性？如果答案是肯定的，那麼，可不可能和前一章發展出來的**城市的科學**殊途同歸，也是一套可以量化、具有預測力的**公司的科學**（science of companies）？我們有可能了解公司的生命史，例如它們如何成長、成熟，到最後倒閉的一般量化特徵嗎？

就像城市，探討公司的文獻也極為豐富，可以追溯到亞當・斯密（Adam Smith）與現代經濟學的開端，其中多半是質性研究，往往是針對特定公司或產業進行的個案研究，並且憑個人直覺來描述公司的一般動力與組織特徵。在歷史上，公司一向被視為一種必要機構，可以把人組織起來共同勞動，充分利用規模經濟的優勢，並因此可以在生產者（或供應者）與消費者之間減少交易費用。追求成本最小化以得到利潤最大化與更高市占率的這股驅動力，藉由以負擔得起的價格提供商品與服務給一般大眾，非常成功地形成了現代市場經濟。雖然自由市場信條有各種弊端、濫用情形，以及不良的意外後果，不過還是為世界各地創造了前所未有的生活水準。自由市場的一個冷酷而簡化的版本，就是在獲利與報酬最大化的原始驅動力之外，經常忽略品質，以及更重要的，明確的企業社會責任功能其實是公司之所以存在的一個基本互補成分。

雖然近年來從生態與演化的生物學觀點，來探討公司的研究越來越引人注目，但大部分研究公司的文獻，仍然是從經濟、財務、法律以及組織研究的有利視角來論述。另外也有大量的熱門文獻來自成功的投資人與執行長，他們會揭露自己的成功祕訣，並傾向用推論的方式來解釋、斷定某些公司成功的關鍵，以及其他公司失敗的原因。雖然這些文獻在不同程度上，全都對公司的特質、動力與架構提出了某些見解，卻沒有人像我在本書應用的方式，對這個問題提出一種廣泛的科學觀點。②

傳統上用來理解公司的機制可以分為三大類，包括交易費用、組織架構，以及市場競爭。雖然這三者息息相關，卻往往被分開來討論。根據我們在前面章節中發展出來的架構的語言，這三種途徑可以表達為：一、**交易費用**最小化，反映的是最適原理所驅動的規模經濟，例如利潤最大化；二、**組織架構**是公司內部的網絡系統，不僅可以傳遞資訊與資源，對於支持、維持、發展企業也很重要；三、**競爭**則產生市場生態固有的演化壓力與自然選擇過程。

如果沒有建立一套複雜的組織架構，並在競爭激烈的市場中具有生存的適應力，就不可能大規模生產汽車、電腦、原子筆，以及保險組合。就像城市，為了激發更多的創新與聰明才智，就必須整合能量、資源、資本，也就是公司的新陳代謝，以及資訊的交換。在這個意義上，任何規模的公司都是典型的複雜適應系統，而我想要探討的正是這套源於縮放典範的架構。那麼，用量化的機制理論來理解公司的成長、壽命以及組織，這種與傳統方法互補的觀點，可以發展到什麼程度呢？

利用涵蓋整個經濟活動與公司歷史範圍的大數據，以探討公司特質的研究非常少。而且多半是受到複雜系統啟發的研究人員，才會進行這類研究，我們之前發現，公司規模的分布會遵循類似齊夫法則的系統性冪次法則，就是一個很好的例子（見圖四十一）。提出這個見解的人就是計算社會科學家羅伯特・阿克斯特爾（Robert Axtell）。他在美國卡內基美隆大學修過公共政策與計算機科學，並在那裡受到我在前一章提過的傑出博學家赫伯特・西蒙的影響。

目前任教於維吉尼亞州喬治梅森大學，並擔任聖塔菲研究院講座學者的阿克斯特爾，是一位**代理人模型**（agent-based modeling）的先驅專家，這是一種計算的技術，用來模擬大量組成要素的系統。[3]基本上，這個策略牽涉到個別組成的代理者之間的交互作用，例如公司、城市或人，會受到某些假設的簡單規則控制，並結合一套演算法來具體描述它們隨著時間演變的情形，再把最後的系統放到電腦上運算。比較複雜的版本還會包括學習、調適，甚至複製（reproduction）的規則，目的是為了將模型做得更貼近現實的演變過程。

隨著電腦發展出更強大的功能，代理人模型也成了一種標準工具，可以用來研究生態系統與社會系統的很多問題，並建立各種組織結構的模型，例如恐怖組織、網際網路、交通模式、股市行為、大範圍的流行病、生態系統動力，以及商業策略。近幾年來，阿克斯特爾也用代理人模型，來模擬美國公司的整個生態系統，包含超過六百萬家公司，以及一億二千萬名工作者。不管是為模擬過程加入限制條件，或是要測試結果，這項野心勃勃的計畫都極度仰賴調查資料。

最近，阿克斯特爾與聖塔菲研究院其他知名人士合作，包括牛津大學現任教授多伊・法默（Doyne Farmer），以及耶魯大學知名經濟學家約翰・吉納可普洛斯（John Geanakoplos）。他們把這個計畫延伸，試圖模擬整個經濟體。這真是一個企圖心很大的計畫，從金融交易、工業生產，到不動產、政府支出、稅收、企業投資、對外貿易與投資，甚至消費行為，一切都需要大量的輸入資料。他們希望，藉由整個經濟體的整合模擬，能提供一個真實的測試台，以評估各種經濟刺激的策略，例如要降低賦稅，還是要提高公共支出，或許最重要的是，這麼做可以預測引爆點（tipping point）或預告即將發生的災難，以進一步避免衰退，甚至最後的崩潰。[4]

發人深省的是，過去從來沒有像這樣有關經濟實際運作的詳細模型，因此，通常是以經濟應該如何運作的想法來制定政策，但這些想法往往相當局部性，也淪於個人直覺。這些思維很少明確意識到，經濟是一種不斷演變的複雜適應系統，如果把無數互相依存的要素，解構成越來越細的半自主性次系統（semiautonomous subsystem），可能會產生誤導性的甚至危險的結論，經濟預測的歷史早已證實了這一點。但持平地說，就像大家都知道，預測長期的氣象非常困難，我們也應該承認，只要經濟系統維持穩定，經濟學家還滿擅長預測短期的變動。傳統的經濟理論要成立，非常依賴大致維持均衡狀態的經濟，因此要預測異常事件、重大變革、臨界點（critical point），以及在經濟理論歷史中非常罕見、具毀滅性的經濟風暴，就變成了重大的挑戰。

暢銷書《黑天鵝效應》（*The Black Swan*）極具影響力，該書作者納西姆・塔雷伯（Nassim Taleb）雖然受過商業與金融方面的訓練（或許這正是原因），卻總是對經濟學家格外嚴厲。[5]他曾任教於某些名校，包括紐約大學與牛津大學，對於如何逐步接受異常事件，以及更深入理解風險，一向十分重視。塔雷伯抨擊古典經濟學思維時，絲毫不留情面，說得也很誇張，例如他曾說：「幾年前，我注意到經濟學有個現象，那就是經濟學家從來就搞不清楚狀況。」他甚至要求諾貝爾官方收回部分已頒出的諾貝爾經濟學獎，他認為經濟理論的危害深具毀滅性。我並不完全認同塔雷伯的觀點與激烈的論辯方式，不過有他這樣敢言的異議分子來挑戰正統觀念，卻是一件重要而健康的好事，尤其是這個正統觀念的歷史紀錄不良，而且其主張一直對我們的生活有很重大的影響。

代理人模型的一個很棒的優點，是能為解決某些大議題提供一個替代架構，在這個架構中，是把整個系統視為一個整合的實體，而不是系統中理想化的碎片與片段的總和。它預先看出典型的經濟結構並不均衡，而是一種不斷演變的系統，並且系統中各種組成部分的基本互動會產生突現性質（emergent properties）。

然而，代理人模型的確也有一些嚴重的缺陷。首先，詳細描述代理人要如何行動、互動、決策的規則是最重要的輸入，在許多情況下，這必須根據直覺決定，而非基礎的知識或原理。再者，要解讀詳細模擬的結果，並確認系統中不同要素與次單元之間的因果關係，往往非常困難。因此，目前還不清楚，某些重要的驅動因素決定了特定的輸出結果，或是它們只是所有系統都有的一般原理的結果。在極端的情形下，代理人模型的根本理念與傳統科學架構截然對立。科學架構的主要挑戰是，將大量看似互不相干的觀察結果，化約成一些基本的一般原理或法則，例如在生物學上，不論細胞或鯨魚，自然選擇的原理適用於**所有的**有機體；又或者，在物理學上，不論汽車或行星，牛頓定律適用於**所有的**運動。相反地，代理人模型的目標則是針對每一個特定系統，盡可能構思出一對一映射（one-to-one mapping）關係，至於約束其結構與動力的一般法則與原理，則扮演次要角色。比方說，在模擬一家特定公司時，實際上包含了其中每一個員工、每一個管理者、每一筆交易、每一項銷售業務、每一筆成本等等，因此每一家公司都被視為一個獨立的、幾乎獨一無二的實體，通常不太考慮公司的系統性行為，或是公司與整體大格局的關係。

這兩種方法顯然都不可或缺，因為這是「普遍」法則的普遍性與簡化，並反映出大格局與影響一般行為的支配力量等系統性行為，結合與貫穿了反映每一家公司個體性、獨特性的詳細模型。就城市而言，縮放法則顯示，只要知道城市的人口規模，就能確定其八〇%至九〇%的可測量特徵，而剩下的一〇%至二〇%則與個體性、獨特性的程度有關，只能從包含當地歷史、地理、文化等特徵的詳細研究來了解。現在我就是基於這種精神，想探討這套架構在呈現公司所遵循的突現法則（emergent law）時，可以應用到什麼程度。

沃爾瑪是放大的大喬木料？谷歌是一頭大熊？

金融服務公司標準普爾（Standard & Poor's, S&P）最出名的，就是標準普爾五百（S&P 500）指數，也就是美國公司的股票市場指數，它包含從一九五〇年至今所有美國公開交易公司的財務報表與資產負債表摘要，並提供了一個非常有價值的資料庫，稱為Compustat。[6]這與有機體與城市的類似資料庫不同，標準普爾公司的資料庫必須付費才能使用，要價約五萬美元。對於他們的目標客群，也就是大部分的投資機構、股份公司，以及商學院，這個價格可能只是一點小錢，但對我們這些學者來說，卻是一筆大數目，相當於博士後研究員一整年的薪水。遺憾的是，我們組成ＩＳＣＯＭ研究計畫，想從縮放角度來研究公司時，卻沒有那樣的資金可以用，於是不得不暫且擱置有關公司的研究，轉而將計畫焦點放在可以免費取得資料的城市。

結果，有關城市的研究比我料想的還要精彩，成果非常豐碩。但是，再以應有的注意力回頭來思考公司時，所花的時間比預期長很多，甚至是在我們獲得美國國家科學基金會（National Science Foundation）提供的試探性經費，取得Compustat資料庫的使用權之後。部分原因是，比起城市，有關公司的分析與理論架構發展得還不夠完備。雖然如此，我們已經取得了大幅的進展，並形成了一個條理分明的想像，可以作為公司的科學的粗略基礎。

一家公司的現代概念，以及我們今天看到的市場快速淘汰現象，讓大多數公司的存活時間都不長，這一切不過是近兩百年左右發生的事情。比起演化了數百年甚至上千年的城市與都市系統，時間短得多；比起數十億年來欣欣向榮的有機體，更是小巫見大巫。因此，市場力量要影響公司，並達到城市與有機體遵循的系統性縮放法則所呈現的介穩狀態[7]構造（metastable configuration），時間也短得多了。

在前幾章解釋過，自然選擇與「適者生存」固有的持續回饋機制，會產生各式各樣的系統，維持這些系統靠的是網絡結構，而縮放法則就是網絡結構最適化的結果。在城市的例子中，由於演化力量影響城市的時間如此短暫，我們因此預期，相對於理想的冪次法則，城市的縮放法則會比有機體表現出更大的變異度。比較城市與有機體這兩個例子的配適縮放，例如圖一的動物代謝率，以及圖三的城市專利數量，就可以證實這個預測：比起有機體，城市配適直線周圍的分布範圍總是比較大。由此可以推論，演化時間更短的公司，如果公司的確有縮放現象，理想縮放曲線周圍的數據分布範圍，應該會比城市與有機體的更大。

Compustat的分析數據包含了二八八五三家公司，都是在一九五〇年到二〇〇九年的六十年間，曾在美國公開交易的公司。該數據採用標準會計指標，例如員工數、總銷售額、資產、費用，以及負債，而且每一項指標都可以再細分出幾個子分類，包括利息費用、投資、存貨、折舊等等。這些項目的交互關係就呈現在下面的流程圖中。

這個圖是馬庫斯．漢米爾頓（Marcus Hamilton）製作的，他是個年輕的人類學家，我們聘請他擔任博士後研究員，協助主導這項工作。打從學生時代起，馬庫斯就懷抱著一個人生志向，他想讓人類學與

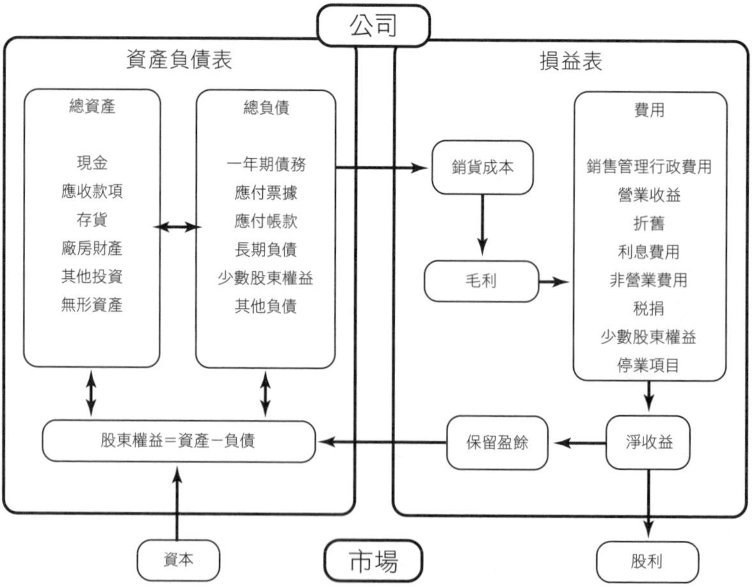

考古學更符合量化、計算、機制性的研究。然而，這些領域因為某些原因，算是最不歡迎這種觀點的社會科學，因此馬庫斯的這條路也走得相當辛苦，不過，對我們而言，他完全是對的人。馬庫斯拿到博士學位後，就先和吉姆·布朗合作，從生態學與人類學的觀點研究全球永續議題，隨後才來到聖塔菲研究院加入我們。馬庫斯運用我們的縮放觀點來理解狩獵採集社會，率先取得了極為傑出的成果。一直以來，他、我，以及荷西·洛伯共同致力於發展一套理論，想要解釋人類祖先經歷的決定性變遷，也就是他們從狩獵採集社會過渡到定居社會，最後形成城市的方式與理由。最近荷西、馬庫斯，還有我，合寫了一份研究報告，發表在頂尖的人類學期刊上，可說是我職業生涯的一大成就！

我們調查公司的縮放現象後，最初的結果與結論非常令人振奮，這是發展出理解公司一般結構與生命史的強力基礎。圖六十至六十三，是針對全部二八八五三家公司的銷售額、收益、資產，相對於員工人數，以對數尺度描繪出來的圖，這些項目是各家公司都有的主要財務特徵，也是財務健康與動力的標準指標。這些圖表清楚顯示，公司確實會遵循簡單的冪次法則出現縮放現象，而且就像我們所預測的，不管是與城市或有機體相比，公司在平均行為周圍的分布範圍都更大。因此，在統計學上，公司大約就是彼此的自相似性縮放版本，例如沃爾瑪，大概就是某家小得多的中小型公司放大規模後的版本。即使已經考量到公司具有更大的變異度，但想到公司在產業、地點、壽命的極度多樣性，縮放結果仍然顯示出，公司的規模與動力具有

圖 60

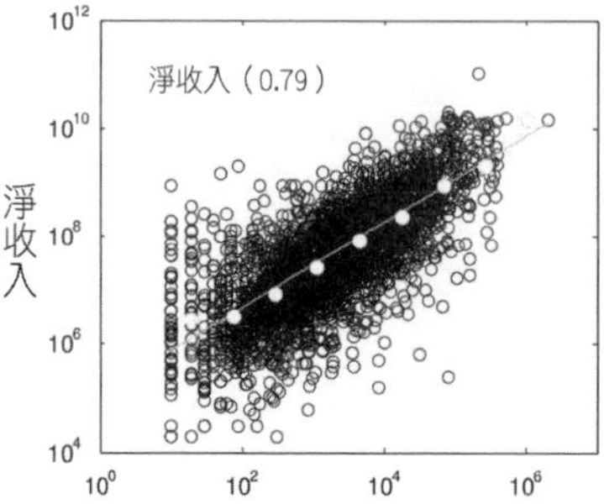

圖 61

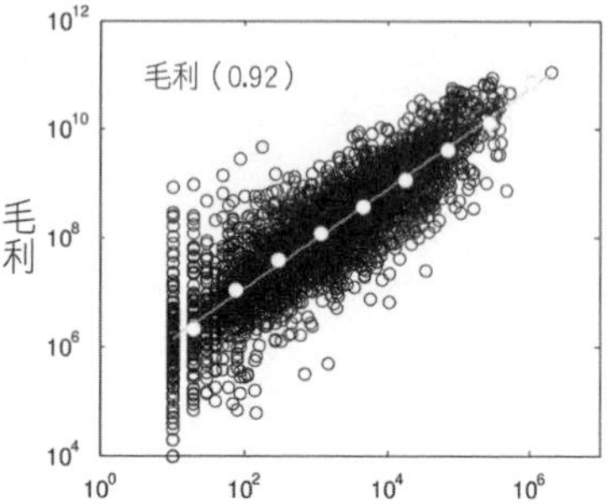

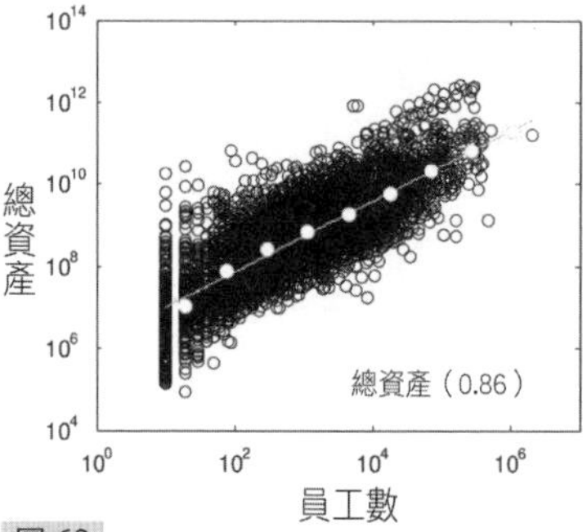

圖 62

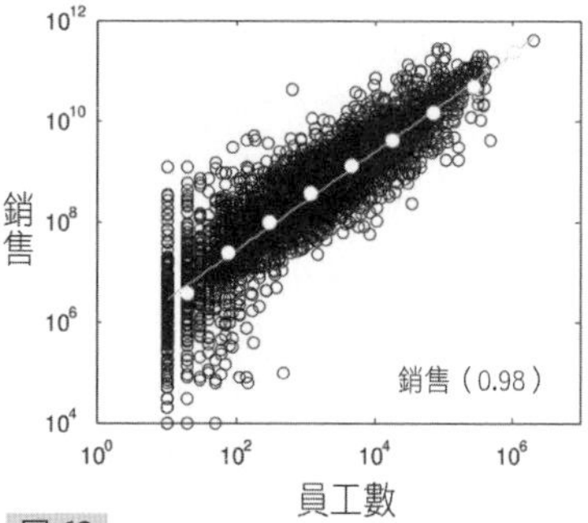

圖 63

1950 年至 2009 年，美國全部 28,853 家上市公司的收入、利潤、資產，以及銷售額，相對於員工數以對數尺度描繪後，呈現出差異極大的次線性縮放。圖中的點線就是應用內文解釋的區間切分方法後得出的結果。

明顯的規律性。

在進一步詳細說明這一點以前，仔細審查一下從具有這麼大變異度的大數據，如何導出縮放規律性，非常具有啟發性。一個標準作法就是像直方圖⑧一樣，用一系列相等間距的圖表呈現資料，接著對各間距內的數字取平均數。這麼做可以有效平均波動的數值，將大量的數據化約為較小的數值，而這個較小的數值就是切分整個間距的區間數字（number of bin）。在員工人數的資料中，從新公司大部分的極少數人，到像沃爾瑪這類大公司超過一百萬人，範圍相差一百萬倍以上。為了顯示這套作法，圖六十至六十三的資料就劃分為八個相等間距，各間距均涵蓋單一數量級。因此，員工數小於十人的所有公司，就歸入圖中的第一個區間；員工數為十人至一百人的所有公司，歸入第二個區間；員工數為一百人至一千人的所有公司，則歸入第三個區間；依此類推，員工數超過一百萬人的所有公司，就歸入最後一個區間。

各區間取平均數後得到的六個數值，在圖表中以白色圓點表示，代表相當粗略的數據化約結果。你可以看到，圖中有一條完美的直線，這支持了在統計分布中呈現理想冪次法則的觀點。因為區間的規模與數量是隨意的，我們也可以把整個間距切分成十個、五十個，甚至一百個小區間，而非只有八個區間，並逐漸提高資料的精細度，以檢視這條線是否能維持直線。結果證明，它依然是直線。雖然區間切分方法並非嚴謹的數學方法，不過藉由改變精細度，可以穩定得到幾乎一模一樣的配適直線，因此強力證明了我們的假設，也就是一般而言，公司具有自相似性，而且遵循冪次縮放法則。本書一開始的圖四，其實就是運用區間切分方法的結果，圖四十一的圖也是一樣，擷取自阿克斯特爾的研究成果，顯示公司會遵循齊夫法則。這些結果強烈顯示，公司就像城市與有機體，會遵循超越個體性與獨特性的普遍動力，因此我們也能構思出一種粗略的公司的科學。

一個令人意想不到的地方，也得到支持這項發現的證據，那就是中國股市。二〇一二年，

圖 64

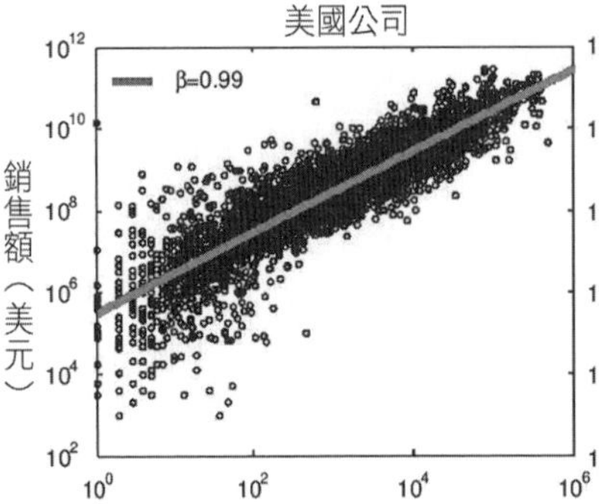

圖 65

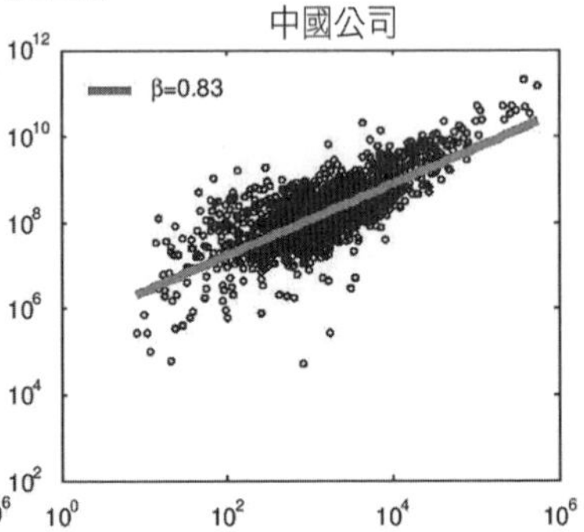

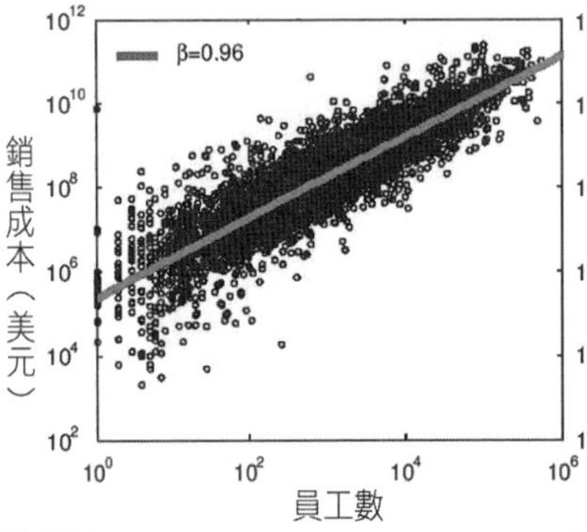

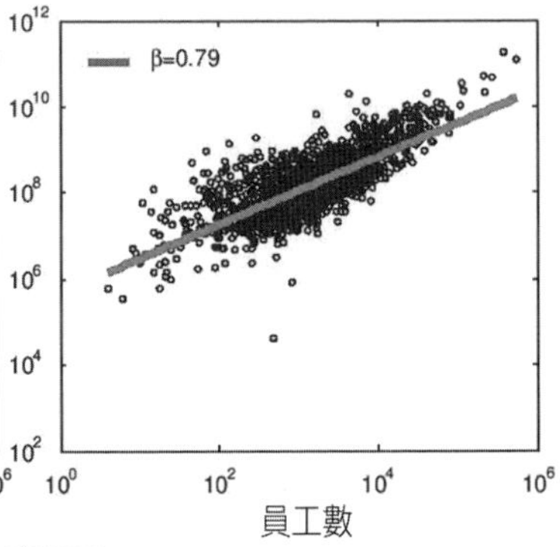

圖 66

圖 67

美國公司與中國公司各自的縮放現象，有類似的呈現方式。

北京師範大學系統科學學院的年輕教員張江（Zhang Jiang）加入我們的團隊，我們大部分人都叫他傑克（Jake）。二〇一〇年，傑克來到聖塔菲研究院，熱情參與這項研究公司的計畫。他對某個類似Compustat的資料庫擁有使用權，該資料庫彙整了所有中國參與股市的公司資料。文化大革命垮台後，鄧小平掌權，開始經濟改革，重建中國的股票市場，到了一九九一年末，上海證券交易所正式開業。

傑克分析資料後發現，中國公司的縮放現象與美國公司很相似，我們都感到非常滿意，讀者可以在圖六十四至六十七看到這個結果。不過考慮到中國市場當時營運還不到十五年，實在令人覺得吃驚。顯然，在這樣能量充沛的局勢下容易快速成功，於是充滿競爭的「自由」市場動力擁有足夠的力量，可以讓系統化趨勢更快出現。在這麼短的時間內，中國股市與整體經濟成長的腳步異常快速，無疑也與此有關。相較於紐約證券交易所總市值超過二十一兆美元，香港交易所七兆美元，現在上海證交所已經晉升世界第五大，在亞洲排名更僅次於香港交易所，總市值為三兆五千億美元。

開放式成長的迷思

公司縮放現象的一個關鍵面向是，許多重要指標就像有機體，會呈現**次線性**縮放，而不是像城市呈現**超線性**縮放。這顯示，公司比城市更像有機體，支配公司的是某個版本的規模經濟，而不是增加報酬與創新。這對於公司的生命史有深遠的影響，尤其是它們的成長與死亡。我們在第四章看到，有機體的次線性縮放會導致成長與壽命受限，在第八章卻看到，城市與經濟的超線性縮放會導致開放式成長。

因此，次線性縮放意味著公司最後也會停止成長並死亡，這可能是許多執行長難以想見的情景。但實際上並沒有那麼簡單，因為有關公司成長的預測，比從有機體的簡單推斷更加奧妙。為了解釋這一點，我會提出一個簡化版本，說明這個一般理論如何應用在公司上，並且聚焦在決定公司成長與死亡的基本特徵上。

歸根究柢，推動公司持續成長的就是利潤，或是淨收益，而利潤的定義就是銷售額（或總收益）與總費用的差額，費用則包括薪水、成本、利息支付等等。公司為了長期持續成長，最後一定要獲利，有時候會用部分利潤給付股利給股東。而股東與其他投資人則會反過來購買更多股票，共同支持公司未來的健康與成長。然而，為了理解公司的一般行為，暫且忽略股利與投資會比較清楚，因為這兩個數字主要是對較小、較新的公司比較重要，我們應該專注在利潤上，因為這才是支配大公司成長的主要動力。

我們前面提過，推動有機體與城市成長的是代謝與維護之間的差額。所以，我們可以將公司的總收益（或銷售額）視為「代謝」，並將費用視為「維護」成本。在生物學上，代謝率會隨著規模呈現次線性縮放，因此，當有機體的規模增加，能量供給不足以配合細胞的維護需求，最後就會造成生長中止。另一方面，城市的社會代謝率則會呈現超線性縮放，因此，當城市成長，創造社會資本的速度逐漸超越維持需求的速度，就會導致開放式成長持續加速。

那麼這種動力在公司中的運作情形，又是如何？有趣的是，在這個具有普遍性的主題上，公司卻顯示出另一種變化形態，其路徑會經過有機體與城市兩條曲線的尖點（cusp）。公司的實際代謝率既不是呈次線性縮放，也不是呈超線性縮放，而是恰恰落在兩者中間，呈現出一條直線。圖六十三與六十四可以用來說明這一點，將銷售額相對於員工數，以對數尺度來繪圖，出現的是一條斜率非常接近一的最佳配適直線。另一方面，費用卻以更複雜的方式縮放，一開始雖然還是呈次線性縮放，但是隨著公司規模增加，最後就幾乎變為直線了。結果作為成長推力的銷售額與費用的差額，最後也幾乎呈現線性縮放。

這其實是好消息，因為在數學上，線性縮放會導致指數成長，這正是所有公司奮鬥的目標。另外，這也說明了經濟通常會以指數速率持續擴張的原因，因為市場的整體表現，其實就是所有參與市場的公司成長表現平均之後的結果。這對整體經濟雖然是件好事，卻也成了各家公司的重大挑戰，因為每一家公司都必須跟上市場指數擴張的趨勢。即使某家公司呈指數成長（好消息），但如果它的擴張速率趕不上市場的擴張速率（壞消息），結果仍然無法存活下去。公司「適者生存」的原始版本，就是自由市場經濟的精髓。

另外的好消息是，由於投資資金以及能借到相對於其規模的大額貸款能力，新公司的維持費用呈現的是非線性縮放，這有助於推動公司快速成長。因此，公司的理想成長曲線與有機體的典型S型成長曲線，具有共同的特徵，起初都發展得相對快速，不過隨著公司規模增加，維持費用變為線性縮放，成長速度就漸漸趨緩。不過，這和有機體不一樣，有機體的維護成本不會變為線性縮放，因此公司並不會停止成長，反而會繼續呈現指數成長，只是成長速率減緩了。

我們來看看這個情形和實際數據的比較。圖六十八的圖形很精彩，涵蓋了Compustat數據中全部的二八八五三家公司，並按照實際的日曆時間合併繪圖，以呈現出這些公司的銷售額成長情形，而且已經修正通貨膨脹的影響。為了將所有數據整合在同一張方便處理的圖上，縱軸的銷售額是以對數尺度呈現。雖然這張圖看起來就像「義大利麵條」，卻有驚人的啟發性，整體趨勢相當清楚：如同預測，許多新公司起初一飛沖天，快速成長，最後才慢下腳步，而存活下來的老字號公司比較成熟，則是以慢得多的速率持續成長。另外，這些緩慢成長的老公司幾乎是沿著一條直線呈上升趨勢，而且這些直線的斜率同樣都比較低。在這幅半對數圖中，縱軸的銷售額為對數尺度，橫軸的時間則為線性尺度，在數學上，這條直線表示，銷售額隨著時間呈指數成長。因此，所有存活下來的公司最後都會趨於平緩，如同預測那樣，呈現出穩定而緩慢的指數成長。

雖然這個結果很令人振奮，不過當各家公司的成長相對於整體市場

（圖 68）「義大利麵條」樣子的圖表，涵蓋全部 28,853 家上市公司，呈現出銷售額的成長情形，並且已修正過通貨膨脹的影響。讀者可以仔細比較，圖中新的小公司曲線宛如「曲棍球棒」快速攀升，成熟的大公司曲線成長卻相對平緩。

（圖 69）本圖選取的樣本包括一些最古老、最大型的公司，同時也選了沃爾瑪來做比較，前者的成長曲線比較平緩，後者雖是近期的新公司，卻在急速成長後趨於平穩，銷售額也不比前者遜色。

圖 68

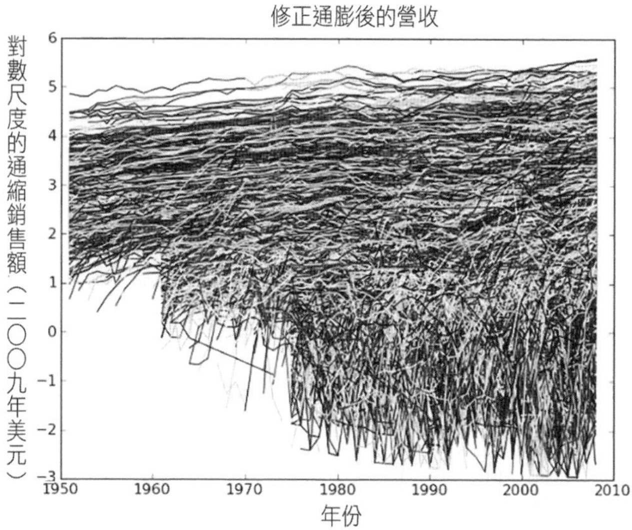
修正通膨後的營收
對數尺度的通縮銷售額（二〇〇九年美元）
6
5
4
3
2
1
0
−1
−2
−3
1950
1960
1970
1980
1990
2000
2010
年份

圖 69

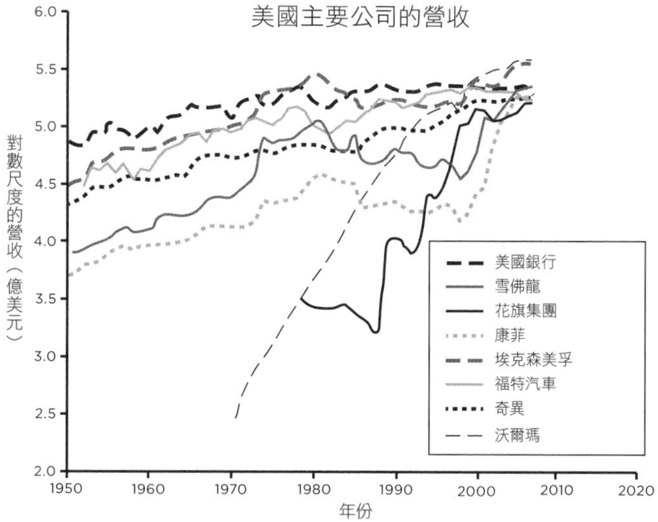
美國主要公司的營收
對數尺度的營收（億美元）
6.0
5.5
5.0
4.5
4.0
3.5
3.0
2.5
2.0
1950
1960
1970
1980
1990
2000
2010
2020
年份
美國銀行
雪佛龍
花旗集團
康菲
埃克森美孚
福特汽車
奇異
沃爾瑪

圖 70

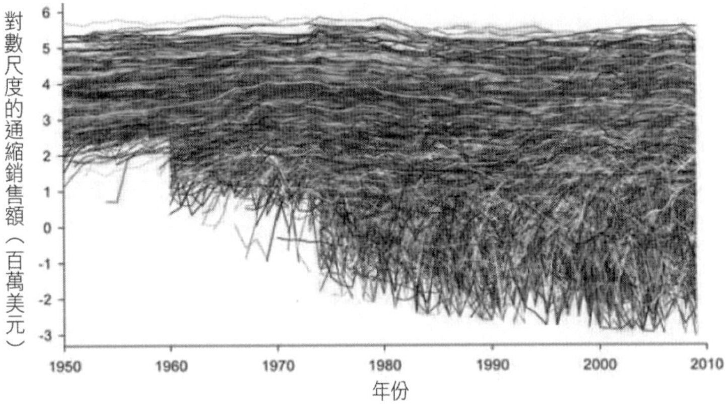

「義大利麵條」圖表涵蓋 28,853 家上市公司，描繪出相對於整體市場的即時擴張以及銷售額的成長情形，並已修正過通貨膨脹的影響。當我們修正市場擴張的影響，最大的公司就停止成長了。

的成長，開始呈現出緩慢穩定的步調，就出現了新的隱憂。我們可以在圖七十中清楚看到，這時已經排除市場整體成長的因素，**成熟的大公司全部都停止成長了**。現在，排除通貨膨脹與市場擴張的影響後，它們的成長曲線看起來就像有機體典型的反S型成長曲線，一旦成熟便停止成長，如第四章圖十五至十八所示。當我們以這種方式觀察公司與有機體極為相似的成長曲線，自然會繼續思考，這種相似性是否能延伸到死亡，公司是否和我們一樣，最終注定會死亡？

公司死亡的驚人簡單性

經過初期的快速成長後，銷售額超過一千萬美元的公司，最後幾乎都會從股市的波瀾中現身。其中，很多公司只是靠著非常表面的嗅覺在經營，然而，這種情況其實很危險，一旦迎頭來個大浪，可能就會全部滅頂。即使是利潤呈指數成長的公司，如果無法趕上市場成長的速度，也會變得非常脆弱，更別說是虧損的公司。如果公司不夠強健，長期下來禁不起本身的財務變動，以及市場固有的起起伏伏，情況更會大幅惡化。即使是銷售額與費用剛好打平的公司，一旦市場大幅變動，或者在惡劣的時機遭受意外的外部擾動或衝擊，就有可能受到重創。雖然在隨之而來的緊縮或衰退中，公司仍可能恢復元氣，但是受創太過嚴重時，可能就會因此毀滅，步上死亡。

這些事件的順序聽起來很熟悉吧，其實，這和我們邁向死亡的過程沒有太大的差別。我們的代謝與維持成本也取得了完美的平衡，生物學家把這稱為**恆定性**（homeostasis）。⑨然而，生存過程固有的損耗會產生無法修復的損壞，損壞逐漸累積的結果，就是讓我們在老化過程中，變得更加脆弱，然後越來越無法適應變動與擾動。比方說，如果染上流行性感冒或肺炎，或是心臟病或中風發作，青壯年乃至中年時期可能都還挺得住，可是一旦步入「老年」，往往就可能致命。到最後，我們甚至邁入另一個階段，這時候就算只是微小的擾動，例如輕微感冒或心臟病態跳動，也可能導致死亡。

雖然用這個意象來比喻公司的死亡很方便，卻不過是完整畫作的一部分而已。為了深入探究，我們首先必須定義何謂公司的死亡，畢竟合併或收購才是許多公司消失的原因，不見得是

清算或破產的緣故。利用銷售額作為公司生存能力的指標，就是一種不錯的定義，而生存能力指的是，只要公司仍持續進行代謝，就算存活下來了。而且由此可以定義，公司首度產生銷售額的時間為**出生**，停止產生銷售額的時間則為**死亡**。根據這個定義，公司死亡的過程會有各種情形：當經濟與科技條件改變，公司就會分割、合併，或清算。雖然一般認為清算是公司死亡的原因，但是合併與收購其實才是更常見的原因。

一九五〇年以來，曾在美國上市的二八八五三家公司中，有二二四六九家公司（占七八％）於二〇〇九年之前死亡。在這些死亡的公司中，有四五％被其他公司收購或合併，同時，只有九％破產或清算、三％私有化、〇・五％被融資收購，以及〇・五％被反向收購，其餘公司的消失則是由於「其他因素」。

圖七十一至七十四顯示的是，一九五〇至二〇〇九年間，也就是數據涵蓋的時間內，出生並死亡的公司的生存曲線與死亡曲線，其中的函數是公司的存活時間。⑩這些曲線先分成破產與清算，以及收購與合併兩大類，並進一步根據公司銷售額的大小來拆解。我們可以清楚看到，不論再怎麼切分資料，即使是將各種公司區分成個別的產業，這些曲線的一般結構仍然大致相同。所有的圖均顯示，在首次公開上市後，存活的公司數量馬上就會快速減少，三十年後只剩下不到五%的公司存活。同樣地，死亡曲線全都顯示，五十年內死亡的公司數量近乎一〇〇%，而且其中有將近二分之一出生不到十年就早已消失。維持一家公司多麼困難呀！生存曲線大致就像一個簡單的指數，如圖七十五所示，在圖中，存活的公司數量以對數尺度繪圖，並相對於公司的壽命，呈現出來的指數圖形看起來就像直線。

你也許以為，公司死亡的原因若是合併與收購，而非破產與清算，就會大幅改變這些結果，可是如你所見，兩種情形都遵循極為相似的指數型生存曲線，死亡率只有一點點差異。或許也有人認為，這些結果取決於某家公司所屬的產業，比方說，與資訊科技、運輸、金融等行業相比，能源產業的動力與市場競爭力量看起來就很不一樣。然而，出乎意料的是，所有產業都有一個特色，就是以相似的時間尺度表現出相似的指數型生存曲線，不論屬於哪一種產業，或聲稱的死亡原因是什麼，都只有大約半數的公司能夠存活十年以上。

圖 71

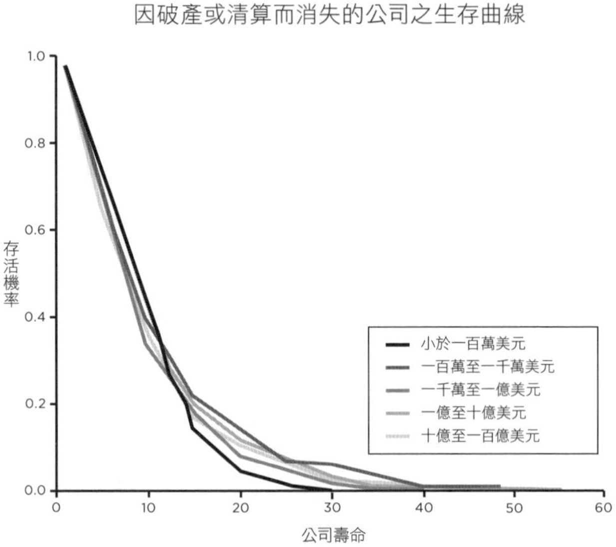
因破產或清算而消失的公司之生存曲線
存活機率
1.0
0.8
0.6
0.4
0.2
0.0
0
10
20
30
40
50
60
公司壽命
小於一百萬美元
一百萬至一千萬美元
一千萬至一億美元
一億至十億美元
十億至一百億美元

圖 72

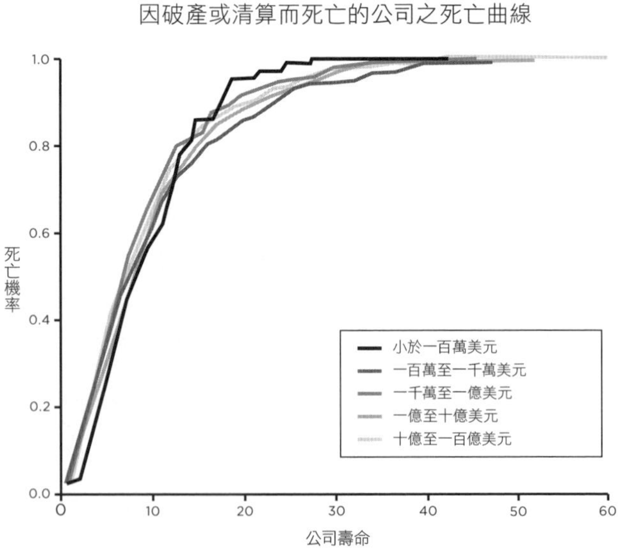
因破產或清算而死亡的公司之死亡曲線
死亡機率
1.0
0.8
0.6
0.4
0.2
0.0
0
10
20
30
40
50
60
公司壽命
小於一百萬美元
一百萬至一千萬美元
一千萬至一億美元
一億至十億美元
十億至一百億美元

圖 73

因收購或合併而消失的公司之生存曲線

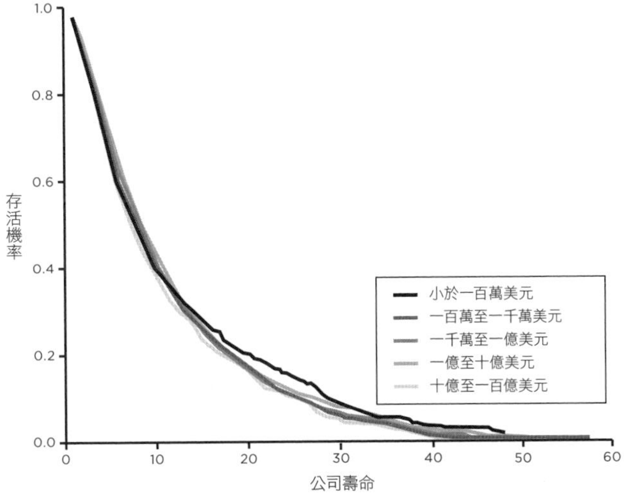

圖 74

因收購或合併而死亡的公司之死亡曲線

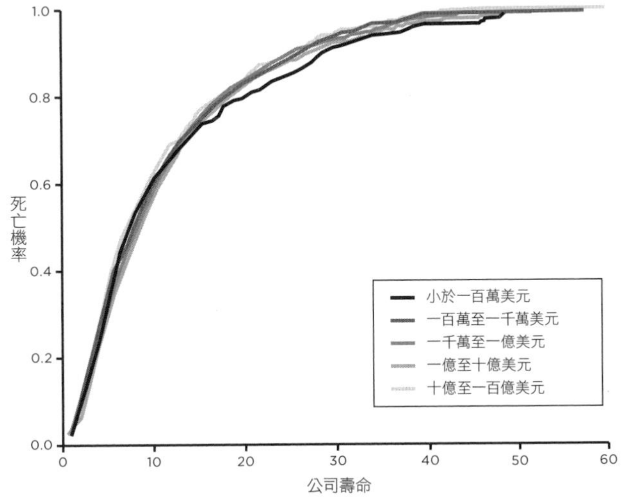

圖 75

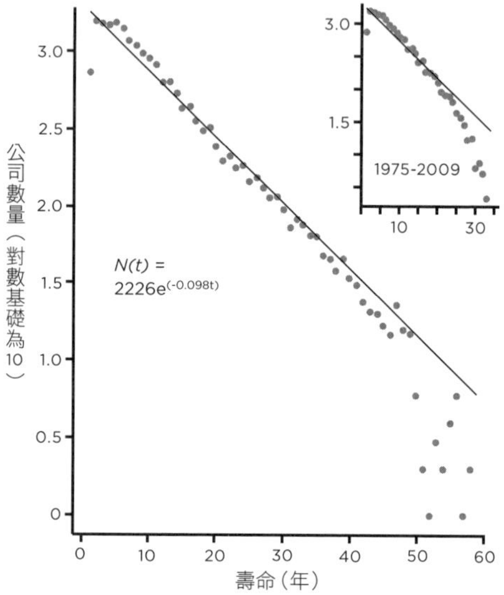

從 492 頁到 493 頁（圖 71 至 74）以破產與清算為一組，收購與合併為另一組，呈現出 1950 至 2009 年期間，美國上市公司的生存曲線與死亡曲線，並進一步按銷售額拆解成不同規模的等級。注意這些公司之間的變異度簡直微乎其微。

（圖 75）存活下來的公司數量以對數尺度繪製，並相對於公司壽命，圖中可見典型的指數衰退情形，代表穩定不變的死亡率。

這些結果與另一項分析是一致的，該分析顯示，把公司分成不同行業後，也會呈現出大致相同的縮放現象。每個產業得到的冪次法則指數，相當接近所有公司整體的冪次法則指數，如圖七十五所示。換句話說，公司的一般動力與整個生命史，實際上與公司的產業無關。這一點強烈顯示，確實存在一種具有決定性地位的一般動力，主宰著公司的粗略行為，至於公司從事什麼樣的商業活動，下場是破產或被其他公司併購，都無關緊要。總而言之，這個結果強力支持量化構想中的公司的科學。

這實在是令人嘆為觀止！畢竟，當我們想到公司的出生、死亡，以及一般生命史時，會想到公司辛辛苦苦地創立，然後要努力在市場上維持營運，並應付經濟生活中難以預料又無法控制的千變萬化，還要在死亡之前，經歷無數導致各種成功或失敗的具體決策與意外事件，因此實在很難相信，整體公司就只是遵循這麼簡單的一般法則。這件事也呼應了之前的驚人發現，雖然有機體、生態系統以及城市的生命史，具有明顯的獨特性與個體性，但同樣都受到一般約束的影響。

不只是公司，許多集體系統也有類似的指數型生存曲線，例如細菌群落、動植物，甚至放射性物質的衰變也是。而且據信史前人類原本也遵循著這種曲線發展，後來才變成定居型社會生物，享受社群結構與社會組織所帶來的利益。現代人的生存曲線則已進一步演化，不再是典型的指數曲線，反而發展出長達五十年以上的高原期，如第四章圖二十五所示，雖然我們的最長壽命幾乎沒怎麼改變，平均壽命卻比狩獵採集的祖先還要長。

指數曲線到底有什麼樣的特殊性質，可以用來描述這麼多毫不相干的系統的衰退情形？簡單說，在任何一個特定的時間點，只要死亡率直接與存活數量成正比，就會形成指數曲線。這等於是說，不管任何年齡，倖存人口在某段相等時間內死亡的比例，會維持不變。舉個例子來說明會更清楚：假設期間為一年，那麼所有成立五年的公司在滿六年以前死亡的比例，與所有成立五十年的公司在滿五十一年以前死亡的比例相等。換句話說，**公司的死亡風險與公司的壽命或規模無關**。

但有一個需要考慮的問題，因為這份資料只涵蓋六十年的時間，所以自然就排除了更早成立的公司。事實上，資料的問題比這還嚴重，我們只鎖定一九五〇年到二〇〇九年，分析在這段期間內出生並死亡的公司，因此，也排除了一九五〇年以前出生，或是二〇〇九年（含）以後仍然存活的公司。這麼一來，在估計預期壽命時，顯然可能產生系統性的誤差。如果要分析得更完整，就必須納入這些被刪除的公司，其公司壽命起碼與顯示在數據上的時間一樣長，甚至可能更長。而且這樣的公司為數不少，在數據涵蓋的六十年時間中，有六八七三家公司到二〇〇九年底繼續存活下來。所幸已經有發展完備的先進方法「**存活分析**」（survival analysis），專門用來處理這個問題。

存活分析是醫學界在試驗條件下，執行治療性介入後，為了評估病人的生存概率，所發展出來的方法。因為這些試驗必須在一段有限時間內進行，所以也和我們面臨同樣的問題，也就是說，許多試驗對象在試驗期結束後才死亡。這個經常被使用的技巧稱為卡普蘭－邁爾估計法（Kaplan-Meier estimator），會使用整個數據資料並優化概率，同時假設每一個死亡事件與其他死亡事件之間互為統計獨立關係。[11]

於是我們運用這套方法，另外對Compustat的全體公司進行詳細分析，包括原本被排除在外的公司。結果發現，比起之前部分公司被排除的評估結果，沒有太大的改變。美國上市公司的**半衰期**（half-life）將近十．五年，這表示不論在哪一年上市，有半數公司在十．五年內就消失了。

這個困難的研究工作大部分是由大學實習生瑪德琳．戴普（Madeleine Daepp）完成。當時有一項很棒的計畫，稱為「大學生研究經驗」（Research Experience for Undergraduates, REU），經費主要來自國家衛生基金會（NSF），而她就是在該計畫支持下加入我們的團隊。這項計畫支持大學生投入暑期實習，到各研究機構中參與不限領域的實務問題科學研究。在聖塔菲研究院，現場通常會有十個像這樣朝氣蓬勃的年輕人，大家把他們視為與個別研究者密切共事的研究所成員，一樣平等相待，這對我們雙方都是難能可貴的經驗。瑪德琳加入我們，並接受馬庫斯．漢米爾頓直接督導時，還在聖路易華盛頓大學念大二，主修數學。因為很難在短短十個星期內從頭開始完成一整個計畫，所以在我們完成最後的工作，並成功發表論文之前，瑪德琳接著三年還回來過幾次。我最近聽說，她已經進入麻省理工學院攻讀博士班研究都市計畫，這是全世界最棒的單位之一，我實在為她感到高興，也期待未來繼續聽到她的好消息。

我們用來處理「不完整觀察」（incomplete observation）的這套存活分析方法，其實是兩個統計學家於一九五八年發明的：愛德華．卡普蘭（Edward Kaplan）與保羅．邁爾（Paul Meier）。這套方法也被延伸到醫學之外的領域，例如，工作者失業後預期會維持多久的失業狀態，或者機器零件使用多久才會損壞。非常有意思的是，卡普蘭與邁爾是各自向著名的《美國統計學會期刊》（*Journal of the American Statistical Association*）提出相似的論文，然後睿智的編輯說服他們將兩份論文合而為一。這份論文被其他學術論文引用了至少三萬四千次，以學術論文而言，引用次數算是非常高。舉例來說，史蒂芬・霍金最有名的論文〈黑洞創生粒子〉（Particle Creation by Black Holes），引用次數還不到五千次。各個領域狀況不同，大部分的論文甚至只被引用二十五次，就算幸運了。雖然我擔任共同作者的生態學論文中，有兩篇引用次數極高，分別都超過三千次，但是我自己的論文中，有幾篇我自認夠讚的，引用次數卻連十次都不到，實在很令人洩氣。

願死者安息

公司與有機體雖然有很明顯的差異，但從縮放角度觀察時，公司與有機體的生長與死亡是多麼相似，而且與城市又是多麼不一樣，實在很難不令人感到驚訝。公司出人意料地像極了有機體，而且從演化觀點看來，公司的死亡就是依據「創造性破壞」與「適者生存」的法則，來產生創新生命力的重要因素。就像一切有機體必須死亡，嶄新的有機體才能欣欣向榮，所有公司也必須消失或變形（morph），好讓創新的變體發揚光大：最好擁有谷歌或特斯拉的刺激與創新，而不是像垂垂老矣的ＩＢＭ或通用汽車（General Motors）般，停滯不前。這就是自由市場系統的潛在文化。

公司有龐大的營業收入，還會經歷合併與收購的不斷變化，這些都是市場過程不可或缺的一部分。當然，這意味著，現在看來所向無敵的谷歌與特斯拉，總有一天會逐漸衰弱，自行消失。由此看來，我們其實不必為任何公司的消亡悲嘆，畢竟這是經濟生命必經的過程，反而應該向那些因公司消失而受苦的人誌哀，關心他們的命運，包括工作者、管理者，甚至是老闆。但願我們能設計出神奇的演算法，來平衡行政法規、政府介入，以及失控而猖獗的資本主義之間的典型張力，從而馴服這場競爭中的最適者，以抑制他們潛在的野蠻與貪婪，並緩解某些更嚴重的後果。二〇〇八年金融危機爆發時，只因為當時某些不誠實或無能的公司被認為「大到不能倒」，我們就親眼目睹過這種左右為難的困境，一邊是現在大概已經死亡的公司尚在垂死掙扎，一邊是想保留工作機會與保障員工生活的渴望。

沒有什麼永遠不變，這聽起來像是陳腔濫調，卻一點也沒有錯。標準普爾公司與商業雜誌《財星》都會評選前五百大成功公司，並且持續更新排行榜，如果公司同時躋身兩份排行榜，也會獲得某種程度的名望。麥肯錫公司（McKinsey & Company）是一家知名企業顧問公司，理查・佛斯特（Richard Foster）過去在該公司身兼董事與資深合夥人長達二十二年。佛斯特分析各公司在前述排行榜上的停留時間並發現，最近六十年來，公司維持上榜的時間呈現規律下降的情形。例如他注意到，一九五八年公司在標準普爾五百維持上榜的時間，估計約有六十一年，如今卻只有十八年左右。一九五五年登上財星五百（Fortune 500）的公司，只有六十一家到了二〇一四年還沒掉出榜外，存活率只有一二%，其他八八%則已經破產、合併，或因表現欠佳而落榜了。也許更慘的是，一九五五年榜上有名的大部分公司，至今早已面目模糊，完全被世人遺忘了。有多少人還記得阿姆斯壯橡膠公司（Armstrong Rubber）或太平洋植物油公司（Pacific Vegetable Oil）？

二〇〇〇年，佛斯特寫了一本頗有影響力的商業暢銷書，書名也取得很妙，叫作《創造性破壞》（*Creative Destruction*）。[12]他非常支持聖塔菲研究院發展出來的有關複雜（complexity）的想法，於是加入受託人董事會，並說服麥卡錫出資贊助一個金融教授的名額，也就是多伊·法默的那個職位。一九九〇年代晚期，我開始在聖塔菲研究院工作時才認識佛斯特，我們後來說服他相信，我們當時在生物學上發展的縮放與網絡概念，可以為公司的運作方式提出精闢的洞見。佛斯特指出，過去從來沒有探討公司的量化機制理論，而且公司常常被比喻成有機體，因此這套方法或許可以提供一種發展這種理論的新方法。他大方提供麥肯錫大型資料庫的使用權，讓我蒐集有關公司的資料，並支援我們另聘一個博士後研究員來完成研究。當時我人還在洛杉磯從事高能物理學研究，對公司的認識也比現在少得多，而且生物學方面的研究還處在初步階段，我認為沒辦法那麼快推演到公司的理論上。因此，雖然我對他的提議感到很榮幸，卻沒有接受。現在想想，這在當時或許是對的決定，不過這也充分證明了佛斯特頗有先見之明，早已發現採取縮放的方法，可能會為理解公司提供有用的基礎。我們後來耗費了至少十年，才順利將這套方法推演到有機體、生態系統，以及城市的理論上，並接著著手處理佛斯特提出的難題。

麻煩的是，如果沒有先詳細分析標準普爾五百、財星五百榜上公司的壽命，並確認這些公司是否已經死亡，要將上榜時間與觀察結果連結起來，實在不是簡單的工作。雖然如此，這些發現不僅大幅呈現出看似強健公司的脆弱面，也是社經生活步調加速的明顯例子。

存活分析告訴我們，真正古老的公司極為罕見，根據這個理論與相關資料所推斷的結果預測，每一百萬家公司中只有四十五家，有機會存活超過一百年；而且每十億家公司只有微乎其微的一家公司，有機會存活超過兩百年。雖然我們不必太認真看待這些數字，卻可以從中得到長期存活能力大小的約略印象，並深入了解存活上百年的公司所具備的特質。全世界起碼有一億家公司，如果這些公司全都遵循相似的動力，那麼我們可以預估，大約只有四千五百家公司能存活一百年，而且沒有任何公司能存活到兩百年。然而，我們也很清楚，其實有很多公司早已存活數百年了，尤其是在日本與歐洲，可惜我們沒有完整的數據資料，也沒有任何關於這些顯著異常值的系統性統計分析，相關的奇聞軼事倒是很多。雖然如此，我們還是可以觀察這些歷史悠久的異常值，從它們的一般特質獲得啟發，進而了解公司的老化。

這些古老公司的規模多半不大，經營的是高度專業化的利基市場，像是古老的旅館、葡萄酒廠、啤酒廠、糖果甜點店，以及餐廳，諸如此類。這些公司和我們一直在思考的Compustat涵蓋的公司，或是標準普爾五百或財富五百的上榜公司，有很不一樣的特質。它們和這些公司恰恰相反，這些異常值之所以能存活下來，原因不在於多樣化或創新，而是持續為一小群死忠的顧客生產高品質的商品。許多古老公司就靠著聲譽與一貫的品質存活下來，幾乎沒怎麼成長，有趣的是，當中大部分都是日本公司。據韓國銀行（Bank of Korea）調查，截至二〇〇八年為止，歷史超過兩百年的五五八六家公司中，有超過半數（精確的說是三一四六家）是日本公司、八三七家是德國公司、二二二家是荷蘭公司，以及一九六家是法國公司。此外，歷史超過一百年的公司當中，有九〇％的員工人數不到三百人。

在這群古老的存活者中，有些值得一提的好榜樣。例如，德國最古老的製鞋商Eduard Meier公司（Eduard Meier company），一五九六年於慕尼黑創立，銷售對象包括巴伐利亞貴族，如今雖然不再製鞋，但仍開設一家店面來販售品質精良的高檔鞋。再例如，根據《金氏世界紀錄》（*Guinness World Records*）記載，全世界最古老的旅館，是位於日本早川町的西山溫泉慶雲館，創立於七〇五年，傳承五十二代以來，都是同一個家族經營，即使邁入現代仍只設立三十七間客房，並以溫泉為主要特色。而世界上最古老的公司，據說是金剛組（Kongo Gumi），五七八年於日本大阪創立，一樣是已經傳承了好幾代的家族企業，不過在持續營業了將近一千五百年後，二〇〇六年終於宣布清算，被高松公司（Takamatsu Corporation）收購。長達一千四百二十九年來，金剛組壟斷經營的利基市場是什麼呢？就是建設宏偉的佛寺。遺憾的是，第二次世界大戰以來，日本文化改變，寺廟漸漸供過於求，金剛組調適的速度又趕不上時代的腳步，只好結束營業。⑬

為什麼公司會死，城市不會

縮放法則的威力在於能夠揭露，決定高度複雜系統主要表現的潛在原理。就有機體與城市而言，我們可以用縮放法則推出網絡理論，進而從量化觀點認識其動力與結構的主要特徵，並透過這些特徵來了解有機體與城市的許多重要特質。不論有機體或城市，我們現在都相當了解它們的網絡結構，包括循環系統、道路網，以及社會系統。另一方面，雖然有大量文獻探討這個主題，但是我們對於公司的網絡結構仍所知不多，只知道這種結構多半是階層式的。標準的公司組織圖通常是由上而下的一種樹狀結構，表面上看起來就是一種典型的自相似性碎形，這就可以解釋，公司為什麼會表現出冪次法則縮放現象。

然而，和城市與有機體比起來，在研究公司時，我們缺乏大量公司組織網絡的量化資料。比方說，我們通常不曉得，各個階層分別會有多少人在運作、有多少公司的資金與資源在流動，以及有多少情報能夠彼此交流。即使我們掌握了部分資料，還是要對公司整體規模的範圍有全盤了解才行。不僅如此，我們也無法確定公司的「官方」組織圖，是否能代表真實運作的網絡結構。在實際運作上，是誰和誰在溝通？他們溝通的次數有多頻繁？彼此交流到什麼樣的程度？……我們真正需要的，其實是取得公司所有溝通管道的資訊，這些管道包括電話、電子郵件、會議等等，而且要像我們用來發展城市科學的手機資料那樣，整理成量化資訊。像這樣完整的資料，不太可能存在，我們更不可能有現成的機會去接觸那些資料。除非外來研究者願意付出高額諮詢費用，否則公司通常都很小心，不輕易透露內部資訊，這想必是為了掌控局面的緣故。不過如果想要了解公司實際上的運作，或是發展出嚴肅的公司的科學，那麼這些就是最後需要分析的資料。

因此，我們還沒有像有機體與城市的網絡理論那樣完備的機制架構，以分析的方式理解公司的動力與結構，更沒辦法計算其指數的數值。雖然如此，就像我們已經針對公司的成長軌跡建立一套理論，我們也可以利用已知的資訊，來設法推論公司的死亡。

我之前強調過，大部分的公司會營運到接近某個臨界點，這時候的銷售額與費用剛好打平，公司就會變得容易受到變動與擾動的傷害，只要在不當時機遭到重大打擊，就可能因此死亡。比較年輕的公司因為有創始資金，還可以緩衝傷害，不過一旦創始資金消耗殆盡，又沒能創造豐厚利潤，反而會變得格外脆弱。這種情形有時候被稱為青春期的責任（liability）。

公司不像城市呈超線性縮放，而是呈次線性縮放，這意味著，公司組織代表的是以規模經濟取勝，而不是贏在創新與產生想法。公司通常是由上而下的組織，並且以非常有限的方式營運，總是致力於提升生產效率，並盡可能降低營運成本，以追求利潤極大化。相反的，城市體現的是以創新取勝，而不是規模經濟的優勢。當然，城市並不是以追求利潤為動機，而且可以增加稅收來平衡收支。城市的營運方式也更分散，從市長與市議會到商業與市民行動團體，權力分散給多重的組織結構，而且沒有哪一個團體擁有專制的支配權。因此，與公司相較之下，城市反而流露出一種幾乎自由放任、隨心所欲的氣息，能夠善用不論好的、壞的或醜的社會互動所帶來的創新利益。雖然城市顯然缺乏效率，多有波折，卻仍然是行動的場所、改變的代理人；相較之下，除了剛成立的新公司之外，公司大致上都是停滯而靜止的形象。

公司在追求更高的市占率與利潤時，為了提升效率，往往遵循著一個老套的作法，也就是在更細的組織階層上，增添更多的規定、條款、協定以及程序，因此往往也需要更多的層級控制，來調度、管理、監督各個單位的執行情況。雖然公司為了長遠的未來發展與存活能力，本來應該將創新與研發視為保險政策的要素，但是實施階層控制後，往往就賠上了創新與研發的能力。有關公司內部「創新」的紀錄比較複雜，不易量化，因此很難取得有意義的資料。創新與研發不一定是同義詞，況且任何無關的活動都可以頂著研發費用的名目，以享有高額的稅收優惠。雖然如此，我們分析Compustat後卻發現，當公司的規模擴張後，分配給研發活動的經費就有系統地**減少**了，這表示公司在擴張時，對創新經費的支持，並未跟上階層管理與行政的費用。

隨著規定與限制日益增加，公司與顧客、供應商的關係也漸漸停滯不前，導致公司變得僵化死板，不夠靈活，難以應付重大的變動。我們發現城市有一個很重要的特徵，它們會一面成長，一面變得更多樣化，而且隨著新的行業發展、新的機會出現，它們的業務範圍與經濟活動也會不斷擴展。就這一點而言，城市在原型上是**多維度**（multidimensional）的，而且這與城市的超線性縮放、開放式成長、持續擴張的社會網絡，還有城市的彈性、永續性，以及看似不朽的特質，都有強烈的相關性。

城市的維度會不斷擴張，公司的維度則往往從出生開始就不斷萎縮，並在經歷青春期後停滯，甚至在成熟或步入老年後進一步萎縮。公司還年輕時會在市場上搶占地盤，一旦設計出新產品或激盪出好點子，就會感受到朝氣蓬勃的活力與熱情，也會有一些瘋狂、不切實際的想法，或一些浮誇、富於想像的創意。但因為還有市場力量在運作，所以公司奠定根基並得到認同後，只有一部分想法能順利成功。隨著公司的成長，市場固有的回饋機制會導致產品空間縮小，以及必然的高度專業化。一方面，來自市場的正向回饋機制，會強烈鼓勵公司堅守「經過市場檢驗的」（tried and true）產品；另一方面，公司有長期的戰略需要，會想要冒險拓展無法立刻獲得報酬的新領域與新商品。因此，如何平衡市場的正向回饋，就成了公司的一大挑戰。

大部分的公司往往目光短淺，作風保守，不太支持創新或冒險的想法，只要眼前進展順利，就滿心歡喜守著主力產品，因為主力產品可以「保證」帶來短期報酬，幾乎不願意嘗試新的主意，因此到最後就越來越趨於**單一維度**（unidimensional）。我們之前也說過，公司接近臨界點是彈性下降的典型指標，同時也預告著最後的災難。這時候，等到公司察覺自己的困境，往往為時已晚，要重組或再造已經變得更加困難，代價也更高，而且一旦意外出現巨大的變動、擾動，或衝擊，公司馬上就會陷入險境，隨時可能被接管、收購，或直接破產。簡而言之，就像義大利黑手黨人那句話，這是**死亡之吻**（il bacio della morte）。⑭

10 大一統永續理論的展望

在最後一章，我想結合本書發展出來的幾條思路，並交織成一幅完整的景象，藉此激發讀者深入思考我們創造出來的社經宇宙，並設想這個呈指數擴張的非凡宇宙的未來。

有一個基本問題是二十一世紀不得不面對的重大挑戰：從經濟到城市，人類設計的社會系統，至今只存在了五千年左右；而誕生這些社會系統的「自然」生物世界，則已經存在了數十億年，未來兩者能不能繼續共存呢？如果要讓一百億以上的人口與生物圈和諧共存，而且與今天的我們擁有同樣的生活水準與生活品質，我們就必須對社會環境耦合（social-environmental coupling）的原理與潛在系統動力，發展出深刻的認識。對此我一向主張，關鍵在於對城市與都市化發展出更深刻的理解。面臨各種難題時，如果繼續追求有限的單一系統方法，卻不發展統一的架構，我們承擔的風險就是，在處理真正的重大問題上，徒然浪費龐大的財務與社會資本，而且一敗塗地，並造成可怕的後果。

在很大的程度上，現有的策略根本無法應付長期永續問題的基本特點，但這些問題卻體現在複雜適應系統上，也就是「**能量、資源、環境系統、生態系統、經濟系統、社會系統以及政治系統，彼此無所不在互相連結與互相依存的關係**」。從第七章與第八章的討論中，所得出的一個最重要的結果就是：從創新與財富創造到犯罪與疾病，所有不管好的、壞的或醜的社經活動，在數量上都有相互關係，而且就表現在縮放法則的普遍性上。面對全球永續問題的挑戰，現有的策略幾乎都聚焦在相對具體的議題上，例如未來能源來源的環境影響、氣候變化的經濟影響，以及未來能源與環境選擇的社會影響。雖然這種聚焦研究有很明顯的重要性，也是大部分的研究心力應該致力的方向，但這樣還是不夠，因為它們往往見樹不見林。

是該認清事實的時候了，我們在處理這項議題與制定政策時，應該採取更廣泛而整合性的統一觀點，以一種跨學科、跨組織、跨國家的廣泛倡議行動，作為引導科學議程的核心角色。我們需要一個更完整的廣泛科學架構，其中包含一套有預測力的量化機制理論，用來了解人類建造的社會系統或物理系統與「自然」環境的關係，我把這套架構稱為**大一統永續理論**（grand unified theory of sustainability）。現在是該提倡像曼哈頓計畫[1]或阿波羅計畫[2]一樣大規模的國際行動了，我們應該一起以整合性的系統觀點，來處理全球的永續問題。[3]

加速跑步機、創新循環，以及有限時間奇點

在生物學上，規模經濟與次線性縮放內含的網絡法則，有兩個重大的影響，其一為限制生活步調，這導致越大型的動物活得越久、演化得越慢，而且有比較緩慢的心跳速率；其二為限制成長。相對地，城市與經濟的驅力來自社會互動，而社會互動的回饋機制則會導致截然相反的行為，造成生活步調隨著人口規模有系統地增加，所以疾病傳播得更快、公司成立與關閉得更頻繁，甚至在越大的城市中，人們走路的速度越快，這一切幾乎都遵循著相同的一五%規則。此外，超線性縮放內含的社會網絡動力也導致開放式成長，而開放式成長正是現代城市與經濟發展所根據的主要假設。持續適應才是王道，而不是均衡。

這是一幅完美一致的畫面：以潛在網絡動力與數學結構相同的幾何為基礎的相同概念架構，在兩種截然不同的例子下，產生了大相逕庭的結果，而且這兩個結果都得到各種大量的數據與觀察強力支持。然而，這當中有一個可能造成很大後果的陷阱。即使有機體、城市以及經濟的成長，都遵循著本質上相同的數學方程式，但由此產生的解法，卻有微妙而重大的差異，因為其中一種情況的驅力是來自次線性縮放（有機體的規模經濟），另一種情況的驅力則來自超線性縮放（城市與經濟的規模越大、報酬越大）。在超線性縮放的情況下，一般解法會出現一種意外的不尋常特性，稱為**有限時間奇點**，這是改變一定會發生，而且可能大難臨頭的信

號。

有限時間奇點意味著，不管主題是什麼，例如人口、GDP、專利數量等等，其成長方程式的數學解法，都會**在某個有限時間點，變得無限大**，如圖七十六所示。但這顯然不可能發生，因此這也是必須改變的原因。

在說明這個現象的後果之前，讓我先詳細說明一下這個現象的一些明顯特點。簡單冪次法則與指數都是連續遞增函數，雖然最後也會變得無限大，卻必須經過**無限長**（infinite）的時間才能辦到。換句話說，在這樣的情形裡，「奇點」會被推向未來某個無限的時間點，這麼一來，與**有限**時間奇點相比之下，這個奇點就變得「無害」了。但在超線性縮放驅動成長的情況下，趨近有限時間奇點的速度比指數成長**更快**，如圖七十六的實線所示。這種情形通常稱為**超指數成長**，我在討論城市的成長時也用過這個詞彙。

這種成長行為顯然無法永續，因為它在未來某個有限的時間點，必須無限、不斷增加，最後無限大量供應能源與資源，才能維持下去。雖然還未經證實，不過這套理論預測，這種成長會觸發一段過渡期，最後導致停滯與瓦解，如圖七十七所示。這樣的情勢就像標準的馬爾薩斯論述老調重彈：我們趕不上需求增加的速度，因此開放式成長最後一定會導致大災難，但一代又一代的經濟學家一直不屑一顧。

現在我們終於討論到事情的關鍵。因為超線性縮放會造成有限時間奇點，所以這種情勢絕

圖 76

超指數成長與趨近有限時間奇點

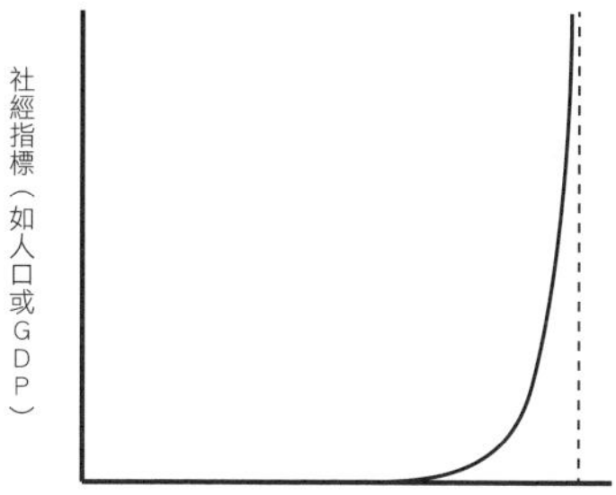

圖 77

超過有限時間奇點的瓦解

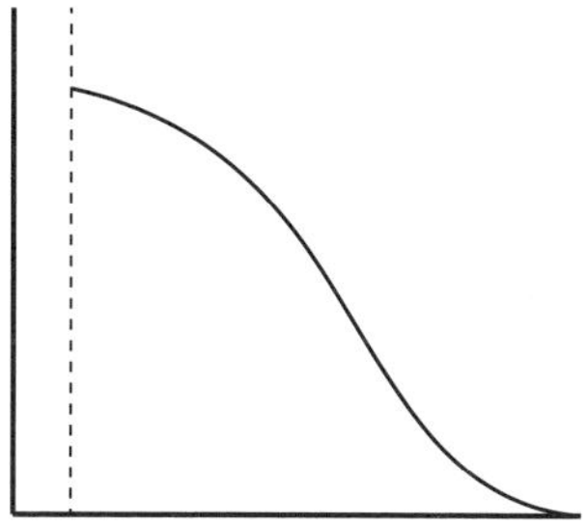

（圖 76）為有**限時間奇點**的範例，繪製主題的數量呈現超指數成長，在有限時間 t_c 內變成無限。圖中縱軸虛線即表示 t_c。（圖 77）為超過奇點後的停滯與瓦解。

對與馬爾薩斯理論不同。如果真像馬爾薩斯學說、新馬爾薩斯學說，以及相關追隨者與批評者所假設的那樣，只是一種單純指數成長，那麼生產能源、資源以及食物的速度，原則上至少還是趕得上指數擴張的速度，因為所有經濟或城市的相關特徵，即使會持續增加，最後變得龐大無比，但仍然還是有限的。

然而，在超指數成長與趨近有限時間奇點的情況下，這是辦不到的。在這種發展趨勢中，需求會逐漸變大，最後在一段**有限**時間內，變成**無限大**。但在有限時間內無限供給能源、資源以及食物，根本是不可能的事，因此，如果沒有出現其他的變化，就會導致無可避免的停滯與瓦解，如圖七十七所示。二〇〇一年，迪迪爾·索奈特（Didier Sornet-te）和安德斯·約翰森（Anders Johansen）進行一項大規模分析，隨後在加州大學洛杉磯分校完成。這項分析顯示，人口成長資料與財務指標、經濟指標的成長資料，全部強烈支持理論的預測，也就是說，我們一直處於超指數成長，而且確實正在往這樣的奇點逼近。④

我想要強調，典型的馬爾薩斯動力學中缺乏這樣的奇點，因此在性質上與這種情況很不一樣。奇點的存在就表示，必須有一段過渡期，系統才能脫離原本的相位（phase），轉變成另一個特性迥異的相位，就像水蒸氣凝結成水，接著水又會凝固成冰，這具體表現出同一個系統在不同相位之間的過渡期，而且每一個相位擁有很不一樣的物理特性。不僅如此，這些常見的相位轉變的基礎，確實就是用來描述系統（水）的熱力變數的奇點，只不過談的是溫度，而非時間（凝固為攝氏零度，沸騰為一百度）。遺憾的是，就城市與社經系統而言，有限時間奇點激發的相位轉變，開始於超指數成長，結束於停滯與瓦解，而且可能會造成毀滅性的後果。

如何才能避免這樣的瓦解呢？我們能夠避免瓦解又保住開放式成長嗎？首先要明白的是，這些預測是假設成長方程式的參數不會改變。因此，顯然有一個可以預先阻止災難的策略，就是搶在抵達奇點之前，以「**重設**」（reset）參數的方式介入。而且為了在新的設定下維持開放式成長，方程式中作為驅動條件的「社會代謝」，必須維持超線性縮放，也就是說，社會互動的正向回饋力量，必須繼續驅動新動力。正是這股回饋力量在催生創新，並創造財富與知識。事實上，像這樣的「介入」就是我們常說的**創新**。系統在原本的條件下不停運轉，持續成長，但重大創新卻能改變這些條件，有效重設時鐘。因此，**為了避免瓦解，就必須啟動新的創新，重**

設時鐘，才能繼續成長，並避開迫在眉睫的奇點。

我們可以將各種重大創新視為一種機制，在接近有限時間奇點的黑洞前，可以藉著這些機制繞過黑洞固有的、極為危險的不連續性（discontinuity），從而確保系統平穩轉變到新的相位。一旦完成過渡期並「重設時鐘」，順利避免停滯與瓦解後，整個過程就會再度從頭開始，繼續進行超指數成長，最終逼近另一個同樣需要繞行的新的有限時間奇點。這一整套程序會一再重複，至於能將可能的瓦解推遲到多遠的未來，就看人類能發揮多大的創意、創造力與聰明才智了。這可以重新描述為某種「定理」（theorem）：**為了在資源有限的情形下維持開放式成長，就必須讓典範轉移的創新不斷循環，**如圖七十八所示。

實際上，連續不斷的相位之間的轉折（break），並不像圖上畫得那麼陡峭而不連續，而是在每個過渡期附近，有一段相對短暫但模糊不易辨認的時期。畢竟工業革命並不是在特定的某一天，或特定的某一年開始的，而是在一八〇〇年前後那幾年發生的，而且與它的影響時間相比，工業革命發生的那段時間也相對短暫。[5]

這種結果其實一點也不令人意外，因為這就是在人口與社經活動中，維持持續開放式成長的方式。從大尺度看來，鐵、蒸汽、煤炭、計算技術，以及晚近數位資訊科技的發現，都算是驅動持續成長與擴張的重大創新。當然啦，有關這類發明的冗長陳述，就是我們才智超凡的證據。

圖 78

創新或典範轉移的加速循環

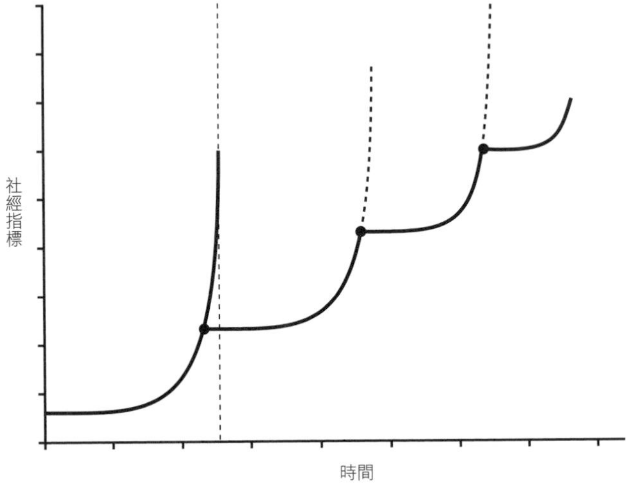

上圖為連續超指數成長的軌跡，每一次成長都會趨近有限時間奇點（即垂直虛線），除非能在奇點（以黑點表示）之前達成創新，重設時鐘，再次開啟一整個循環，否則就會導致瓦解，如圖 77 所示。虛線代表後來與其他黑點有關的有限時間奇點，為了方便呈現而沒有延伸下去。
左圖為薛西弗斯神話的內容。

這個基本特點由保羅．伊里奇，以及一九七〇年代的羅馬俱樂部率先提出，至於馬爾薩斯最初的論述，還有現代與當代大部分承繼馬爾薩斯論述的領導人物，反而都沒提到這個基本特點。大部分經濟學家根本不考慮伊里奇等人的警告，主要是因為，他們都忽略了創新所扮演的關鍵角色。商業循環、經濟循環的概念，以及隱含其中的創新循環，已經存在很長一段時間了，而且也是現在經濟學與商業界的標準說詞。這些概念原本是基於廣泛的現象推論，幾乎沒有理論基礎，也沒人了解其中的動力原理，但卻毫不保留地被認為理所當然，而且經常被奉為不容質疑的信條，所有人似乎都相信，只要人類還有發明能力，就能不斷產生更多別出心裁的創新，而且永遠都能搶先一步，化解迫在眉睫的威脅。

可惜的是，事情並沒有這麼簡單，我們還有另一個重大陷阱，而且牽涉層面廣大。這個理論指出，為了維持持續成長，**連續創新之間的時間，必須越來越短**。因此典範轉移的發現、適應，以及創新，都必須以持續加速的步調出現。現在不只加快了生活步調，我們創新的速度也**必須越來越快！**

如圖七十八所示，代表每一次全新創新循環起點的黑點，隨著時間變得越來越靠近，這意味著，我們每攀上一段新的成長曲線，生活步調就會加速，而且必須以越來越快的速度達成重大創新，以順利轉變成另一種新的狀態。在第一章與第八章中，我為了解釋社經時間縮短，以及生活步調加速的情形，使用過跑步機的比喻，不過當時只說明了部分的情況，現在正是根據這個比喻擴展論述的好時機。我們不只活在持續變快的加速跑步機上，有時候也必須離開這個跑步機，跳到另一個加速得更快的跑步機上，而且遲早又必須再跳到下一個加速得更快的跑步機上。未來我們必須以越來越快的速度，一再重複這整個過程。

這是一幅很不正常的畫面，聽起來就像是某種怪異的精神病行為。我們竟能維持這種循環，還沒有集體罹患心臟病，簡直難以置信！相較之下，薛西弗斯的任務幾乎不算什麼。你還記得吧，諸神宣判薛西弗斯必須把巨石推上山頂，但是巨石一到山頂，馬上就會因本身重量而滾落下來，於是他不得不從山下重新推動巨石，永無止境。關於薛西弗斯受到嚴厲處罰的原因有許多說法，其中我最喜歡的原因有兩個，都與我們為自己創造的薛西弗斯任務有關：一是他竊取了諸神的祕密，二是他囚禁了死神。其他不必多說了，我們只需要意識到，我們的任務實際上比薛西弗斯的更困難得多，因為我們每一次都必須以更快的速度將巨石推回山頂。

理論預測到的連續加速循環比指數成長更快，與城市、科技變革浪潮，以及世界人口的觀察結果一致（我之前也介紹過索奈特和約翰森的研究成果）。我再舉個具體一點的例子，想想紐約市自一七九〇年至今的成長曲線，並參考第八章圖五十八。圖中有一部分實線加粗，是為了凸顯成長過程的各種連續相位。只要觀察這些粗線段偏移的方式，並與「純粹」超指數成長的平滑背景相比較，在城市尺度上反映循環動力的變化順序就一目了然。就像在圖七十九中看到的，這些數據支持循環的概念，顯示循環的頻率會有系統地隨著時間增加。右上角嵌入圖片則顯示，連續「創新」之間的時間會漸漸縮短，與理論的**量化**預測一致。

在更大的尺度上，有關重大創新加速循環的預測，也得到數據資料的強烈支持。這裡有個問題是，創新的數量極為龐大，要怎麼判斷構成重大典範轉移的是哪些創新？在某種程度上，

圖 79

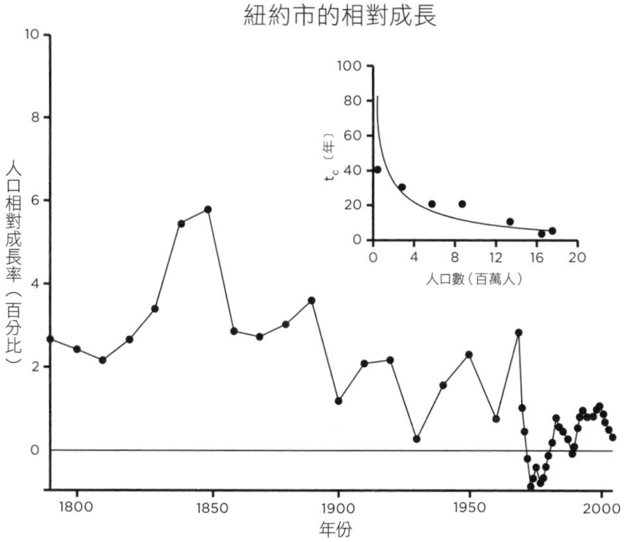

自 1790 年起紐約市的成長情形，相對於平滑的超指數優勢背景，呈現出連續的循環，但循環的頻率有系統地下降，在量化意義上與理論預測一致（嵌入的曲線）。

這要視觀看者的角度而定，不過我們大多數人大概都會同意，某些發現與創新，例如印刷術、煤炭、電話，以及電腦，確實構成了重大的「典範轉移」，而鐵路與手機就有比較多爭議了。可惜的是，至今尚未確立可量化的「創新的科學」（science of innovation），因此，我們沒有與重大創新、典範轉移直接相關並取得普遍共識的準則或資料，更別說是有限時間奇點。為了運用數據來驗證理論，我們不得不靠非正式的研究，某種程度上也只能聽憑直覺。等到創新逐漸變成更活躍的研究領域，研究人員開始處理相關問題，例如我們要如何測量創新、創新是如何發生的，以及如何促進創新[6]，這種狀況可能就會改善了。

知名發明家兼未來學家雷依・庫茲威爾（Ray Kurzweil）彙整了一份清單，分析他心目中堪稱重大創新的事件，而這份清單的格式非常適合用來與我們的預測做比較。[7]他的結果呈現在圖八十與圖八十一，圖中顯示的是，連續創新之間的時間，相對於各項創新至今的時間，並呈現出兩種版本：一種是半對數圖，也就是縱軸是對數尺度，橫軸是線性尺度；另一種則是雙軸皆取對數尺度的對數圖。為了讓你有點頭緒，請注意兩張圖左上角的第一個數據點，這兩個數據點告訴我們：第一，生命大約起源於4×10^9（四十億）年前，這可以沿著橫軸估算出來；第二，生命起源後經過將近二十億年，才出現下一項重大創新，這可以沿著縱軸估算出來。值得一提的是，從線性時間尺度（圖八十）看時，彷彿就在我們最早的祖先出現後的一百萬年左右，每一件事都同時發生。後來曲線陡然下墜，生動表現出時間加速的現象。同時，這張圖也再度說明，在這麼漫長的時間尺度上發生的各種事件，將數據繪製成對數圖（圖八十一），實在清楚明瞭多了。舉例來說，繪製成對數圖後，在時間尺度上，一百年前出現的電話，就能與一萬年前出現的農業區隔開來。

這個理論解釋並預測，創新之間的時間持續縮短的情形，以及創新發生至今的時間，兩者會呈現反比關係，而且與兩張圖畫出來的線，在數量意義上一致。不過我要趕緊補充，理論預測的只有社經動力造成的創新這一部分，這種動力會激發人類的聰明才智；理論並未預測生物

圖 80

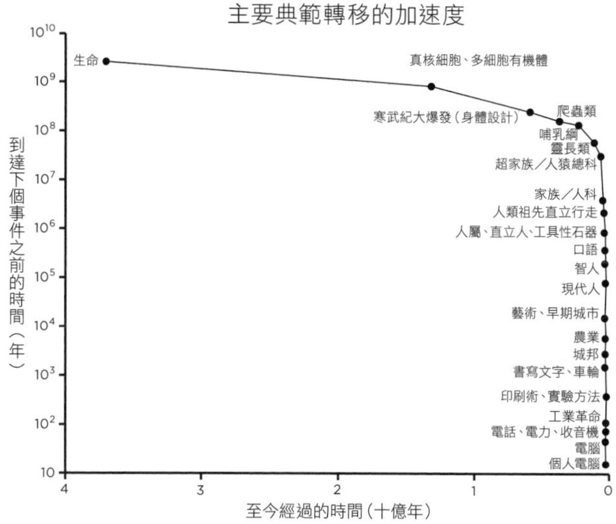

圖 81

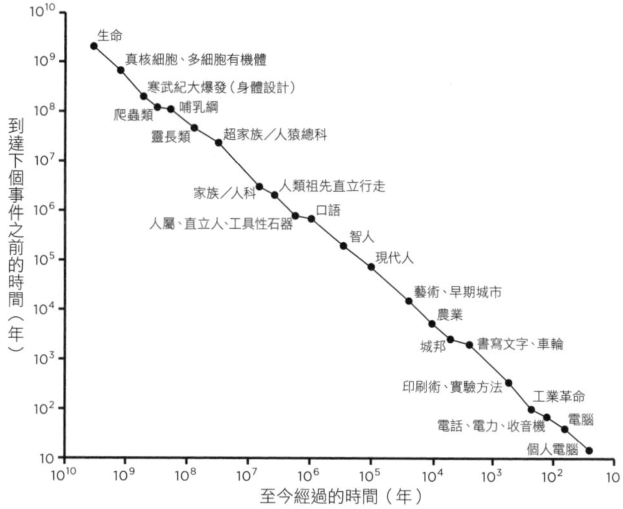

縱軸為主要創新之間的時間，橫軸為各項創新發生至今的時間，將兩者的關係分別繪成半對數圖（圖 80）與對數圖（圖 81）。

創新的速度。因此還有一個令人好奇的問題懸而未決，在驅動生物創新的過程中，是否也有可以相提並論的奇點動力扮演著相似的作用；又或者，這種擴及極為久遠的前人類時期（prehuman time period）的一致性，以及簡單的冪次法則關係，只是一種偶然，或只是庫茲威爾謹慎選取典範轉移事件的結果？不管是哪一種情況，這種與理論的一致性現象，相當具有說服力，也得到數百年來更多詳細分析的支持。

奇點的一般概念在數學與理論物理學上扮演著重要的作用。所謂奇點，就是數學函數無法以特定方式「順利作用」（well behaved）的某個點，例如以我之前提過的那種方式變成無限大。嘗試定義並合理解釋奇點的努力，對十九世紀的數學帶來大幅的進展，後來更進一步深刻影響了理論物理學。其中最廣為人知的推論，就是為了理解愛因斯坦廣義相對論的奇點結構，所發展出來的黑洞概念。

在庫茲威爾於二〇〇五年出版《奇點臨近》（*The Singularity Is Near: When Humans Transcend Biology*）之前，「奇點」一詞還沒那麼普及，口語交流中幾乎不太會用到。一九九三年，科幻小說家兼電腦科學家韋那．文吉（Vernor Vinge）提出「技術奇點」（technological singularity）的概念，而庫茲威爾就以這個早期概念為基礎提出見解。他認為，我們正在趨近某個奇點，我們的身體和頭腦會受到基因突變、奈米科技，以及人工智慧增強，最後變成不受生物限制束縛的混種半機械人（hybrid cyborg）。有人認為，這會產生一種集體智慧（collective intelligence），而且就算當前所有人類智慧結合起來，也遠不及這種集體智慧強大。或者，就像文吉簡單明瞭的說法：「在三十年內，我們就會擁有可以創造出超人智慧（superhuman intelligence）的科技手段，不久之後，人類時代就會結束了。」⑧這段話寫於一九九三年，因此預言指的是二〇二三年，也就是從現在算起的六年後。但我可不這麼想。

這是一個非常吸引人的推測，最終也可能實現，然而，目前看來仍不過是科幻小說的想像。這種對未來盲目樂觀的憧憬，和新馬爾薩斯學說的慘淡預言相較，幾乎截然相反，諷刺的是，推演出兩種相反結論的卻是相同的前提；兩者都假設，指數成長不會一如現狀永續發展下去，而且一定會發生某種戲劇性的變化。就像馬爾薩斯主義者忽略了創新的關鍵作用，奇點的狂熱信徒也忽略了這個星球整體社經動力所扮演的關鍵作用，事實上，整體社經動力就是驅動奇點迫近的主要力量。這兩種推論都未能以更廣泛的架構為基礎，沒有納入量化的機制理論，因此不管推論出來的預言是什麼，都很難以科學的角度評估。也許，在概念上最大的諷刺是——尤其是奇點的概念——這兩種結論與推論的基礎都是指數成長，然而指數成長實際上並不會通往奇點，至少在**有限時間**內不會。

雖然如此，由於馬爾薩斯已經提出的具體原因，指數成長也可能無法永續發展下去，也就是說，我們將無法生產出足夠的食物或能源，或是我們將耗盡必要的資源，例如磷、石油、鈦，而且我們也未能發展出足以應付這些問題的技術。此外，我們製造的熵實在太多了，以至於產生的汙染、環境破壞，以及其他誘發變化（尤其是氣候變遷），都已經難以挽救，並將導致始料未及的重大毀滅性後果。不過我要提醒一下，如果這是指數成長的結果，那麼，**原則上**就沒有任何東西能妨礙我們實現樂觀主義者的宣言，並且在這麼多重的問題與威脅中，藉由自我創新的力量，繼續成長下去。然而，**實際上**卻完全不是這麼一回事，因此我一點也不認為可以做到。

但現實並非如此，真實情況的質性意義和指數成長不同。我之前強調過，我們正以**超**指數成長的速度在擴張，而不「只是」指數成長；因為我們社會動力中固有的乘法增強效果，會導致社經活動出現超線性縮放現象，而這就是超指數成長的動力。標準的現代人類動力不只會導致生活步調加速，我們也必須以越來越快的速度製造重大創新，才能對抗有限時間奇點所預示的緊迫威脅。所以，薛西弗斯加速推動巨石上山的畫面將揮之不去。

「電腦時代」和「資訊與數位時代」之間，間隔時間不超過三十年，相較之下，石器時代、銅器時代，以及鐵器時代之間，則相距數千年之久。我們在手錶與數位裝置上用來測量時間的時鐘，其實很容易造成誤解。因為地球每日繞著自己的軸自轉，而且每年繞著太陽公轉，手錶上的時鐘就是根據地球的自轉與公轉而確立時間的，所以這種天文時間是線性的、規律的。對比之下，我們每天過著社經生活的現實時鐘，卻是一種突現現象，是由社會互動的集體力量所產生，因此與客觀存在的天文時間不一樣，這種現實時鐘會一再有系統地加速。我們就像生活在加速的社會經濟跑步機上。一千年前或更久以前，重大創新可能要數百年才能形成，現在只需要三十年，不久就只要二十五年，然後二十年、十七年……以此類推。而且就像薛西弗斯一樣，**如果我們堅持要不斷成長與擴張**，就注定要這樣繼續下去。這將導致一系列的奇點，每一個都有停滯與瓦解的危險，而且奇點會持續累積，通往數學家所說的某個**本質奇點**（essential singularity），就像所有奇點之母。

偉大的約翰・范紐曼（John von Neumann）是數學家、物理學家、電腦科學家，以及博學家，他的思想與成就對你的生活影響深遠，早在至少七十年前，他就提出這個極具先見之明的看法：「人類生活方式中的科技與改變，不斷加速進步……在這場競賽的歷史上，看起來就像在趨近某個本質奇點，一旦超過這個奇點，我們所熟知的人類事務，就無法再延續了。」[9]一九五七年范紐曼壯年早逝，享年五十三歲，他生前達成許多重要成就，不僅在量子力學的早期發展中扮演開創性的角色，也發明出經濟模型的主要工具，那就是賽局理論。此外，范紐曼還提出現代電腦的概念性設計，一般稱為范紐曼架構（von Neumann architecture）。

那麼，我們能不能想像，每十五年、每十年，甚至每五年就出現一種創新，像網際網路那樣強大又有影響力？這是一種典型的歸謬法（reductio ad absurdum）[10]論述，說明了不管我們有多少聰明才智，發明出多少令人驚嘆的儀器裝置，只要我們維持現狀，不思創新，就沒辦法克服最後的奇點所帶來的威脅。

根據這個理論估計，另一個典範轉移的到期時間，是未來二十至三十年內；但約翰森和索奈特從數據配適的估計是大約三十五年，因此理論預估的時間比他們的估計更短。當然，這個理論無法告訴我們變化的本質，我們只能就其本質做一些大膽的推測。或許相當平淡無奇，就像無人汽車與相關智慧型裝置，也可能像庫茲威爾與奇點論者的科幻小說想像，精彩無比。不過最有可能的是，以上皆非，如果我們真能實現典範轉移，那一定是某種意想不到的東西。或許更可能的情況是，我們根本無法進行典範轉移，屆時就必須稍微妥協於開放式成長的整個概念，並尋找新的方式來定義「進步」；或是滿足於我們現有的技術成就，把精力用在提升整個地球的生活水準，創造出相當高的生活品質。這樣一來，倒真的就是重大的典範轉移了！

持續成長，以及隨之而來的生活步調不斷加速，對整個地球影響深遠，特別是城市、社經生活，以及全球都市化的過程。以前重大創新之間的時間，遠遠超過人類的壽命。甚至在我這一輩子，大家仍然下意識地認為，個人可以持續運用相同的技能，終其一生從事相同的職業。然而，這種觀念已經不合時宜了。如今一般人的壽命比重大創新之間的時間更長，開發中國家與已開發國家尤其如此。時下投入職場的年輕人在一生中，預計可以親眼看到幾次重大改變，而這些改變很可能會打斷他們的職涯連續性。

改變的速度越來越快，為城市生活的所有面向帶來莫大的壓力。這種改變速度當然無法永續下去，如果不做任何改變，我們就會面臨大崩潰，整個社經結構也可能瓦解。眼前的挑戰非常清楚：我們能不能回到一種更「生態」的相位，從中演化並滿足於某種次線性縮放的版本，以及隨之而來的自然限制，或零成長的穩定結構？這真的可能嗎？我們能不能擁有活力十足又充滿創造力與想像力的社會，並由各種思想與財富創造所驅動，就像世界上最優秀的城市與社會組織體現的那樣？或者，我們注定要活在都市貧民窟與最終的可怕毀滅所構成的星球上，就像戈馬克·麥卡錫（Cormac McCarthy）在小說《長路》（*The Road*）中描寫的那樣？[11]基於城市扮演著獨一無二的特殊角色，它是我們當前許多問題的根源，也是持續驅動超指數成長通往潛在災難的動力。為了地球的長期永續性，以具預測力的科學量化架構，了解城市的動力、成長與演化，就顯得至關重要。也許更重要的是，在近期的未來，藉由整合多種研究、模擬、數據庫、模型、理論，以及與全球暖化、環境、金融市場、風險、經濟、健康照護、社會衝突有關的推測，再加上人類的無數特徵——畢竟人是與環境互動的社會存有（social being）——以發展出在**大一統永續理論**脈絡中的一個理論。

後記

二十一世紀的科學

我在一開始就強調，本書很多論點的潛在哲學架構，是以受到物理學觀點啟發的典範為基礎。因此，一個重要的主題就是探討，基於超越任何特定系統細節的潛在一般原理，並且具有預測力的量化知識，可以發展到什麼程度。科學的一個基本信條就是，我們周遭的世界最終都受到某些普遍原理支配，因此，正是在這樣的脈絡中，我們應該好好觀察在高度複雜系統例如有機體、城市或公司之中的縮放法則。就像我之前設法呈現的，縮放法則反映出有系統的規律性，顯示的是潛在的幾何與動力表現，這意味著，這樣的系統也許能發展出某種可行的量化科學。至少，我們也能利用縮放法則，探討這個典範能夠推展到什麼程度。

對於大綜合理論（grand synthesis）的追求，也就是不受特定問題或學科限制的共通性、規律性思想，是激勵科學與科學家的一股強大動力。甚至可以說，這也是智人的決定性特徵，而且就表現在我們以各式各樣的信仰、宗教以及神話，來接受宇宙令人敬畏的偉大奧祕。這種對於綜合與統一的追尋，最早始於希臘思想，而且從那時候開始，就一直是科學上的重要主題；希臘思想率先發展出某些概念，例如原子與元素，這些概念就是後來建立各種學問的基本組成構件。

現代科學中就有一些典型的大綜合理論，例如：讓我們明白，有關太空與地球的運動定律其實一樣的牛頓定律；讓我們認識乙太與電磁波的麥克斯威有關電力與磁性統一理論；提醒我們，人類的生存其實和動植物一樣的達爾文自然選擇理論；讓我們了解，我們不可能永續下去的熱力學定律。每一個新概念都帶來深遠的影響，不只改變了我們思考世界的方式，也為科技進步奠定了基礎，因此我們許多人今天才能有幸享受這麼好的生活水準。不過，這些概念各自在某種程度上，都還不夠完備。但更精確地說，一旦了解這些概念的適用性局限、預測力限制，以及目前對相關的例外、違背、失敗例子的持續研究，就會激發出更深刻的問題與挑戰，也將促進科學持續進步，並發展出新的思想、技術以及概念。

當代物理學的一個重大科學挑戰，就是尋找某種**大一統理論**，以解釋基本粒子以及基本粒子之間的交互作用，包括延伸探討宇宙，甚至是時間、空間本身的起源。像這樣充滿雄心壯志的理論，在概念上會根據一套精簡、可以用數學表達的普遍原理為基礎，並用來解釋一切基本的自然力量，從重力與電磁力到或弱或強的核力（nuclear force）都包含在內，而且本身還能結合牛頓定律、量子力學，以及愛因斯坦的廣義相對論。另外，還可以解釋例如光速、時空的四個維度，以及所有基本粒子質量的基本量（Fundamental quantity）[1]；並能一一導出支配宇宙起源與演變的方程式，包括銀河系乃至行星的形成，以及生命本身在內。這真的是一項了不起又極具野心的追求，將近一百年來已經花費了數十億美元的代價，吸引了數千名研究人員熱心投入、前仆後繼。雖然這個理想距離終極目標還很遙遠，但以任何指標來衡量，這項持續不斷的努力已經具有相當的成果。舉例來說，我們已經發現，夸克是物質的基本組成構件、希格斯粒子是宇宙中質量的起源，以及黑洞與宇宙大霹靂……等等，還締造了許多的諾貝爾獎得主。[2]

這個努力得到很大的進展後，物理學家信心大增，於是為這個奇幻的想像起了一個響噹噹的名字：萬有理論（Theory of Everything）。由於必須滿足量子力學與廣義相對論在數學上的一致性，所以這套普遍理論的基本組成構件，可能是極微小的振動弦（vibrating string），而不是傳統的基本點粒子（point particle）。牛頓以及承繼牛頓思想的理論發展，就是以粒子為基礎。因此，這個想像還有一個比較平淡無奇的次標題：「弦論」（string theory）。就像有關諸神與上帝的發明，萬有理論的概念也蘊含著最偉大的想像，就像所有靈感中的靈感。這意味著，我們可以用一小組規則涵蓋與理解宇宙的整體，也就是一組萬事萬物都遵循的數學方程式。然而，就像上帝的概念，這可能會產生誤導，並對我們的思考能力有害。

像這樣誇大地把某個領域的研究取名為「萬有理論」，透露出某種程度的知識傲慢。這種話真的可以相信嗎？有一條至高無上的方程式，足以涵蓋宇宙的**一切**？一切？生命哪裡去了？動物與細胞、大腦與意識、城市與公司、愛與恨、你的抵押貸款、今年的總統大選等等，又哪裡去了呢？我們每個人都在地球上參與其中的超級多樣性、複雜性，以及各式各樣的雜亂現象，到底是怎麼形成的？最簡單的答案就是：偉大的萬有理論涵蓋了各種交互作用與動力，而這一切就是它們產生的必然結果。科學家甚至假設，時間本身的出現，同樣源於這些振動弦的幾何學與動力學。發生大霹靂後，宇宙擴張，冷卻，接著依序形成夸克、核子、原子、分子，以及一系列的階層形式，最後趨向複雜，包括細胞、腦、情緒，以及生命的其他部分，然後就像天外救星忽然現身一樣，完整的宇宙體系就瞬間誕生了。這一切就好像把漸趨複雜的方程式與計算式假設，忽然來個大轉彎，至少在原則上可以解釋到某種程度的正確性就好。在質性意義上，這種極端的化約論說法的確有部分的效力，雖然我不確定有誰會真的相信這種說法到什麼程度，但是不管怎樣，這種說法就是忽略了**某些東西**。

所謂的「某些東西」，包含了本書探討的很多問題中隱含的概念與思想，包括資訊、突現、意外、歷史偶然、適應，以及自然選擇的概念，還有**複雜適應系統**（無論是有機體、社會、生態系統，或者經濟）的一切特徵。這些都是由無數個別成分或代理人組成，即使已經知道這些成分的互動動力，但往往無法從潛在的成分詳細預測它們的集體特徵。這不像萬有理論根據的牛頓學說典範，複雜適應系統完整的動力與結構，沒辦法只用少數幾個方程式寫出來；更精確地說，在大多數情況下，甚至無限多的方程式也寫不出來。另外，甚至在原則上，也不可能做出有任何程度的正確性的預測。

另一方面，我在本書中不斷嘗試說明，縮放理論是一個強大的工具，可以打造出發展量化架構的中間地帶，以理解、預測這類系統許多面向的粗略表現。

關於極具想像力的萬有理論，也許最令人意外的影響是，它暗示著，在宏偉浩瀚的尺度上，包括宇宙的起源與演變，宇宙雖然極其複雜（complicated），卻並不**難以理解**（complex），事實上，因為宇宙可以被寫成一定數量的方程式，甚至可能構想出一條至高無上的方程式，所以出奇地簡單。這與我們在地球上發生的情況恰恰相反。在地球上某些最多樣化、最複雜、最雜亂的現象中，我們是不可或缺的一部分。這些現象可能在宇宙中的任何地方發生，並可能需要透過其他非數學化的概念來理解。因此，我們除了贊同與推崇，尋找一切基本自然力量的大一統理論的努力，我們也應該意識到，這種大一統理論實在不能用來解釋並預測**萬事萬物**。

因此，在追求萬有理論的同時，我們必須開始追求複雜的大一統理論。發展出一個具有分析與預測力的量化架構，以理解複雜適應系統，肯定是二十一世紀科學數一數二的重大挑戰。其中的一個重要推論，也有更大的急迫性，就是必須發展出一套有關永續的大一統理論，以因應我們目前面對的非常挑戰。當然，就像所有的綜合理論，幾乎肯定都不夠完整，也可能無法實現。雖然如此，它們還是會繼續激發出重要、可能具有開創性的新思想、概念與技術，並影響我們接下來如何發展，以及我們到目前為止的成就是否可以維持下去。

跨學科研究、複雜系統，以及聖塔菲研究院

雖然這樣的想像無法以這麼浮誇的用詞，直截了當表達出來，但確實點明了聖塔菲研究院的創立宗旨。聖塔菲研究院是個很棒的地方，也許不是每個人都這麼覺得，然而，對許多像我們這樣懷著天真浪漫想像的人來說，為了追求「真與美」（truth and beauty），我們還是想要加入某個兼容並蓄的學術社群。我們在典型的大學環境中找不到這樣的圈子，覺得很失望，而聖塔菲研究院正是我們最可能實現理想的地方。我覺得運氣好極了，竟然有幸在這麼了不起的地方度過成果豐碩的幾年光陰，又能與學術界各方志趣相投的同事互相切磋。

英國科學作家約翰．惠特菲德（John Whitfield）的描述，大概最能精準道出聖塔菲研究院的氛圍與特色，他在二〇〇七年寫道：

> 這所研究機構是認真要做跨學科研究的，裡頭不分部門，只有一群研究人員……聖塔菲研究院與複雜理論幾乎變成同義詞了……現在這所研究機構坐落在小鎮郊外的小山坡

上，對於科學家來說，這肯定是最令人愉快的好地方。研究人員的辦公室，以及他們午餐時間或臨時開研討會必須經過的公共空間，有可以眺望群山與荒野的觀景窗，而且沿著汽車停車場走出去就是徒步小徑。在研究所的廚房裡，你可以偷偷聽見三個人正談論某個議題，他們分別是古生物學家、量子電腦專家，以及從事金融市場研究的物理學家。你還可以看見，一隻貓與一隻狗悠閒漫步在穿廊上，一會兒晃進辦公室，一會兒又晃出來。**這裡的氣氛就像劍橋大學的教職員交誼廳，再加上基克族**（geekdom，按：指高科技界的書呆子）**的西岸聖殿，兩者混合的結果，就好比谷歌或皮克斯（Pixar）**。

最後兩行的粗體字是我強調的，因為我認為惠特菲德形容得很正確，精準傳達出這種奇妙的混合特色。一方面是牛津大學或劍橋大學的象牙塔形象，一大群學者「為了知識與理解本身」，順著他們的靈敏嗅覺探索方向，致力於追求知識，發展見解；另一方面是矽谷與「真實」世界的問題纏鬥的前衛形象，致力於尋找創新的解決辦法，以及因應生命的複雜性的新方法。雖然聖塔菲研究院是做基礎研究的典型機構，卻不是由既定議程或應用議程所驅動，它處理的問題在本質上必然會迫使許多人正視重大的社會議題。因此，不只是聖塔菲學者的學術網絡，研究院本身也擁有非常活絡的商業網絡，稱為應用複雜網絡（Applied Complexity Network），裡頭包含各種公司，有小型的新公司，也有很多是知名的大企業，並涵蓋了各式各樣的商業活動。

聖塔菲研究院在學術景觀中占有獨特的地位，它的使命是以一種傾向量化分析的數學計算思維，在科學的最前線處理各種規模的基本問題與重大難題。研究院裡沒有任何部門或正式組織，取而代之的是一種優良文化，致力於促進充滿創意的長期跨學科研究，研究領域涵蓋數學、物理學、生物醫學，乃至社會學與經濟學，應有盡有。研究院裡有一小部分常駐研究人員（但沒有終身職），以及約一百名外部研究人員。外部研究人員主要在別的地方任職，偶爾才派駐到研究院來，為期長短不等，可能是一、兩天，也可能是幾個星期。此外也有博士後研究員、學生、新聞工作者，甚至作家。聖塔菲研究院支持著許多工作團體與小組、研討會、專題討論會，以及學術研習會，並且熱忱款待大量湧入的訪客（每年約有數百人到訪）。多麼美妙的大熔爐啊！這裡幾乎不分階級，規模小得恰到好處，方便現場的每個人認識彼此。考古學家、經濟學家、社會科學家、生態學家以及物理學家，每天都能自由互動，可以找彼此談天說笑，沉思冥想，也可以嚴肅起來分工合作，解決各種大大小小的問題。

聖塔菲研究院的理念源自於一種根本假設，認為只要聚集一群聰明人才，並提供一個充滿活力的環境來支持他們、鼓舞他們，讓他們自由交流，就一定能激發出一些好東西。在營造聖塔菲文化之初，目的就是為了開創一種具有催化作用的開放氛圍，因為在一般大學的傳統組織結構中，交流與合作往往窒礙難行，在這裡卻會受到強烈的鼓勵。各具特色的心靈齊聚一堂，準備好要展開重要而深入的合作，處理極其複雜難解的現象，探索其根本原理、共通性、簡單性以及秩序，這就是聖塔菲科學研究的標誌。就某種弔詭的意義而言，聖塔菲研究院恰恰印證了自己研究的東西：複雜適應系統。

聖塔菲研究院作為「複雜系統之跨學科研究的正式發源地」，已經獲得國際承認。在科學與社會面臨許多最具挑戰性、最令人興奮的深刻問題時，研究院也扮演著中心角色，率先指出這些問題橫跨不同的傳統學科。這些問題包括生命的起源；包含有機體、生態系統、大流行病或社會等系統，它們的創新、成長、演化與彈性的一般原理；自然與社會的網絡動力；在醫學與計算上受到生物學啟發的典範；在生物與社會中，資訊處理、能源以及動力之間的互相連結關係；社會組織的永續與命運；金融市場與政治衝突的動力等等。

我很榮幸在聖塔菲研究院擔任院長好幾年了，所以我對研究院的理念、立場，以及成果，顯然會有些偏見。不如我先對聖塔菲研究院的特色，分享一些評論與想法，以免你以為這全是我一廂情願的溢美之詞。羅傑斯．荷林渥（Rogers Hollingsworth）是位傑出的社會科學家兼歷史學家，任職於威斯康辛大學，他有一項為人熟知的深度研究，就是分析成功研究團體的必備要素。有一回，荷林渥對國家科學基金會理事會（該理事會負責監督國家科學基金會）的某個小組委員會演講，該小組委員會負責審查「轉型的」（transformational）科學。當時他說：

我和同事考察位於大西洋兩岸的研究組織，共約一百七十五家。從許多方面來看，聖塔菲研究院都是能夠促進創意思考的理想機構。

以下還有一段評論，引自《連線》（*Wired*）雜誌：

一九八四年創立以來，這家非營利研究中心就不斷集結來自各領域的一流心靈，合力研究細胞生物學、電腦網路，以及其他隱藏在我們生活中的系統。他們發現的模式對當代某些迫切的議題深具啟發性，並且漸漸成了現在所謂的複雜科學的理論基礎。

起初，聖塔菲研究院的構想來自一小群傑出的科學家，其中有幾位是諾貝爾獎得主，他們大部分與洛斯阿拉莫斯國家實驗室有點關係。當時他們擔心，學術界主要的學科煙囪化（disciplinary stovepiping）與專門化（specialization）現象，反而會忽略許多重大問題，尤其是那些橫跨不同學科或具有社會本質的問題。不論是要贏得學術地位、爭取升遷或終身職、獲得聯邦機構或私人基金會的補助金，甚至是獲選到國家科學院任職，你都得設法證明，自己就是某個狹隘學科分支的某個極小主題的**專家**，因為現在的獎勵機制越來越緊扣著這一點。對許多人來說，思考或推論某些重大問題與廣泛議題，以及大膽假設或特立獨行的自由，都成了一種無福消受的奢侈。這不僅僅是「不發表就出局」（publish or perish）的問題，也越來越像是「不賺錢就完蛋」（bring in the big bucks or perish）的問題，因為大學已經開始公司化（corporatization）了。從前還有像湯瑪士・楊格或達西・湯普森那樣的博學家與大思想家，如今美好的日子早已一去不復返了。跨學科思想家要能跨越自身領域的藩籬，自由表述思想與概念，可能還要將觸角延伸到陌生的知識領域。但現在學識淵博的學科**內**（intradisciplinary）思想家，勉強就那麼一些而已，更別說學科**間**（interdisciplinary）的思想家了。為了對抗這種不自由的學術研究趨勢，才會創立聖塔菲研究院。

研究院成立初期在討論該如何規劃實際的科學議程時，著重在一些迅速發展的領域，包括電腦科學、計算，以及非線性動力，也就是洛斯阿拉莫斯實驗室扮演開創性角色的領域。接著理論物理學家穆瑞・蓋爾－曼（Murray Gell-Mann）加入了我們。蓋爾－曼了解到，我們的提議還是偏向以技術為中心，而不是思想與概念，如果聖塔菲研究院想要為科學進程帶來重大影響，就必須制定更廣博而大膽的科學議程，並著手處理重大問題。於是，複雜觀點與複雜適應系統等包羅萬象的主題，就此誕生，科學與社會目前面臨的重大挑戰與問題，幾乎全都包含其中，而且兩者從來就不受限於傳統的學科界限。

現在有許多機構都喜歡用多學科（multidisciplinary）、超學科（transdisciplinary）、跨學科（cross-disciplinary）、學科間（interdisciplinary）等等形容詞來自我推銷，這是這個時代的有趣現象，而且我認為，這也是聖塔菲研究院發揮影響力的顯著指標。雖然在某種程度上，這些說法一定會淪為裝模作樣的行話，只是描述傳統學科**之中**，橫跨分支領域的各種合作關係，而不是那些**跨越**（across）傳統學科之間鴻溝的大膽躍進，不過確實也意味著形象與態度的明顯改變。儘管在某種程度上，每所大學仍像以前一樣固守傳統學科的界限，但這種想法的確感染了整個學術界，現在幾乎被視為理所當然。我在這裡引用史丹佛大學網頁的一段文字為例，史丹佛大學重新包裝形象，還宣稱自己一向以這種風格辦學：

> 史丹佛大學創辦以來，一直是跨學科合作的先鋒……在各個領域推出創新的基礎研究與應用研究……自然促進了多學科合作。

為了讓你更能了解，學術界在短短二十年間非比尋常的轉變，我來分享一則聖塔菲研究院創立早期的趣聞。

在聖塔菲研究院的幾位創辦人中，有兩位是二十世紀學術界的大人物，而且都得過諾貝爾獎：一位是普林斯頓大學凝態物理學家菲利普・安德森（Philip Anderson），他研究過超導體，也從事許多別的研究，並率先發想出對稱破缺（symmetry breaking）③機制，這是預言希格斯粒子存在的理論基礎；另一位是史丹佛大學的肯尼斯・阿羅（Kenneth Arrow），從社會選擇（social choice）到內生成長理論（endogenous growth theory），對經濟學的基本架構貢獻良多，而且是史上最年輕的諾貝爾經濟學獎得主，門下也有五名學生得過諾貝爾經濟學獎。安德森與阿羅，再加上另一位著名凝態物理學家兼聖塔菲研究院創辦人大衛・潘恩（David Pines），共同發起了第一個敲響聖塔菲研究院名號的重大計畫。這項計畫旨在運用嶄新的複雜系統觀點，來處理經濟學上的基本問題，例如我們開始反問，非線性動力學、統計物理學，以及混沌理論（chaos theory）的思想，能否為經濟學理論帶來一些新見解。一九八九年某個早期研討會結束後，知名期刊《科學》刊登了一篇題為〈同床異夢〉（Strange Bedfellows）[4]的文章來介紹那次會議，開頭寫道：

> 這對搭檔放在一塊兒很古怪，這兩個諾貝爾獎得主……過去兩年來，安德森與阿羅一直在一起工作，他們投入的事業是科學史上最古怪的結合，是一場經濟學與物理學締結的婚姻，最起碼，也稱得上是一場認真投入的戀愛……在聖塔菲研究院的庇護下，展開了這項富有開創性的冒險事業。

現在時代完全不一樣了！如今，物理學家與經濟學家之間的合作，早已見怪不怪，從華爾街上物理學家與數學家構成的洶湧人潮，也可見一斑，他們許多人實在有錢得沒天理。然而，這種事在短短二十五年前，還幾乎前所未聞，像這樣兩個卓越思想家的結合，更是不可思議。現在的人應該很難相信，當時的人竟然認為，這種合作關係非常稀奇，還說是「科學史上最古怪的結合」。也許現代人的視野真的擴大了吧。

我擔任聖塔菲研究院院長後，偶然讀到一段引起我強烈共鳴的金玉良言，這個人在距當時五十多年前，曾經協助創辦並經營一家研究機構，而且辦得有聲有色。他就是因發現血紅素結構，而成為諾貝爾化學獎共同得主的馬克斯・佩魯茲（Max Perutz）。佩魯茲應用在研究中的X射線結晶學，是威廉・布拉格（William Bragg）與勞倫斯・布拉格（Lawrence Bragg）這對父子檔，在二十世紀初葉率先採用的技術。一九一五年，布拉格父子共同獲頒諾貝爾物理學獎，實屬罕見，當時兒子勞倫斯年僅二十五歲，至今仍是諾貝爾科學類獎項的最年輕得主。

勞倫斯・布拉格很有先見之明，他看出他協助發展出來、原本用於研究普通物質晶體結構的技術，也許是揭示生命基本組成構件的複合分子（complex molecule）結構的強大工具，例如血紅素與DNA。勞倫斯積極鼓勵他的學生，也就是佩魯茲，開始一項與揭開生命結構奧祕有關的研究計畫。於是，科學界最成功的機構在一九四七年誕生了，那就是醫學研究協會（Medical Research Council Unit, MRCU）。該協會設立在劍橋大學知名的卡文迪許實驗室（Cavendish Laboratory）下，協會負責人就是勞倫斯・布拉格。MRCU在佩魯茲的指導下，近年來搶下至少九座諾貝爾獎，其中包括詹姆士・華生（James Watson）與法蘭西斯・克立克（Francis Crick）發現DNA雙股螺旋結構的著名研究。

佩魯茲獲得非凡成功的訣竅是什麼？難道他發現了什麼神奇方程式，才能設計出最完美的研究方法？果真如此，我們又要怎麼善用這一點，好讓聖塔菲研究院也能在科學研究上屢建奇功？這些就是我在研究院擔任領導職時，忍不住要問自己的問題。我後來了解到，佩魯茲不只堅持做自己的研究計畫，也會為他的研究人員保留獨立自主的空間。他平等對待每一個人，甚至推辭了爵士頭銜，只因為他不想與年輕研究人員產生隔閡。他對每個人的工作一清二楚，而且很重視與不同人同桌喝咖啡、吃午餐，或者喝茶。雖然不見得總是做得到，不過至少在精神上，這一切就是我一心盼望的工作模式。另一方面，縱使機率微乎其微，不過要是有人打算封給我一個爵士頭銜，我才不會放棄這個好機會呢！

但佩魯茲真正激勵到我的部分，其實是我在《衛報》（*Guardian*）上讀到有關佩魯茲逝世的一篇報導寫到的東西。[5]那篇文章寫道：

> 他這個人古靈精怪，每當有人問他，有沒有什麼可以奉為圭臬的簡單原則，可以組織非常有創意的研究團隊，他就會說：「別搞政治、別搞委員會、別搞報告、別搞推薦人、別搞面試，只要讓幾個有眼光的人挑選一群有天賦又超積極的人才就行了。」當然，在這個愛挑剔的民主國家，這不是我們做研究習慣搞的那一套，然而，佩魯茲才華洋溢，又有

絕佳的眼光，這番話從他口中說出來就不算是菁英論了。這純粹是料想得到的事，佩魯茲的實際行動證明了這一點，這也顯示，對於科學界而言，如果想要吸引世界上最優秀的人才登門造訪，一起征服全世界，那麼採用這套方法準沒錯。

這麼說來，他的確有一套神奇方程式，而且效果非常好。但如今這種作法，簡直令人難以置信：**別搞政治、別搞委員會、別搞報告、別搞推薦人、別搞面試**，「只要」一心追求卓越，並運用**絕佳的眼光**就行了。但最起碼在原則上，這就是我們在聖塔菲研究院設法做到的研究方式，現在當然還是如此：找出最優秀的人才，信任他們，支持他們，別拿狗屁倒灶的事妨礙他們……好事自然就會發生了。聖塔菲研究院創立時就是秉持這種精神，而且從富有遠見的喬治・考溫（George Cowan）到優秀的現任院長大衛・克拉寇爾（David Krakauer），每一任院長都熱烈提倡這個理念。然而，既然這看起來很簡單，怎麼還會有人不照佩魯茲的神奇方程式去做呢？這麼說吧，你可以試試看，向贊助機構、國家衛生基金會（ＮＳＦ）、能源部（ＤＯＥ）、國家衛生研究院（ＮＩＨ）、慈善基金會、大學教務長與學院院長，或者你的選區議員提出這個建議，你就曉得為什麼了。神奇方程式當然是簡化了一點，還有點不切實際，說的比做的容易，讓人聯想到支持從未確實存在於天真形式的科學與獎學金的畫面。話說回來，也許這正是它的威力所在。懷抱著如此崇高的理想，企圖創造出一種精神與文化，讓思想發展與知識研究，不受季度報告、寫不完的研究計畫、監督委員會、政治陰謀以及瑣碎的官僚體制所束縛，應該凌駕於所有的其他考量。佩魯茲透過親身示範，向我們證明，這才是成功的關鍵要素。因此，每年我向董事會做年度報告時，除了誇耀我們的成果，抱怨財務狀況與籌募研究資金有多困難，結束時都會大聲念出這套神奇方程式，就像在念咒或訴說心願一樣，提醒大家堅持我們的優先順序。

大數據：典範4.0，還是典範3.1？

自從十六世紀丹麥天文學家第谷．布拉赫（Tycho Brahe）提出行星運動的量化觀察結果後，在發展對於圍繞著我們的整個宇宙的理解時，測量（measurement）就發揮著核心的作用。也就是說，當我們試圖解釋宇宙的起源、演變過程的本質，或者經濟的成長時，數據就成了我們構思、驗證、修正理論與模型時的依據。

數據是科學、科技，以及工程的命脈，近年來在經濟、金融、政治以及商業中，扮演的角色也越來越重要，而我在本書探討的種種問題，若不是仰賴大量數據，也幾乎沒辦法分析。另外，如果無法取得我在前面章節中用過的數據，我們也無法嚴肅思考並發展出理論架構，來處理複雜適應系統理論、城市的科學、公司的科學，以及永續的問題。比方說，我們在研究過程中，用手機打了無數通的電話，就是為了驗證有關社會網絡與城市中人際活動的預測。

資訊科技革新一直是近年來不可或缺的重要發展，不只可以用來收集數據，也可以對生成的龐大資料進行分析，並組織成可以處理的形式，以便我們進一步汲取新的見解、推論規律性，或者預測未來並加以證實。就連我現在用來輸入手稿的十三吋蘋果筆電MacBook Air，速度與容量也都好極了，而且不管要分析並擷取數據、儲存資訊，或進行複雜運算，功能都非常出色。我那台小小的iPad，威力比二十五年前世界效能第一的超級電腦克雷2（Cray-2，按：一九八五年克雷公司研發出的超級電腦）還要強大，當年克雷2要價約一千五百萬美元。如今，我們使用各式各樣的電子設備監控周遭生活的一切，包括身體、社交互動、行動、個人喜好以及交通狀況，幾乎沒有例外，因此累積了令人難以想像的龐大數據量。

現在全世界的上網裝置數量超過全球人口的兩倍，而且所有上網裝置螢幕的總面積，比每人一平方英尺（按：一英尺約三十公分）還要大。我們的確已經邁入大數據時代。目前儲存、交流的資訊量持續呈現指數成長，這一切不過是近十年左右發生的事，卻是生活步調加速的有力證明。我們已經聽到不少說得信誓旦旦或天花亂墜的言論，預示著大數據時代的到來，彷彿大數據是一種萬能藥，從健康照護到都市化，任何迫在眉睫的挑戰都能迎刃而解，同時又能更進一步提升生活品質。只要我們測量並監控一切，把數據統統扔進強大的電腦，就可以變魔法般得到所有的答案與解決方法，然後搞定一切疑難雜症，從此高枕無憂。這個正在發展中的典範，正完美地概括日漸主宰我們生活的大量「智慧」裝置與方法論。現在幾乎任何新產品，似乎都非要使用「智慧」來稱呼不可，包括智慧城市、智慧健康照護、智慧溫度控制器、智慧型手機、智慧卡，甚至是智慧包裹盒。

數據很好，有更多數據就更好了——這就是大多數人視為理所當然的信條，尤其是我們當中的很多科學家。然而，這種信念其實隱含著一種想法，以為只要數據越多，就越能深入了解根本的機制與原理，因此根據禁得起一再驗證與修正的穩固基礎，就能建立可靠的預測，並進一步建構模型與理論。但是，如果只是為了要放數據而找數據，或者漫無目的地收集大數據，在組織與理解時卻不參考任何概念架構，其實毫無幫助，甚至相當危險。如果沒能深入理解根本的機制，光是靠著數據或數學上的數據配適，可能會被數據欺騙，並導出錯誤的結論，而造成始料未及的後果。

這個提醒與一句經典警語大有關係：「相關不表示因果」。兩套數據之間光是密切相關，並不足以證明兩者也有因果關係，而且有許多怪異的例子，可以說明這一點。⑥舉例來說，一九九九年至二〇一〇年的十一年間，美國花在科學、太空以及科技上的總支出變化，幾乎完全跟著國內因上吊、勒頸以及窒息自殺死亡人數的變化。要說這兩個現象之間有任何因果關係，簡直是不可能的事，科學支出減少，當然不是上吊自殺人數減少的原因。然而在許多情況下，像這樣一目了然的結論，反而不是那麼明顯。事實上，更一般的情形是，相關性可能是因果關係的重要指標，但往往只能在進一步研究並發展出機制模型後，才能夠證實。

這一點在醫學上尤其重要。比方說，通常被視為「好」膽固醇的高密度脂蛋白（high-density lipoprotein, HDL），在血液中的濃度與心臟病發生率成負相關，這意味著，如果服用藥物來提升ＨＤＬ，應該就能降低心臟病發作的可能性。雖然如此，目前仍無法證明這種方法確實有效，人為提升ＨＤＬ濃度似乎未能有效改善心血管健康。這也許是因為，還有其他因素會影響ＨＤＬ濃度與心臟病發生率，例如基因、飲食、運動等等，但這些因素與它們之間沒有任何直接的因果關係。甚至因果關係也可能反過來，也就是說，良好的心血管健康會誘發出更高的ＨＤＬ濃度。為了找出心臟病的主要原因，顯然有必要進行廣泛研究，蒐集大量數據，並結合機制模型的發展，來確認各項因素，例如基因、生物化學、飲食、環境，如何發揮作用。此外，當然還要投入醫療專業的大量資源來執行這個計畫。

我們應該在這樣的脈絡中看待大數據：典型的科學方法是應用嚴謹的分析發展出模型與概念，而且其預測可以通過測試並用來設計新療法與策略，現在可以加上「智慧」裝置的力量，以收集大量的相關數據。這套典範的核心在於，不斷修正哪些數據是最重要的測量項目、需要多少數據，必須要精確到什麼程度才行。我們為了取得數據而選擇聚焦並測量的變數，並非毫無根據，而是在某個演變中的概念架構脈絡中，循著先前成功與失敗的經驗來判斷。科學研究可不像非法調查（fishing expedition）⑦那麼簡單。

隨著大數據問世，這個典型觀點也受到挑戰。二〇〇八年，《連線》雜誌登出一篇題為〈理論的終結：抵不住數據洪流，科學方法落伍了〉（The End of Theory: The Data Deluge Makes the Scientific Method Obsolete）的文章，內容頗具爭議性，當時的編輯克里斯．安德森（Chris Anderson）寫道：

> 有了大量的數據可以使用，再加上可以分析這些資料的統計工具，我們就能用全新的方式來理解世界。相關性取代了因果關係，科學不再需要任何一致的模型、一統的理論，或者任何真正的機制解釋，就可以繼續進步……面對龐大的數據，這種處理科學的方法，包括假設、模型、驗證等等，已經漸漸落伍了……從語言學到社會學，跳脫有關人類行為的每一種理論吧！忘了分類學、本體論、心理學吧！誰曉得人為什麼做他正在做的事？重點在於他們就是這麼做，而我們能以前所未見的真實度來加以追蹤並測量。只要有足夠的數據，數字就會自己說話……如今，谷歌這類大公司在擁有龐大數據的時代中成長，根本不必勉強套用錯誤的模型。真的，它們根本不必勉強套用任何模型了……我們沒理由一定要執著於老方法，是時候好好反省這個問題了：科學可以從谷歌身上學到什麼？

我不打算回答這個問題，只想告訴你，在矽谷、資訊科技產業，以及商業社群中，有越來越多人開始支持這種激進的觀點，而且另一個沒有那麼極端的說法，也正快速吸引學術界人士的關注。近幾年來，幾乎每一所大學都開設了研究中心或研究所，並挹注豐厚的資金來鑽研大數據；同時，對於另一個熱門的專業術語「**學科間**」（interdisciplinary）也推崇備至。舉例來說，不久前，牛津大學才在一棟「堪稱頂級工藝」的美麗新大樓中，設置了大數據研究中心（Big Data Institute, BDI）。以下是他們對這個研究中心的描述：「這個跨學科研究中心著重於分析各式各樣龐大而複雜的數據，以研究疾病的成因與後果，以及預防與治療。」這顯然是一項值得尊敬的理想，只是沒那麼重視理論或概念的發展。

另一方面，曾獲得諾貝爾獎的基因學家西尼・布倫納與這種思潮持相反觀點，我在第三章引用過他說的話。此外，我提過佩魯茲在劍橋大學創辦一所知名的研究機構，負責人正好就是布倫納。布倫納把他的觀點表達得很有說服力，他說：「生物學研究陷入危機了……科技給了我們分析所有大小的有機體的工具，但我們其實淹沒在數據海洋中，並渴望找到某種可以理解數據的理論架構。雖然很多人相信『越多越好』，歷史卻告訴我們『最少才是最好』。我們需要理論，並徹底掌握我們所研究的物體本質，才能做其他預測。」

安德森的文章刊出後不久，微軟就在《第四典範：數據密集的科學發現》（*The Fourth Paradigm: Data-Intensive Scientific Discovery*）一書中，刊登了一系列精彩的文章。此書的靈感來自微軟電腦科學家吉姆・格雷（Jim Gray），遺憾的是，二〇〇七年他航行出海後就失蹤了。在他的想像中，數據革命是一種重大的典範轉移，代表二十一世紀科學進步的方式，他稱為第四典範（the fourth paradigm）。根據他的說法，另外三個重大的典範轉移依序為：一、實證觀察（前伽利略時期）；二、以模型與數學為基礎的理論（後牛頓時期）；三、計算與模擬。我的印象是，格雷的觀點與安德森恰恰相反，他認為第四典範是整合前三種典範的結果，也就是說，是統整了理論、實驗以及模擬的結果，並特別著重數據的蒐集與分析。在這個意義上實在很難反駁他，因為這大致就是近兩百年來科學進步的方式，也就是說，差別主要在於量化。這麼久以來，我們一直沿用的方法，經過「數據革命」以後，更是大大提升了進一步利用與實現的可能性。在這個意義上，這更像是典範3.1，而不是典範4.0。

不過，許多人更看好另一個新典範，包括安德森在內，他們認為有了這個新典範後，可能就不再需要傳統的科學方法了。這個典範需要援用一些技術與方法，例如：**機器學習**、**人工智慧**，以及**數據分析**。雖然這些技術有各式各樣的實踐方法，卻都是基於同一套思維，也就是認為，根據數據輸入（data input）就可以設計電腦程式與演算法，以達成演變與適應的目的，進而解決問題、提出見解，並做出預測。這一切全靠迭代法（iterative procedure）[8]來找尋、建構數據中的相關性，而不必考慮這種關係存在的原因，而且隱含著一種假設：「相關取代了因果關係」。這種方法已經變成龐大的利益領域，對我們的生活也產生了很大的影響。舉例來說，這種方法對於谷歌之類的搜尋引擎如何運作，以及如何構思投資或經營組織的策略尤其重要，而且可以作為無人汽車的發展基礎。

這個方法也引出一個經典的哲學問題：這些機器在什麼限度之內算是在「思考」。我們這麼說實際上又是什麼意思？機器已經比我們還聰明了嗎？最後超智慧機器人（superintelligent robot）會取代我們嗎？這種科幻小說的可怕幻想，似乎正快速侵入我們的生活。的確，我們很容易就能理解，為什麼有些像庫茲威爾那樣的人會認為，下一次典範轉移會包含機械與人類的結合，或者最後會導致智慧機器人統治地球。我之前說過，雖然別人提出的這些問題很吸引人，又很有挑戰性，需要認真探討一番，但是我對這種未來主義者的想法，其實不抱什麼希望。另一方面，這個討論也必須結合另一個可能發生的典範轉移，這個典範受到迫在眉睫的有限時間奇點所驅動。有限時間奇點與加速生活步調有關，並牽涉到全球永續問題，以及很快要加入我們星球的四、五十億人的問題。

毫無疑問，大數據對生活會造成各方面的重大影響，也會成為科學公司的重要幫手。就重大發現與我們觀看世界的新方式來說，大數據與更深入的概念思考和傳統理論發展的整合程度，將是它能否成功的關鍵。由安德森主導、格雷協助提出的想像，就是電腦科學家與統計學家聯手打造的另一個萬有理論版本。這個版本的觀點同樣帶有一種傲慢與自戀，以為這就是認識萬事萬物的唯一方法，但是它可以真正顯示新科學到什麼程度，仍然沒有定論。不過一旦結合傳統的科學方法，就一定辦得到。

如果想知道大數據與傳統科學方法整合後，會如何產生重要的科學發現，希格斯粒子的發現，就是一個精彩的例子。首先，容我提醒，希格斯粒子是基礎物理定律的重要關鍵，這種粒子瀰漫在宇宙中，從電子到夸克，所有物質基本粒子的質量，都是由這種粒子產生的。六十多年前，六個理論物理學家團隊以非常聰明而精彩的方式，預測到這種粒子的存在。但這個預測並不是憑空冒出來的，而是傳統科學過程的最終結果。科學家花了很多年，為了簡單解釋這個觀察，先發展出數學理論與概念，然後再進行數千個實驗的反覆分析，因此又刺激更進一步的實驗，以測試這些理論的預測。

這個過程經歷了五十多年，我們才充分發展出適當的技術，得以認真研究在我們的自然基本力量的統一理論中，難以捉摸卻又至關重要的要素。這個研究的核心是建造大型粒子加速器（giant particle accelerator），在粒子加速器中，質子會在圓形光束裡頭，以接近光速的速度朝相反的方向移動，然後在某個受到嚴密控制的作用區域中互相碰撞。當時在瑞士日內瓦歐洲核子研究組織（CERN）建造完成這部機器，耗資超過六十億美元，後來我們用另一個名字來稱呼它：大型強子對撞機。這部碩大無比的科學工具真的很龐大，周長約十七英里（按：約二十七·三公里），而且用來觀測粒子碰撞的兩個主要探測器，各自長約一百五十英尺（按：約四十五·七公尺）、寬七十五英尺（按：約二十二·九公尺）、高七十五英尺。

這一整個計畫象徵著空前的工程成就，並產生了一切大數據的起源，簡直無與倫比。每一秒約有六億次碰撞，並受到各個探測器中的一．五億個感應器監控，這麼一來，每年約產生一．五億個千兆位元組（petabyte），或者每天產生一百五十個艾位元組（exabyte，位元組〔byte〕是資訊的基本單位）。讓我來說明一下，以便幫助你掌握這種尺度的意義。儲存本書所有內容的Word文件檔，包括所有圖表在內，還不到二十個百萬位元組（megabyte，二十ＭＢ，也就是二千萬個位元組）；MacBook Air可以儲存八個十億位元組（gigabyte，等於八ＧＢ）的資料；網飛（Netflix）儲存的所有影片加起來，總共不超過四個千兆位元組（四百萬ＧＢ），或者也可以說，大約是這台筆記型電腦容量的五十萬倍大。至於最龐大的數據量，也就是每天全世界所有電腦與其他資訊科技裝置所產生的總數據量，累積起來約有二．五個艾位元組。一個艾位元組等於10^{18}個位元組，或十億個兆位元組（ＧＢ）。

這個數字令人敬畏，也經常被吹捧成大數據革命的判斷標準。不過真正令人敬畏的是，這些最龐大的數據量與ＬＨＣ產生的數據量一比，馬上便相形失色。如果把每秒產生的六億次碰撞全部記錄下來，每天就會累積大約一百五十個艾位元組的數據量，大約是全世界所有計算裝置產生的總數據量的六十倍大。科學家原本以為，藉由設計機器學習演算法找出相關性，進而發現希格斯機制後，就可以讓數據自己說話。然而，由ＬＨＣ產生的龐大數據量來看，這個天真的計畫要成功，希望顯然非常渺茫。即使這部機器產生的數據量比現在少一百萬倍，這個策略的成功機率仍然微乎其微。那麼，物理學家又如何大海撈針呢？

重點在於，我們擁有的概念架構已經發展完備，並受到充分的理解與驗證，也有數學理論可以引導我們觀察值得注意的地方。這告訴我們，就尋找希格斯粒子而言，絕大多數碰撞所產生的數據碎片，實際上幾乎都不值得注意，或者沒什麼關聯。事實上，這讓我們了解到，每秒發生的近六億次碰撞中，只有大約一百次，亦即在整個數據流中只占〇．〇〇〇〇一％的數據，能夠引起我們的興趣。藉由設計精密的演算法，聚焦於特別重要又極其微小的數據子集，最後才終於發現希格斯粒子。

我們學到的教訓顯而易見：不論科學或數據，都不是平等的（democratic）。科學屬於菁英主義（meritocratic），而且不是所有數據都一樣有用（equal）。根據你尋找或研究的東西而定，不論是已經高度發展的量化方法，例如基礎物理學，或相對來說發展還不夠成熟的質性方法，例如社會科學，傳統的科學研究方法學都是不可或缺的指引。對於限定研究範圍、精鍊問題，以及理解答案，都有強大的約束力。只要受到更宏觀的概念架構所約束，尤其是可以用來判斷相關性以及機制性因果關係的概念架構，那麼，企業引進越多大數據越好。如果我們沒有「淹沒在數據海洋中」，我們就需要「找到某種可以理解數據的理論架構……並徹底掌握我們所研究的物體本質，才能做其他預測」。

最後一個重點：目前資訊科技革命是最新發生的重大典範轉移，就像之前發生的所有重大典範轉移，資訊科技革命正驅使我們趨近某個「有限時間奇點」，而我在第九章也推測過有限時間奇點的本質。可以製造龐大數據量的「智慧型」裝置，形形色色，不勝枚舉，而且正是這種非凡的發明，實現了資訊科技革命。而且就像其他重大的典範轉移，資訊科技革命也一如預期導致生活步調加速。此外，資訊科技的即時通訊產品，在地球上隨時隨地都能使用，彷彿把這個世界變得更緊密了。資訊科技也開啟了另一種可能性，我們或許不必再為了參與和享受都市中社會網絡凝聚動力的成果，而住在城市環境了。都市社會網絡與凝聚動力就是超線性縮放與開放式成長的真正由來。我們反而可以發展比較小型、甚至具有鄉村風情的社區，但資訊通暢程度就像身處大都會的中心。這是否意味著，我們可以避開導致生活步調持續加速、有限時間奇點，以及可能瓦解的陷阱？過去兩百年來導致社經領域大擴張的系統，也可能導致終極的滅亡，而我們是否已經在無意間發現了某種方法，可以避免這種進退兩難的窘境，而能兩全其美？

這個問題顯然還沒有答案。的確有一些跡象顯示，這種動力已經發展起來，不過目前為止規模還是非常小。事實上，原則上可以去都市化（de-urbanize）又與事物中心保持連結的人，絕大多數都選擇不要這麼做。就連基本上位於郊區的矽谷，也已經入侵舊金山市中心，因此在傳統商業與毫無節制的高科技生活方式之間，造成緊張的局面。我從來沒聽說過，有哪個高科技業怪胎會住在加州高山上經營事業，大多數人似乎還是比較喜歡傳統的都市生活。城市的人口並沒有減少，反而正在復甦、成長，其中一個原因正是即時社會接觸的社交吸引力。

此外，我們往往認為，沒有什麼比得上從iPhone、電子郵件、簡訊、臉書、推特等等，由資訊科技革命帶來的改變。然而，想想看十九世紀鐵路帶來的改變，或者二十世紀初期電話帶來的改變吧。在鐵路出現以前，大多數人每天一輩子移動的範圍，距離自家不超過二十英里（按：約三十二．二公里）；突然之間，從布萊頓到倫敦，或者從芝加哥到紐約，都變得容易多了。另外，從前花好幾天、好幾個星期，甚至好幾個月，才能傳達給對方的訊息，在電話發明以後，就可以立刻順利傳達。這些改變實在很驚人。相對而言，比起目前正在發生的資訊科技革命，這些改變對我們的生活產生更大的影響，尤其是加速了生活步調，並改變了我們對於時間與空間的內在感知。雖然如此，這些改變並沒有帶來去都市化現象，也沒有導致城市縮小，反而造成城市以指數成長的速度擴張，並促使郊區發展成都市生活不可或缺的一部分。當前的典範會不會延續這股趨勢，至今還沒有確切的答案，但我推測，在我們趨向即將到來的奇點時，生活步調仍會持續加速，都市化也仍是主要的力量。這個現象如何發展將攸關著地球的永續性。

附錄暨致謝詞

因為本書探討各式各樣的知識領域，涉及層面廣大，所以寫作時該擬定什麼樣的書名，才能以短短幾個鏗鏘有力的字、甚至是只有一半推文字數的句子，來凸顯全書的主要訊息，就成了意外的挑戰。一開始我腦中飄過幾個比較蹩腳的點子，例如：「**規模真的很重要**」、「**縮放生命之樹**」，以及「**萬物的衡量標準**」，最後決定用這個有點曖昧不明的書名：「**規模**」（scale），因為這的確就是貫串本書的主題。然而，「規模」對於各式各樣的人來說，可能代表各式各樣的意思，有的人覺得這意味著地圖與圖表，有的人覺得是音樂，有的人覺得是秤蔬菜或肉類重量的磅秤，有的人覺得是在粗糙表面的水垢（按：以上都是英文scale的意義）。毫無疑問，這些絕不是本書最重要的主旨，因此將本書取名為「**規模**」只是緩兵之計，好讓我有時間想出吸引人的副標題，把本書的含義表達得更清楚。

後來我靈機一動，將規模的形象設想得更龐大，想成「宇宙的規模」，總算想到了一個有點誇張的副標題：「從細胞到城市，從公司到生態系統，從千分之一秒到一千年，在生命的複雜中尋找簡單與一致」。這個副標題起碼掌握到了本書的部分精神，尤其我在書中探討的關鍵，就是宏觀的「宇宙」視角與相對明確的「真實世界」問題的相互作用，同樣包含在副標題中。雖然這個副標題有點冗長，卻還是把握到了本書的許多重要面向，這些面向是任職於企鵝出版社（Penguin Press）的史考特・摩耶斯（Scott Moyers），也就是我的編輯，覺得有必要強調的重點。我仔細考量過史考特、保羅・墨菲（Paul Murphy）、我那任職於英國魏登菲爾德出版社（Weidenfeld）的編輯、我的妻子賈桂琳，以及我的經紀人約翰・布羅克曼（John Brockman）提出的幾種可能性與方案後，終於拍板定案，選用你在封面看到的副標題：「在有機體、城市、經濟體與公司中，成長、創新、永續與生活步調的普遍法則」（按：作者指的是原文書名）。最有創意的提案出自我兒子約書亞（Joshua），他是洛杉磯南加州大學的地球科學教授，他提議用由首字母縮寫而成的書名：「**規模：大小主宰一切生命的存在**」。①

這個書名令人眼睛為之一亮，雖然誇張得荒唐，卻相當靈活。我但願自己真的有種用這個書名，但即使我這麼做，我猜史考特和保羅也一定會反對，而他們的反對也是合理的。

我把自己定位為「以數學為語言的理論物理學家」，主要也是用這個角度來處理本書提出的一切問題。在社會、生物、醫療、商業等領域的傳統文獻，以質性的、敘述的論述較占優勢，因此我在書中強調，要發展出以基本原理為基礎的量化的、計算的、具預測力的知識，以補傳統論述的不足，而這正是貫串全書的潛在思路。雖然如此，**本書並沒有任何一個方程式。**發現原子核的著名物理學家厄尼斯特·拉塞福（Ernest Rutherford）勳爵，被尊稱為「核子時代之父」，他曾說：「**如果你無法向酒保解釋清楚自己的理論，這個理論八成一點用也沒有。**」我非常認真看待他的這番告誡，雖然我認為他說得未必完全正確，但是我確實會提醒自己要秉持這種精神。因此，我希望自己在書中論述與說明時，表達方式已經夠貼近非技術人士的程度，好讓俗話說的「聰明的外行人」也能順利理解。這麼一來，我為了從複雜的技術性論述或數學論述提取精華，某種程度上勢必要破格使用簡單的口語化解釋，如果因此造成過度簡化、陳述不實，或者任何有欠周詳的地方，還請科學界同業多多包容、寬諒。

本書呈現的諸多疑難、問題，以及詮釋，都是出自我個人大言不慚的觀點，雖然本書探討的許多學科與問題也有大量的相關文獻，但是本書並非對那些文獻進行百科全書式回顧或全面回顧的結果。本書的一個主要目的是顯示，我們居住的世界具有非凡的複雜性、多樣性，以及顯而易見的雜亂性，不過當我們從規模的角度來看，背後卻存在著驚人的一致性與簡單性。本書探討的內容，幾乎都有見識卓越的思想家出版巨著論述過了，因此不必說，本書就是以很多人已經了解與分析過的內容為基礎。雖然我也想過要表彰其他人的功勞，但是對我發展思想與概念有所貢獻的人實在太多，無法一一全面介紹。所以，我希望我這樣做沒有傷到太多人的感情。

過去二十年來，我與一群才智超群的同事，勤奮投入大量的研究工作，書中的許多論述，以及幾乎全部的例子，就是以我們的研究內容為基礎發展出來的。面對各種宏大的主題或具體的問題，我們著手處理時沒辦法一視同仁，不得不有所取捨，因此對某些內容的關注會比較少，甚至直接省略。至於該選出哪些內容來當作確切的主題與論題，以及該探討得多深入，影響最後決定的因素包括：這些主題在概念上的重要性、是不是值得一般人關注的重要主題，以及我個人採取的獨特觀點。在整本書中，我轉而凸顯宏觀的概念架構，並解釋一些基本概念，雖然在我覺得有必要時，不會刻意避免深入探討並呈現細節，不過我還是會注意控制論述細節的篇幅。因此，以科學企業為例，有不少地方缺乏完整結論，留下了懸而未決的問題。如果富有好學精神的讀者對我提出的知識領域感興趣，只要參考書末列出的資料，就可以深入研究一些特別值得注意的主題，大致上不會有什麼困難。

許多重要概念的發展在本書扮演著重要作用，我在長篇的科學論述中偶爾也會穿插一些軼事，來介紹這些概念發展中的關鍵人物。我主要聚焦於一些思維廣博的傑出人士所構成的小團體，因為他們改變了我們思考世界的方式，卻遲遲沒有受到應得的表揚，有些人甚至尚未獲得廣大的科學社群認可。有些名字或許你沒聽過，例如阿道夫·凱特勒、湯瑪士·楊格，以及威廉·福祿德。另外，我也談了一些有關自己的小故事，說明我是怎麼開始思考這些問題的，尤其是我怎麼從一個滿腦子都是基本粒子、弦、暗物質，以及宇宙演化的人，變成像現在這樣，努力要理解細胞與鯨魚、生命與死亡、城市與全球永續，以及公司死亡的原因。

吉姆・布朗是卓越的生態學家，也是了不起的科學家，我與他的會面就是我開始轉變的臨界點。在第三章中，我談過有關吉姆的這段往事，包括我和他偶然相遇的過程、後來我到聖塔菲研究院展開長期的研究工作，以及我們之間非比尋常的合作關係如何改變了我的人生。而我相信，這也改變了他的人生。我也說過布萊恩・恩奎斯特扮演的重要角色，他當時是吉姆的學生，現在憑著自己的能力成了優秀的生態學家。在接連與我們合作的那群傑出的年輕人中，布萊恩率先加入我們小小的「縮放團隊」，研究後續章節處理的諸多問題。此外還有其他成員，包括：生態學家傑米・葛魯利、德魯・亞倫，以及左文韻（Wenyun Zuo，音譯）；物理學家馮・薩瓦赫、侯辰（Chen Hou，音譯）、艾力克斯・賀曼（Alex Herman），以及克里斯・肯佩斯（Chris Kempes）；電腦科學家梅蘭妮・摩西絲（Melanie Moses）。另外還有一位非常重要的團隊成員，就是知名的生化學家吳迪・伍德拉夫（Woody Woodruff），他目前已經退休並回到故鄉田納西州，享受山光美景。

在第七章中我說過，在縮放現象的研究例子中，「城市團隊」如何自然成長與演變。這其實是某項更大的社會科學計畫的一部分；該計畫名稱為「資訊社會是一個複雜系統」，並獲得歐盟豐厚的資金贊助。這項計畫的合作對象包括義大利統計學家兼經濟學家大衛・藍恩、荷蘭人類學家桑德・范德路，以及法國都市地理學家丹尼斯・普曼，個個都是各自領域中的資深領導人物。如果沒有他們帶來的啟發、熱情，以及支持，我懷疑這一切也許就不會發生了。另一方面，我在第七章與第八章解釋過的城市研究，幾乎全由年輕研究人員執行分析工作，包括物理學家路易士・貝當古、延惠真，以及德克・賀爾賓；都市經濟學家荷西・洛伯與戴比・史卓姆斯基（Debbie Strumsky）；人類學家馬庫斯・漢米爾頓；數學家瑪德琳・戴普；工程師馬克斯・施來弗（Markus Schlapfer）。其他協力人士雖不是常駐成員，卻也有著重要貢獻，影響了我的思考方式，包括生態學家利克・夏諾夫（Ric Charnov）；系統生物學家阿維・褒曼（Aviv Bergman）；物理學家亨利・簡森（Henrik Jensen）、米歇爾・葛文（Michelle Girvan），以及克利斯提安・庫納特；投資分析師艾杜亞多・費加斯（Eduardo Viegas）；還有我在第八章介紹過的建築師卡洛・拉蒂。

我實在很幸運，能有前述每一位夥伴與我合作，在此向他們全體致上深深的謝意。本書涵蓋各種主題與問題，需要結合不同學科來嚴肅處理，因此我刻意點明每個人各自的學科背景，好強調這段合作關係跨越廣泛學科的本質。他們或個人或集體的無私奉獻，以及對於概念性理解與解決重要問題的熱情，都是我們持續至今的會議與互動的標誌。他們會提出一些精闢問題與真知灼見，在技術上與概念上貢獻良多，再加上樂於投入激烈的團體討論，在在都促成了我們的成功。我在書中引用他們的工作成果時，一定會有人擔心我呈現得不夠妥當，因此，為了這種可能發生的疏失所引起的困窘或疑慮，我必須在這裡事先向各位致歉。本書內容的任何錯誤或不當陳述，一概由我負責。

我也很高興能夠告訴讀者，我們的年輕研究人員全都前往卓越的大學，展開成功的職涯，除了投入其他工作，也延續我們的這一脈科學，建立起專屬於他們自己的研究。就我個人與他們的互動而言，其中有兩個人特別重要：馮．薩瓦赫與路易士．貝當古。很可能是因為他們倆都受過理論物理學的訓練，所以我們擁有共通的語言。現在路易士是我在聖塔菲研究院的同事，在發展城市研究的過程中扮演核心角色，我在第七章詳細敘述過這回事。馮以前在聖塔菲研究院原本受雇擔任博士後研究員，後來先前往哈佛大學任職，接著又前往加州大學洛杉磯分校，並成為領袖級的理論生態學家。當年我們合作得非常愉快，共同處理過許多問題，其中有兩個問題雖然既有趣又有挑戰性，而且非常重要，本書卻沒能提供足夠的篇幅來詳細討論，因此我想要在這邊特別提一提。其中一個是量化的睡眠理論。舉例來說，為什麼鯨魚每天只要睡兩小時，老鼠要睡十五小時，而我們人類要睡大約八小時？我和馮，還有他的學生曹俊裕（Jun-yu Cao，音譯），最近更進一步延伸這個問題，以理解嬰兒與兒童的睡眠模式，並呈現出這套架構如何為早期的腦部發展提供重要的洞見。另一個是我和艾力克斯．賀曼合作研究的問題，我們想要發展出第一套用來理解成長、代謝率，以及腫瘤血管結構的量化理論，並希望藉此激發出對付癌症的新治療策略。

第三章、第四章討論的某些生物學研究，並不是沒有招來任何批評，而我沒有提醒讀者注意這個事實，大概也算有點疏忽了。雖然如此，這些研究的影響力很大（也許這正是部分原因），不只受到其他文獻多次引用，從《金融時報》（*Financial Times*）到《紐約時報》，也受到各種科學新聞與主要新聞廣泛注意。一直以來，全世界各種高曝光率的媒體都刊登過不少與這項研究相關的專題文章，而許多電視頻道也包括在內，例如國家地理頻道（National Geographic）、英國廣播公司（BBC）。《自然》期刊誇張地把這項研究稱為「生物的萬有理論」（biological theory of everything），還說「對於生物學的潛在重要性，就如同牛頓對於物理學的貢獻」。雖然說得非常動聽，但顯然是太過誇大的描述。在《自然》期刊的另一篇文章中，對於這項研究還是採取類似的描述：「……這套理論只用三言兩語，就說明了這麼深刻的道理，它的野心和眼界都十分驚人。任何像這樣無所不包的新理論，所引起的不滿質疑一定和欽佩驚嘆一樣多……雖然這套理論有其局限，目前卻仍沒有其他思想足以與之匹敵。」

我寫本書時下了一個策略性決定，我決定不要直接處理「不滿質疑」，而要專注於傳達書中的重大訊息。其中一個重要理由是，從我們存有偏見的觀點看來，沒有任何批評有足夠的說服力，有些純粹是不正確，還有許多往往是依據特定系統中的某個技術性問題來攻擊，然而，這類問題多半同樣也有已獲證實的替代解釋。再者，像這樣的考量幾乎都只關注哺乳動物的代謝率，他們無法理解這套架構博大的廣度，也不明白這套理論的精髓，就是依據生物學、物理學以及幾何學的基本原理，為各式各樣經過實證的縮放關係提出唯一的簡單解釋。當然，已經有科學文獻處理過這種批評，可以從書末引用的文獻資料進一步了解。

毫無疑問的是，許多同事與朋友對我來說極其重要，尤其是在我偶爾失去熱情時，不只在精神上鼓舞我，也在學問上與我彼此切磋鼓勵，一路支持我完成本書。在我發展前面章節介紹過的思想時，聖塔菲研究院也為我提供了我所需要的舒適氛圍，以及同事之間的文化交流。我在書中穿插了一些有關聖塔菲研究院的小故事，後記也花了部分篇幅來讚揚研究院的出色之處，以及我認為研究院的理念象徵著二十一世紀科學重要預兆的原因。我尤其要感謝熱情洋溢的聖塔菲研究院前所長艾倫・戈柏（Ellen Goldberg），就是他說服我加入研究院，此舉讓我重設了自己的知識時鐘，也讓我的生活變得更好。我身邊圍繞著源源不絕的一流人才，從學生到諾貝爾獎得主，他們分別處在不同的職涯階段，各自從事五花八門的知識研究與文化研究，而我就像個被放進糖果店的小孩，樂在其中。

有鑑於此，我也想要感謝廣大的聖塔菲研究院社群，個人或集體都是，他們讓我拓展了科學視野，在研究複雜適應系統時，我開始理解其中固有的微妙之處與挑戰。尤其是帕布洛・馬奎特（Pablo Marquet）、約翰・米勒（John Miller）、穆瑞・蓋爾－曼、胡安・佩雷斯－梅卡德（Juan Perez-Mercader）、大衛・克拉寇爾、戈馬克・麥卡錫，以及聖塔菲研究院董事會前任董事長比爾・米勒（Bill Miller）、現任董事長麥可・莫柏辛（Michael Mauboussin），我要特別向他們大家致上謝意，多年來他們個個都堅定而熱情地支持我、鼓勵我，我對他們全體滿懷感激與謝意。而且我要特別感謝麥卡錫，他煞費苦心閱讀並編輯我的手稿，處理一切折騰人的細節，並給予我大量回饋，對於我改進最終書稿助益良多。雖然我在文法與句型結構上大致採納他的建議，但是對於他徹底排斥分號和驚嘆號，並堅持使用牛津逗號的行為，我還是和他爭論不休。

除了與我密切合作的同事，另外還有一群包含形形色色人物的非科學界人士，我也必須向他們表達感謝之情。他們覺得我擁有一些能引起大眾興趣的東西，值得說出來好好分享，並熱情鼓勵我為一般讀者寫一本書。就是他們的回饋說服了我改變作法，決定寫一本「大眾化的」非科技類著作，而不是寫那種直接給科學界同行閱讀的書。其中包括：歷史學家尼爾·弗格森（Niall Ferguson）；美術館館長兼評論家漢斯·吳利希·奧布利斯特（Hans Ulrich Obrist）；作家兼演員山姆·謝普（Sam Shepard）；亞馬遜書店創辦人傑夫·貝佐斯（Jeff Bezos）；Salesforce創辦人馬克·貝尼奧夫（Marc Benioff）。之前貝尼奧夫寄給我一幅質點（Sephirot）（傳統的卡巴拉〔Kabbalistic〕圖案，象徵著生命的精神統一性）的大型畫作，建議我每天對著畫作冥想，我真的感動極了。我沒辦法說自己有多虔誠地照他的話做，不過當事情變得棘手時，這幅畫的確能激勵我堅守宏觀的視野。說到這裡，我也要特別向優秀的TED原創辦人理查·伍爾曼（Richard Wurman）致謝，他總是熱情賞識我的工作，樂此不疲。

即使理論研究只需要一支鉛筆與一張紙（至少在比喻意義上是如此），如今卻不可能在缺乏大量資金支持的情形下做研究。而我實在非常幸運，能夠從包含公私部門在內的幾個不同來源獲得贊助，這些資金支持我完成許多研究，構成了本書的論述基礎。我深深感謝洛斯阿拉莫斯國家實驗室與能源部，在我還在實驗室負責高能物理學研究計畫時，願意支持我涉足生物學的探索行動。在關鍵的初步階段，國家科學基金會授予我足夠的獎助金，讓我得以研究生物學上的縮放關係。我也很感謝當時的部門主管鮑伯・愛森斯坦（Bob Eisenstein）與計畫負責人羅夫・辛克萊（Rolf Sinclair），他們甘冒風險，支持這一系列在當時並非主流的研究。多年來，國家科學基金會持續支持我們在生物學上的研究，而且也支持有關城市的部分早期研究。這當中有很大部分要歸功於充滿活力的克拉斯坦・布拉果（Krastan Blagoev）的好眼光，他後來發起了一項專門計畫，名為「生命系統的物理學」（The Physics of Living Systems），旨在處理那些跨越不同傳統學科的重要問題，這項計畫目前仍在持續進行中。

另一方面，非政府組織也對我們大力支持，包括：休利特基金會（Hewlett Foundation）、洛克菲勒基金會（Rockefeller Foundation）、布萊恩與朱慈灣基金會（Bryan and June Zwan Foundation），特別是尤金與克萊兒索爾慈善信託（Eugene and Clare Thaw Charitable Trust）。而吉因・索爾（Gene Thaw）則不論對於研究或我撰寫的這本書，都一視同仁地慷慨支持。從眼光卓越的蘇珊・哈特（Susan Herter）開始，經過雪莉・湯普森（Sherry Thompson），到凱蒂・富蘭納根（Katie Flanagan），慈善信託歷任負責人與我建立起一段非常特別的關係。吉因是一個與眾不同的人，他作風老派，喜歡穿著帶有炫耀意味的絲質領巾與花呢夾克，也有深厚的文化素養，真誠關懷這個世界。此外，吉因也是知名的收藏家、評論家，以及商人，多年來一直大力支持藝術產業。明年他就要滿九十歲了，到時候紐約摩根圖書館與博物館（Morgan Library & Museum）會重新布置展場，用來展出他那些非凡的繪畫收藏，從皮拉奈奇（Piranesi）與林布蘭（Rembrandt）到塞尚（Cézanne）與畢卡索（Picasso）都有。而紐約大都會博物館（Metropolitan Museum of Art）也會展出他那些無與倫比的美洲原住民藝術暨工藝品收藏。吉因對於歌劇與藝術的熱情，唯有他對於環境與全球永續性挑戰的熱情可以比擬，正因如此，他才會自願支持我們的研究。他是我見過最能體現出傳統贊助人作風的人，因為有他支持我的研究議程，所以我著手撰寫本書時，才能隨著想像力與好奇心自由馳騁，展開探索。吉因是如此慷慨又有耐心，我滿心歡喜地感謝他。

除了索爾慈善信託持續給予支持，如果沒有我那堅定不移的經紀人約翰．布羅克曼鞭策我、勸誘我，這本書也不可能完成。雖然我還是不太確定原因為何，不過他就是堅持讓我寫本書。約翰陪伴我走了很長一段距離，現在則換成他的兒子馬克斯（Max），我對他們的支持實在滿懷感激。約翰溫柔地脅迫我把本書的原始提案寫出來，後來我前往義大利貝拉焦，終於在洛克菲勒基金會的壯觀藝術村裡完成這項任務。這個藝術村是適合寫作的好地方，我也非常感謝基金會持續一個月以來招待我與妻子賈桂琳，在這裡工作的效率真的太好了！雖然洛克菲勒基金會通常不太支持基礎研究，卻成為我們研究城市的主要資金來源，也十分慷慨。基金會負責人朱迪・羅丹（Judith Rodin）非常願意支持我們，不過我們也必須感謝當時的計畫主任班赫明・德拉佩納（Benjamin de la Pena），他代表我們努力爭取贊助。

如果沒有企鵝出版社的傑出編輯史考特・摩耶斯幫忙，本書就無法完成，當然也無法寫得條理分明了。他長久以來一直協助我，總是能鼓舞人心，又考慮周到，甚至在批評時也一向和藹可親……而且非常有耐心又善於體諒。當他看到原本提案中頁數恰到好處的普通書本，逐漸長成大部頭巨著，要完成的篇幅竟是原本預期的兩倍，一定嚇壞了吧。他仔細編輯手稿，一絲不苟，也提出一些精闢的問題，並給我明智的建議，這一切都無比珍貴。史考特，我謝你千遍萬遍也不夠。不只史考特，企鵝出版社的整個團隊都非常了不起，在《紐約客》（*New Yorker*）的希婭・特拉夫（Thea Traff）協助下，克里斯托夫・理查茲（Christopher Richards）與琪亞拉・貝羅（Kiara Barrow）努力把一團亂的圖表與修訂內容整理清楚，他們同樣扮演著重要角色。

最後，我由衷歡喜地感謝我的家人，他們在這段漫長的過程中，對我付出極大的支持與耐心。首先是我們美妙的孩子，約書亞和黛佛拉（Devorah），他們一直從旁為我加油打氣，每當我的研究出錯就會鼓勵我，偶爾一旦取得進展又會為了我熱烈慶祝。既然本書已經大功告成，我想他們一定感到輕鬆不少。接著我要向我偉大的妻子賈桂琳致上最深的謝意，她是我在道德上、精神上，以及知識上的伴侶，這指的不只是我撰寫本書的過程，在我們結褵至今將近五十五年的奇妙旅程中，也一向如此。多麼美好的一趟旅行啊！她的誠實、正直，以及深情，已經成為我們共同生命的支柱，並拓展了生命意義的深度，唯有透過對深入理解的永恆追求才能圓滿。

注釋

第一章　綜觀大局

1　作者注：這個數字出名地難估，從五百萬到一兆都有，最新的一個估計數字是八百七十萬，See Camilo Mora, et al., "How Many Species Are There on Earth and in the Ocean?" *PLOS Biology* 9 (8) (Aug. 23, 2011): e1001127.

2　作者注：雖然很多人已經很熟悉瓦特這個單位，但還是有不少對它的意義仍然很混淆。遺憾的是，它通常被認為是能量的單位，但它實際上是某個單位時間內使用或產生能量的**功率**（rate）。能量的單位是焦耳，一瓦特就是一秒鐘使用或產生一焦耳的功率。由於一小時有三千六百秒，一個一百瓦的燈泡，一小時就會用掉三十六萬焦耳。電費帳單上通常以度數呈現出前一個月使用的電量。一度電等於一千瓦－小時。因此一百瓦的燈泡一小時會用掉〇・一度電。

3 作者注：首先提出代謝率的縮放表現的是馬克思・克萊伯：M. Kleiber "Body Size and Metabolism.," *Hilgardia* (1932); 6: 315–51. 圖中顯示的數據來自 F.G. Benedict *Vital Energetics: A Study in Comparative Basal Metabolism*. Washington, DC: Carnegie Institute of Washington, 1938.

4 作者注：H. J. Levine "Rest Heart Rate and Life Expectancy." *Journal of the American College of Cardiology* 30 (4) (1997): 1104–6.

5 作者注：L.M.A. Bettencourt, J. Lobo and D. Strumsky, "Invention in the City: Increasing Returns to Patenting as a Scaling Function of Metropolitan Size," *Research Policy* 36 (2007): 107–120.

6 作者注：L.M.A. Bettencourt and G. B. West, based on data supplied by Professor F. Schweizer of the Swiss Federal Institute of Technology (ETH) in Zurich, Switzerland. 每一點代表大約相同人數的公司平均值。這個圖更詳細的版本在第九章的圖六十至六十三，包括幾乎三萬家美國公開上市公司。

7 作者注：我將在第三章討論到，人類直到相當晚近仍然遵循同樣的一般法則。在已開發世界，人的壽命在過去一百五十年以來已經增加了兩倍，所以我們可以預期，我們的心跳在一生中大約會跳三十億次。

8 譯者注：人口超過一千萬的城市。

9 作者注：城市與都市化的詳細統計資料，可以參考聯合國報告，例如它們的出版品 "World Urbanization Prospects," https://esa.un.org/unpd/wup/Publications/Files/WUP2014-Highlights.pdf.

10 譯者注：希伯來聖經中的人物，據說活到九百六十九歲。

11 譯者注：比喻掌權者看似擁有令人稱羨的勢力，實際上無時無刻都戰戰兢兢。泛指末日的到來，或是隨時會爆發的潛在危機。

12 作者注：順便一提，還有幾個諾貝爾獎。

13 作者注：霍金的這段採訪是 "Unified Theory Is Getting Closer, Hawking Predicts," San Jose *Mercury News*, Jan. 23, 2000; www.mercurycenter.com/resources/search.

14 譯者注：complicated 與 complex 的中文都是「複雜」，英文的意涵可以區分為人為程序的複雜，和天生內在的複雜。

15 作者注：有很多專門討論複雜科學的暢銷書，包括：M. Mitchell, *Complexity: A Guided Tour* (New York: Oxford University Press, 2008); M. M. Waldrop, *Complexity: The Emerging Science at the Edge of Order and Chaos* (New York: Simon & Schuster, 1993); J. Gleick, *Chaos: Making a New Science* (New York: Viking Penguin, 1987); S. A. Kauffman, *At Home in the Universe: The Search for the Laws of Self-Organization and*

Complexity (Oxford, UK: Oxford University Press, 1995); J. H. Miller, *A Crude Look at the Whole: The Science of Complex Systems in Business, Life, and Society* (New York: Basic Books, 2016).

16 譯者注：指在系統中參與作用的所有組成因子，不一定是指真實的人。

17 作者注：熟悉數學冪次法則的人會發現，$\frac{3}{4}$冪次縮放法則嚴格說來，當尺寸加倍，代謝率會增加 2 的 $\frac{3}{4}$ 次方，也就是 1.68，也就是加強了六八％，因此稍微少於七五％。為了方便說明，我在本書中提出像這樣的教學例子時，會忽略這個差異。

18 作者注：有幾個探討不同生物幾何縮放表現的出色文本，包括：W. A. Calder, *Size, Function and Life History* (Cambridge, MA: Harvard University Press, 1984); E. L. Charnov, *Life History Invariants* (Oxford, UK: Oxford University Press, 1993); T. A. McMahon and J. T. Bonner, *On Size and Life* (New York: Scientific American Library, 1983); R. H. Peters, *The Ecological Implications of Body Size* (Cambridge, UK: Cambridge University Press, 1986); K. Schmidt-Nielsen, *Why Is Animal Size So Important?* (Cambridge, UK: Cambridge University Press, 1984).

19 作者注：一開始提出這個觀點的資料在 G. B. West, J. H. Brown, and B. J. Enquist, "A General Model for the Origin of Allometric Scaling Laws in Biology," *Science* 276 (1997): 122–26. Nonmathematical reviews summarizing the general theory and its implications can be found in G. B. West and J. H. Brown, "The Origin of

Allometric Scaling Laws in Biology from Genomes to Ecosystems: Towards a Quantitative Unifying Theory of Biological Structure and Organization," *Journal of Experimental Biology* 208 (2005): 1575–92; and G. B. West and J. H. Brown, "Life's Universal Scaling Laws," *Physics Today* 57 (2004): 36–42. 這個架構的具體闡述與後果的相關技術文件，將在後面章節適合的地方引用。

20 譯者注：早期的意義是理念的「模式」或「模型」或「計畫」，但已經逐漸轉變成一套支配某段時期科學研究的標準程序或方法。在意義轉變的過程中，典範原有的「不可取代性」也變成「典範的暫時性」，「典範轉移」也成為科學理論發展的必要過程。

21 作者注：詳細說明這個結果的重要論文是 L. M. A. Bettencourt, et al., "Growth, Innovation, Scaling, and the Pace of Life in Cities," *Proceedings of the National Academy of Science USA* 104 (2007): 7301–6. 處理特定子題的後續論文，將會在後面章節的適當地方引用。簡單概論可見L.M.A. Bettencourt and G. B. West, "A Unified Theory of Urban Living," *Nature* 467 (2010): 912–13, and "Bigger Cities Do More with Less," *Scientific American* (September 2011): 52–53.

22 作者注：M.I.G. Daepp, et al., "The Mortality of Companies," *Journal of the Royal Society Interface* 12 (2015): 20150120.

第二章　萬物的測量方法

1 譯者注：英國物理學家，一九〇四年諾貝爾物理學獎得主。

2 譯者注：一種強效、能改變情緒的化學物質，使用者會出現嚴重脫離現實的精神狀態。

3 譯者注：美國非營利研究機構，主要研究方向是複雜系統科學。

4 譯者注：是物理學標準模型裡的一種基本粒子，極不穩定，生成後會立刻衰變。物理學界從一九六四年提出，花了四十多年終於在二〇一三年證實它的存在。最初提出的物理學者之一彼得・希格斯（Peter Ware Higgs）因此獲得諾貝爾物理學獎，此粒子也因他而得名。

5 譯者注：專為男性讀者製作的一本雜誌，內容包括汽車指南、電子商品、電腦、電信、戶外活動、健身、家庭、科學、科技；每期包括各種產品評鑑、實際應用方法、最新科技發展等。

6 譯者注：這件事是伽利略晚年的門生所記錄的故事，說伽利略在一五九〇年的某一天，當著全校師生的面，在比薩斜塔的七樓陽台上做了落體實驗。但根據科學史學家的考證，伽利略、比薩大學和同時代的人，都沒有關於這次實驗的記載和說明。

7 譯者注：牛頓是第一個提出金本位的人，主張發行貨幣時應以相對應的黃金量鑄造貨幣，但此處意指根本的標準。

8 作者注：這本書的書名通常被縮短為《兩門新科學的對話》（*Dialogues Concerning Two New Sciences*）。英文版的經典是一九一四年由克魯（Henry Crew）與德沙維爾（Alfonso de Salvio）翻譯的版本，一九一四年原來由麥克米倫（Macmillan）公司出版，但於一九五四年由紐約的多佛出版公司（Dover Publications Inc.）重新發行。

9 作者注：愛因斯坦的完整說法很值得重述，因為他強調了一個科學的中心思想：「純粹基於邏輯得到的命題，完全無法解釋現實。由於伽利略了解這一點，並且把這一點帶進科學界，他堪稱是現代物理學之父，但事實上，是所有現代科學之父。」摘自 "On the Method of Theoretical Physics," in *Essays in Science* (New York: Dover, 2009), 12–21.

10 作者注：J. Shuster and J. Siegel, *Superman*, Action Comics 1 (1938).

11 作者注：給對數學有興趣的人參考，這個數字的由來是 $(10^1)^{3/2} = 31.6$ 而 $(10^2)^{3/2} = 1{,}000$。

12 譯者注：這個地震波及範圍包括智利南部、夏威夷、日本、菲律賓與阿拉斯加的阿留申群島。

13 譯者注：是一種非線性的測量尺度，用在數量有較大範圍的差異時。像芮氏地震規模、聲學中的音量、光學中的光強度以及溶液的酸鹼值等。對數尺度是以數量級為基礎，不是一般的線性尺度，因此每個刻度之間的商為一定值。

14 作者注：M. H. Lietzke, "Relation Between Weightlifting Totals and Body Weight," *Science* 124 (1956): 486.

15 作者注：L. J. West, C. M. Pierce, and W. D. Thomas, "Lysergic Acid Diethylamide: Its Effects on a Male Asiatic Elephant," *Science* 138 (1962): 1100–1102.

16 作者注：泰諾的兒童劑量指示可參：www.tylenol.com/children-infants/safety/dosage-charts (accessed September 25, 2016). 嬰兒可參：www.babycenter.com/0_acetaminophen-dosage-chart_11886.bc (accessed September 25, 2016).

17 作者注：例子可參 Alex Pentland, *Social Physics: How Good Ideas Spread—The Lessons from a New Science* (New York: Penguin Press, 2014).

18 作者注：網絡上有很多估計ＢＭＩ的計算器，這是國家衛生研究院（ＮＩＨ）提供的一個：www.nhlbi.nih.gov/health/educational/lose_wt/BMI/bmicalc.htm.

19 作者注：例子可參 T. Samaras, *Human Body Size and the Laws of Scaling* (New York: Nova Science Publishers, 2007).

20 作者注：G. B. West, "The Importance of Quantitative Systemic Thinking in Medicine," *Lancet* 379, no. 9825 (2012): 1551–59.

21 作者注：有關十九世紀輪船的發展，包括布魯內爾的重要角色，一個有趣的概述可見 Stephen Fox, *The Ocean Railway* (New York: HarperCollins, 2004).

22 譯者注：一塊可以抽乾水並維修船隻的水域。

23 作者注：Barry Pickthall, *A History of Sailing in 100 Objects* (London: Bloomsburg Press, 2016).

24 作者注：瓦沙號的故事非常令人印象深刻，從它的概念，到災難性的啟航，到奇蹟般的復活，都精彩呈現在斯德哥爾摩市中心一座特別興建的博物館，地點就靠近它當初下水的地方。它已被清理乾淨，並恢復到原來的宏偉狀態，現在也活得很好。這是一座美妙的博物館，也是遊客必遊景點，已經成為瑞典的頂級旅遊景點。

25 作者注：理查．費曼（R. Feynman）在傑出的一系列叢書中，對納維爾－斯托克斯方程式有很精彩、但有點技術性的討論。R. Feynman, R. B. Leighton, and M. Sands, *The Feynman Lectures on Physics* (Boston: Addison-Wesley, 1964).

26 作者注：Lord Rayleigh, "The Principle of Similitude," *Nature* 95 (1915): 66–68.

第三章　生命的簡單、統一與複雜

1 譯者注：簡稱電子伏，符號為 eV，是能量單位。代表一個電子（所帶電量為 1.6×10^{-19} 庫侖）經過一伏特的電位差加速後所獲得的動能。

2 作者注：John Horgan, *The End of Science: Facing the Limits of Science in the Twilight of the Scientific Age* (New York: Broadway Books, 1996).

3 作者注：Erwin Schrödinger, *What Is Life?* (Cambridge, UK: Cambridge University Press, 1944).

4 作者注：賈伯斯於二〇〇五年六月十二日史丹佛大學畢業典禮上的致詞。

5 作者注：最常被提到的版本是簡略版：D'A. W. Thompson, *On Growth and Form* (Cambridge, UK: Cambridge University Press, 1961).

6 譯者注：就是指物理學，原意是研究沒有生命的系統，與生命科學相對，但不是絕對，物理科學中有些分支也會研究生物現象（例如有機化學）。

7 譯者注：物理學的壓力單位，除了血壓，也用在眼壓、大氣壓力測量，另外還用於高度真空工程（特別是在壓力低至黏性消失的環境中）。

8 作者注：M. Kleiber, "Body Size and Metabolism," *Hilgardia* 6 (1932): 315–51.

9 作者注：除了之前引用的參考資料，見 G. B. West, J. H. Brown, and W. H. Woodruff, "Allometric Scaling of Metabolism from Molecules and Mitochondria to Cells and Mammal," *Proceedings of the National Academy of Science* 99 (2002): 2473; V. M. Savage, et al., "The Predominance of Quarter Power Scaling in Biology," *Functional Ecology* 18 (2004): 257–82.

10 作者注：赫胥黎的經典原作在一九三二年出版，最近又被出版了：Julian Huxley, *Problems of Relative Growth* (New York: Dover, 1972). 霍爾丹發表了一篇有名的論文 "On Being the Right Size," in the March 1926 edition of *Harper's Magazine*. 可以在以下網站找到：http://irl.cs.ucla.edu/papers/right-size.html.

11 作者注：See the references cited above.

12 譯者注：指在單位時間內，流過單位面積的某種物理量。

13 譯者注：代謝過程需要的反應物質。

14 譯者注：這是瑞士心理學家榮格（C. G. Jung）於一九二〇年代提出的理論，指「有意義的巧合」，用來解釋因果無法解釋的現象，如夢境成真，想到某人某人便出現等情形。榮格認為，這些表面上無因果關係的事件之間，有著非因果性、有意義的關聯，並常取決於人的主觀經驗。

15 作者注：J. H. Brown, *Macroecology* (Chicago: University of Chicago Press, 1995).

16 譯者注：美國大學教授職級中非常高的位階，通常是學系或學院中最優秀的教授。

17 譯者注：指粒子的位置與動量不能同時被測量，也無法同時被精準確定。

18 作者注：S. Brenner, "Life's Code Script," *Nature* 482 (2012): 461.

19 作者注：最近兩個促使生物學與生態學整合更多理論方法的討論：P. A. Marquet, et al., "On Theory in Ecology," *Bioscience* 64 (2014): 701; D. C. Krakauer, et al., "The Challenges and Scope of Theoretical Biology," *Journal of Theoretical Biology* 276 (2011): 269–76.

20 作者注：詳細說明這個研究方法的第一篇論文是 G. B. West, J. H. Brown, and B. J. Enquist, "A General Model for the Origin of Allometric Scaling Laws in Biology," *Science* 276 (1997): 122. 相對非技術性的說明可見 G. B. West and J. H. Brown, "The Origin of Allometric Scaling Laws in Biology from Genomes to Ecosystems: Towards a Quantitative Unifying Theory of Biological Structure and Organization," *Journal of Experimental Biology* 208 (2005): 1575–92; G. B. West and J. H. Brown, "Life's Universal Scaling Laws,"

Physics Today 57 (2004): 36–42; J. H. Brown, et al., "Toward a Metabolic Theory of Ecology," *Ecology* 85 (2004): 1771–89.

21 作者注：生理學家將主動脈解構為幾個子組件（升主動脈、主動脈弓、胸主動脈等等）。

22 作者注：G. B. West, J. H. Brown, and B. J. Enquist, "A General Model for the Structure and Allometry of Plant Vascular Systems," *Nature* 400 (1999): 664–67.

23 譯者注：指傳輸系統內部的各個環節的特性阻抗和終端的阻抗都相等的情形。在阻抗匹配的情形下，傳輸系統中沒有反射波。

24 作者注：循環系統生理學的傳統技術概論可以參考：C. G. Caro, et al., *The Mechanics of Circulation* (Oxford, UK: Oxford University Press, 1978); Y. C. Fung, *Biodynamics: Circulation* (New York: Springer-Verlag, 1984).

25 譯者注：綠花椰和芥藍菜的混種，有綠花椰的花苞和芥藍菜的長菜梗，一般仍稱為綠花椰。

26 作者注：然而，微妙之處在於，樹木的有些部分是死木，即使它在其生物力學中很重要，但並沒有參與通過樹枝的水流的流體動力學。理論顯示，這並不改變活躍網絡的體積與樹木總體量之間的線性比例。

27 作者注：B. B. Mandelbrot, *The Fractal Geometry of Nature* (San Francisco: W. H. Freeman, 1982).

28 作者注：理查森的精彩總結，包括適當的參考資料，可以在這裡找到 Anatol Rapaport, *Lewis F. Richardson's Mathematical Theory of War*, University of Michigan Library; 也能從這裡下載 https://deepblue.lib.umich.edu/bitstream/handle/2027.42/67679/10.1177_002200275700100301.pdf?sequence=2.

29 作者注：L. F. Richardson, *Statistics of Deadly Quarrels*, ed. Q. Wright and C. C. Lienau (Pittsburgh: Boxwood Press, 1960).

30 作者注：參見，例如：A. Clauset, M. Young, and K. S. Cleditsch, "On the Frequency of Severe Terrorist Events," *Journal of Conflict Resolution* 51 (1) (2007): 58–87.

31 作者注：L. F. Richardson, in *General Systems Yearbook* 6 (1961): 139.

32 作者注：Benoit Mandelbrot, "How Long Is the Coast of Britain? Statistical Self-Similarity and Fractional Dimension," *Science* 156 (1967): 636–38.

33 譯者注：是一個長度單位，它不是國際制單位，但是可與國際制單位進行換算，即一埃等於〇・一奈米。一般用於原子半徑、化學鍵長和可見光的波長。

34 作者注：See, for example, Rosario N. Mantegna and H. Eugene Stanley, *An Introduction to Econophysics:*

Correlations and Complexity in Finance (Cambridge, UK: Cambridge University Press, 1999).

35 作者注：See, for example, J. B. Bassingthwaighte, L. S. Liebovitch, and B. J. West, *Fractal Physiology* (New York: Oxford University Press, 1994).

36 作者注：Mandelbrot, *The Fractal Geometry of Nature*.

37 作者注：See, for instance, Manfred Schroeder, *Fractals, Chaos, Power Laws: Minutes from an Infinite Paradise* (New York: W.H. Freeman, 1991).

第四章　生命的第四維度

1 譯者注：休息時一次吸氣或吐氣的氣體量。

2 作者注：G. B. West, J. H. Brown, and B. J. Enquist, "The Fourth Dimension of Life: Fractal Geometry and Allometric Scaling of Organisms," *Science* 284 (1999): 1677–79.

3 作者注：M.A.F. Gomes, "Fractal Geometry in Crumpled Paper Balls," *American Journal of Physics* 55 (1987): 649–50.

4 譯者注：當物體在系統中有一個相對於整個系統的速度，這個系統會施一個力去阻止它運動，這個現象稱為阻尼。不同的阻尼大小會導致不同的運動結果，其中一個就是過阻尼：因為阻尼很大，整個系統有夠大的能力將能量耗散，所以系統不會來回振動，而是緩緩地趨於平衡。

5 作者注：G. B. West, W. H. Woodruff, and J. H. Brown, "Allometric Scaling of Metabolic Rate from Molecules and Mitochondria to Cells and Mammals," *Proceedings of the National Academy of Science* 99(2002): 2473–78.

6 作者注：G. B. West, J. H. Brown, and B. J. Enquist, "A General Model for Ontogenetic Growth," *Nature* 413 (2001): 628–31.

7 作者注：G. B. West, J. H. Brown, and B. J. Enquist, "A General Quantitative Theory of Forest Structure and Dynamics," *Proceedings of the National Academy of Science* 106 (2009): 7040; B. J. Enquist, G. B.West, and J. H. Brown, "Extensions and Evaluations of a General Quantitative Theory of Forest Structure and Dynamics," *Proceedings of the National Academy of Science* 106 (2009): 7040.

8 作者注：C. Hou, et al., "Energetic Basis of Colonial Living in Social Insects," *Proceedings of the National Academy of Science* 107(8) (2010): 3634–38.

9 作者注：A. B. Herman, V. M. Savage, and G. B. West, "A Quantitative Theory of Solid Tumor Growth, Metabolic

Rate and Vascularization," *PLoS ONE* 6 (2011): e22973.

10 作者注：Van M. Savage, Alexander B. Herman, Geoffrey B. West, and Kevin Leu, "Using Fractal Geometry and Universal Growth Curves as Diagnostics for Comparing Tumor Vasculature and Metabolic Rate with Healthy Tissue and for Predicting Responses to Drug Therapies, Discrete Continuous,"*Dynamical Systems Series B* 18(4) (2013).

11 作者注：G. B. West, J. H. Brown, and B. J. Enquist, "A General Model for the Structure and Allometry of Plant Vascular Systems," *Nature* 400 (1999): 664–67; B. J. Enquist, et al., "Allometric Scaling of Production and Life-History Variation in Vascular Plants," *Nature* 401 (1999): 907–11.

12 作者注：Quoted in Max Jammer, *Einstein and Religion* (Princeton, NJ: Princeton University Press, 1999).

13 譯者注：使原子或分子活化到能夠發生化學或物理變化的狀態所需的最低能量。

14 譯者注：溫度計量單位，由熱力學理論推斷的絕對溫度，名稱根據英國物理學者 Kelvin 之名而來。在科學界，攝氏和凱氏溫度常常同時使用在一篇文章中，因為攝氏度與凱氏溫標的每一度是相等的。

15 作者注：J. F. Gillooly, et al., "Effects of Size and Temperature on Metabolic Rate," *Science* 293 (2001): 2248–

51; J. F. Gillooly, et al., "Effects of Size and Temperature on Developmental Time," *Nature* 417 (2002): 70–73.

16 譯者注：又稱泛種論、胚種論，猜想全宇宙中有各種形態的微生物，並藉著流星、小行星與彗星散播、繁衍。

17 作者注：取自柏格曼一九六八年的電影《狼的時刻》(*The Hour of the Wolf*) 開頭。

18 譯者注：是一個傳統的哲學分支，旨在解釋存在和世界的基本性質。

19 譯者注：症狀為情緒不穩定，寫字時手部控制不穩，接著手、腳、臉部出現意識不能控制的快速舞動。

20 作者注：例子可參 Claudia Dreifus, "A Conversation with Nir Barzilai: It's Not the Yogurt; Looking for Longevity Genes," *New York Times*, February 24, 2004.

21 作者注：T. B. Kirkwood, "A Systematic Look at an Old Problem," *Nature* 451 (2008): 644–47; Geoffrey B.West and Aviv Bergman, "Toward a Systems Biology Framework for Understanding Aging and Health Span," *Journal of Gerontology* 64 (2009): 2.

22 作者注：H. Bafitis and F. Sargent, "Human Physiological Adaptability Through the Life Sequence," *Journal of Gerontology* 32(4) (1977): 210, 402

23 作者注：H. J. Levine, "Rest Heart Rate and Life Expectancy," *Journal of American College of Cardiology* 30(4) (Oct. 1997): 1104–6. See also M. Y. Azbel, "Universal Biological Scaling and Mortality," *Proceedings of the National Academy of Science* 91 (1994): 12453–57.

24 作者注：A. T. Atanasov, "The Linear Allometric Relationship Between Total Metabolic Energy per Life Span and Body Mass of Mammals," *Bulgarian Journal of Veterinary Medicine* 9(3) (2006): 159–74.

25 作者注：T. McMahon and J. T. Bonner, *On Size and Life* (New York: Scientific American Books—W. H. Freeman & Co., 1983)

26 作者注：J. F. Gillooly, et al., "Effects of Size and Temperature on Metabolic Rate," *Science* 293 (2001): 2248–51; J. F. Gillooly, et al., "Effects of Size and Temperature on Developmental Time," *Nature* 417 (2002):70–73.

27 作者注：R. L. Walford, *Maximum Life Span* (New York: W. W. Norton, 1983); R. L. Walford, *The 120-Year Diet* (New York: Simon & Schuster, 1986).

第五章　從人類世到都市世

1 作者注：E. Glaeser, *The Triumph of the City* (New York: Penguin Books, 2012).

2 譯者注：meta- 字首有關於、表示變化、表示超越……主題的意義，中文翻法視領域而定，有後設、元、中介的譯法。

3 作者注：L.M.A. Bettencourt and G. B. West, "A Unified Theory of Urban Living," *Nature* 467 (2010): 21, 912.

4 作者注：兩本提供詳細背景的好書：G. Clark, *A Farewell to Alms: A Brief Economic History of the World* (Princeton, NJ: Princeton University Press, 2008); and I. Morris, *The Measure of Civilization: How Social Development Decides the Fate of Nations* (Princeton, NJ: Princeton University Press, 2013). 兩本書都相當有啟發性與爭議性。

5 譯者注：一九七一年之前的貨幣幣值，一英鎊等於二十先令，一先令等於十二便士。

6 譯者注：英國的超現實幽默短劇團體。

7 譯者注：美國十九世紀的多產小說家。

8 作者注：P. Ehrlich, *The Population Bomb* (New York: Ballantine Books, 1968).

9 作者注：D. Meadows, et al., *The Limits to Growth* (New York: Universe Books, 1972).

10 作者注：J. Simon, *The Ultimate Resource* (Princeton, NJ: Princeton University Press, 1981).

11 譯者注：出自希臘神話典故，宙斯對仙女許諾，她們可以從這隻羊角倒出她們希望得到的任何東西，而且永遠用不完。

12 作者注：P. M. Romer, "The Origins of Endogenous Growth," *Journal of Economic Perspectives* 8(1) (1994): 3–22.

13 譯者注：又譯低級、低溫熱能，直接利用率很低。目前全球能源使用形式中，熱能占九成以上，但其中只有四成的熱能順利轉換為製程熱能、機械功、電力或化學能；其餘五成熱能則以廢熱形式排放於環境中。

第六章　城市的科學序曲

1 譯者注：一九五〇年代，在文學界出現的一股創作風潮，中心思想圍繞著拒絕標準化、創新的文體、藥物經驗、另類性取向，對東方宗教的興趣等。六〇年代的嬉皮文化也是它的延伸。

2 作者注：J. Moore, "Predators and Prey: A New Ecology of Competition," *Harvard Business Review* 71(3) (1993): 75.

3 譯者注：一九五九年設立，由麥肯錫管理研究基金會《哈佛商業評論》雜誌合作，每年頒給兩篇對經理人實務工作最有啟發的文章。

4 譯者注：美國大學的一種制度，教授在這段期間不教學，而是從事寫作、研究或進修。

5 作者注：這個計畫的結果彙編資料：D. Lane, et al., *Complexity Perspectives in Innovation and Social Change* (Berlin: Springer-Verlag, 2009)

6 譯者注：physical infrastructure，此處的 physical 有物理與實體雙重含義，在探討都市主題時統一翻譯實體。

7 作者注：Jane Jacobs, *The Death and Life of Great American Cities* (New York: Random House, 1961).

8 譯者注：是一種人文地理概念，指某一塊被包圍起來的土地，主權屬於其他國家。在這理指經濟能力不同的階級。

9 譯者注：指聖瑪莉艾克斯三十號大樓，正式名稱為「瑞士再保險公司大樓」。

10 作者注：二〇〇一年六月在《理性》(*Reason*）雜誌的採訪。

11 作者注：B. Barber, *If Mayors Ruled the World: Dysfunctional Nations, Rising Cities* (New Haven, CT: Yale University Press, 2013).

12 譯者注：Down Under 通常指紐西蘭或澳洲這兩個國家，因為這兩個國家在南半球，在所有國家的下面。這本書描寫的是澳洲。

13 作者注：B. Bryson, *Down Under* (New York: Doubleday, 2000).

14 作者注：例子可參 L. Mumford, *The City in History: Its Origins, Its Transformations, and Its Prospects* (New York: Harcourt, Brace & World, 1961).

第七章　邁向城市的科學

1 作者注：C. Kuhnert, D. Helbing, and G. B. West, "Scaling Laws in Urban Supply Networks," *Physica* A 363 (1) 2006: 96–103.

2 作者注：有一個重大問題一直困擾著城市的所有討論，那就是城市究竟是什麼的定義。我們都有直覺的理解，但為了發展出量化知識，我們需要更精確的定義。一般來說，我在這裡用的城市的意義，並不是它的政治或行政定義。例如，如果查一下舊金山的人口，只有八十五萬人，但是向外延伸的大都會地區，人口大約四百六十萬人。從城市的動力、成長與社經結構來看，顯然是後面這個聚集的意義較能清楚說明「舊金山」的意義。它通常會包含郊區或其他有自己明確名稱的社區，但在功能上是更大都市網絡的一部分。藉由引進更廣義的類別，以納入「城市」更真實的表現，大部分的都市主義者、行政管理人員與政府都普遍接受這一點。例如美國把這些功能性的聚集區域稱為**大都會統計地區**（metropolitan statistical areas, MSA），日本稱為**都會區**（metropolitan areas），歐洲則稱為**大都市區域**（large urban zones, LUZ）。可惜並沒有共通的定義，所以在比較不同國家時，必須非常小心。幾乎所有用來建構縮放圖形的數據，都是根據城市的這些操作定義。

3 作者注：L.M.A. Bettencourt, et al., "Growth, Innovation, Scaling, and the Pace of Life in Cities," *Proceedings of the National Academy of Science* 104 (2007): 7301–6.

4 作者注：L.M.A. Bettencourt, J. Lobo, and D. Strumsky, "Invention in the City: Increasing Returns to Patenting as a Scaling Function of Metropolitan Size," *Research Policy* 36 (2007): 107–20.

5 譯者注：指觀察值與預測值之間的差距。

6 作者注：例子可參考 B. Wellman and S. D. Berkowitz, *Social Structures: A Network Approach Sciences* (Cambridge, UK: Cambridge University Press, 1988); M. Granovetter, "The Strength of Weak Ties: A Network Theory Revisited," *Sociological Theory* 1 (1983): 201–33, in P. V. Marsden and N. Lin, eds., *Social Structure and Network Analysis* (Thousand Oaks, CA: Sage, 1982); Claude Fischer, *To Dwell Among Friends: Personal Networks in Town and City* (Chicago: University of Chicago Press, 1982); R. Sampson, "Local Friendship Ties

and Community Attachment in Mass Society: A Multilevel Systemic Model," *American Sociological Review* (1988).

7 作者注：M. Batty and P. Longley, *Fractal Cities: A Geometry of Form and Function* (Cambridge, MA: Academic Press, 1994); M. Batty, *Cities and Complexity* (Cambridge, MA: MIT Press, 2005).

8 作者注：M. Batty, *The New Science of Cities* (Cambridge, MA: MIT Press, 2014).

9 作者注：例子可參 A.-L. Barabási, *Linked: The New Science of Networks* (New York: Perseus Books Group, 2002); M.E.J. Newman, *Networks: An Introduction* (Oxford, UK: Oxford University Press, 2010).

10 作者注：Stanley Milgram, *The Individual in a Social World: Essays and Experiments* (London: Pinter & Martin,1997).

11 作者注：D. J. Watts, *Six Degrees: The Science of a Connected Age* (New York: W. W. Norton, 2004)

12 作者注：S. H. Strogatz, et al., "Theoretical Mechanics: Crowd Synchrony on the Millennium Bridge," *Nature* 438 (2005): 43–44

13 作者注：這很有趣：S. H. Strogatz, *The Joy of X: A Guided Tour of Mathematics, from One to Infinity* (New York: Houghton Mifflin Harcourt, 2013).

14 作者注：P. Zimbardo, *The Lucifer Effect: Understanding How Good People Turn Evil* (New York: Random House, 2007)

15 作者注：S. Milgram, "The Experience of Living in Cities," *Science* 167 (1970): 1461–68.

16 譯者注：在統計學中的數據有離散型與連續型資料兩種，離散型指可數的數值資料，例如人數；連續型指不可數的數值資料，例如長度、重量、時間等。

17 作者注：R.I.M. Dunbar, *How Many Friends Does One Person Need?: Dunbar's Number and Other Evolutionary Quirks* (London: Faber & Faber, 2010).

18 作者注：R.I.M. Dunbar and S. Shultz, "Evolution in the Social Brain," *Science* 317 (5843) (2007): 1344–47.

19 作者注：G. K. Zipf, *Human Behavior and the Principle of Least Effort* (Boston: Addison-Wesley, 1949).

20 譯者注：指各端點藉由鏈（Link）、節點（Node）互相連接的方式。

21 作者注：將這些論點，與第四章討論生命第四維度的內在概念，以及生物界潛在的$\frac{1}{4}$冪次縮放法則結合，貝當古認為，都市現象觀察到的〇．一五，事實上是$\frac{1}{6}$的近似值。L.M.A. Bettencourt, "The Origins of Scaling in Cities," *Science* 340 (2013): 1438–41.

第八章　結果與預測

1 作者注：這段話來自歌德與作曲家之間往來書信的精彩集結。Carl Friedrich Zelter. A. D. Coleridge, trans., *Goethe's Letters to Zelter* (London: George Bell & Sons, 1887). Zelter 雖然在他的時代很有名，但現在主要是因為他和歌德的關係而被記得。我很感謝我的朋友，歌德學者大衛・萊文（David Levine）讓我注意到這段話。

2 作者注：本書最初在一九一四年出版，現在已經再度印行。J. G. Bartholomew, *An Atlas of Economic Geography* (London: Forgotten Books, 2015).

3 作者注：C. Marchetti, "Anthropological Invariants in Travel Behavior," *Technological Forecasting and Social Change* 47(1) (1994): 88.

4 作者注：G. B. West, "Big Data Needs a Big Theory to Go with It," *Scientific American* 308 (2013): 14; originally published as "Wisdom in Numbers."

5 譯者注：又稱亞原子，是指比原子還小的粒子，例如電子、中子、質子、介子、夸克、膠子、光子等等。

6 譯者注：網絡流行語，指 Too much to handle。

7 譯者注：網絡流行語，指 laugh out loud，意思是大聲笑出來的意思。

8 作者注：M. Schläpfer, et al., "The Scaling of Human Interactions with City Size," *Journal of the Royal Society Interface* 11 (2014): 20130789.

9 譯者注：卡達的首都，位於波斯灣畔的知名港口。

10 作者注：這些排名的例子如《經濟學人》，可以在以下網站找到 www.economist.com/blogs/graphicdetail/2016/08/daily-chart-14，以及《富比士》可以在以下網站找到 www.forbes.com/sites/iese/2016/07/06/the-worlds-smartest-cities/#7f9bee254899。

11 譯者注：統計學術語，又稱虛無假設，指進行統計檢驗時預先建立的假設。

12 作者注：L.M.A. Bettencourt, et al., "Urban Scaling and Its Deviations: Revealing the Structure of Wealth, Innovation and Crime Across Cities," *PLoS ONE* 5(11) 2010: e13541.

13 作者注：聖荷西很早就因為ＩＢＭ於一九五六年在美國西岸成立第一個研究中心，而得到好處。

14 作者注：這是經過美國人口普查的ＮＡＩＣＳ連結：www.census.gov/eos/www/naics/.

15 作者注：H. Youn, et al., "Scaling and Universality in Urban Economic Diversification," *Journal of the Royal Society Interface* 13 (2016): 20150937.

16 作者注：G. U. Yule, "A Mathematical Theory of Evolution, Based on the Conclusions of Dr. J. C. Willis, F.R.S.," *Philosophical Transactions of the Royal Society B* 213 (402–10) (1925): 21–87; H. A. Simon, "On a Class of Skew Distribution Functions," *Biometrika* 42 (3–4) (1955): 425–40. *Preferential attachment* was popularized in the modern network context by A.-L. Barabási and R. Albert, "Emergence of Scaling in Random Networks," *Science* 286 (5439) (1999): 509–12.

17 作者注：實際數字是〇・四，是律師人數隨著城市規模的縮放指數（大約一・一五），以及圖五十二與圖五十三顯示行業多樣性的齊夫縮放法則，兩者微妙的互相作用結果。

18 譯者注：某一地區或單位面積內存在的生物總量。

19 作者注：L. Mumford, *The City in History* (New York: Harcourt, Brace & World, 1961).

20 作者注：在更嚴格的工程熱力學意義上，城市代謝的估計已經被做過了，可參A. Wolman, "The Metabolism of Cities," *Scientific American* 213(3) (1965):179–90, and more recently by C. Kennedy, S. Pincetl, and P. Bunje, "The Study of Urban Metabolism and Its Applications to Urban Planning and Design,"

Environmental Pollution 159 (2011):1965–73.

第九章　邁向公司的科學

1 作者注：R. L. Axtell, "Zipf Distribution of U.S. Firm Sizes," *Science* 293 (5536) (2001): 1818–20.

2 作者注：有關公司傳統看法的不錯概論，可參 G. R. Carroll and M. T. Hannan, *The Demography of Corporations and Industries* (Princeton, NJ: Princeton University Press, 2000); and R. H. Coase, *The Firm, the Market, and the Law* (Chicago: University of Chicago Press, 1988).

3 作者注：例子可參 J. H. Miller and S. E. Page, *Complex Adaptive Systems: An Introduction to Computational Models of Social Life* (Princeton, NJ: Princeton University Press, 2007).

4 作者注：J. D. Farmer and D. Foley, "The Economy Needs Agent-Based Modeling," *Nature* 460 (2009): 685–86.

5 作者注：N. N. Taleb, *The Black Swan: The Impact of the Highly Improbable* (New York: Random House, 2007).

6 譯者注：標準普爾提供的一種光碟資料庫，有「北美版」與「全球版」等。

7 譯者注：又稱亞穩狀態。通常指物質在某種條件下，介於穩定和不穩定之間的一種化學狀態。

8 譯者注：是一種對數據分布情況的圖形表示，是一種二維統計圖表，兩個坐標分別是統計樣本和該樣本對應的某個屬性的度量。

9 譯者注：指無論體外環境如何變化，身體內部環境仍舊保持不變，例如外界氣溫隨時改變，但人體體溫仍舊保持一定；還有體內水分正常、血糖正常以及體內酸鹼平衡等。

10 作者注：M.I.G. Daepp, et al., "The Mortality of Companies," *Journal of the Royal Society Interface*, 12: 20150120.

11 作者注：E. L. Kaplan and P. Meier, "Nonparametric Estimation from Incomplete Observations," *Journal of American Statistical Association* 53 (1958): 457–81; R. Elandt-Johnson and N. Johnson, *Survival Models and Data Analysis* (New York: John Wiley & Sons, 1999).

12 作者注：R. Foster and S. Kaplan, *Creative Destruction: Why Companies That Are Built to Last Underperform the Market—and How to Successfully Transform Them* (New York: Doubleday, 2001).

13 編者注：金剛組於一九五五年成立株式會社後，除建造寺廟、庭園外，同時也承做一般建築，最後因為一九九〇年代的日本經濟泡沫破裂，背負龐大債務。在高松接手後，金剛組重回老本行，專做寺廟建築。

14 作者注：有關合併與收購，以及如何從剩下的框架中理解的討論，可參 E. Viegas, et al., "The Dynamics of Mergers and Acquisitions: Ancestry as the Seminal Determinant," *Proceedings of the Royal Society A* 470 (2014): 20140370.

第十章　大一統永續理論的展望

1 譯者注：指一九四二年至一九四六年美國研發原子彈計畫。

2 譯者注：指一九六一年至一九七二年美國登月計畫。

3 作者注：第一次提出來的人是 G. B. West, "Integrated Sustainability and the Underlying Threat of Urbanization," in *Global Sustainability: A Nobel Cause*, ed. H. J. Schellnhuber (Cambridge, UK: Cambridge University Press, 2010).

4 作者注：A. Johansen and D. Sornette, "Finite-Time Singularity in the Dynamics of the World Population, Economic and Financial Indices," *Physica* A 294 (3–4) (2001): 465–502.

5 作者注：順帶一提，重大創新之間的情況並非固定不變，只是有些變化相對微小而平穩，相較之下，重大創新發生時，在過渡期或臨界點出現的變化，就顯得更加激烈，幾乎是不連續的。

6 作者注：可參見 W. B. Arthur, *The Nature of Technology: What It Is and How It Evolves* (New York: Free Press, 2009); H. Youn, et al., "Invention as a Combinatorial Process: Evidence from U.S. Patents," *Journal of the Royal Society Interface* 12 (2015): 20150272.

7 作者注：R. Kurzweil, *The Singularity Is Near: When Humans Transcend Biology* (New York: Viking, 2005).

8 作者注：V. Vinge, "The Coming Technological Singularity: How to Survive in the Post-Human Era," *Whole Earth Review* (1993).

9 作者注：這段話，取自范紐曼一九五七年過世後，偉大的數學家烏拉姆（Stanislaw Ulam）對他的悼詞。"Tribute to John von Neumann," *Bulletin of the American Mathematical Society* 5(3), part 2 (1958): 64.

10 譯者注：是一種論證方式，先假設某個命題成立，然後推理出矛盾、不符已知事實，然後下結論說該命題不成立。

11 作者注：C. McCarthy, *The Road* (New York: Alfred A. Knopf, 2006).

後記

1 譯者注：在物理學中，把時間（秒）、長度（公尺）、質量（公斤）、溫度（凱式溫度）、電流強度（安培）、發光強度（燭光）、物質（莫耳）的量稱為基本量。各領域中的其他量，都可以由這七個基本量，透過基本物理概念推理並用數學運算導出，這些量則稱為導出量。

2 作者注：對於熱中追求物質基礎構成的廣泛概論，以及理解其互相作用的大一統理論，包括延伸到宇宙的演化與時間空間的起源，有兩本非常流行的非技術性書籍：S. Carroll, *The Particle at the End of the Universe* (New York: Dutton, 2012); and L. Randall, *Warped Passages* (New York: Harper Perennial, 2006).

3 譯者注：指在具有某種對稱性的物理系統中，在臨界點附近發生的微小振盪打破了這個對稱性。例如當水溫降到接近冰點時，水中各處看起來都相同，因此水系統具有空間上的對稱性，此時若某處的溫度低於冰點便破壞了對稱性，也會決定凝固的冰的結構。

4 作者注："Strange Bedfellows," *Science* 245 (1989): 700–703.

5 作者注：A. Tucker, "Max Perutz," *Guardian*, Feb. 7, 2002; www.theguardian.com/news/2002/feb/07/guardianobituaries.obituaries.

6 作者注：例子可參考 www.fastcodesign.com/3030529/infographic-of-the-day/hilarious-graphs-prove-that-correlation- isnt-causation.

7 譯者注：指調查人員發現證據不足時，以大範圍的搜索來發現證據。

8 譯者注：從一個初始估計出發，尋找一系列近似解來解決問題的數學過程。

附錄暨致謝詞

1 譯者注：指 *SCALE: Size Controls All of Life's Existence*，其中 SCALE 即為副書名五個單字合成的首字母縮略字。

國家圖書館出版品預行編目 (CIP) 資料

規模的規律和祕密：老鼠、小鳥、雞、大象，和我們居住的城市，隱藏規模縮放的規律，掌握其中驚奇的祕密，也同時掌握企業和地球的未來／傑弗里 . 魏斯特 (Geoffrey West) 著 ; 林麗雪譯 . -- 初版 . -- 臺北市 : 大塊文化 , 2017.11
608 面；14.8x21 公分 . -- (from ; 122)
譯自 : Scale : the universal laws of growth, innovation, sustainability, and the pace of life in organisms, cities, economies, and companies
ISBN 978-986-213-839-7(平裝)

1. 社會科學 2. 生物演化 3. 都市生態學 4. 永續發展

501.6　　106017935

LOCUS

LOCUS

LOCUS

LOCUS